O BRASIL EM TRANSIÇÃO

ECONOMIA CONTEMPORÂNEA

Anita Kon
(ORGANIZADORA)

O BRASIL EM TRANSIÇÃO

ECONOMIA CONTEMPORÂNEA

tópicos selecionados

ALTA BOOKS
EDITORA
Rio de Janeiro, 2020

O Brasil em Transição

Impresso no Brasil — 1ª Edição, 2020 — Edição revisada conforme o Acordo Ortográfico da Língua Portuguesa de 2009.

Publique seu livro com a Alta Books. Para mais informações envie um e-mail para autoria@altabooks.com.br

Obra disponível para venda corporativa e/ou personalizada. Para mais informações, fale com projetos@altabooks.com.br

Produção Editorial
Editora Alta Books

Gerência Editorial
Anderson Vieira

Produtor Editorial
Juliana de Oliveira
Thiê Alves

Assistente Editorial
Leandro Lacerda

Marketing Editorial
Livia Carvalho
marketing@altabooks.com.br

Editor de Aquisição
José Rugeri
j.rugeri@altabooks.com.br

Vendas Atacado e Varejo
Daniele Fonseca
Viviane Paiva
comercial@altabooks.com.br

Ouvidoria
ouvidoria@altabooks.com.br

Equipe Editorial
Adriano Barros
Ana Carla Fernandes
Carolinne Oliveira
Ian Verçosa
Illysabelle Trajano
Keyciane Botelho
Larissa Lima
Laryssa Gomes
Maria de Lourdes Borges
Paulo Gomes
Raquel Porto
Rodrigo Dutra
Thales Silva
Thauan Gomes

Revisão Gramatical
Caroline Marques
Gabriella Araujo

Diagramação
Joyce Matos

Layout
Bianca Teodoro

Capa
Bianca Teodoro

Dados Internacionais de Catalogação na Publicação (CIP) de acordo com ISBD

B823 O Brasil em Transição: Economia Contemporânea / vários autores ; organizado por Anita Kon. - Rio de Janeiro : Alta Books, 2020.
384 p. ; 17cm x 24cm.

Inclui bibliografia e índice.
ISBN: 978-85-508-1169-7

1. Economia. 2. Economia Contemporânea. 3. Brasil. I. Kon, Anita. II. Título.

2019-2370 CDD 330
CDU 33

Elaborado por Vagner Rodolfo da Silva - CRB-8/9410

ALTA BOOKS EDITORA

Rua Viúva Cláudio, 291 — Bairro Industrial do Jacaré
CEP: 20.970-031 — Rio de Janeiro (RJ)
Tels.: (21) 3278-8069 / 3278-8419
www.altabooks.com.br — altabooks@altabooks.com.br
www.facebook.com/altabooks — www.instagram.com/altabooks

ASSOCIADO CBL Câmara Brasileira do Livro

Agradecimentos

Os organizadores agradecem ao apoio logístico da Pontifícia Universidade Católica de São Paulo e às instituições e pesquisadores que colaboraram para a elaboração desta publicação.

Sumário

Parte III
ASPECTOS SETORIAIS E REGIONAIS

Parte IV
PLANIFICAÇÃO DE SERVIÇOS DE SEGUROS

Apresentação

Anita Kon — Coordenadora do EITT

No momento de transição política e econômica por que passa o Brasil neste ano de 2019, paralelamente às transformações nas economias mundiais, são esperados ajustes e mudanças radicais na estruturação da política, da economia e do contexto institucional do país, que buscam saídas alternativas da recessão econômica atual.

Com base nas informações disponíveis até este início de 2019, apesar do nível elevado de incerteza, espera-se que o país esteja prestes a passar para um novo modelo econômico que irá marcar um ciclo renovado de crescimento. A reflexão sobre os diferentes caminhos que podem vir pela frente mostra que a consecução da sustentabilidade (econômica, ambiental e social) deste crescimento está a serviço de uma nova fase de desenvolvimento.

As discussões, nesse sentido, estão fortemente centradas na consecução da estabilidade macroeconômica e das variáveis que a afeta, iniciando-se pelo equilíbrio fiscal nas contas públicas, por parte da administração governamental da economia como um todo, incluindo as três esferas governamentais: federal, estadual e municipal.

No entanto, a consecução do desenvolvimento sustentável não se prende apenas à abordagem macroeconômica, mas é complementada pelas medidas de ações meso e microeconômicas. Os debates a partir de uma visão mesoeconômica são associados ao estudo setorial e regional da economia que envolve a estrutura e a composição dos elementos, interrelações e entorno que conformam um determinado conglomerado setorial com profundas bases territoriais, assim como seus elos intra e extrasetoriais (OCAMPO, 2003, p. 18)[1].

Do ponto de vista mesoeconômico, o alcance do desenvolvimento sustentado se apoia inicialmente em quatro fatores críticos essenciais: diminuição da desigualdade, industrialização, geração de energia limpa e agricultura. Alguns enfoques consideram que a análise institucional nesse nível envolve o estudo da função das instituições no âmbito das especificidades regionais e setoriais – que se diferenciam dos âmbitos macro e microeconômicos – a fim de facilitar a interação público-privada neste contexto.

A partir desta visão, o Grupo de Pesquisas em Economia Industrial, Trabalho e Tecnologia (EITT) do Programa de Estudos Pós-Graduados em Economia Política da PUC-SP vem centrando suas análises em dois enfoques prioritários: (1) abordagem macroeconômica, com a avaliação da situação conjuntural do país, com o intuito de oferecer subsídios à consecução da retomada do desenvolvimento; e (2) centralidade nas abordagens meso e microeconômicas. Entre os fatores pesquisados priorizados destacam-se, entre outros, o estudo da dinâmica dos setores produtivos, da regulamentação voltada à produção e ao emprego, à inovação tecnológica, à sustentabilidade ambiental associada à provisão de energia limpa, à questão da segurança e do seguro nas empresas, à possibilidade de acesso aos mercados internacionais, bem como as políticas públicas pertinentes.

Em 2018, o EITT comemorou 24 anos de trabalhos contínuos. A partir de 2002, o EITT vem organizando anualmente o Ciclo de Debates EITT, em que participam pesquisadores brasileiros de várias instituições de ensino e pesquisa. O intuito dos Ciclos é a troca de conhecimento teórico e metodológico entre as instituições participantes, através da apresentação de pesquisas recentes dos autores, seguidas de debates que oferecem muitos subsídios para o aperfeiçoamento dos trabalhos apresentados.

No XVI Ciclo de Debates em Economia Industrial, Trabalho e Tecnologia de 2018, foram organizadas oito mesas de trabalho nas áreas de Políticas Públicas de Desenvolvimento, Economia Industrial, Economia da Tecnologia e Inovação, Economia de Serviços, Economia de Seguros e Previdência, Meto-

1 OCAMPO, José Antonio. Latin America's Growth Frustrations: The Macro and Mesoeconomic Links. In: *Seminar on Management of Volatility, Financial Liberalization and Growth in Emerging Economies*. Chile: ECLAC, 2003.

dologia de Pesquisa Empírica, Economia do Trabalho e Economia da Sustentabilidade. A dinâmica dos Ciclos de Debates anuais visa atender à filosofia do EITT de intercâmbio com outras instituições de ensino e pesquisa e, nesse sentido, na composição das mesas participaram professores e mestrandos atuantes destas organizações do país, buscando oferecer subsídios adicionais para os debates sobre a questão econômica brasileira na atualidade.

Para este livro, foram selecionados trabalhos apresentados no XVI Ciclo, cujos temas abrangem pesquisas de natureza teórica ou empírica, com abordagens representadas seja por enfoques macro, meso ou microeconômicos. Dada a limitação do tamanho da publicação, foram selecionados temas considerados prioritários para a contribuição com subsídios que visam a indicação de medidas de políticas públicas emergenciais para o momento de transição.

Os integrantes do Grupo desejam mostrar seu reconhecimento a pessoas e instituições que colaboram para a continuidade de suas atividades e para a elaboração desta publicação, e especialmente ao apoio logístico e acadêmico da PUC-SP. Um reconhecimento especial deve ser creditado à professora doutora Elizabeth Borelli, vice-coordenadora do Grupo de Pesquisas EITT, que colaborou com a organização do Ciclo de Debates de 2018 e com esta publicação.

Prefácio

Julio Manuel Pires[1]

Em momentos de acirramento da crise econômica, é comum que a atenção do mundo acadêmico — e da mídia em geral — se volte de forma quase exclusiva para o exame do desequilíbrio macroeconômico mais importante daquele momento, deixando de lado inúmeras outras questões relevantes para a economia. Isso ocorreu no início dos anos 1980 com a crise da dívida externa; nos anos seguintes, até meados dos anos 1990, com a inflação e, mais recentemente, nos últimos cinco anos, com a crise fiscal.

Dessa forma, inúmeros outros problemas, aos quais não se reconhece a mesma premência, mas que são essenciais para o desenvolvimento econômico numa perspectiva de médio e longo prazo, acabam sendo alvo de interesse apenas de um conjunto relativamente restrito de especialistas, cujos esforços para evidenciar a importância de tais discussões, por meio de pesquisas, são dignos de realce.

É este, por certo, o caso dos autores dos textos que se seguem neste livro. Os pesquisadores que participaram do XVI Ciclo de Debates em Economia Industrial, Trabalho e Tecnologia (EITT), ocorrido na PUC-SP em 2018, tiveram oportunidade, nessa ocasião, de apresentar os resultados principais de suas pesquisas, colher críticas e sugestões e, a partir daí, elaborar sólidas análises e consistentes contribuições para o entendimento de diversos problemas, cruciais para nosso desenvolvimento econômico, mas que se vêm em geral preteridos no debate econômico brasileiro atual.

1 Professor do Departamento de Economia e do Programa de Estudos Pós-Graduados em Economia Política da PUC-SP e do Departamento de Economia da FEA-RP/USP.

Dessa forma, foi possível debater 32 artigos, versando sobre oito temas essenciais para a economia brasileira contemporânea, a partir dos quais foram selecionados para esta publicação 16 abordagens, que identificam prioritariamente o teor dos debates. Trata-se de buscar chamar a atenção de economistas, acadêmicos de outras áreas e o público leigo bem informado para questões basilares, relegadas a segundo plano atualmente, como os estudos referentes às políticas públicas de desenvolvimento, e à economia industrial como instrumental essencial para entendermos e atuarmos sobre uma realidade que se mostra muito mais complexa do que supõe os textos ortodoxos na área de economia.

Da mesma maneira e de forma igualmente relevante, destacam-se os trabalhos apresentados que tratam da economia da tecnologia e inovação, área que deveria, em qualquer país, constituir ponto fulcral do seu projeto de desenvolvimento econômico. A qualidade dos trabalhos apresentados nessa seção atesta essa importância.

Uma outra área de estudo que comumente é deixada de lado quando se pensam os "grandes problemas econômicos" diz respeito ao setor de serviços, cuja amplitude por si só justificaria a maior relevância que a ele deveria ser conferida. Os quatro textos aqui reunidos nessa coletânea evidenciam com nitidez como uma pesquisa bem direcionada e efetivada para esse setor pode contribuir de forma categórica para a compreensão de alguns aspectos significativos de nossa realidade econômica.

Outrossim, dada sua enorme diversidade, pode-se mostrar meritório examinar um subsetor da área de serviços, cujo dinamismo vem se revelando substancial nas últimas décadas, num movimento que tende a se manter nos anos seguintes. Trata-se da economia de seguros e previdência. Os estudos ora apresentados mostram, com desdobrado vigor, o quão rica e produtiva pode ser a pesquisa desenvolvida nessa área.

Contribuições igualmente relevantes — e que não poderiam deixar de constar nos estudos sobre a realidade contemporânea brasileira — remetem aos temas afeitos ao mundo do trabalho e à economia da sustentabilidade. Os oito textos apresentados nessas duas seções ensejarão ao leitor uma visão crítica e inovadora bastante apurada desses temas.

E, por fim, em uma coletânea de textos com eminente preocupação acadêmica, não poderia deixar de constar também estudos voltados para analisar os avanços e contribuições importantes no que tange à metodologia da pesquisa empírica.

À vista do que procurarmos sinteticamente expor acima, a conclusão torna-se inescapável: estamos a lidar com um conjunto de estudos de primeira qualidade, cuja leitura muito subsidiará qualquer pessoa que esteja interessada em obter uma visão mais abrangente de problemas cruciais de nossa realidade, os quais são tratados, de maneira geral, de forma parcimoniosa pelo mundo acadêmico e pela mídia.

I

POLÍTICAS PÚBLICAS

A POLÍTICA ECONÔMICA E SEU PAPEL PARA O DESENVOLVIMENTO

Antonio Corrêa de Lacerda[1]

Resumo

O artigo tem como objetivo a discussão sobre o papel das políticas econômicas para o desenvolvimento do Brasil que possam induzir o crescimento com estabilidade e, da mesma forma, que aprimorem as políticas sociais para minimizar as enormes disparidades regionais e de renda. Em um cenário vigente de estagnação, em que faltam as condições para um crescimento mais robusto e sustentado da economia brasileira, são discutidos inicialmente os custos e benefícios das escolhas de políticas econômicas, a questão do equilíbrio fiscal e a frustração com a falta de resultado dos ajustes fiscais empreendidos. Em sequência, são investigados os diagnósticos e as proposições de ação política debatidas para a retomada do crescimento. Neste contexto, é colocada em discussão a independência do banco central como solução para os ajustes, paralelamente às políticas de crédito e financiamento, associadas à política cambial necessária para estimular o desenvolvimento da economia.

Palavras-chave: Desenvolvimento Econômico; Políticas Públicas; Equilíbrio Fiscal; Câmbio; Crédito.

1 Professor doutor do Departamento de Economia, do Programa de Estudos Pós-Graduados em Economia Política e atual Diretor da FEA-PUC-SP, é doutor pelo Instituto de Economia da Unicamp e autor de vários livros e artigos. É ex-presidente e atual conselheiro do Conselho Federal de Economia (Cofecon), consultor e membro do conselho de várias organizações e entidades representativas da sociedade, como a CNTU. É articulista colaborador de *O Estado de S. Paulo*, além de outras publicações, e comentarista do *Jornal da Cultura*, da TV Cultura.

Introdução

A discussão sobre o papel das políticas econômicas para o desenvolvimento é sempre relevante. Afinal, o que mede o sucesso econômico de um país? Certamente o crescimento do valor agregado gerado (o PIB — Produto Interno Bruto) é um dos indicadores importantes, por medir o valor absoluto de tudo que foi produzido, assim como por permitir compará-lo com períodos anteriores e com o de outros países. Trata-se de uma medição quantitativa. É um termômetro significativo, mas não o único. Outros indicadores de desempenho qualitativos também são relevantes, como o nível da inflação, do emprego, dos salários reais, da distribuição de renda, além de outros dados macroeconômicos, como endividamento e deficit público relativamente ao produto gerado etc.

O crescimento econômico é uma condição necessária, dadas as características brasileiras, embora não suficiente. É muito importante restabelecer as condições para um crescimento mais robusto e sustentado da economia brasileira. Daí o papel relevante das políticas econômicas, que possam induzir o crescimento com estabilidade e que da mesma forma aprimore as políticas sociais para minimizar as enormes disparidades regionais e de renda.

Custos e benefícios das escolhas de políticas econômicas

Toda escolha de adoção de políticas econômicas envolvem, além da necessidade de decidir o *timing* adequado, incorrer em algum custo. "Não existe almoço grátis", tornou-se um axioma popular. No caso brasileiro, tem sido recorrente, porém nem sempre de forma completa, o questionamento de algumas das escolhas das políticas econômicas.

É o caso, por exemplo, dos bancos públicos. Diante da escassez de crédito e financiamento internacionais no período imediatamente posterior à crise com a quebra do Lehman Brothers, em setembro de 2008, o governo brasileiro tomou uma decisão pertinente de ampliar a capacidade de empréstimo dos bancos públicos, especialmente do BNDES (Banco Nacional de Desenvolvimento Econômico e Social).

Antes disso, escolado com a recorrência das crises de balanço de pagamentos, o Brasil, assim como outros países não emissores de moedas não conversíveis, tomaram a decisão sensata de ampliarem o seu volume de reservas cambiais. Isso não evitava os efeitos das crises, mas os amenizava, como ficou claro.

Não fosse o suporte dos financiamentos públicos, substituindo em muitos casos as linhas de financiamento externas, que secaram, e por outro lado, o fato de o país dispor de um volume expressivo de reservas cambiais, os efeitos da crise teriam sido bem mais intensos no Brasil. O PIB (Produto Interno Bruto) teria caído muito mais do que os 0,6% verificados em 2009, assim como a recuperação rápida e a expansão de quase 7,5% em 2010 não teriam sido viáveis.

Como o PIB brasileiro é estimado em R$6,6 trilhões (2017), cada ponto percentual de crescimento representa R$66 bilhões de renda adicional no ano. O exemplo vale para ilustrar que os "custos" das políticas econômicas têm que ser mensurados levando-se em conta o benefício gerado.

Se isso parece lógico, no entanto, o cálculo dos custos e benefícios das escolhas da política e medidas econômicas nem sempre é fácil de ser realizado, porque muitas vezes envolve fatores de difícil mensuração. Mas isso não pode servir de álibi para se desprezar a avaliação do custo-benefício de cada medida. Um outro fator importante é que divulgar que tal decisão teve um custo "x" , além de mais cômodo, tende a gerar grande impacto na opinião pública, facilitado pela repercussão na grande mídia.

Que lições podemos tirar da experiência recente na economia brasileira? Este é o ponto que deveria nortear um debate mais qualificado, menos ideologizado e mais pragmático a respeito das políticas econômicas.

Embora o Produto Interno Bruto (PIB) brasileiro do ano de 2017 tenha registrado um crescimento de 1% em relação ao ano anterior, atingindo R$6,6 trilhões, esse montante é cerca de 6% inferior a 2014, antes da crise 2015–2016.

A indústria que denotou estagnação no ano passado está em um nível 9% inferior à mesma base citada. Mais grave ainda, os investimentos, que representam o motor da economia, seguiram em queda em 2017, registrando uma retração de 1,8% no ano. Na comparação com 2014, a queda é ainda mais expressiva, atingindo 24%.

O quadro descrito denota que a economia brasileira, mesmo tendo voltado a crescer em 2017, ainda se encontra em um patamar muito abaixo de antes da crise. Ou seja, a recuperação para valer, o que significa retornar ao mesmo nível que atingimos antes da crise, ainda dependerá de uma aceleração do ritmo de crescimento futuro.

GRÁFICO 1 – BRASIL: EVOLUÇÃO REAL DO PIB, DA INDÚSTRIA E DOS INVESTIMENTOS (ÍNDICE BASE 2009=100)

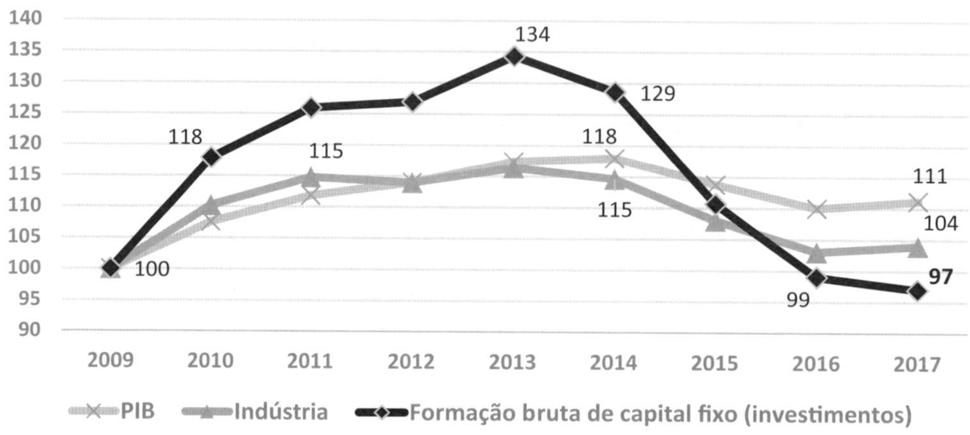

FONTE: IBGE / **ELABORAÇÃO:** A. C. LACERDA.

Diante de um alegado risco de elevação da inflação, observa-se um relativo consenso pela elevação da taxa de juros básica. Até porque a maioria não deseja inflação elevada. Mas qual o custo desta escolha? Há vários, dentre eles está o aumento dos gastos públicos no pagamento de juros sobre o financiamento da dívida pública, que custou R$195 bilhões no ano passado — 5,5% do PIB.

Precisamos criar mais espaços de discussão das políticas econômicas, seus custos e benefícios, levando em conta não apenas o curto, mas o médio e longo prazo. Isso implica democratizar as informações, assim como diversificar as visões, considerando não apenas escolas variadas de pensamento econômico, mas também todos os setores da economia.

A discussão deve ser ampliada, tanto junto aos Poderes quanto na mídia, na academia e demais entidades representativas da sociedade. Não se trata, evidentemente, de uma prática fácil. Os temas em geral são complexos e nem sempre as pessoas estão dispostas a investir o seu tempo e energia com assuntos áridos. Mas, como não existe visão neutra em política econômica, o mínimo de cuidado que devemos ter é o de diversificar o debate. Até porque, do contrário, o risco é o de nos tornarmos reféns de uma única via, que pode favorecer alguns, mas não o todo.

A questão fiscal e a frustração do "ajuste"

A necessidade de maior equilíbrio fiscal leva recorrentemente às medidas de ajuste. A opção escolhida tem sido na maioria das vezes a de cortar gastos, e diante da dificuldade e mesmo impossibilidade em fazê-lo, a diminuição de dispêndios tem se dado com ênfase nos investimentos. Em paralelo, a busca de ampliação de receita via elevação de alíquotas tributárias, e ou criação de novos tributos. Não por acaso, a carga tributária, o total arrecadado pelo governo, cresceu de cerca de 25% em meados da década de 1990, para 33% do PIB, na média dos últimos três anos.

No entanto, as tentativas de "ajuste" não têm atingido o esperado. E isso se deve, entre outros aspectos, ao efeito da crise na economia brasileira desde o final de 2014 até o final de 2016. Nível de atividade e investimentos em queda significam arrecadação menor, não apenas porque empresas faturam menos e indivíduos têm a sua parcela de contribuição reduzida pela queda da renda e pelo aumento do desemprego. Além disso, na crise aumenta a inadimplência no pagamento de impostos.

O resultado é que as tentativas de ajuste não se viabilizam e, pior, a insistência na estratégia é autofágica, implicando cada vez mais problemas. Medidas de ajuste, no sentido tradicional, só têm enfraquecido ainda mais a atividade produtiva, gerando deterioração maior do quadro das contas públicas. A questão fiscal só se resolverá de fato quando houver uma retomada da economia.

O outro problema análogo está na falha de diagnóstico e de estratégia na política econômica. A aposta em que o discurso de ajuste, reformas e a sinalização de medidas liberais pudessem resgatar a confiança e com isso a realização de investimentos e produção não tem dado resultado. Embora muitas das medidas adotadas sejam importantes, elas por si só não refletem um ambiente promissor para estimular a produção, o consumo e os investimentos. Ninguém toma decisões nessa esfera apenas porque adquire maior confiança na economia. Ainda que essa possa ser uma condição necessária, no entanto, é insuficiente para propiciar a retomada.

É preciso mudar a política econômica para incentivar as atividades. Isso implica alterar substancialmente a estratégia atual. O primeiro ponto importante é quanto ao papel do estado e dos investimentos públicos. Em um quadro de crise, os investimentos públicos, assim como o papel do Estado de forma geral, deve ser anticíclico, ou seja, contrapor-se à restrição de gastos das empresas e famílias. Ao contrário do discurso governamental utilizado como argumento para aprovação, no final de 2016, da Emenda Constitucional (EC) 95, que fixou um teto para os gastos públicos, o Estado não pode agir como uma empresa ou família, porque tem obrigações que lhe são próprias.

A citada emenda limita a expansão dos gastos públicos pelos próximos 20 anos. A proposta encontrou expressiva repercussão e apoio, em uma espécie de autoengano coletivo, muito do qual baseado na visão predominante, um senso comum, de que o orçamento público funciona como o "orçamento do lar" e que na crise é preciso cortar gastos.

Trata-se de um evidente equívoco, por vários motivos: primeiro, porque não há razão para o Brasil ser o único país que trate da questão dos gastos públicos, mediante emenda na Constituição e por um período tão longo; segundo, porque sob o ponto de vista macroeconômico é uma insensatez engessar a política fiscal, importante instrumento para a política econômica, sem precisar efetivamente fazê-lo; terceiro, porque, especialmente em meio a uma crise internacional e uma recessão interna, os investimentos públicos representam a única saída à vista. Ao contrário do orçamento doméstico, é preciso que o Estado aumente o seu investimento para que o efeito demonstrativo e multiplicador do seu gasto fomente o investimento privado.

Assim, há um quarto equívoco importante que é considerar o investimento no total de gastos a serem limitados. Vale lembrar ainda que esta é a rubrica mais fácil de ser cortada, é o que na prática ocorre quando o governante se vê às voltas com a necessidade de reduzir gastos.

O quinto fator a ser considerado é que no período de abrangência da PEC 2036 há uma estimativa de crescimento populacional de 10,1%, um acréscimo de cerca 20 milhões de pessoas. Da mesma forma, aumentará a população idosa, cuja participação crescerá dos atuais 12,1% do total para 21,5% em 2036 (dados do IBGE). Ambos significarão uma maior demanda por serviços de saúde e, evidentemente, previdência. Ou seja, será impraticável atender tanta demanda com os mesmos recursos dispendidos hoje.

Sexto ponto relevante é o extraordinário custo de financiamento da dívida pública, que tem sido substancial e chegou a representar cerca de R$500 bilhões ao ano (2015) e para o qual não há qualquer limitação. Apenas a crença de que implementação da EC 95 ele seria naturalmente reduzido.

Alternativas: o enfrentamento com seriedade a questão fiscal precisa levar em conta aspectos importantes, no bojo da política macroeconômica:

- Realizar uma profunda reforma tributária, simplificando o sistema, corrigindo distorções e ampliar o universo de tributação, incluindo eliminar a regressividade na incidência do imposto de renda, regulamentar a cobrança de impostos sobre herança, tributar lucros e dividendos, entre outros.
- Promover uma reforma administrativa visando aumentar a produtividade do setor público, eliminando desperdícios.
- Reestruturar pelos mecanismos de mercado a dívida pública, premiando o longo prazo em detrimento do curto prazo, com isso diminuindo a pressão sobre os juros.
- Promover uma desindexação de preços de tarifas e contratos para diminuir o efeito inercial da inflação. A resistência da inflação tem sido utilizada como justificativa para as elevadas taxas de juros predominantes na economia. Além de restringir o crescimento, juros elevados também implicam maior gasto com o financiamento da dívida, ampliando o deficit nominal e, consequentemente, a dívida pública.
- Por último, mas não menos importante, é preciso ter consciência que é impossível realizar um ajuste fiscal diante de uma recessão. Pelo contrário, é com a economia em crescimento que se gera maior arrecadação e a diminuição proporcional da dívida relativamente ao PIB. Portanto, recriar as condições para a economia voltar a crescer é a prioridade e isso não vai acontecer automaticamente, ao contrário do senso comum.

Inflação de diagnósticos, deficit de proposições

Há no debate econômico brasileiro contemporâneo um falso consenso, uma verdadeira convenção, a respeito da necessidade de se manter juros elevados no país como principal instrumento de combate à inflação, independentemente da sua origem.

O momento em que ganha dimensão esse debate no Brasil é peculiar. A inflação oficial medida pelo Índice de Preços ao Consumidor Amplo (IPCA), caiu de 10,7% em 2015, para 6,3% em 2016 e 3,0% em 2017. Essa importante redução ao longo dos anos tem dado argumento para o discurso oficial e do mercado financeiro, gerando interpretações equivocadas. A contradição está em imputar toda a redução da taxa de inflação ao que seria um êxito da política monetária. Na verdade, três aspectos, além da política monetária ou de juros, explicam a inflação corrente mais baixa: a recessão, a valorização do real e o efeito da safra agrícola.

Interessante ainda observar a demora do início da redução da taxa Selic pelo banco central e ainda um ritmo conservador de queda, a despeito da velocidade da queda da inflação. Ou seja, a taxa real de juros brasileira continua se mantendo no topo do ranking mundial, dentre as mais elevadas. Um segundo equívoco está em argumentar que diante do novo quadro é possível ou viável reduzir a meta de inflação, cujo centro é hoje de 4,5%. Ocorre que a redução inflacionária no Brasil é fruto de fatores circunstanciais e há um custo econômico e social enorme. Ou seja, estamos longe de um "novo normal" na inflação, mas ainda sofremos a consequência de uma das maiores crises da nossa história, além de fatores circunstanciais, como o impacto cambial, a valorização do real e um efeito climático que favoreceu a safra agrícola. Como não queremos recessão permanente, nem valorização artificial da moeda e tampouco fizemos um pacto com São Pedro para garantir chuvas nas áreas plantáveis, conviria garantirmos condições estruturais mais favoráveis.

O argumento principal, geralmente apresentado pelos defensores da redução da meta, é que ela seria elevada para o Brasil. Os que o fazem geralmente levam em consideração a comparação com outros países que adotam o Regime de Metas de Inflação (RMI). De fato, México, Colômbia e Chile têm uma meta de 3% ao ano. Na Tailândia a meta é de 2,5%, enquanto que, no Peru e

Nova Zelândia, é de 2%. A exceção é a Turquia, cuja meta é de 5%, mais próxima da meta brasileira.

No entanto, o mais adequado seria comparar inflação média corrente no Brasil com países cujas estruturas, como extensão territorial e Produto Interno Bruto (PIB), fossem minimamente semelhantes ao nosso, de grande diversidade regional e de renda, independentemente de adotarem ou não o RMI. Vários países em desenvolvimento convivem com inflação semelhante à média observada no Brasil, o que denota que inflação é um fenômeno que aflige países em transição e tem particularidades específicas, não carecendo generalizações ou diagnósticos superficiais.

O caso brasileiro, afora ser de longe o de maior concentração de renda entre todos os citados, é o único com um complexo sistema de indexação, o que enrijece a formação de preços, tornando parte da inflação inercial, ou seja, a inflação de hoje vira piso para a de amanhã, considerando as regras de reajuste contratual.

O mundo em desenvolvimento tem uma inflação média que é o triplo da observada na média dos países desenvolvidos. Há componentes estruturais na inflação verificada naqueles países muito relacionados a fatores como transformações demográficas, urbanização, mobilidade social e mudança de padrões de consumo, dentre outros aspectos. São alterações que, embora favoreçam a melhoria da distribuição da renda e a expansão do mercado, implicam, por outro lado, o encarecimento dos alimentos, derivado do crescimento da demanda, assim como o aumento do custo da mão de obra e, consequentemente, dos serviços.

Assim como o fato de o Brasil apresentar um comportamento da inflação semelhante aos países em desenvolvimento não deve ser um elemento interno de conforto, por outro lado, deve indicar que estamos diante de um fenômeno que afeta países com características semelhantes. Faz-se necessário, portanto, um maior esmero, tanto no que se refere ao diagnóstico do problema quanto ao seu enfrentamento.

No Brasil, criou-se a cultura da elevação das taxas de juros como uma espécie de panaceia para a estabilização dos preços, sejam suas causas associadas ou não à demanda. Há muitos fatores mais diretamente ligados à oferta e que, por isso, tendem a não responder às medidas de contenção da demanda. Não é por acaso que nenhum dos países citados, embora convivam com taxas de inflação anual próximas das verificadas no Brasil, pratiquem taxas de juros reais tão elevadas quanto as nossas.

O banco central brasileiro tem apostado muito nos seus modelos de projeção de inflação. SAMBA, acrônimo para Stochastic Analytical Model with a Bayesian Approach, é um dos modelos de projeção utilizados pelo banco central (Bacen) como um dos balizadores das decisões de política monetária. Trata-se de um processo de simulação, que considera variáveis e seus efeitos para a inflação futura. É importante buscar sistematizar os impactos dos vários choques de custos na inflação oficial, medida pelo Índice de Preços ao Consumidor Amplo (IPCA).

O CMN (Conselho Monetário Nacional, formado pelos ministros da Fazenda e do Planejamento e pelo presidente do banco central) fixa regulamentar a meta de inflação de cada ano. A meta de 2018, por exemplo, foi fixada em 30 de junho de 2018 em 4,5%, com tolerância de 1,5 pontos percentuais para mais ou para menos — entre 3% e 6%.

Como já demonstrado, ao contrário do que às vezes é disseminado, o Brasil não convive com uma inflação elevada, considerando países de porte e estágio de desenvolvimento minimamente comparáveis. A inflação brasileira é aparentemente elevada somente quando confrontada com países próximos geograficamente do Brasil, mas que têm pouca relação com a sua estrutura e porte.

No entanto, no âmbito dos Brics, por exemplo, o quadro é outro. São grandes economias nas quais transições relevantes como urbanização, maior qualificação dos profissionais, amenização das desigualdades regionais e de renda, por exemplo, se traduzem em inflação. Neste caso, ela não seria decorrente apenas de correções de preços, mas de alterações de preços relativos. Neste grupo de países, à exceção da China, que vive uma nova fase com a desaceleração do crescimento robusto e queda das commodities, todos os demais apresentam uma inflação semelhante à média brasileira, como África do Sul, com 6,1%, Índia, com 5,8%, ou mesmo mais elevada como o caso da Rússia, com 7,3%. Outras economias em transição como Turquia, com 6,6%, e Colômbia, 8,2%.

No caso brasileiro chama ainda a atenção o papel da indexação, que é o reajuste automático de preços e contratos baseado na inflação passada. O Regime de Metas de Inflação, implementado em 1999, evoluiu pouco desde então. Continuamos convivendo com metas restritas de inflação sem alterar a estrutura de formação de preços e mesmo a captação das expectativas futuras.

Seria ainda oportuno discutir o papel do Bacen, considerando um quadro econômico doméstico e internacional tão confuso e conturbado. Desde a crise de 2008, os principais bancos centrais do mundo vêm praticando juros próximos de zero, ou mesmo negativos, visando privilegiar a produção, investimento e consumo.

Permanecer refém de uma meta só, desconsiderando o nível de atividades e emprego, por exemplo, restringe o raio de ação da política monetária. Analogamente ao *Samba de uma nota só*, de Tom Jobim e Newton Mendonça, ele almeja somente o comportamento dos preços, sem considerar o nível de atividades ou emprego. Como o juros não é um processo neutro, favorecendo os mais ricos em detrimento dos demais, já passou da hora de um questionamento sério a respeito do modelo, em prol da democratização da política econômica.

Coerência não significa necessariamente agir sempre da mesma forma, mas de acordo com as circunstâncias. "Quando a realidade muda, minhas convicções também mudam", respondeu o eminente economista John Maynard Keynes a um interlocutor, ao ser questionado por que havia mudado de posição sobre determinado assunto.

Independência do banco central resolve?

A questão da independência do banco central não é nova, mas em tempos de debate eleitoral ganha destaque, pautando pontos relevantes da temática macroeconômica, tendo em vista sua correlação não apenas com aspectos monetários estritos, como juros e crédito, mas também câmbio e, por consequência, nível de atividade, renda e emprego. Ou seja, a questão não é restrita, mas abrangente, dada a sua influência para os demais itens.

Interessante notar que a discussão no Brasil ocorre no âmbito de um cenário internacional ainda complexo. A deterioração decorrente das crises após 2008 e o baixo crescimento dos países desenvolvidos foram impactantes para a desaceleração do crescimento econômico chinês. O enfraquecimento da economia mundial gerou uma sobreoferta de produção e uma desinflação, especialmente nas commodities metálicas.

Os bancos centrais das economias desenvolvidas adotaram, desde o final de 2008, um movimento simultâneo de redução das suas taxas básicas de juros, ao mesmo tempo em que ampliaram a liquidez nos mercados. Vivemos um longo ciclo de taxas de juros reais negativas. O FED (Federal Reserve), o banco central dos EUA, manteve enquanto pôde taxas de juros muito baixas e lentamente faz movimentos de elevação, na medida da percepção de recuperação do nível de atividades.

Há uma longa discussão a respeito do grau de independência dos bancos centrais. Na visão mais ortodoxa eles deveriam ter total autonomia frente aos governos, visando resguardar a função de guardião da moeda e gerar credibilidade da política econômica. Trata-se de uma visão desconectada da situação da economia internacional. O que tem ocorrido, na prática, é que os bancos centrais vêm atuando de forma coordenada com seus governos nacionais, assim como com os seus equivalentes, em outros países, visando combater os efeitos da crise e evitar o seu agravamento.

Especialmente para os países em desenvolvimento, a passividade frente ao quadro internacional, ou uma interpretação equivocada dos sinais, representaria custos onerosos sobre o nível de atividades, o custo do financiamento da dívida pública e os níveis reais das suas taxas de câmbio.

Daí a importância da autonomia e independência do BCB. Aqui elas não estão relacionadas ao Executivo, mas às pressões do mercado. É preciso que as autoridades monetárias decidam e implementem as medidas de política econômica, tendo em vista o que é o mais adequado para o conjunto da economia. Nem sempre o que é o desejo do mercado financeiro é o melhor para a nação.

Ao longo do último decênio, houve uma tendencial e gradativa redução das taxas de juros reais no Brasil. No entanto, estamos ainda longe de imaginar que a batalha chegou ao fim. Na verdade, ela só começou. A nossa taxa de juros reais é ainda muito elevada para padrões internacionais. O desafio é viabilizar as condições para aproximá-la a um nível pelo menos mais próxima da média de países semelhantes.

Tem havido progressos, mas é preciso avançar nas demais condições imprescindíveis para que os ganhos sejam perenes e sustentáveis no longo prazo. Dentre outros desafios, temos que enfrentar a distorção representada pela indexação de contratos e tarifas. Um resquício do período de inflação crônica, que precisa ser removido porque também representa um limitador para a redução dos níveis inflacionários e, portanto, das taxas de juros.

Outro ponto importante é a estrutura da dívida pública. O Brasil é o único país que ainda mantém títulos públicos de curtíssimo prazo que remuneram com elevadas taxas de juros, propiciando ao mesmo tempo rentabilidade e liquidez com baixíssimo risco, na contramão da prática usual no mercado internacional.

Para além das questões já citadas temos características específicas do nosso sistema de formação de preços que são fomentadoras e mantenedoras da inflação. É o caso, principalmente, do elevado nível de indexação verificado, o que tende a disseminar os choques localizados para outros setores da economia. Como as decisões de políticas econômicas não são neutras, as suas escolhas devem ser objeto de continuo debate, especialmente nas democracias.

Mais do que antecipar uma redução da meta de inflação, o que, dadas as condições atuais, só faria elevar as taxas de juros e transferir ainda mais renda para os credores da dívida pública, conviria a discussão e implementação de uma política de estabilização de largo prazo que contemplasse:

- Promover uma redução pactuada e gradual da indexação da economia. Em um primeiro momento desvinculando o reajuste de contratos, aluguéis, tarifas e demais preços a índices gerais, como o IGP-M (Índice Geral de Preços — Mercado), por exemplo, substituindo-os por indicadores específicos de evolução de custos de cada setor ou modalidade em questão.
- Reduzir na indexação do mercado financeiro. Grande parte da dívida do governo é pós-fixada pela Selic, como grande parte dos títulos da dívida, e oferecem liquidez imediata, além de correção automática pela taxa de juros, há um certo "prêmio" pela aposta na inflação. É o contrário do funcionamento do mercado de títulos na maioria dos países.
- Incentivar o aumento da oferta de produtos e serviços, visando minimizar os choques de preços. Isso pode ser alcançado com um ambiente favorável à expansão dos investimentos, assim como uso seletivo da facilitação de importações para gerar concorrência local.
- Por último, mas não menos importante, fomentar o aumento da produtividade.

Concluindo, embora surjam sempre diagnósticos alternativos para o problema da inflação, as grandes questões que a envolvem passam ao largo da agenda de reformas e mudanças econômicas. Há certo conforto, uma acomodação, com a inflação, ao invés do seu efetivo enfrentamento.

O crédito e financiamento para estimular o crescimento da economia

O desafio de reduzir os juros aos tomadores finais de crédito, consumidores e empresas continua sendo, ou deveria ser, uma prioridade. Ao mesmo tempo em que o encarecimento do crédito é um empecilho ao investimento e consumo, por outro lado a solução para o problema se apresenta como grande oportunidade. Há um enorme mercado potencial no Brasil, reprimido pelo custo elevado do crédito e financiamento.

A Selic, taxa de juros básica, foi reduzida a menos da metade nos dois últimos anos, mas as taxas de juros ao tomador final continuam excessivamente elevadas. A Selic, que era de 14,25% em outubro de 2016, foi sendo sequencialmente reduzida desde então, atingindo 6,75% no início de 2018. As taxas médias ao tomador final caíram no período, em proporção muito menor e ainda muito distante dos juros básicos. As taxas de juros para pessoas jurídicas foram reduzidas de 21,6% para 16,8% ao ano, enquanto que para as pessoas físicas de 43,1% para 31,9% ao ano. Essas são taxas médias apuradas pelo banco central. Como toda média, é distorcida por incluir, por exemplo, no caso das pessoas físicas o crédito consignado. A situação do mercado denota um quadro ainda mais difícil para o tomador, do qual são exigidas adicionalmente contrapartidas e garantias que tornam o crédito no Brasil proibitivo.

A Associação Nacional dos Executivos de Finanças (Anefac) divulga regularmente, há anos, as taxas de juros cobradas ao tomador final, revelando dados mais alarmantes. O crédito às pessoas físicas de 88,0% e 28,6% para capital de giro, pessoas jurídicas.

Isso, sem falar dos custos extraordinários de duas modalidades mais utilizadas, que são o cartão de crédito rotativo (334,6% ao ano) e o cheque especial (323,0% ao ano). É uma alternativa muito acessível e de fácil manuseio, mas que torna, em geral, a dívida impagável!

Há muito se discute as causas do elevado custo do crédito no Brasil. O primeiro aspecto é que aqui o mercado financeiro é distorcido pelo fato de o governo federal oferecer títulos da sua dívida a taxas de juros muito elevadas, mantendo liquidez. Isso acomoda o mercado financeiro que não se interesse em ter mais trabalho e correr mais risco emprestando para os agentes econômicos.

O segundo aspecto é a oligopolização do mercado em que apenas cinco grandes bancos controlam 86% do mercado de crédito.

Os bancos alegam que os spreads (taxas de risco) embutidos nas taxas de juros são elevadas no Brasil, explicando parte da diferença entre taxa básica e final, porque a inadimplência é elevada, respondendo por 45% do spread. As taxas tributárias respondem por 20% e o empréstimo compulsório que os bancos recolhem ao Bacen, por 10%. Os 25% restantes seriam da margem de comercialização do sistema financeiro.

O enfrentamento do problema, portanto, passa por questões relevantes:

- Reduzir a taxa de juros básica (Selic), pois embora a taxa nominal esteja em queda, a taxa real, descontada a inflação, segue elevada para padrões internacionais.
- Reduzir a parcela da dívida pública com liquidez diária (*overnight*), pois isso acomoda o sistema financeiro, que não tem interesse em emprestar para os demais tomadores que não o Estado.
- Reduzir a tributação sobre as operações financeiras, que acabam sendo repassadas ao tomador final.
- Estimular a criação de cooperativas de crédito para oferecer mais alternativas aos tomadores.
- Utilizar o poder dos bancos públicos, que respondem por 54% da carteira de crédito, para imprimir maior concorrência no mercado de crédito brasileiro.

Política cambial e desenvolvimento

Outra questão relevante é a política cambial. Por ser a definição do valor da moeda local relativamente às demais, os bancos centrais podem ser tentados a valorizar suas moedas artificialmente visando resultados de curto prazo, como o barateamento das importações para combater a inflação. Essas vantagens proporcionadas por uma taxa de câmbio valorizada, enquanto comprometem o longo prazo. No Brasil, sempre que a taxa de câmbio se valoriza, agravada pelos fatores de competitividade sistêmica desfavoráveis, provocam-se dois efeitos deletérios para a economia: a desindustrialização e a deterioração das contas externas. Isso tem um elevado custo para o desenvolvimento do país.

A valorização da taxa de câmbio (equivalente a dólar barato) é um exemplo típico de escolha que favorece só o curto prazo. O dólar barato proporciona a aquisição de produtos importados e a realização de viagens internacionais a um custo baixo, o que é sempre muito apreciado por grande parte da opinião pública. No entanto, nem sempre ficam claros os seus efeitos, que comprometem o longo prazo, pois roubam crescimento da economia, nos tornam mais vulneráveis e dependentes de financiamento externo e menos diversificados na produção e exportação, excessivamente centradas em commodities.

Vale destacar que a utilização da política cambial como instrumento de controle de inflação de curto prazo foi um recurso recorrente em praticamente todos os governos dos últimos trinta anos, para focarmos em um período mais recente da nossa história.

No governo Sarney (1985-1989) foi um dos elementos da implantação do Plano Cruzado, nos governos Itamar/Fernando Henrique Cardoso adotado explicitamente como "âncora", na primeira fase do Plano Real (1994-1998), no governo Lula (2002-2010), embora já vigesse o Regime de Metas de Inflação, que fora adotado em 1999, a valorização artificial da moeda foi elemento fundamental para o controle da inflação. Já o governo Dilma (2011 até o impeachment em 2016), depois de ter herdado um real valorizado, fez uma tentativa de desvalorização em meados do seu primeiro mandato, no final deste, assim como no início do segundo mandato visando estimular a indústria e as exportações.

O apelo à valorização artificial da moeda é grande no Brasil. A renda da exportação de commodities associada à pratica de juros reais elevados proporciona um terreno fértil para isso. Os resultados de curto prazo são inegáveis, com o barateamento das importações, das viagens e compras no exterior. O problema é que esse ganho de curto prazo se esvai no médio e longo prazos, trazendo consequências danosas para a indústria, que perde tecido, desestimula as exportações de manufaturados e o emprego nesses setores, assim como deteriora as contas externas.

Portanto, as condições de competitividade passam pela questão cambial que, aliadas a outros ajustes macroeconômicos e práticas inteligentes de políticas de competitividade (políticas industrial, comercial e de inovação), permitiriam viabilizar a reindustrialização, com todos os benefícios do processo: crescimento sustentado, geração de emprego, renda e receita tributária, além de equilíbrio intertemporal das contas externas.

Mas, tudo isso não é automático, nem tampouco de curto prazo. É preciso persistir nos ajustes, lembrando que uma taxa de câmbio de equilíbrio industrial é uma condição *sine qua non*, porém não única. Ressalte-se, adicionalmente, que o cenário internacional vigente é bastante diferente daquele observado na primeira década dos anos 2000, em que o Brasil se aproveitou de um crescimento expressivo da China e do crescimento de preços. Isso nos exige mais ênfase nas questões estratégicas e de longo prazo, o que implica uma maior agregação de valor na produção para gerar mais emprego, renda e arrecadação tributária.

Conclusão

A crença de que apenas a expectativa de queda da inflação e sinalização do ainda distante ajuste fiscal sejam suficientes para uma retomada da confiança, que promova o crescimento continuado e robusto por si só, não se sustenta. Trata-se na crença do que Paul Krugman chama de "fada da confiança", referindo-se aos ajustes malsucedidos por países europeus. A insistência em se buscar um ajuste fiscal impossível, na medida em que cortes de gastos públicos diminuem a atividade econômica. Menor produção representa menos arrecadação tributária para o governo, mesmo porque geralmente ocorre um aumento na inadimplência do pagamento de impostos por parte de empresas em dificuldade. Do outro lado, juros elevados pressionam os gastos com o pagamento de juros sobre a dívida pública.

O resultado é que a combinação da propalada austeridade com a prática de juros elevados não resolve a questão fiscal, muito pelo contrário, criam ainda mais desajustes. Essa é a saga que vem acompanhando a economia brasileira há anos, a um elevadíssimo custo econômico e social.

Falta uma estratégia integrada de política econômica que trate a questão fiscal e monetária não como fins em si mesmo, mas como instrumentos, que juntamente com outras iniciativas, propiciem e induzam as condições para o crescimento.

Políticas fiscal e monetária têm que estar alinhadas nesse objetivo. A própria política cambial também tem um papel crucial nessa cruzada. Infelizmente, entre nós, ela é utilizada equivocadamente como elemento de curto prazo para combater os efeitos da inflação. Mas tudo isso são movimentos de médio e longo prazo e que requerem uma moeda competitiva, ou seja, desvalorizada e estável. Bem ao contrário do que vem ocorrendo. A elevada taxa de juros local vem provocando o ingresso de capitais especulativos e isso pressiona para a do real.

Além disso, os demais fatores de competitividade sistêmica continuam desfavoráveis. É o caso da burocracia excessiva, do custo de infraestrutura e logística, tributação que não estimula a agregação de valor. Tudo isso ainda vai adiar o impulso para uma retomada mais consistente e robusta, além de agravar o processo de desindustrialização em curso e suas consequências.

Enquanto o quadro descrito não for revertido, continuaremos, lamentavelmente, reféns do curto prazo e da especulação, em contraponto à atividade produtiva. O problema é que é impossível para uma nação com as características da brasileira, como elevado desemprego, crescimento da população ativa, ainda expressiva concentração de renda, desenvolvem-se sem estimular a atividade produtiva, na indústria, na agropecuária e nos serviços.

Referências Bibliográficas

ASSOCIAÇÃO NACIONAL DOS EXECUTIVOS DE FINANÇAS (ANEFAC). Pesquisa de Juros Disponível em: <https://www.anefac.com.br/PesquisaJuros.aspx> Acesso em: nov. 2016.

BANCO CENTRAL DO BRASIL (BCB). Dados diversos. Disponível em: <http://www.bcb.gov.br> Acesso em: jun. 2018.

BRASIL. Ministério da Fazenda (MF). Disponível em: <http://www.fazenda.gov.br> Acesso em: jun. 2018.

INSTITUTO BRASILEIRO DE GEOGRAFIA E ESTATÍSTICA (IBGE). Disponível em: <http://www.ibge.gov.br>. Acesso em: jun. 2018.

LACERDA, A. C. Crônica de um (des)ajuste anunciado. In: DOWBOR, L. & MOSANER, M. (Org.). *A Crise Brasileira*. São Paulo: Editora Contracorrente, 2016.

ORGANIZAÇÃO PARA COOPERAÇÃO E DESENVOLVIMENTO ECONÔMICO (OCDE). Base de dados. Disponível em: <http://stats.oecd.org>.

BLOQUEIOS ESTRUTURAIS À COMPETITIVIDADE NO BRASIL: SUBSÍDIOS PARA UMA AGENDA DE DESENVOLVIMENTO

Anita Kon[1]

Resumo

Este artigo examina os bloqueios estruturais que entravam a competitividade internacional do Brasil e, dessa forma, a retomada do desenvolvimento econômico do país, sob a hipótese de que a recuperação econômica passa pela inserção mundial do país como fornecedor ativo do mercado internacional e como componente da cadeia mundial de valor, através do aumento de sua competitividade interna e internacional. São examinados inicialmente, em uma abordagem schumpeteriana, os conceitos de inovação e competitividade que se relacionam ao desenvolvimento econômico que embasa este estudo, para então identificar os bloqueios estruturais à competitividade. A partir de indicadores internacionais selecionados, são observadas as variáveis componentes da infraestrutura socioeconômica adequadas para o ambiente propício às condições de competição internacional dos países. Em sequência é analisada a posição relativa da competitividade global e digital brasileira no comércio internacional e os bloqueios existentes à sua evolução no país.

1 Professora titular da PUC-SP. Coordenadora do Grupo de Pesquisas em Economia Industrial, Trabalho e Tecnologia do Programa de Estudos Pós-Graduados em Economia Política da PUC-SP.

Palavras-chave: Competitividade; Inovação; Desenvolvimento Econômico; Regulação; Políticas Públicas.

Introdução

A crescente e intensa globalização socioeconômica, que impera na atualidade, significa uma integração internacional da produção, mercados, hábitos sociais e culturais. Porém, implica também em exclusão e ampliação do atraso relativo, para as nações que não apresentam condições de se inserirem de modo satisfatório no processo de mundialização e, muito menos, no contexto de um desenvolvimento continuado. O aumento da competitividade internacional das empresas e do avanço tecnológico, que culminou na transnacionalização da produção e na globalização econômica, vem conduzindo os países à procura da crescente inserção na cadeia global de valor, como instrumento de continuidade do desenvolvimento socioeconômico.

Neste contexto, no Brasil, após o período de crise socioeconômica pelo qual vem passando e que atingiu seu ponto máximo em 2015, quando apresentou uma taxa anual de queda do PIB de 5,6%, — seguida da continuidade de taxas negativas, embora decrescentes, até o final de 2016 — a lenta retomada das atividades econômicas foi constatada pelo crescimento real no produto de apenas 0,98% em 2017 e previsão de abaixo de 2% em 2018. Esse resultado denota a recuperação da economia brasileira que, no entanto, não conseguiu repor as perdas da atividade econômica na crise, nem definir a retomada do caminho de desenvolvimento.

Este cenário coincide com um momento em que o Brasil passa por uma transição econômica, política e governamental, em uma conjuntura pós-eleitoral, em que a política pública está orientada para o alcance de resultados mais imediatos no curto prazo, ao mesmo tempo em que se rediscutem as premissas das reformas necessárias para o crescimento e desenvolvimento socioeconômicos. É um momento oportuno para a reflexão e a discussão sobre o peso das deficiências e bloqueios estruturais que se apresentam como obstáculos ao desenvolvimento buscado.

Este artigo examina os bloqueios estruturais que entravam a retomada do desenvolvimento econômico do país, sob a hipótese de que um dos caminhos de sua recuperação econômica passa pela retomada da busca da inserção mundial como fornecedor ativo do mercado internacional e como componente da cadeia mundial de valor, através do aumento de sua competitividade interna e internacional.

Com base em uma visão schumpeteriana, são apresentados inicialmente aspectos teóricos sobre as premissas do desenvolvimento socioeconômico dos países, a ser buscado através da dinâmica e competitividade interna e internacional da economia. Em sequência é buscada a identificação dos bloqueios estruturais a essa dinâmica, que são responsáveis pelo baixo ritmo de desenvolvimento do Brasil, selecionando-se entre os indicadores nacionais e mundiais de competitividade, os considerados mais abrangentes e adequados para a consecução dos objetivos do estudo. Para tanto, são examinados indicadores de competitividade econômica global do Brasil, em um contexto internacional e ainda índices de competitividade digital específica, para avaliar as políticas necessárias para o estímulo à inserção do país no novo modelo tecnológico digitalizado que caracteriza a competitividade internacional. Dessa forma, busca-se fornecer subsídios para a elaboração de uma agenda pública e privada voltada para a evolução da competitividade brasileira a médio e longo prazo, que conduza as políticas ativas de busca do desenvolvimento socioeconômico do país.

Desenvolvimento, inovação e competitividade: uma visão schumpeteriana

Na teoria econômica tradicional neoclássica, a dinâmica competitiva não leva em conta a interação entre conhecimentos científicos e desenvolvimento econômico e dessa forma, na atualidade, acarreta em muitas limitações para a interpretação da dinâmica econômica globalizada, desde que apresenta a visão de que as mudanças tecnológicas são exógenas aos modelos de crescimento da firma, ao processo produtivo, às condições de mercado e não incorporam a incerteza e a complexidade que o processo inovativo acarreta à economia. A este enfoque, Schumpeter e os neoschumpeterianos apresentam argumentos críticos que se configuram como contrapontos à visão neoclássica. A partir disto, a base teórica adotada nesta análise segue uma visão schumpeteriana, que explica de forma mais adequada o processo dinâmico do desenvolvimento socioeconômico dos países na atualidade.

Como distinguiu claramente Schumpeter (1957), o mero crescimento da economia representado pelo aumento do produto não pode ser considerado como significativo de desenvolvimento. O autor refaz o conceito de desenvolvimento prevalecente nas teorias tradicionais neoclássicas — a ideia associada ao crescimento da produção compatível com o crescimento da população — acrescentando a ideia da observação de transformações estruturais na dinâmica e nos canais de fluxo da economia, que modificam permanentemente o estado de equilíbrio previamente estabelecido, na direção de um novo equilíbrio que melhor satisfaça as necessidades humanas. Como salienta o autor, as velhas estruturas econômicas, não mais adequadas às atuais condições, devem sofrer um processo de "destruição criativa", destruindo as anteriores bases e incessantemente criando novos sistemas.

Neste contexto, com base em uma visão dinâmica do funcionamento da economia, em que o processo de introdução e difusão de inovações é ininterrupto, o enfoque schumpeteriano sobre o papel empresarial também contrasta com a visão estática da teoria neoclássica, e o conceito de concorrência passa a ser visto como um processo evolutivo, sempre em mutação, gerado por fatores endógenos ao sistema econômico. Especificamente as inovações ocupam um lugar prioritário na busca incessante de novas oportunidades lucrativas por parte das empresas em sua interação competitiva. O progresso tecnológico é visto como um elemento endógeno ao processo produtivo, diversamente da noção tradicional de que constitui uma variável exógena no processo.

Dessa forma, o processo de desenvolvimento econômico reflete — mais além das taxas de crescimento de investimentos em formação bruta de capital — o aperfeiçoamento do capital humano, da infraestrutura e das políticas públicas que determinam as condições institucionais e outras de apoio às mudanças estruturais também de caráter social, que conduzem ao aumento do bem-estar da população.

Por outro lado, a visão schumpeteriana considera que a função da inovação, como substrato da concorrência empresarial, se prende à busca constante de lucros extraordinários através da obtenção de vantagens competitivas entre os agentes empresariais do mercado, valendo-se da necessidade de diferenciação entre empresas, com relação às várias facetas do processo competitivo. A competitividade se origina com o processo de inovação e consiste na essência do desenvolvimento da empresa, da economia em que se insere e da capacidade de um país de realizar as mudanças estruturais relevantes que resultam em melhoria do bem-estar para a população.

O que se observou em nível global, particularmente a partir da Segunda Guerra Mundial, foi que os países foram conduzidos a um processo intenso de industrialização, e a uma nova divisão internacional do trabalho, porém que conservou desigualdades estruturais já consolidadas anteriormente, como resultado do monopólio do novo conhecimento científico e técnico. Com a continuidade dos avanços tecnológicos nas áreas de transportes e comunicações, o próprio aparato produtivo das empresas é deslocado para o exterior, inicialmente com a internacionalização da produção de setores e posteriormente, a partir do final de 1960 — particularmente com o avanço da microeletrônica e da tecnologia da informação. Em alguns setores o processo de produção é internacionalizado, com o desenvolvimento de cada parte do processo em uma diferente região mundial.

Como consequência, este processo de globalização econômica resultou em novas formas de competição entre empresas e se moldaram sistemas econômicos diversificados. Dessa forma, as economias mundiais passaram por mudanças em que se delinearam nitidamente a prevalência de paradigmas tecnológicos modificados, que se introduziram inicialmente em economias mais avançadas, e se disseminaram gradativamente pelas menos desenvolvidas. Neste contexto, a busca do avanço tecnológico visa a resolução de conflitos advindos no âmbito da produção e distribuição de produtos, e novos paradigmas tomam forma quando o caráter de uma nova invenção é de tal ordem que possibilita a ocorrência de mudanças autônomas ou induzidas consideráveis, que recuperem taxas decrescentes de retorno ao capital (KON, 2016).

Neste cenário global, nos anos 1980, a ideia de competição passou a incorporar conceitos de competitividade e de vantagens competitivas com base nas premissas neoshumpeterianas, e os elementos centrais que moldam esta competitividade se encontram no processo de decisão estratégica. As estratégias competitivas decididas pelas empresas refletem suas experiências passadas e sua compreensão sobre os riscos e incertezas quanto ao futuro. Várias formas de estratégias competitivas podem ser decididas de acordo com o padrão de competição no mercado e a definição de competitividade implica, portanto, em novas formas de tomada de decisão, levando em conta o padrão de concorrência a ser enfrentado, sendo a inovação o elemento dinâmico que determina o padrão de concorrência (GRASEL, 2001).

No mundo globalizado que veio se moldando desde este período, a concorrência se caracterizou pela busca permanente de diferenciação por parte das empresas participantes dos mercados consumidores, por meio de estratégias deliberadas, tendo em vista a obtenção de vantagens competitivas que proporcionem lucros de monopólio, ainda que temporários. A partir desta dinâmica global, configurou-se uma nova etapa mais avançada e veloz de transformações tecnológicas e de acumulação financeira, intensificando a internacionalização da vida econômica, social, cultural e política. Neste cenário mundial contemporâneo, observou-se a decorrência de múltiplas transformações de ordem econômica, política, social e cultural que, por sua vez, estimulam o aparecimento de novos modelos de relações entre instituições e mercados, organizações e sociedades.

Observou-se, então, que as atividades econômicas passaram progressivamente a se desenvolver de forma independente dos recursos de um território nacional, sejam esses recursos naturais ou construídos pelo homem. Esta desterritorialização teve como causas o padrão do progresso técnico, a preferência dos consumidores, organização corporativa e/ou políticas públicas de governos nacionais, o que favorece a maior mobilidade dos fatores produtivos sem perda de eficiência, competitividade e rentabilidade, progressiva com dispersão no grau de territorialidade das atividades econômicas.

A globalização econômica, nesse contexto de transformações tecnológicas e organizacionais, se fez sentir em diversas áreas. Observa-se inicialmente uma integração financeira internacional que acarreta no aumento do volume de recursos disponíveis e no aumento da velocidade de circulação dos mesmos, o que pode apresentar impactos positivos sobre a possibilidade da integração produtiva em âmbito internacional, porém também aspectos negativos, desde que a distribuição destes recursos de forma seletiva visando maiores retornos, pode resultar em concentração nas áreas mundiais mais avançadas.

Do ponto de vista comercial, a globalização acarreta no desenvolvimento de semelhanças nas estruturas de demanda e homogeneidade da estrutura de oferta dos vários países, o que possibilita ganhos de escala, uniformização de técnicas produtivas e administrativas, redução do ciclo do produto. Concomitantemente a competição entre empresas se volta não apenas para o produto, mas principalmente para a tecnologia dos processos produtivos (SVETLICIC, JAKLIC & BURGER, 2007). A competitividade tecnológica implica então em custos elevados na área de pesquisa e desenvolvimento de produtos, na sofisticação no atendimento da demanda e na provisão de assistência técnica. As empresas se reestruturam geograficamente, no sentido da competição a nível mundial, procurando as vantagens comparativas de cada país.

Por outro lado, com a aceleração da globalização econômica, a política econômica de cada país passa a ser grandemente condicionada por fatores externos, tendo em vista atender os objetivos da competitividade internacional e da participação ativa no processo de inter-relação mundial. Nesse sentido, políticas públicas em países em desenvolvimento estão fortemente atreladas às necessidades dos condicionantes externos, tanto no que se refere à necessidade do aumento da velocidade de introdução de tecnologias mais avançadas e liberadoras de mão de obra que restringem a oferta de postos de trabalho nas empresas, quanto no que diz respeito à diminuição dos custos do trabalho (KON, 2016).

No âmbito do contexto econômico global de um país, o desenvolvimento tecnológico refletirá decisões micro e macroeconômicas públicas e privadas, que por meio das políticas fiscais, monetárias, cambiais ou através da legislação, alteram a distribuição de fatores entre as diversas unidades de produção e a remuneração dos recursos de capital e trabalho.

Dessa forma, a concorrência proposta por Schumpeter e na visão de seus seguidores, nomeados de neoschumpeterianos, Nelson e Winter (1982) têm como principal característica a inserção em uma visão dinâmica e evolucionária do funcionamento da economia capitalista. Na perspectiva destes autores são introduzidas as noções básicas da busca de inovações pelas empresas, a partir de estratégias selecionadas e dos resultados econômicos dessas mesmas inovações originadas pelo mercado, bem como pelo apoio de outras instituições como centros de pesquisa, universidades etc. Esta forma de análise microdinâmica e os modelos de desenvolvimento resultantes baseiam-se na interação temporal entre as estratégias empresariais, que inclui o processo de busca de inovações e ainda outras estratégias competitivas e decisões de produção, investimento e preços, bem como o processo de seleção dessas inovações pelo mercado. Nessa abordagem, a competitividade é resultante da capacidade da empresa de formular e implementar estratégias concorrenciais, que lhe permitam ampliar ou conservar, de forma duradoura, uma posição sustentável no mercado interno e internacional.

Várias instituições e autores internacionais passaram a conceituar a competitividade através de interpretações diferenciadas, porém próximas. A

OECD interpretou este conceito como o grau em que uma nação pode, sob livres e justas condições de mercado, produzir bens e serviços que atendam aos testes internacionais de mercado e, simultaneamente, promover a expansão do rendimento real dos seus cidadãos (OECD, 2013). Para a Comissão Europeia (EC, 2011), a competitividade consiste em aumentar a produtividade, já que esta é a única maneira de alcançar um crescimento sustentado da renda *per capita* — o que, por sua vez, eleva o padrão de vida. Janger *et al.* (2011) definem competitividade como a capacidade de elevar os padrões de vida e emprego, mantendo um ambiente sustentável e equilíbrios externos sustentáveis. Delgado *et al.* (2012) interpretam como o nível esperado de produção por indivíduo em idade de trabalho que é apoiado pela qualidade geral de um país como um local para fazer negócios. Aiginger *et al.* (2013) definem como a capacidade de um país, uma região ou uma economia local para entregar metas além do PIB, para seus cidadãos, hoje e amanhã.

Estes autores redefinem o conceito anterior de competitividade com o propósito de monitorar ou mensurar o processo de transição de uma economia para um caminho de desenvolvimento mais dinâmico, socialmente inclusivo e ecologicamente ambicioso. Em suma, trazem a conotação de que uma economia competitiva ocorre quando sua população pode se beneficiar de padrões elevados e crescentes de qualidade de vida e de empregos, em uma base sustentável. Isso remete à ideia de que o nível de atividade econômica de um país não pode comprometer o bem-estar das futuras gerações, bem como não pode negligenciar as questões sociais de uma nação.

Como salientado por Lia Haguenauer (2012), a interpretação de competitividade por vários autores não é igual, como decorrência de bases teóricas, percepções da dinâmica industrial e mesmo ideologias diversas. A autora resume uma série de conceitos de competitividade encontrados na literatura que a associam a padrões específicos estruturais de uma economia: (i) competitividade como resultante do desempenho das exportações industriais; (ii) como eficiência, no sentido de uma característica estrutural representada pela capacidade de um país de produzir determinados bens igualando ou superando os níveis de eficiência observáveis em outras economias; (iii) como eficiência de preços quando comparados a preços internacionais; (iv) resultante do papel estratégico do progresso técnico, a tecnologia contribuindo para o desenvolvimento econômico; (v) como elemento central na configuração e evolução dos sistemas econômicos e dos fluxos internacionais de comércio; (vi) como correlacionada positivamente ao aumento de produtividade em determinada indústria de um país em relação à mesma indústria nos países concorrentes; e (vii) outros conceitos relacionados às condições gerais da produção.

Para outros autores (SIQUEIRA, 2009), a competitividade tem uma característica sistêmica que incorpora quatro níveis de variáveis interagentes, que impactam a capacidade competitiva das empresas e dos países: (i) nível microeconômico das empresas, agregando seus fatores internos e externos; (ii) nível mesoeconômico, que relaciona competitividade industrial e regional com formação de redes e sistemas de inovação; (iii) nível macroeconômico de uma economia; e (iv) nível metaeconômico relacionado a fatores culturais e sociais de um país. Vários autores entendem que, em nível microeconômico, o conceito de competitividade é de mais fácil compreensão e aceitabilidade no meio científico, pois utiliza como referência a capacidade das empresas de competirem e ampliarem suas atividades, ou seja, de produzirem de modo a atender às exigências dos mercados nacionais e internacionais em termos de preços e qualidade. Entretanto, em nível macroeconômico, não há um consenso sobre o conceito de competitividade.

Da mesma forma, a competitividade regional interna e externa a um país tem sido o foco de discussões, e a tentativa de compreendê-la é objeto de estudo de diversas correntes teóricas atuais. No entanto, a teoria institucional mostra que esta competitividade não depende apenas de fatores econômicos globais, mas também de fatores socialmente valorizados em cada espaço, que garantam a sua legitimidade e sobrevivência no contexto em que se incluem. Identificam as variáveis e respectivos valores subjacentes de competitividade, como instituídos em três níveis no contexto em que se inserem: internacional, nacional e regional/local. Estes fatores influenciam a adoção de estratégias econômicas, políticas e ambientais na busca por posicionamento competitivo (DOSI, 1988).

Assim, as infraestruturas econômicas, políticas, sociais e institucionais de uma nação proporcionam o embasamento necessário para a possibilidade de formação de um ambiente competitivo favorável para as firmas. Neste contexto, as empresas, na ausência de competitividade, tendem à insustentabilidade de seus negócios ou à falência, enquanto que, de modo diferente destas, as nações não possuem um conceito de falência bem definido e, independentemente de suas condições macro e microeconômicas, continuam a existir e a buscar novos posicionamentos no mercado internacional (ARRUDA *et al.*, 2009).

É necessário salientar que a competitividade global de um país inclui setores em que a tecnologia nem sempre é de ponta, mas é resultado de determinadas vantagens comparativas no contexto mundial. No entanto, o impacto mais significativo no contexto da competição resulta do avanço tecnológico das empresas, que na atualidade é representado pela digitalização intensa das atividades produtivas e distributivas.

A produtividade, anteriormente citada como componente de um contexto macro, é formulada de modo associado a um conceito micro, mais amplo de competitividade, e abrange não só as condições de produção como todos os fatores que inibem ou ampliam as exportações de produtos e/ou países específicos, como as políticas cambial e comercial, a eficiência dos canais de comercialização e dos sistemas de financiamento, acordos internacionais (entre países ou empresas), estratégias de firmas transnacionais, entre outros.

No entanto, não é unânime na literatura a visão do papel da competitividade de um país como indutor de desenvolvimento. Paul Krugman critica a relevância dada à competitividade em nível internacional, rebatendo alguns argumentos que ressaltam esse papel. O autor considera que: (i) os países não concorrem entre si como se fossem corporações transnacionais, porque sempre há possibilidade de intercâmbio de inovações e de outros efeitos; (ii) o grau de abertura comercial é muito diferente entre países por condições conjunturais; (iii) o superavit comercial não é indicador de competitividade internacional; (iv) o comércio internacional é troca, não competição; (v) alta produtividade deve ser procurada mesmo que com o objetivo de competitividade; (vi) a competitividade não depende de investimentos em indústrias geradoras de alto valor agregado; (vii) as políticas comerciais devem ser implementadas tendo em vista o impacto sobre a eficiência e não com o objetivo de geração de empregos; (viii) o governo ao adotar políticas setoriais de estímulo à competitividade acaba por prejudicar outros setores que trariam benefícios internos (KRUGMAN, 1999 e 2014).

Em suma, independentemente das críticas contrárias, o maior consenso é de que com a aceleração da globalização econômica, a política econômica de cada país passa a ser grandemente condicionada por fatores externos, tendo em vista atender aos objetivos da competitividade internacional e da participação ativa no processo de inter-relação mundial. Para tanto, ao lado do equilíbrio macroeconômico, as estruturas públicas institucionais, financeiras e logísticas voltadas para a esfera microeconômica devem ser adequadas à dinâmica das transformações estruturais necessárias para que as empresas consigam a competitividade interna e internacional que conduza ao desenvolvimento da economia.

Identificação dos bloqueios estruturais à competitividade e ao desenvolvimento: o caso do Brasil

A escolha dos indicadores

Uma das questões prioritárias para a análise da competitividade é identificar os fatores estruturais responsáveis pela sua existência, bem como os gargalos conjunturais e estruturais macro e microeconômicos que bloqueiam sua evolução. De forma geral, as medidas de competitividade que identifiquem estes fatores devem satisfazer a critérios básicos: incluir todos os setores expostos ou sujeitos à competição, agregar todos os mercados abertos à competição e, principalmente, devem ser construídos a partir de dados que são comparáveis internacionalmente.

Embora se observe uma diversidade considerável nos indicadores utilizados, existe um consenso relativo de que a competitividade internacional pode ser avaliada através de um tipo de medida compatível em nível global. Assim, ela pode ser mensurada através da seleção de indicadores específicos de uma economia relacionados ao contexto internacional, objetivo específico desta seção, tendo como espaço de estudo o Brasil.

São disponíveis uma série de indicadores nacionais e internacionais que permitem a avaliação dos níveis de competitividade brasileira. Da análise das variáveis selecionadas pelas várias instituições pesquisadoras é possível identificar as diferenças básicas entre a agenda dos países mais bem posicionados e a agenda possível para o Brasil. Estes indicadores permitem avaliar as principais restrições ou bloqueios ao avanço da competitividade brasileira e consequentemente gargalos ao desenvolvimento do país. A análise das experiências de países mais avançados sobre os fatores que alavancam a competitividade permite a orientação para a elaboração de políticas de médio e longo prazo.

No Brasil, instituições públicas, como o IPEA e o IBGE, e privadas, como a FUNCEX e a CNI, bem como pesquisadores acadêmicos, vêm elaborando teórica e/ou empiricamente indicadores de competitividade ou suas variantes, que têm como objeto setores específicos, ou variáveis específicas como de produtividade física ou monetária da mão de obra, relação câmbio/salário, taxa de câmbio real e real efetiva, custo unitário relativo da mão de obra etc. No entanto, na maior parte dos casos, não se efetivou a sistematização contínua da mensuração destes índices, bem como a elaboração de um nível de abrangência para a situação do país como um todo diante do mercado internacional.

Entre outros estudos nacionais teóricos mais completos, destaca-se a pesquisa financiada pelo Ministério de Ciência e Tecnologia (MCT) em 1993, que reuniu em um consórcio uma série de instituições acadêmicas nacionais coordenadas por Luciano G. Coutinho (IE/Unicamp), João Carlos Ferraz (IEI/UFRJ), Abílio dos Santos (FDC) e Pedro da Motta Veiga (FUNCEX), além de outras internacionais associadas. Estas elaboraram um documento publicado pelo Núcleo de Economia Industrial e Tecnologia (NEIT) da Unicamp, com os resultados de um estudo com a proposta da criação de um Sistema de Indicadores de Competitividade para o Brasil. Estes indicadores foram construídos de forma consideravelmente abrangente, organizados em três grandes grupos (desempenho, eficiência e capacitação) e três diferentes níveis (empresarial, estrutural e sistêmico) com uma riqueza de detalhes, no sentido de acesso à disponibilidade imediata ou próxima de informações no país. No entanto, não houve continuidade pelo MCT da efetivação empírica contínua constante na proposta (NEIT, 1993).

Outra pesquisa da FIESP desenvolveu uma metodologia que permite comparar 43 países, responsáveis por 95% do PIB mundial, a partir de 83 variáveis quantitativas, que compõem o Índice de Competitividade FIESP (IC-FIESP). O indicador é organizado em oito grupos de fatores determinantes para a competitividade nominados: economia doméstica (macroeconômicos), abertura, governo, capital, infraestrutura, tecnologia, produtividade e capital humano. No entanto, os últimos indicadores disponíveis retratam a situação no ano de 2011 e mostram um resultado global situando o país em um grupo de baixa competitividade, colocado na 37ª posição entre os 43 países. O índice médio de competitividade de todos esses países é mais que o dobro do brasileiro e, naquele momento o crescimento da produtividade do país, mostrava uma variação também inferior à média (COELHO, 2012).

Para a consecução da proposta desta análise a fim de detectar bloqueios estruturais à competitividade brasileira no comércio internacional, foram selecionados como indicadores os índices do Global Competitiveness Report (GCR), elaborado por um grupo específico do World Economic Forum (WEF), que mensuram variáveis consideradas fatores fundamentais para o crescimento econômico sustentável e a prosperidade no longo prazo, como condensado no Quadro 1 (WEF, 2007). A escolha destes indicadores nesta seção se prendeu à abrangência e compatibilidade das variáveis para economias internacionais específicas, que incluem o Brasil, que permitem uma comparação atualizada entre países de vários níveis de desenvolvimento.

O GCR define um indicador global para cada país nomeado de Global Competitiveness Index (GCI), um sistema de índices de competitividade que considera tanto fatores macro como os microeconômicos preservando, portanto, a importância da interação entre os fatores sistêmicos, empresariais e estruturais da economia. De forma sintética, competitividade é, para o WEF (2007), a disponibilidade de um conjunto de instituições, políticas e fatores que determinam o nível de produtividade do país e constituem o embasamento para a competição no comércio interno e internacional.

QUADRO 1 – FATORES DETERMINANTES DO MODELO DE COMPETITIVIDADE GLOBAL

REQUISITOS BÁSICOS	**POTENCIADORES DE EFICIÊNCIA**	**INOVAÇÃO E SOFISTICAÇÃO NOS NEGÓCIOS**
Saúde e educação	Tamanho do mercado	Inovação
Ambiente macroeconômico	Prontidão tecnológica	Sofisticação nos negócios
Infraestrutura	Desenvolvimento do mercado financeiro	
Instituições	Eficiência do mercado de trabalho	
	Eficiência do mercado de bens	
	Educação técnica e superior	

Competitividade econômica internacional

FONTE: WEF (2007).

Complementando a investigação sobre as condições globais de competitividade brasileira no comércio internacional, esta análise examina a possibilidade de competitividade digital brasileira nesse mercado. Os indicadores para este objetivo se baseiam na detecção da disponibilidade estrutural de alguns fatores-chave, de acordo com os critério das informações fornecidas pelo Centro de Pesquisas sobre Competitividade da Business School de Lausane, responsável pela mensuração dos índices de competitividade digital mundial publicados no IMD World Digital Competitiveness Ranking (IMD, 2017). Nestas pesquisas foram relacionados alguns fatores determinantes do ambiente favorável à competitividade digital, em três áreas específicas: conhecimento, tecnologia e prontidão para o futuro, tanto de empresas privadas como na esfera estatal e que moldam a competitividade digital do país (Quadro 2).

QUADRO 2 – FATORES DETERMINANTES DO MODELO DE COMPETITIVIDADE DIGITAL

CONHECIMENTO	TECNOLOGIA	PRONTIDÃO PARA O FUTURO
Talento	Estrutura regulatória	Atitudes adaptativas
Treinamento e educação	Capital	Agilidade na tomada de decisão
Concentração científica	Estrutura tecnológica	Concentração de tecnologia de informação

Competitividade digital

FONTE: IMD (2017).

Os indicadores de competitividade digital (IMD) vêm sendo desenvolvidos anualmente desde 1989, em cooperação com uma rede de 57 institutos de pesquisa mundiais, investigando 63 países em 2017, com o objetivo de elaborar os índices que possibilitem a comparação mundial do avanço da competitividade internacional relativa.

O índice global reúne 260 variáveis classificadas em 20 subfatores distintos, que representam as áreas de comércio internacional, infraestrutura social, produtividade e educação, entre outras. A pesquisa explora para cada país uma situação sobre o desempenho global, o cenário conjuntural de competitividade, pontos fracos e fortes, assim como áreas de maior evolução ou declínio, bem como os desafios a enfrentar para a evolução digital (IMD, 2017).

Condições de competitividade global do Brasil no comércio internacional

Especificamente no Brasil, a retomada do crescimento após a crise contundente iniciada em 2015–2016 está fortemente atrelada à capacidade de retomada do comércio internacional e da inserção do país na cadeia global de valor. Esta recuperação deve refletir a capacidade das políticas públicas de construir o ambiente adequado que possibilite a reação das empresas para investimentos em inovações e outros, que permitam a evolução na competitividade global no mercado internacional.

O Fórum Econômico Mundial de 2017 divulgou seu relatório *The Global Competitiveness Report 2017–2018* (WEF, 2017), onde são apresentados os índices de competitividade global que investigam o desempenho de 140 países baseado em 12 indicadores de competitividade. Entre os países selecionados, o relatório apresenta as informações sobre o Brasil fornecidas em parceria com a Fundação Dom Cabral e apontam que o país ocupa a 80º colocação na classificação mundial em 2017, correspondendo a uma piora significativa em relação à situação de 2012 (48º lugar entre 144 países), desde que após a crise brasileira de 2014, a recuperação econômica e o fortalecimento das instituições são ainda muito tímidos.

De um modo global, entre os indicadores, o Brasil apresentou no período melhora em 10 dos 12 pesquisados, porém deve ser salientado que tais ganhos são relativos, desde que a classificação é construída de forma comparativa entre os países (Figura 1).

FIGURA 1 - POSIÇÃO RELATIVA DO BRASIL NO CENÁRIO COMPETITIVO GLOBAL INTERNACIONAL

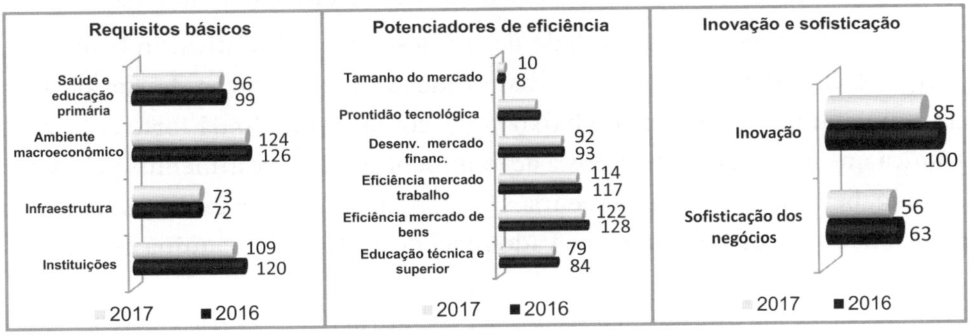

FONTE: WEF (2017-2018).

O primeiro grupo de indicadores diz respeito aos requisitos básicos da economia do país para a inserção no comércio mundial. Entre estes indicadores, observa-se que o ambiente macroeconômico brasileiro se situa em uma posição muito desvantajosa no contexto mundial em 2017 (124 entre os 144 países)[2], tendo em vista os problemas de equilíbrio fiscal, embora apresentasse ganhos de posição relativamente ao ano anterior, causados pela queda da inflação. O cenário macro continua marcado pelo contínuo avanço das despesas correntes e dos gastos obrigatórios, bem como de forte queda da arrecadação do setor público no Brasil, o que tem sido fator determinante do desequilíbrio fiscal, desde que o elevado nível de custeio da máquina do Estado provoca um desajuste entre arrecadação e despesa, gerando um ciclo vicioso de altas taxas de juros, tributação elevada e baixo nível de investimento.

Da mesma forma, a figura mostra que o ambiente institucional do país ainda não está preparado para facilitar a busca de competitividade pelas empresas privadas (situando-se na 120ª posição relativa) embora apresente melhora considerável em relação ao período anterior. Os requisitos sociais de saúde e educação básica (99ª) também não apresentam características do avanço necessário para possibilitar que a força de trabalho tenha condições de apoiar a busca da produtividade e na classificação mundial, se situam entre os 40% dos países menos avançados nestas áreas. Em 2017, os gastos com saúde e educação mostraram uma queda de 3,1%. Haja vista que no primeiro trimestre de 2018 os gastos federais em Saúde ficaram abaixo do valor obrigatório do período. Embora o gasto público total em Educação no Brasil tenha representado em torno de 6% do PIB, enquanto a média dos demais países é 5,6%, a relação gastos/alunos mostra que o país se situa em penúltimo lugar na classificação e o nível médio de qualificação da força de trabalho se apresenta abaixo das necessidades do avanço tecnológico do país.

O indicador da disponibilidade de infraestrutura (logística, informações, energia e em estrutura social e urbana) mostra a estagnação de sua posição em um patamar relativamente baixo (73ª), como resultado da forte crise econômica que limitou os estímulos à ação no sentido de investimentos pelo setor privado, bem como a falta de recursos governamentais para estes gastos, como mencionado, tendo em vista o elevado nível de custeio da máquina do Estado.

2 Os resultados entre parênteses na análise, que não dizem respeito a referências bibliográficas, indicam a posição do Brasil em relação aos demais países no contexto da pesquisa internacional.

O segundo grupo de indicadores apresentados na Figura 1 inclui os denominados potenciadores de eficiência, que determinam as condições de ofertar produtos no mercado internacional a preços competitivos. A melhor condição do país se refere ao tamanho do mercado, situado na 10ª posição entre os países, no entanto a alta taxa de desemprego diminuiu as possibilidades de produção e acesso ao consumo pelos consumidores internos e externos do país. Embora o país apresente condições de prontidão tecnológica acima da média dos países (55ª), as condições da educação técnica e superior ainda não atingiram um patamar adequado às necessidades de atendimento das tecnologias mais avançadas e digitalizadas.

Por sua vez, as condições de eficiência do mercado de bens são ainda precárias (122ª), devido à carência de políticas mais eficientes antimonopólio, agrícolas e de orientação ao consumidor, bem como das limitações conjunturais de financiamento a curto e longo prazo. A eficiência do mercado de trabalho ainda continua em patamares muito baixos (114ª), tendo em vista que as reformas trabalhistas estipuladas, necessárias para o estímulo à relação entre empregado e empregador e melhora das condições de trabalhadores autônomos e por conta própria, ainda estão em estágio incipiente e os impactos esperados até então não tiveram condições de se fazerem sentir, devido à elevada taxa de desocupação do período.

O último grupo de indicadores trata diretamente da questão da Inovação e da sofisticação dos negócios, que é avaliado sob a ótica da percepção dos empresários, observando-se que estes subfatores apresentam a evolução relativa mais expressiva, refletindo uma perspectiva subjetiva mais otimista desde que melhorou sua posição na classificação em 2017. No que se referem à inovação, pesquisas da Fundação Dom Cabral constatam desenvolvimento na capacidade de inovar, ganhos na qualidade das instituições de pesquisas científicas, maiores investimentos em P&D e maior colaboração indústria-universidade. No entanto, entre as barreiras internas relatadas em outra pesquisa pela Confederação Nacional das Indústrias (CNI, 2016) encontram-se ainda a insuficiência de infraestrutura relacionada a TI, a segurança tecnológica, alto custo de implantação de tecnologias pelas empresas, falta de cultura da empresa para transformações tecnológicas e incerteza quanto aos retornos destas ações.

Como resultado, a sofisticação dos negócios ainda não reflete maior dinamismo dos fornecedores locais e melhor controle de distribuição e escoamento internacional, em parte bloqueados pela crise econômica ainda persistente. Os entrevistados relatam que as maiores dificuldades para a efetivação de negócios se vinculam à tributação elevada e mal distribuída, à burocracia e ineficiência estatal e à corrupção.

Nesse sentido, observa-se que a economia brasileira passa por um momento em que se alternam estagnação e baixa recuperação, no que se refere aos diferentes fatores determinantes da competitividade. No entanto, o relatório da WEF (2017) já constata uma tendência de evolução institucional, e também uma tendência a ganhos de competitividade do país, embora seja patente o distanciamento considerável das economias mais desenvolvidas do mundo. Particularmente no que se refere à produtividade e intensidade tecnológica, já se observa uma conscientização mais intensa sobre a necessidade de reformas regulatórias que simplifiquem a construção de um ecossistema mais adequado à inovação — condição prioritária para a retomada do crescimento econômico.

As condições de competitividade digital do Brasil

Uma das vertentes mais relevantes e prioritárias para a evolução da competitividade do Brasil no contexto internacional diz respeito ao desenvolvimento de um ecossistema de inovação que se equipare aos operantes em países mais avançados, baseado em tecnologias digitais. Observa-se na atualidade que a inovação em centros de desenvolvimento dos países, tem sido criada de forma aglomerada, através da participação conjunta de vários parceiros, não necessariamente da mesma organização, que trabalham em uma forma de inter-relacionamento que resulta em mútuas vantagens, resultando em ecossistemas de inovação. Estes sistemas digitalizados permitem mútuos benefícios extraídos da cooperação de firmas individuais para a provisão do mercado e permitem que as empresas otimizem seus processos de produção e distribuição, mas além disso desenvolvem a criação de novos produtos e serviços, fenômeno chamado de "inovação aberta", em contraposição ao conceito anterior de "inovação fechada" (KON, 2016).

Como evidencia o recente *Relatório da OCDE* (2017), estas relevantes transformações tecnológicas resultam em consequências sobre a produtividade, emprego, capacitações e qualificações nas empresas, relações de mercado, distribuição de renda, bem-estar da população e condições ambientais, entre outras. Estes impactos passarão a prevalecer nas futuras formas de produção, o que apresenta implicações consideráveis sobre as demandas por políticas governamentais e institucionais de apoio que favoreçam a evolução destas tecnologias.

Pesquisas mundiais recentes observaram que, na última década, as economias que experimentaram maiores evoluções tecnológicas através da digitalização acabaram por se distanciar das demais, de forma melhor sucedida em termos de competitividade e na possibilidade de responder às sucessivas crises mundiais. As pesquisas mostram que as transformações afetam não apenas o funcionamento dos mercados, mas também terão condições de evolução no futuro, em um novo ambiente propício (LOUCKS *et al.*, 2016).

TABELA 1 - POSIÇÃO DO BRASIL NA CLASSIFICAÇÃO MUNDIAL DE COMPETITIVIDADE DIGITAL SEGUNDO OS SUBFATORES

	2013	2014	2015	2016	2017
TOTAL	52	55	56	54	55
CONHECIMENTO	52	52	55	54	55
Talento	54	57	60	59	60
Treinamento e educação	46	46	52	49	48
Concentração científica	45	41	40	43	44
TECNOLOGIA	57	56	55	54	55
Estrutura regulatória	58	58	57	58	60
Capital	44	51	55	54	56
Estrutura tecnológica	53	49	49	47	48
PRONTIDÃO	43	49	51	49	44
Atitudes adaptativas	42	43	43	44	45
Agilidade nos negócios	43	45	54	51	46
Integração de TI	46	49	51	48	49

FONTE: IMD (2017).

No Brasil, as condições de competitividade interna e internacional requerem a adoção destes novos modelos digitais de produção e distribuição, que por sua vez só tendem a apresentar condições de operacionalização na medida em que o país dispuser de condições estruturais adequadas às mudanças. A capacidade da economia de construir um ambiente em que as empresas possam gerar substancial valor adicionado a partir de competitividade digital vantajosa, da mesma forma que para a competitividade global da economia, depende dos ajustamentos das políticas governamentais para a formatação do ambiente econômico e institucional propício. Nesse sentido, a investigação sobre a possibilidade de competitividade digital brasileira no mercado internacional, nesta seção, se baseia na investigação sobre a disponibilidade estrutural de alguns fatores-chave, mensurados pelos índices IMD, identificados anteriormente no Quadro 2.

Baseados nos indicadores desta pesquisa, que em 2017 investigou 63 países, observa-se a posição relativa do Brasil na classificação mundial de competitividade digital, de acordo com a disponibilidade de elementos estruturais que moldam o ambiente propício à evolução desta competitividade (Tabela 1).

As informações mostram que entre as 63 economias mundiais pesquisadas em 2017, a posição do Brasil no âmbito da disponibilidade de condições adequadas para enfrentar a competitividade digital se situa em torno do 55o lugar no período de 2013 a 2017, apresentando, no entanto, uma piora relativa desde 2014, para quase todos os grupos de fatores, com exceção da concentração científica e da disponibilidade de estrutura tecnológica que apresentaram melhora em relação à classificação dos países. Esta posição coloca o país entre os 20% de economias menos avançadas neste quesito entre as pesquisadas, o que leva à necessidade de um diagnóstico mais acurado sobre as áreas que requerem maior atenção das políticas públicas que permitam a evolução das possibilidades de competição no comércio mundial.

A observação mais detalhada das variáveis que compõem os subfatores do índice mostra as áreas em que o Brasil apresenta maior carência na adequação da infraestrutura econômica, institucional e financeira para a competição internacional. Os resultados dos subfatores mostram uma piora no que se refere à área do conhecimento (Figura 2). A criação e utilização das ferramentas de conhecimento, como é notório, são fundamentais para a assimilação e evolução da transformação tecnológica, bem como para a diversificação da especialização dos agentes envolvidos.

FIGURA 2 - POSIÇÃO DO BRASIL NA CLASSIFICAÇÃO MUNDIAL DE COMPETITIVIDADE DIGITAL SEGUNDO OS SUBFATORES DE CONHECIMENTO

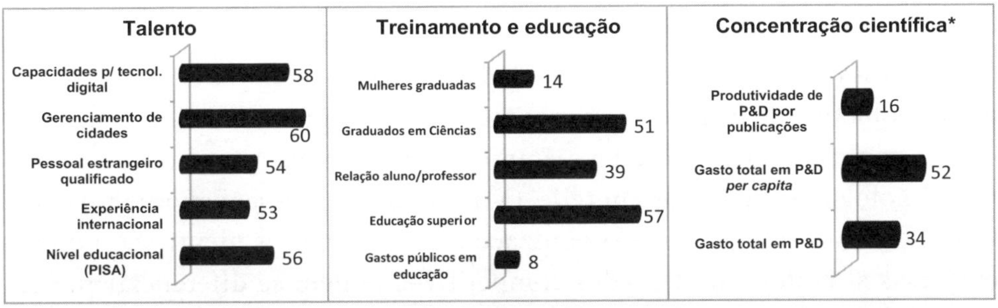

FONTE: IMD (2017). *OUTRAS VARIÁVEIS SEM DADOS SÃO: EMPREGOS CIENTÍFICOS E TÉCNICOS, E PESQUISADORAS FEMININAS.

Os subfatores que correspondem ao grupo denominado "Talento", correspondem ao conjunto de qualificações e capacidades disponíveis pela mão de obra engajada nesta tecnologia; as posições das variáveis de nível educacional pelo PISA (Programme for International Student Assessment), experiência internacional, pessoal estrangeiro altamente qualificado, gerenciamento de cidades e qualificações para tecnologias digitais situam-se entre os 10% menos avançados na classificação e apenas o fluxo líquido de estudantes internacionais apresenta melhor situação mais próxima da média dos países.

No grupo nomeado "Treinamento e educação", observa-se que algumas variáveis se situam em posições mais favoráveis, como o gasto público total em educação e mulheres graduadas, que ocupam respectivamente a 8ª e a 14ª colocações entre os países. No entanto, quando se examinam através do PISA os impactos efetivos destas inversões, as pesquisas revelam que os resultados no país ainda não atingem níveis satisfatórios, tanto na qualificação da força de trabalho, quanto no aproveitamento relativo das mulheres em ocupações formais que exigem maior qualificação, haja vista as situações menos avançadas da relação aluno/professor na educação superior, do treinamento dos empregados, dos graduados em Ciências e da educação superior.

Os subfatores de "Concentração científica" assumem uma posição relativamente melhor que a média total do Brasil, particularmente na produtividade da P&D mensurada pelas publicações resultantes. Porém, o gasto total em P&D, e ainda mais intensamente este gasto *per capita*, não correspondem às necessidades da infraestrutura necessária para a melhoria da competitividade digital.

É necessário salientar que as atividades de "Treinamento e educação" atendem ao objetivo de fornecer as capacitações tecnológicas de redes, bem como outros conhecimentos teóricos e empíricos adequados à introdução de novas tecnologias ou serviços em rede. O treinamento e desenvolvimento como ferramentas estratégicas nas organizações e as pesquisas identificam que as empresas atuantes em mercados competitivos podem se diferenciar por intermédio de ações voltadas ao aumento de suas capacitações e competências de absorver novas tecnologias e mercados ganhando vantagens competitivas (FAVALLI e BASTOS, 2015).

No Brasil, apenas grandes empresas mostram a consciência e a capacidade financeira da necessidade de desenvolver internamente as capacitações de sua mão de obra com conhecimentos além dos adquiridos nas salas de aula formais e com formas de aprendizagem voltadas para diferentes requisitos tecnológicos. Ainda é insuficiente no país a representatividade de empresas de porte médio e pequeno que decidem fornecer um treinamento que não seja específico de curto prazo. Cabe às políticas públicas estabelecer as condições para a criação de organizações públicas ou privadas de "Conhecimento" voltadas para treinamento das capacitações e habilidades pessoais que sejam flexíveis de modo a acompanharem e atenderem os requisitos exigidos das inovações científicas e tecnológicas em constante transformação.

Por sua vez, a concentração do conhecimento científico, como base fundamental para o desenvolvimento socioeconômico das nações, mostra que seu grau de utilização nas estruturas organizacionais e produtivas de cada sociedade pode ser um dos fatores explicativos dos diferentes graus de desenvolvimento alcançados. Como revela pesquisa de Barros (2014), sua produção e apropriação encontram-se muito concentradas num grupo de países mais desenvolvidos e, dessa forma, são responsáveis pelas grandes diferenças estruturais neste âmbito, que existem entre os países desenvolvidos e em desenvolvimento. Estas diferenças decorrem da diversidade de formações históricas e culturais, que moldam as características gerais de seus sistemas de ciência e tecnologia, e ainda a forma como têm sido conduzidas suas políticas científicas e tecnológicas, os resultados obtidos e a configuração dos principais problemas e desafios a serem enfrentados.

No que se refere ao grupo de fatores de "Tecnologia", as variáveis estruturais básicas determinam a adaptação bem sucedida das ideias inovativas postas em prática. Nesse campo, particularmente o papel da regulação, se associa à disponibilidade de capital e a estrutura existente de tecnologia tangível e intangível, para a efetivação de inovações que moldarão a competitividade digital (Figura 3).

FIGURA 3 - POSIÇÃO DO BRASIL NA CLASSIFICAÇÃO MUNDIAL DE COMPETITIVIDADE DIGITAL SEGUNDO OS SUBFATORES DE TECNOLOGIA

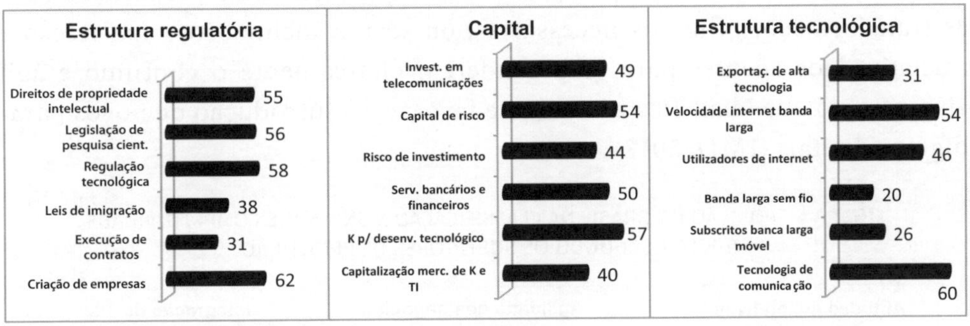

FONTE: IMD (2017).

Os índices mostram que a estrutura regulatória do país não é adequada às inversões na evolução tecnológica e revelam, no conjunto dos países pesquisados, uma situação de atraso, particularmente em relação ao contexto das normas de criação de novas empresas, à regulação da implementação da tecnologia, à legislação da pesquisa científica e aos direitos de propriedade, embora no campo das leis da imigração e de execução de contratos já tenha ocorrido algum avanço. Por sua vez, a estrutura tecnológica se ressente de maior atraso na área de Tecnologia de Comunicação e de velocidade da internet banda larga, embora já mostre melhor disponibilidade na operacionalização de banda larga sem fio e móvel. Pesquisa da Confederação Nacional das Indústrias (CNI, 2016) corrobora estes resultados e mostra uma série de barreiras internas e externas relatadas pelos produtores, relacionadas à regulamentação e normalização técnica inadequadas.

No que diz respeito à disponibilidade de capital, a insuficiência de capital específico para investimentos tecnológicos e para capital de risco situa o país entre os menos favorecidos da pesquisa, enquanto é menos precária a posição relativa do processo de capitalização do mercado de capitais e TI, bem como dos investimentos em telecomunicações (IMD, 2017). Por sua vez, carência de linhas de financiamento e a incerteza quanto aos retornos destes investimentos são fortes bloqueios, porém os maiores entraves à inovação são ligados aos altos custos de implantação destas novas tecnologias, em grande parte decorrentes dos elevados custos do capital, relatados por 66% dos produtores (CNI, 2016).

Os subfatores do grupo denominado "Prontidão" (Figura 4) são visualizados pelas atitudes com relação a mudanças, que efetivam a preparação para as transformações digitais necessárias, ou seja, a inclinação, capacitação e iniciativa dos agentes para empreenderem efetivamente o contínuo e ágil ajustamento que identifica o ambiente favorável à introdução de novos paradigmas digitais (IMD, 2017).

FIGURA 4 - POSIÇÃO DO BRASIL NA CLASSIFICAÇÃO MUNDIAL DE COMPETITIVIDADE DIGITAL SEGUNDO OS SUBFATORES DE PRONTIDÃO

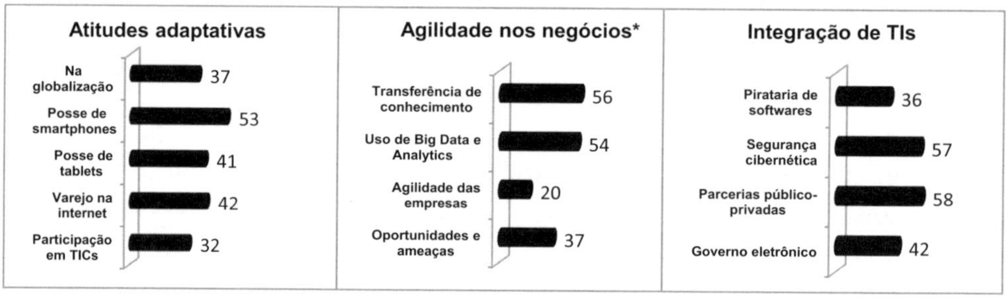

FONTE: IMD (2017). *OUTRA VARIÁVEL SEM DADOS: FIRMAS INOVADORAS.

Nesse contexto, observa-se que as maiores deficiências relativas do Brasil para se adaptar rapidamente às novas tecnologias, para reagir com agilidade nos negócios (embora a agilidade das empresas esteja bem situada) e para a integração das TI necessária para a introdução dos novos paradigmas tecnológicos, se encontram na capacidade ainda deficiente de transferência de conhecimento, no uso de Big Data e outros sistemas analíticos digitais, na segurança cibernética e na ausência de parcerias público-privadas (IMD, 2017). A pesquisa da Confederação Nacional das Indústrias (CNI, 2016) mostra que, em um universo de 2.225 empresas selecionadas dos setores da Indústria de Transformação e Extrativa — sendo 910 pequenas, 815 médias e 500 grandes apenas 58% (na Transformação) e 50% (na Extrativa) conseguiram identificar quais tecnologias digitais, de uma lista apresentada de dez opções, que teriam o maior potencial de alavancar a competitividade da empresa. As demais não tinham conhecimento sobre isso ou não responderam.

A Figura 4 mostra que outros requisitos de prontidão que estão relativamente melhor colocados referem-se particularmente à posse de tablets, ao varejo pela internet, à agilidade perante oportunidades e ameaças do sistema, bem como à operacionalização governamental específica através de governo eletrônico.

Os ajustamentos aos novos requisitos e às novas condições de produção e distribuição com o avanço das tecnologias digitais podem ser altamente disruptivos, o que requer que os formuladores de políticas governamentais monitorem as possibilidades e consequências e preparem o ambiente econômico para tais eventualidades de rompimento e reconstrução de antigas estruturas.

Dessa forma, a posição ainda incipiente na competitividade digital do Brasil quando relacionado ao contexto mundial, requer a construção de uma infraestrutura adequada de apoio através de políticas públicas econômicas e institucionais, para possibilitar a maior inserção do país na cadeia internacional de valor.

Conclusão

Em 2018, completaram-se dez anos do advento da crise financeira global e a economia mundial mostra sinais encorajadores de recuperação, com crescimento do PIB acelerando para 3,5% em 2017. No entanto, os responsáveis pelas políticas públicas e pela tomada de decisões de empresas privadas em vários países ainda experimentam altos níveis de incerteza, desde que os novos modelos tecnológicos digitais e as forças geopolíticas estão transformando a ordem econômica, a política mundial e as relações internacionais que vigoraram durante os últimos 25 anos (WEF 2017).

Por sua vez no Brasil, tecnicamente a situação econômica conjuntural é de estagnação em um cenário de incertezas, que vem fazendo com que investidores e empreendedores privados e governamentais adiem investimentos, visando aguardar momentos menos incertos para iniciar seus projetos de modernização. Nesta conjuntura, deve ser pensada e debatida uma agenda para o país a médio e longo prazos, para que a economia possa recuperar as condições para a busca do desenvolvimento socioeconômico, que tem sido retardado nos últimos anos.

É necessário ressaltar que estas dificuldades não se referem apenas à conjuntura de crise brasileira após 2014, mas já se manifestavam em situações anteriores em que a economia apresentava evolução positiva, ou seja, é uma questão estrutural que permanece há longo prazo. Tanto as dificuldades internas quanto externas do país são associadas à falta de políticas públicas adequadas que possibilitem a diminuição dos custos e da burocracia para a implantação de novas tecnologias e outras medidas institucionais de regulação e apoio. Os impedimentos, entre outros fatores, estão ligados a deficiências advindas da carência da efetivação de uma infraestrutura institucional, financeira e logística que permita a evolução dos ecossistemas de inovação no país, que conduza a uma maior competitividade internacional.

Nesse sentido, a análise dos fatores determinantes da posição relativa brasileira no âmbito da competitividade internacional, aqui empreendida, além de mostrar a condição relativa atrasada da infraestrutura básica para a evolução do desenvolvimento socioeconômico, visou oferecer também subsídios para a definição de prioridades para a formulação da agenda pública e privada que possibilite a ultrapassagem dos gargalos estruturais que impedem a continuidade do desenvolvimento sustentado do país.

A criação de uma série de instituições e organizações destinadas à operacionalização dos sistemas no novo paradigma tecnológico mundial se destina a estabelecer as condições essenciais para evolução da pesquisa nacional, para difusão das novas tecnologias e informações, bem como para o direcionamento adequado dos financiamentos, elaboração e distribuição dos produtos. Nesse sentido, os estímulos à concentração do conhecimento científico visando a elaboração de inovação apropriada às condições das especificidades produtivas brasileiras, são componentes decisivos para as mudanças favoráveis na competitividade, pois promovem o ambiente de ideias a partir das quais emergem as tendências inovadoras e possibilitam os investimentos e a produção de conhecimento necessário para a transformação digital da economia.

As incertezas e riscos observados no Brasil na conjuntura requerem também políticas reguladoras e outras macro e microeconômicas designadas para a convivência com as novas formas de competição, para o rompimento de barreiras à participação de empresas de menor aporte de capital ou outras formas de barreiras à competição e ao acesso a mercados que incluem também aspectos da segurança digital.

Nesse sentido, as sugestões de medidas governamentais indicam mais uma vez o estabelecimento de marcos regulatórios adequados, investimentos em novos modelos de educação e programas de treinamento para adicionar novas habilidades à força de trabalho, bem como a criação de instituições para o estabelecimento e promoção de padrões técnicos abertos que facilitem a interoperabilidade entre as empresas e a promoção de pesquisa e desenvolvimento da infraestrutura digital de banda larga e sensores.

Além disso, a colaboração direta entre o governo e o setor privado, bem como com o governo de outros países, é relevante para lidar com estímulos à inovação, transferência e proteção de dados e ao acesso a linhas de financiamento específicas. Por outro lado, as antigas regulamentações e legislações existentes podem requerer revisões sobre atribuições de responsabilidades e obrigações entre tomadores de decisão e grupos estratégicos (*stakeholders*), em nível nacional e internacional.

As mudanças estruturais no ambiente econômico brasileiro favoráveis a este novo paradigma demandam atenção dos agentes privados e governamentais, no sentido da compreensão da repercussão e das implicações das transformações tecnológicas, que trazem consigo uma visão renovada das políticas públicas necessárias. Assim, as políticas governamentais deveriam estar atentas para as especificidades do parque industrial brasileiro, desde que a difusão das tecnologias mais avançadas no Brasil não atingirá todos os setores da mesma forma e ao mesmo tempo, tendo em vista que o nível de heterogeneidade da nossa economia exigirá que as políticas sejam adaptadas para diferentes setores, assim como para diversificados portes e bases tecnológicas das empresas dentro de um setor, que acarretam velocidades e condições diferenciadas para a mudança necessária.

Em suma, o aumento da competitividade interna e internacional das empresas brasileiras, depende da construção de um ambiente favorável através da efetivação de uma agenda de políticas públicas e privadas que priorizem os elementos necessários para a ultrapassagem dos bloqueios estruturais salientados nesta análise.

Referências Bibliográficas

AIGINGER, Karl; BÄRENTHALER-SIEBER, Susanne; VOGEL, Johanna. *Competitiveness under New Perspectives.* Working Paper n. 44. Vienna: WIFO, 2013.

BARROS, Fernando Antônio Ferreira. A tendência concentradora do desenvolvimento científico e tecnológico no mundo contemporâneo. In: *Sociedade e Estado*, v. 19, n. 2. Brasília: jul/dez. 2004.

CNI. *Ranking de Competitividade 2016*. São Paulo: CNI, 2016.

COELHO, José Ricardo R. *Índice FIESP de Competitividade das Nações e Estratégias de Crescimento para o Brasil.* São Paulo: DECOMTEC/FIESP, 2012.

DELGADO, M.; KETELS, C.; PORTER, M.E.; STERN, S. *The determinants of national competitiveness.* NBER Working Paper n. 18249. 2012.

DOSI, Giovanni. The nature of the innovative process. In: DOSI, G. *et al. Technical Change and Economic Theory.* London: Pinter Publishers, 1988.

EC. *European Competitiveness Report 2011*, Brussels: European Comission, 2011.

FAVALLI, Vera L.; BASTOS, Rubens T. C. Treinamento e desenvolvimento, uma importante ferramenta para a gestão de pessoas: um estudo de caso em uma empresa de cosméticos. Em *Anais do IV SINGEP.* São Paulo: Uninove, 2015.

GRASEL, Dirceu. Padrões, estratégias de competição e competitividade. In: *Revista de Estudos Sociais,* Ano 3, n. 6. 2001.

HAGUENAUER, Lia. Competitividade, conceitos e medidas. In: *Revista de Economia Contemporânea*, v. 16, n. 1. Rio de Janeiro: 2012.

IMD. *The 2017 IMD World Competitiveness Ranking.* Lausanne: IMD, 2017.

JANGER, J. *et al. Structural Change and the Competitiveness of EU Member States.* Vienna: WIFO, 2011.

KON, A. *Nova Economia Política dos Serviços.* São Paulo: Perspectiva, 2016.

KRUGMAN, Paul R.; OBSTFELD, Maurice; MELITZ, Marc J. *International Economics:* Theory and Policy, Global Edition. Boston: Pearson Education Inc, 2014.

________. *Internacionalismo pop.* Rio de Janeiro: Campus, 1999.

LOUCKS, J.; MACAULAY, J.; NORONHA, A., WADE, M. *Digital Vortex: How Today's Market Leaders Can Beat Disruptive Competitors at Their Own Game.* Lausanne: DBT Center Press, 2016.

NEIT. *Estudo da competitividade da indústria brasileira.* Campinas: Unicamp, 1993.

NELSON, R. R.; WINTER, S. G. *An Evolutionary Theory of Economic Change.* London: Harvard UP, 1982.

OECD. *MENA-OECD Competitiveness Programme*, Paris: OECD, 2018.

________. *OECD Conference on Growth, Innovation and Competitiveness.* Paris: OECD, 2013.

SCHUMPETER, J. A. *The theory of economic development.* Cambridge: Harvard University, 1957.

SIQUEIRA, Tagore Villarim. Competitividade sistêmica: desafios para o desenvolvimento econômico brasileiro. *Revista do BNDES.* v. 16, n. 1. Rio de Janeiro: 2009.

SVETLICIC, Marjan; JAKLIC, Andreia; BURGER, Anze. Internationalization of Small and Medium-Size Enterprises from Selected Central European Economies. In: *Eastern European Economics,* v. 45, issue 4, 2007.

WEF. *Annual Report 2007-2008.* Switzerland: WEF, 2007.

________. *The Global Competitiveness Report 2017–2018.* Switzerland: WEF, 2017.

METODOLOGIA DE EFETIVAÇÃO DO DIÁLOGO SOCIAL: ESTUDO DA AGENDA BAHIA DE TRABALHO DECENTE

Letícia Mourad Lobo Leite[1]
Maria Cristina Cacciamali[2]

Resumo

Este artigo objetivou analisar, por meio da pesquisa exploratória e documental, o processo de implantação da Agenda Bahia de Trabalho Decente (ABTD), identificando quais as políticas públicas de emprego e renda estabelecidas, por meio das ações de diálogo social, como a criação de leis, comitês, câmaras temáticas, ações, conferências e/ou grupos de trabalho. Na primeira sessão é exposta a conceitualização dos direitos fundamentais do trabalho decente, prosseguindo na segunda parte com uma investigação sobre as medidas de flexibilização e regulamentação dos direitos no trabalho no Brasil. Posteriormente, são apresentado indicadores de trabalho decente, para a introdução do contexto de implantação da ANETD. A quarta e quinta sessão descrevem o estudo de caso da ABTD, destacando sua metodologia

1 Mestre em Políticas Sociais pela Universidade Cruzeiro do Sul, doutoranda em Sociedade, Economia e Estado — Programa Interunidades de Pós-Graduação Integração da América Latina (PROLAM/USP).

2 Professora titular de Economia Política da América Latina e de Estudos do Trabalho e Política Pública da Faculdade de Economia, Administração e Contabilidade (FEA/USP) e do Programa Interunidades de Pós-Graduação em Integração da América Latina da Universidade de São Paulo (PROLAM/USP).

de efetivação do diálogo social, bem como as políticas de emprego e renda resultantes desse processo.

Palavras-chave: Trabalho; Emprego; Flexibilização; Agenda Bahia; Políticas Públicas.

Introdução

A Organização Internacional do Trabalho (OIT) instituiu no ano de 1999 a noção de trabalho decente, cumprindo mais uma etapa de promover os Direitos Fundamentais no Trabalho. O Brasil assinou o Memorando de Entendimento com a OIT no ano de 2003, com o objetivo de construir uma agenda nacional de políticas públicas voltada a promoção do trabalho decente, com a assistência técnica da OIT e por meio do diálogo social entre empregadores, trabalhadores e governo.

No ano de 2006, a Agenda Nacional de Emprego e Trabalho Decente (ANETD) foi lançada como um documento norteador voltado a execução de uma série de políticas em três eixos prioritários: (i) gerar mais e melhores empregos, com igualdade de oportunidades e de tratamento; (ii) erradicar o trabalho escravo e eliminar o trabalho infantil, em especial em suas piores formas e (iii) fortalecer os atores tripartites e o diálogo social como um instrumento de governabilidade democrática. Cada eixo é composto por resultados esperados e linhas de ação, além disso, destaca-se que o eixo três foi introduzido pelo governo brasileiro e pela OIT como transversal na execução dos outros dois eixos, a fim de que a agenda incentivasse um debate participativo e democrático com as esferas e setores do trabalho (BRASIL, 2006).

O diálogo social foi inserido como instrumento de aplicação da ANETD, ainda em 2005, no momento de sua formulação, concretizada por meio de um comitê interministerial formado por representantes do governo, secretarias e departamentos do Ministério do Trabalho e Emprego (MTE)[3]. Foram realizadas consultas a organizações de empregadores e trabalhadores, por meio da submissão do documento à Comissão Tripartite de Relações Internacionais (CTRI) coordenada pelo MTE e que havia sido criada em 2004,

3 O referido ministério foi novamente renomeado, denomina-se no momento Ministério do Trabalho.

como mecanismo previsto na Convenção nº 144[4] sobre consultas tripartites, adotada pelo Brasil em 1994 (ABRAMO, 2015).

Para a OIT, o diálogo social trata-se de uma ferramenta abrangente voltada à negociação coletiva e/ou consulta e até troca de informações e deliberações sociais e jurídicas entre setores e atores da esfera do trabalho. Além disso, a OIT entende e aplica a metodologia do diálogo social para extrair diretrizes sobre a regulação das relações de trabalho e formulação de políticas públicas de emprego e renda. O documento *Conquistas e desafios de um processo de diálogo social:* Reflexões dos atores para o futuro (OIT, 2007) salienta que cada vez mais atores e instituições defendem o diálogo social como ferramenta metodológica, a partir de depoimentos de representantes das centrais sindicais, federações patronais, governos e instituições como o Ministério Público do Trabalho (MPT) e o Departamento Intersindical de Estatística e Estudos Socioeconômicos (DIEESE), além de pesquisadores da área (OIT, 2007, p.30).

Por meio da implantação da ANETD no Brasil, o país vivenciou uma série de desdobramentos voltados à criação e/ou o fortalecimento de espaços institucionais de diálogo social[5], principalmente no âmbito da promoção dessas políticas. Esse movimento não ocorreu somente na esfera federal, mas se desenvolveu em vários estados, em específico na Bahia, que se debruçou em instituir a primeira Agenda Estadual de Trabalho Decente.

A Agenda Bahia de Trabalho Decente (ABTD), lançada em 2007, foi a primeira Agenda Subnacional de Emprego e Trabalho Decente, além disso, trata-se de uma experiência extremamente inovadora no âmbito da OIT, pois implantou no Estado a I Conferência Estadual de Emprego e Trabalho Decente (CEETD), que culminou em uma série de encontros e diálogos entre os setores do trabalho. Os eixos principais da agenda são: erradicação do trabalho escravo, erradicação do trabalho infantil, segurança e saúde do trabalhador, juventude e trabalho, serviço público, trabalho doméstico, pro-

---

4 Em síntese, todo país-membro da Organização Internacional do Trabalho que ratifique a presente convenção compromete-se a pôr em prática procedimentos que assegurem consultas efetivas, entre os representantes do governo, dos empregadores e dos trabalhadores, sobre os assuntos relacionados com as atividades da Organização Internacional do Trabalho.

5 Decreto de 4 de junho de 2009 que instituiu comitê executivo para estabelecer programa de cooperação técnica objetivando a construção de uma agenda de promoção do trabalho decente e Portaria de 2 de dezembro de 2009, que criou um subcomitê voltado a elaboração de agenda de promoção do trabalho decente para a juventude.

moção da igualdade de gênero e raça, promoção da igualdade de pessoa com deficiência, empregos verdes (BAHIA, 2007, p. 7).

Outro ponto importante é que a Agenda Bahia, assim como a Nacional, teve como pilar estratégico e metodológico a formulação e implementação de políticas públicas utilizando o diálogo social. E, especificamente, no caso baiano, isto ocorreu de modo mais ampliado, pois, além dos atores tripartites, governo, representação de empregadores e trabalhadores, também foi incluída a Justiça do Trabalho. O comitê gestor da Agenda Bahia de Trabalho Decente (Decreto 11.229/2008) foi formado inicialmente por 28 instituições do governo federal e estadual, organizações sindicais e federações patronais e entidades como a Associação dos Magistrados do Trabalho, Tribunal Regional do Trabalho e Ministério Público do Trabalho (LACERDA, 2017).

Diante do exposto, este artigo objetivou por meio da pesquisa exploratória e documental analisar como foi o processo de implantação da ABTDecente, a partir de sua metodologia, identificando quais foram as políticas públicas de emprego e renda estabelecidas, por meio das ações de diálogo social, como a criação de leis, comitês, câmaras temáticas, ações, conferências e/ou grupos de trabalho.

O artigo estrutura-se da seguinte forma: na primeira seção, expomos a conceitualização dos direitos fundamentais e trabalho decente. Na segunda parte, situamos como se encontravam as medidas de flexibilização e regulamentação dos direitos no trabalho no Brasil. Posteriormente, apresentamos sindicadores de trabalho decente, para introduzirmos o contexto de implantação da ANETD. A quarta e quinta seções descreveram o estudo de caso da ABTD, destacando sua metodologia de efetivação do diálogo social e as políticas de emprego e renda resultantes desse processo. Por fim, apresentam-se as considerações finais.

Direitos fundamentais e trabalho decente

Para Ruiz (2001), os Direitos Fundamentais no Trabalho são originados, no final do século XX, devido a uma exigência universal de proteção, vista como a defesa da vida, da saúde e da dignidade nas relações laborais. De acordo com Delgado (2007, p. 11), os direitos fundamentais são prerrogativas ou vantagens jurídicas estruturantes da existência, afirmação e projeção da pessoa humana e de sua vida em sociedade. Princípios que devem ser reafirmados, haja vista a heterogeneidade das relações de trabalho que se observam no mundo, especialmente nos países em desenvolvimento, que se inserem cada vez mais no processo de globalização.

No âmbito da América Latina, o debate e a busca pela efetivação de direitos laborais reiteram-se na agenda política impulsionados pelo processo de liberalização comercial, por meio do paradoxo entre a preservação de direitos humanos e a diminuição dos custos do trabalho para enfrentar a maior competição nas relações comerciais internacionais. Este movimento visava alcançar padrões mínimos no exercício do trabalho em um contexto de globalização da economia e de liberalização comercial.

No campo das instituições multilaterais, este processo é conduzido por meio da Organização Internacional do Trabalho (OIT), agência vinculada à Organização das Nações Unidas (ONU). A OIT estabeleceu, em 1968, em sua assembleia anual da conferência do trabalho, a *Declaração dos Princípios e Direitos Fundamentais no Trabalho* (OIT, 1998, p. 2). De acordo com o documento, os Direitos Fundamentais no Trabalho (DFTs) são um instrumento de promoção de oito convenções fundamentais aprovadas anteriormente pelos membros dessa instituição6. Importante destacar que esses princípios são reconhecidos como direitos humanos, afirmados na própria *Declaração Universal dos Direitos Humanos* de 1948.

Os DFTs são regidos por quatro princípios que estabelecem um padrão mínimo em nível mundial de comportamento no mercado de trabalho: (i) livre associação e reconhecimento do direito de negociação coletiva; (ii) eliminação de todas as formas de trabalho forçado; (iii) abolição do trabalho infantil e (iv) eliminação da discriminação com relação ao emprego e à ocupação. O primeiro princípio está relacionado ao diálogo social e à liberdade sindical e foi considerado pela OIT como fundamental para o alcance dos demais (OIT, 2012).

---

6 Sendo as convenções fundamentais: Convenção nº 182, sobre as Piores Formas de Trabalho das Crianças, 1999; Convenção nº 138, sobre a Idade Mínima, 1973; Convenção nº 111, sobre a Discriminação (Emprego e Profissão), 1958; Convenção nº 105, sobre a Abolição do Trabalho Forçado, 1957; Convenção nº 100, sobre a Igualdade de Remuneração, 1951; Convenção nº 98, sobre o Direito de Organização e Negociação Coletiva, 1949; Convenção nº 87, sobre a Liberdade Sindical e a Proteção do Direito Sindical, 1948 e a Convenção nº 29, sobre o Trabalho Forçado ou Obrigatório, 1930.

Em 1949, após um ano da Declaração, a OIT introduziu a concepção de trabalho decente, relacionado à promoção de quatro objetivos estratégicos:

1. Promover e cumprir as normas e Direitos Fundamentais no Trabalho.
2. Criar maiores oportunidades para mulheres e homens para que disponham de remuneração e empregos decentes.
3. Realçar a abrangência e a eficácia da proteção social para todos.
4. Fortalecer o tripartismo e diálogo social (OIT, 2006, p. 8).

Com relação à Declaração, amplia-se a promoção dos DFTs para incluir a importância da abrangência da Proteção Social e o fortalecimento do diálogo social. A primeira versa sobre os padrões de proteção social[7], recomenda que os países membros da OIT providenciem serviços médicos de caráter preventivo e curativo à população, além de auxílio-doença voltado à incapacidade de trabalho decorrente do estado de saúde, seguro-desemprego, amparo aos acidentes de trabalho, doenças profissionais, auxílio à família e aposentadoria por invalidez (OIT, 1952). E a segunda, visa o fortalecimento do tripartismo, neste caso, a Convenção nº 144 de Consultas Tripartites sobre Normas Internacionais do Trabalho[8], que disserta que todos os países membros que ratificarem a busca do trabalho decente devem realizar práticas de consulta às organizações dos empregadores, trabalhadores e governo sobre os assuntos relacionados a OIT (1978).

Por meio destes quatro eixos estratégicos e suas convenções, a noção de trabalho decente, instituído pela OIT, tem como objetivo sintetizar a sua missão história de "promover oportunidades para que homens e mulheres obtenham um trabalho produtivo e de qualidade, em condições de liberdade, equidade, segurança e dignidades humanas" (ABRAMO, 2015, p. 13).

Para Ruiz (2001), os direitos no trabalho são um instrumento útil de gestão das relações laborais, tanto voltado à administração das empresas quanto relacionado à proteção do trabalhador. Ademais, são mecanismos que possibilitam um equilíbrio entre os aspectos sociais, econômicos e políticos.

---

7 Segundo a Convenção nº 102 de Normas Mínimas para a Seguridade Social.

8 Disponível em: <http://www.ilo.org/brasilia/convencoes/WCMS_236116/lang--pt/index.htm>. Acesso em: 15 maio 2018.

Em paralelo, a partir de 1990, tanto em nível mundial, como na América Latina, debates relacionados à proteção e à flexibilidade da legislação laboral foram se acentuando, de um lado empresários e economistas conservadores defendiam que a regulamentação protetiva do trabalho, formulada desde o início do século XX, impedia a geração de emprego, a competitividade no mercado internacional e o crescimento econômico. Por outro lado, outro grupo formado por economistas heterodoxos e representantes sindicais afirmavam que a flexibilização da legislação laboral em vigor prejudicava a estabilidade e o bem-estar dos trabalhadores, além de trazer inclusive maior rotatividade, menores salários e o enfraquecimento do mercado interno.

Flexibilização e direitos no trabalho no Brasil

De acordo com a OIT, a partir de 1990, muitos países da América Latina alteraram suas legislações laborais, mesmo cada qual com sua especificidade, é possível dizer que as reformas se pautaram pela flexibilização da contratação e da demissão de trabalhadores e resultaram no enfraquecimento dos instrumentos de proteção social e das próprias instituições trabalhistas, principalmente em relação à negociação coletiva e a solução de conflitos. Estas mudanças, em sua grande maioria, tiveram por objetivo tornar menos rígidas as legislações com a finalidade de diminuir custos, combater a informalidade e, assim, gerar mais empregos formais (OIT, 2006).

> "No plano social e do mercado de trabalho, os resultados das reformas da década de 1990 foram bastante decepcionantes na América Latina e no Caribe. [...] Em alguns países (os casos mais notáveis são Argentina, Colômbia e Peru), efetuaram-se reformas que flexibilizaram a contratação e a demissão, e, em muitos casos, foram abandonados mecanismos solidários de proteção social, tanto relativos às aposentadorias e pensões como à saúde e à proteção a acidentes e enfermidades profissionais" (OIT, 2006, p. 3).

No início da década de 1990, a economia brasileira passava por uma maior liberalização comercial que colaborou com a intensa recessão econômica, resultante dos efeitos dos Planos Collor I e II. Neste período, a política econômica centrava-se na política monetária e em reformas liberais na economia, seguindo as diretrizes do que se denominou de Consenso de Washington. O objetivo era o de fortalecer o setor privado para que pudesse assumir o papel de condutor da dinâmica do crescimento econômico, tendo em vista a crise financeira do estado.

No âmbito das relações de trabalho, foi a partir do governo de Fernando Henrique Cardoso (1995–2003) que começaram a ser aprovados projetos de desregulamentação e flexibilização do mercado de trabalho, alterando determinadas cláusulas da Consolidação das Leis do Trabalho (CLT). Cacciamali e Brito (2002) especificam estas mudanças principalmente nas novas modalidades de contrato de trabalho alternativas à contratação por tempo indeterminado, na flexibilização da jornada de trabalho e da remuneração, nas novas formas de resolução de conflitos alternativas ao judiciário e na reforma sindical. Além disso, outras medidas foram tomadas, como a rejeição da Convenção 158[9] da OIT, que disciplina o término do contrato de trabalho por iniciativa do empregador.

A entrada do Brasil nos anos 2000 foi agravada devido às crises financeiras da década de 1990, que culminaram com a forte desvalorização da moeda brasileira, recessão econômica e aumento do desemprego. Neste contexto, Luis Inácio Lula da Silva foi eleito como presidente da República (2003–2010), e advindo do movimento sindical, despertou expectativas de como lidaria com os desafios das demandas sindicais.

A literatura especializada aponta comportamento paradoxal durante a administração Lula, pois implementaram-se medidas voltadas tanto à flexibilização quanto à regulamentação laboral. Os Quadros 1 e 2 apresentam as principais mudanças na regulamentação nas relações do trabalho no período, destacando medidas de flexibilização e de proteção ao trabalho.

QUADRO 1 – PRINCIPAIS MEDIDAS DE FLEXIBILIZAÇÃO DO MERCADO DE TRABALHO ADOTADAS NO GOVERNO LULA

Leis nº 10.748/2003 e 10.940/ 2004 — 1º Emprego, que foi regulamentada pelo Decreto nº 5.199/2004	Permite o incentivo fiscal para as empresas que contratarem jovens por período determinado, mas esclarece que o mínimo deve ser 12 meses.

9 Disponível em: <http://www.ilo.org/public/portugue/region/eurpro/lisbon/html/portugal_convencoes_numero_pt.htm>. Acesso em: 16 maio 2018.

Emenda Constitucional nº 41/ 2003 — Reforma Previdenciária	Termina com o regime de previdência pública dos servidores públicos que foram admitidos a partir da publicação da Emenda, além de taxar os inativos e aumentar o limite de idade, tornando mais firme as condicionalidades de acesso a previdência.
Lei Complementar nº 123/2006 — Super Simples	Mantém as micro e pequenas empresas desobrigadas de: possuir quadro de trabalho na empresa; registrar as férias dos trabalhadores na ficha de registros; matricular os aprendizes nos cursos de aprendizagem; ter em posse o *Livro de Inspeção do Trabalho*; informar à entidade fiscalizadora sobre aplicação de férias coletivas.
Lei nº 11.196/2005 — Nova regulação para o trabalho em atividades de âmbito intelectual	Determina que a pessoa física que presta serviços intelectuais pode ser reconhecida nas regras trabalhistas como uma pessoa jurídica. O trabalhador fica sem direitos trabalhistas.
Lei nº 11.324/2006 — Empregados domésticos	Estabelece estabilidade provisória à empregada que se encontra grávida, inclui férias anuais remuneradas de 30 dias, além de vetar qualquer desconto relacionado ao fornecimento pelo empregador de alimentação, vestuário ou higiene aos empregados. Não incluiu a obrigatoriedade do FGTS, nem a multa rescisória de 40%, o salário-família e o seguro-desemprego. Desta forma, não há equiparação integral com os direitos subsidiados às outras categorias pela CLT.
Lei nº 11.442/2007 — O trabalho em atividades de transporte rodoviário de cargas	Institui que não há vínculo de emprego entre o motorista transportador de cargas e a empresa contratante do setor, reconhecendo somente como relações comerciais, ocorrendo perda de direitos trabalhistas.
Portaria Ministério do Trabalho e Emprego nº 42/ 2007 — Intervalo intrajornada	Dá preferência do negociado sobre o legislado, pois estabelece a redução do intervalo intrajornada por meio de negociação coletiva de trabalho.
Lei nº 11.603/2007 — Trabalho dos comerciários aos domingos	Reafirma o trabalho aos domingos para o setor do comércio varejista, obrigando a passagem por convenção coletiva, desde que observada a legislação municipal, além da garantia de folga de dois domingos no mês.
Lei nº 11.718/2008 — Contrato de trabalhador rural por pequeno prazo	Estabelece o contrato sem registro na carteira de trabalho, para trabalhadores rurais (serviços de até dois meses).

FONTE: KREIN ET AL. (2011), COM MODIFICAÇÕES.

QUADRO 2 – PRINCIPAIS MEDIDAS VOLTADAS À PROTEÇÃO NO MERCADO DE TRABALHO ADOTADAS NO GOVERNO LULA

Adoção de uma Política de Salário Mínimo (2005)	Política de valorização do salário mínimo que estabelece um reajuste de acordo com o INPC do ano anterior acrescido de um aumento real correspondente à variação do PIB de dois anos anteriores.
Lei nº 11.788/2008 - Estágio	Estabelece uma regulamentação para o estágio, a citar, jornada de até 6 horas semanais e a inclusão das férias remuneradas.
Retirada do Senado do Projeto Lei (PLC nº 134/2001)	Foi retirado do Senado o projeto de lei que instituía a prevalência do negociado sobre o legislado.
Veto à Emenda 3 da Super Receita	Esta emenda proibia o auditor fiscal de multar empresas que estabeleciam amplas contratações por meio do PJ (Pessoa Jurídica).
Ampliação do seguro-desemprego	Ampliou o seguro-desemprego para 7 meses nos setores mais atingidos pela crise econômica de 2008/2007.
Agenda Nacional de Emprego e Trabalho Decente (2003)	Acordo de cooperação técnica entre o Brasil e a OIT com a finalidade de alcançar três objetivos estratégicos: (i) geração de mais e melhores empregos; (ii) erradicação das piores formas de trabalho; (iii) fortalecimento do diálogo social tripartite.
Pagamento da licença-maternidade	Medida que cancelou as mudanças feitas em 1999 para a licença-maternidade, que estabeleciam o pagamento do salário-maternidade pelo INSS e não mais pelo empregador.
Lei nº 11.644/2008 — Período de experiência	Estabelece que o período de experiência não pode ser maior do que 6 meses.
Microempreendedor Individual (MEI) — 2009	Reduziu o valor da contribuição previdenciária do autônomo e do microempreendedor individual.

FONTE: KREIN ET AL. (2011), COM MODIFICAÇÕES.

Ao compararmos os quadros é possível constatar processos contraditórios de aprofundamento da flexibilização do trabalho e avanços em propostas de regulamentação protecionista no mesmo. Para Baltar *et al.* (2010), neste período é visível uma melhora no desempenho do mercado de trabalho, devido à expansão do comércio mundial e ao aumento do mercado interno. Contudo, afirma que a tendência de ampliação da flexibilização foi mantida, sobretudo quanto à flexibilidade na contratação/demissão, jornada de trabalho mais flexível e salários variáveis.

Lula ainda elaborou uma proposta de reforma sindical que foi produzida de maneira tripartite, por meio do Fórum Nacional do Trabalho entre 2003 e 2004. Esta proposta visava institucionalizar o Conselho Nacional de Relações de Trabalho, também tripartite, que deveria prescrever diretrizes para as políticas públicas de emprego e renda e para o uso do Fundo Solidário de Promoção Sindical (CACCIAMALI, 2005, p. 12).

Ademais, o governo Lula, conforme exposto no segundo quadro, assinou um termo de cooperação com a OIT no ano de 2003, que estabeleceu o compromisso de construir uma ANETD, a partir do diagnóstico da baixa qualidade do emprego no Brasil e do estabelecimento de políticas públicas voltadas ao emprego e à renda.

Indicadores de trabalho decente

Importante destacar que, a partir de 2008, a OIT aprovou uma metodologia voltada ao monitoramento e avaliação da promoção do trabalho decente, que consiste no acompanhamento de um conjunto de indicadores que se agrupam em dez dimensões sobre a natureza do trabalho: oportunidades de emprego; rendimentos adequados e trabalho produtivo; jornada de trabalho decente; combinação entre trabalho, vida pessoal e familiar; trabalho a ser abolido; estabilidade e segurança no trabalho; igualdade de oportunidade e de tratamento no emprego; ambiente de trabalho seguro; seguridade social e diálogo social; e representação de trabalhadores e empregadores[10].

Diagnosticaremos, brevemente, a situação destes indicadores[11] no Brasil no momento de implantação da ANETD, a fim de contextualizar a implantação desta agenda. Destacamos que neste período o ambiente econômico é de euforia, devido à retomada do crescimento econômico e melhoria dos indicadores de distribuição pessoal da renda, fato inédito desde os anos 1960.

Em 2008, no âmbito da dimensão *oportunidade de emprego e rendimentos adequados* no Brasil, a taxa de participação das mulheres no mercado de tra-

10 Destaca-se que essa tipologia não é homogênea nem entre países, nem entre acadêmicos e/ou especialistas que se debruçam sobre o assunto.

11 Os indicadores foram consultados na Pesquisa Nacional por Amostra de Domicílios (PNAD/IBGE) e em Ribeiro e Berg (2010).

balho era de 64,3% e dos homens 86,3%, sendo o total 74,9%, este indicador se manteve estável entre 2007 e 2008. A taxa de ocupação se encontrava em 68,6% em 2007 e 69,1% em 2008, 57,7% referia-se às mulheres e 81,4% aos homens. Esta diferença de sexo, mais uma vez se acentua quando analisamos a taxa de desemprego, que era de 7,7%, sendo a da mão de obra feminina quase o dobro daquela masculina, 10,3% a 5,6% (RIBEIRO e BERG, 2010).

Para Ribeiro e Berg (2010) outro dado preocupante era o alto número de jovens que não estudavam e nem trabalhavam, traduzidos em 6 milhões (17,7%) em 2008. Mesmo sendo alto, este indicador apresentou uma queda frente ao dado de 18,8% em 2007, demonstrando a importância do crescimento econômico para a inserção do jovem na escola e no mercado de trabalho. O desemprego neste período atingia 16,3% dos jovens, indicador que melhorou (em 2007 estava em 17%), sobretudo as mulheres, sendo 21,3% jovens do sexo feminino e 12,6% jovens do sexo masculino. A taxa de formalidade se manteve estável entre 2007 e 2008, estando em 49,4%, destes 46,5% de mulheres e 51,6% de homens.

Em relação à terceira dimensão *jornada de trabalho* e combinação entre trabalho, vida pessoal e familiar, o indicador que mensura a dupla jornada relacionada à conciliação entre trabalho na produção econômica e trabalho de reprodução social, a desigualdade de gênero fica mais evidente. Em 2008, 88% das mulheres trabalhavam e realizavam tarefas domésticas enquanto somente 46% dos homens também o faziam. Em relação à jornada de trabalho de reprodução econômica, a média de hora feminina era de 35,5% e masculina de 43,0%, contudo, quando somadas as jornadas de reprodução econômica e social resultavam, respectivamente, em 54% e 47,2%, ou seja, a feminina ultrapassa em quase sete horas a masculina. O indicador de mobilidade entre casa e trabalho apresentou em 2008 um resultado positivo, 67,1% dos trabalhadores levavam até 30 minutos de casa até o trabalho, 22,3% gastavam entre 30 minutos e 1 hora, 8,7% gastavam entre 1 e 2 horas e 1,9% da população demoravam mais de 2 horas para se locomover até trabalho (RIBEIRO e BERG, 2010)[12].

No âmbito da dimensão voltada ao *trabalho forçado*, em 2006 e 2007 foram libertadas, respectivamente, 5 mil e 6 mil pessoas. Neste campo, o dado

12 Estas informações da PNAD levam em conta somente uma parte do percurso casa/trabalho, ou seja, não consideram o trecho de ida e volta.

apresenta duas questões, a primeira foi o aumento de políticas públicas voltadas à erradicação do trabalho forçado, executada pela CONATRAE (Comissão Nacional para Erradicação do Trabalho Escravo) e a segunda reflete o aumento da fiscalização perante os empregadores, resultante do Cadastro de Empregadores flagrados por submeterem trabalhadores a condições análogas à escravidão, realizado pelo MTE. Adicionalmente, para Ribeiro e Berg (2010), houve uma importante redução do total de crianças que trabalhavam entre 5 e 17 anos entre 2007 e 2008, de 8,42 milhões (19,6%) para 4,85 milhões (10,8%), também decorrente da ampliação de políticas voltadas à erradicação do trabalho infantil, principalmente pelo PETI (Programa Nacional de Erradicação do Trabalho Infantil).

Em relação à *igualdade de oportunidades*, o indicador que mede o número de mulheres em cargos de chefia apresentou pequeno crescimento, as mulheres representavam 23,7% em 2002 e 29,0% em 2007, sendo que os homens representavam, respectivamente, 76,3% e 71,0%. Além disso, em 2008, 88% eram brancos e 12% eram pretos e pardos. No tocante à inserção da pessoa com deficiência, o dado apresenta que representavam somente 1% do contingente dos vínculos empregatícios no Brasil em 2008, frente a 45 milhões de pessoas com deficiência identificadas pelo CENSO (IBGE, 2010).

Com referência ao *ambiente de trabalho seguro*, no Brasil, o indicador de acidentes no trabalho cresceu de 395 mil no ano de 1996 para 545 mil no ano de 2008, contudo, é importante destacar que houve também um aumento no número das notificações. Em relação à cobertura da seguridade social, em 2008, a cobertura atingia 53,6% dos homens e 50,9% das mulheres, com recorte de cor, 58,9% eram brancos e 46,7% eram pretos e pardos.

Por fim, em relação ao *diálogo social* podemos destacar que 19,1% dos trabalhadores eram sindicalizados (sendo 17,4% em 2002) e que, além disso, 88% das negociações coletivas foram acompanhadas pelo Departamento Intersindical de Estatística e Estudos Socioeconômicos (DIEESE), destes 78% negociaram positivamente aumentos de salários, influenciados pela conjuntura econômica favorável.

Percebemos que ocorreram muitos avanços em alguns indicadores como o enfrentamento ao trabalho infantil e trabalho escravo, o aumento das notificações e monitoramento dos acidentes de trabalho e a promoção do diálogo social, contudo, estes resultados foram obtidos em um período de alto dinamismo da economia e do mercado de trabalho, a qualidade dos empregos ainda era muito ruim, e uma possível melhora no período deve ser vista com limitações.

A ABETD do Brasil vem com o objetivo de monitorar os avanços em cada uma destas dimensões, além de desenvolver, por meio do diálogo social e do comprometimento dos atores, políticas públicas que promovam melhores condições de trabalho, através da erradicação do trabalho forçado e infantil, da geração de mais e melhores empregos e da inserção igualitária no mercado de trabalho.

A constituição da agenda também foi a primeira experiência latino-americana no âmbito da OIT, sendo que, um ano depois, o Estado da Bahia criou a primeira Agenda Subnacional de Trabalho Decente. O método de formulação da agenda de políticas para a promoção do trabalho decente foi inédito no Brasil e teve como finalidade construir a partir do diálogo social, diagnósticos locais e políticas públicas estaduais e municipais de emprego e a renda (ABRAMO, 2015).

No âmbito nacional, os principais resultados da ANETD foram:

1. Criação do documento Plano Nacional de Emprego e Trabalho Decente voltado à execução da agenda, com linhas de ação, indicadores baseados na metodologia da OIT e resultados esperados (BRASIL, 2010).
2. Realização da I Conferência Nacional de Emprego e Trabalho Decente, que teve como propósito construir, por meio do diálogo social, uma política nacional de emprego e trabalho decente. O evento foi resultado de um amplo processo participativo. Foram realizadas: 273 conferências preparatórias, 26 estaduais, 104 regionais, 5 microrregionais e 138 municipais. No campo das políticas públicas de emprego e renda, tal processo foi inédito no país e representou um amplo engajamento das organizações públicas e privadas dos setores do trabalho (BRASIL, 2012).
3. Construção da ANETD para a Juventude que estabeleceu quatro prioridades: (i) mais e melhor educação; (ii) conciliação entre estudos, trabalho e vida familiar; (iii) inserção digna e ativa no mundo do trabalho, com igualdade de oportunidades e tratamento; (iv) diálogo social: juventude, trabalho e educação (BRASIL, 2011).

Contudo, mesmo com o forte engajamento nacional, a Agenda Bahia de Trabalho Decente (ABTD) se destacou como uma experiência local bastante consolidada de construção por meio do diálogo social, de políticas públicas de emprego e renda (ABRAMO, 2015).

Destacamos que a ABTD foi imensamente efetiva, pois resultou na criação de espaços de formulação de políticas públicas, institucionalizou comissões governamentais, implantou legislações estaduais e um fundo destinado à execução destas políticas, avançando em vários dos indicadores de monitoramento de promoção do trabalho decente.

Diante disto, busca-se analisar como foi este processo de implantação da Agenda Bahia de Trabalho Decente, identificando quais foram as políticas públicas de emprego e renda estabelecidas, por meio das ações de diálogo social, como a criação de leis, decretos, comitês, câmaras temáticas e/ou conferências.

Agenda Bahia de Trabalho Decente: da teoria à prática

O processo de implantação da Agenda Bahia de Trabalho Decente iniciou-se em 2003, quando Salvador sediou a XIII Conferência Interamericana de Ministros do Trabalho, no âmbito da Organização dos Estados Americanos, que teve como pauta o estabelecimento desta política em âmbito nacional. Em 2007, iniciaram-se as tratativas de aprovação pelo MTE e pela OIT para a construção desta agenda subnacional (SILVA e JUNIOR, 2010).

A criação de um diagnóstico local das condições de trabalho contou com a realização, no ano de 2007, da I Conferência Estadual de Emprego e Trabalho Decente, que tinha como propósito estabelecer por meio do diálogo social, entre governo, empregadores e trabalhadores as diretrizes voltadas ao estabelecimento da agenda. O evento reuniu cerca de 400 participantes que definiram propostas e prioridades sobre os seguintes temas: geração de trabalho e renda, juventude, proteção social, condições de trabalho, igualdade de oportunidade e tratamento, combate à discriminação, enfrentamento ao trabalho infantil e ao trabalho escravo, fortalecimento dos atores tripartites e diálogo social (SILVA e JUNIOR, 2010).

De acordo com Lacerda (2017), a conferência resultou em dois pontos fundamentais: o estabelecimento do memorando de entendimento entre o Governo da Bahia e a OIT visando a elaboração da agenda, e o decreto estadual 10.314, de 11 de abril de 2007, que implementou um Grupo de Trabalho Executivo (GTE) com o propósito de elaborar e executar a Agenda Bahia de Trabalho Decente. Tal iniciativa demonstrou vontade política da Administração Jaques Wagner de estabelecer instrumentos para a construção e execução desta agenda, pois logo após a criação do GTE foram realizados, sob sua coordenação, reuniões, seminário e câmaras temáticas que visaram construir, por meio de diálogo social amplo, as diretrizes da agenda. Os encontros tiveram como participantes empregadores, trabalhadores, representantes do governo, da justiça do trabalho e de organizações da sociedade civil (BAHIA, 2007).

Em dezembro de 2007, foi lançada a Agenda Bahia de Trabalho Decente (ABTD), em uma solenidade realizada em Salvador, com a presença de várias representações ligadas ao estudo e implementação de políticas voltadas ao trabalho. A ABTD apresentou como eixos prioritários: erradicação do trabalho escravo, erradicação do trabalho infantil, juventude, serviço público, segurança e saúde do trabalhador, promoção da igualdade e trabalho doméstico. Após o lançamento foram institucionalizadas câmaras temáticas que visavam promover encontros contínuos, a fim de integrar ações já existentes e articular possíveis novos projetos entre instâncias e organizações que mantinham atividades voltadas à promoção de melhores condições de trabalho. Outro ponto fundamental para a institucionalização do projeto como política pública e para a futura disponibilização de orçamento, foi a inserção da agenda no Plano Plurianual do Estado (PPA) que foi também decidido e composto de modo participativo (SILVA e JUNIOR, 2010).

Depois deste processo, foi criado no ano de 2010 o Programa Bahia do Trabalho Decente, como ferramenta que visava consolidar os planos de ação para cada eixo prioritário da agenda, assim como, criar indicadores e ferramentas de monitoramento e avaliação das políticas e ações desenvolvidas no âmbito da agenda. Desta forma, no decorrer dos anos foi se desenhando a metodologia de gestão e execução da ABTD, conforme o organograma a seguir (LACERDA, 2017):

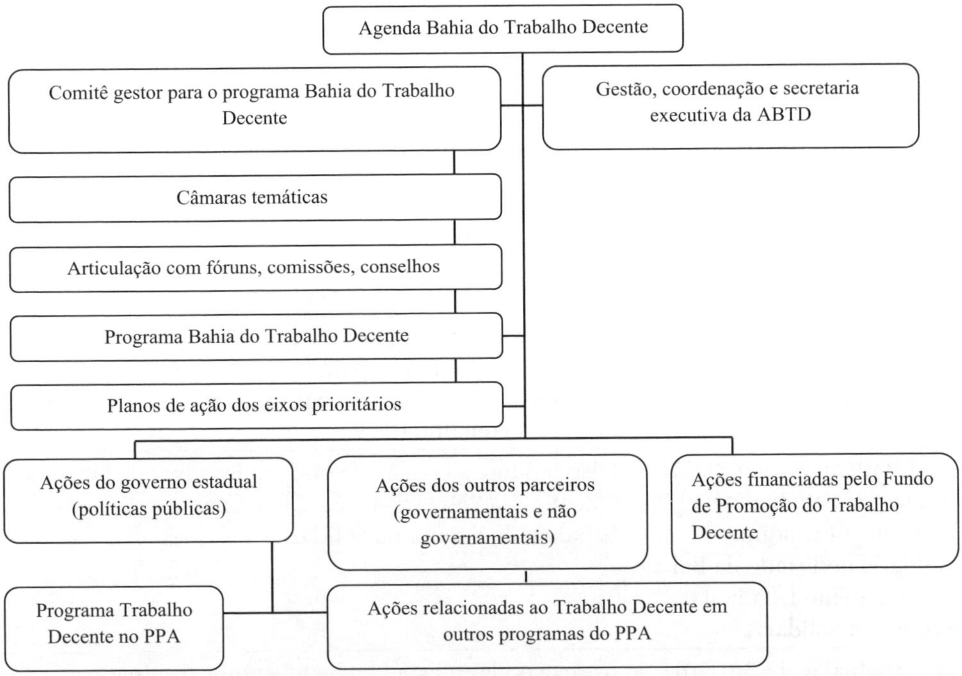

ABTD e políticas públicas de emprego e renda

Em 2008, foi instituído o comitê gestor do programa ABTD, formado por representantes de 28 órgãos do governo federal e estadual, de representantes das centrais sindicais, das federações patronais e outras entidades ligadas ao judiciário, como a Associação dos Magistrados do Trabalho, o Tribunal Regional do Trabalho, o Ministério Público do Trabalho e a cooperação técnica da OIT.

O comitê tem como funções: (i) sistematizar as ações desenvolvidas em diferentes instituições voltadas à promoção do trabalho decente; (ii) elaborar diagnósticos nas áreas relacionadas ao trabalho; (iii) definir as prioridades da Agenda Bahia do Trabalho Decente, assim como a consolidação dos documentos. O grupo se reúne de forma contínua, executando, monitorando e avaliando a ABTD. Para os autores Silva e Junior (2010), a articulação entre os membros do comitê facilitou a identificação dos problemas, potencialidades e lacunas voltadas a intervenção por meio das políticas públicas. Ainda de acordo com os autores, o programa priorizou desde o início o diálogo social, por meio da realização de seminários, oficinas e das câmaras temáticas. Em relação ao processo de diálogo social voltado à formulação da ABTD, foram realizadas três conferências estaduais e 74 audiências municipais que contaram com a participação tripartite do governo, dos trabalhadores e empregadores.

Além disso, foram aprovadas um conjunto de leis estaduais, decretos e espaços institucionais que permitiram o desenvolvimento ou aprimoramento de políticas públicas de emprego e renda:

LEIS	DESCRIÇÃO
Lei Estadual nº 12.356/2011 — Fundo de Promoção do Trabalho Decente (FUNTRAD)	Lei que instituiu o Fundo de Promoção do Trabalho Decente (FUNTRAD) para financiamento de ações de promoção do trabalho decente, no âmbito do programa Bahia do Trabalho Decente.
Lei Estadual nº 12.368/2011 — Política Estadual de Fomento à Economia Solidária no Estado da Bahia e do Conselho Estadual de Economia Solidária	Dispõe sobre a criação da Política Estadual de Fomento à Economia Solidária no Estado da Bahia e do Conselho Estadual de Economia Solidária.
Lei Estadual nº 12.361/2011 — Plano Estadual de Juventude	Aprova o Plano Estadual de Juventude destinado a orientar as políticas públicas desenvolvidas pelo Estado voltadas aos jovens com idade entre 15 e 29 anos.
Lei Estadual nº 11.479/2009 — Lei de Incentivo ao Trabalho Decente	Institui restrições para empregadores que não atendem a legislação de cotas para as pessoas com deficiência e jovens aprendizes. Exige dos beneficiários de incentivos fiscais concedidos pelo Estado a manutenção da regularidade de suas obrigações junto aos órgãos da Saúde, do Trabalho e Emprego, da Previdência Social e do Meio Ambiente e veda a concessão e a manutenção de financiamentos e incentivos fiscais a empregadores que exploram trabalhadores na condição análoga à de escravos.
Lei Estadual nº 10.848/2007 — Prêmio de Boas Práticas de Trabalho no Serviço Público Estadual	Institui o Prêmio de Boas Práticas de Trabalho no Serviço Público Estadual, a ser concedido a Administração Pública Estadual, direta e indireta, dos poderes Legislativo, Executivo e Judiciário do Ministério Público e da Defensoria Pública que individualmente ou em equipe desenvolvam ações que promovam um ambiente de trabalho decente.

FONTE: CONSULTA ÀS LEGISLAÇÕES PERTINENTES.

DECRETOS	DESCRIÇÃO
Decreto nº 13.167/2011 — Programa Estadual de Inclusão Socioprodutiva: Vida Melhor	Institui o Programa Estadual de Inclusão Socioprodutiva: Vida Melhor, com a finalidade de incluir socioprodutivamente, pelo trabalho decente, pessoas em situação de pobreza, com vistas à sua emancipação.
Decreto nº 12.521/2010 — Plano Estadual dos Direitos da Pessoa com Deficiência	Aprova o Plano Estadual dos Direitos da Pessoa com Deficiência, instrumento destinado a orientar as ações do Governo da Bahia na execução da Política Estadual de Direitos da Pessoa com Deficiência.
Decreto nº 11.723/2009 — Comissão Estadual para Erradicação do Trabalho Escravo — COETRAE/BA	Cria a Comissão Estadual para a Erradicação do Trabalho Escravo — COETRAE/BA, vinculada à Secretaria da Justiça, Cidadania e Direitos Humanos, com a finalidade de propor mecanismos para a prevenção e o enfrentamento do trabalho escravo no Estado da Bahia.

FONTE: CONSULTA AOS DECRETOS PERTINENTES.

AÇÕES	DESCRIÇÃO
Observatório do Trabalho	O observatório desenvolve e implanta instrumentos que permitam o acompanhamento e a avaliação sistemáticas da situação de ocupação e renda e das atividades econômicas no Estado da Bahia, tendo em vista a formulação e execução de políticas públicas relacionadas com o mundo do trabalho.
Formação de multiplicadores para igualdade de gênero e raça	Formação para constituição de multiplicadores entre servidores públicos de diversos órgãos do Estado, a fim de impulsionar processos de aprendizagem e reflexão voltados à transversalidade de gênero, raça e equidade nas políticas públicas.
Projeto Integrado de Ação Afirmativa: Formação para Concurso Público e Qualificação Socioprofissional	Promoção da formação integral dos participantes, com qualificação social e profissional, com ênfase para concursos públicos, a fim de que pudessem ser incluídos no mundo do trabalho. O público-alvo foram pessoas com ensino médio completo ou em fase de conclusão, oriundos de escolas públicas, com baixa renda, preferencialmente negros e mulheres.

(continua)

(continuação)

Programa de Fortalecimento Institucional para Igualdade de Gênero e Raça, Erradicação da Pobreza e Geração de Emprego — GRPE	Versão brasileira do Programa de Fortalecimento Institucional para a Igualdade de Gênero, Erradicação da Pobreza e Geração de Emprego (GRPE) desenvolvido mundialmente pela OIT. O programa teve como objetivo formar multiplicadores entre os servidores públicos para impulsionar processos de aprendizagem e reflexão na transversalidade de gênero, raça e equidade nas políticas públicas.
Semana de Valorização do Trabalho Doméstico	Evento comemorativo no dia nacional dedicado à categoria, com a primeira edição em 2009, reunindo, em uma feira de serviços e lazer em praça pública, mais de 20 instituições. Teve como objetivo a conscientização da população para a valoração dos/as trabalhadores/as dessa área; sobre a gravidade da discriminação, do preconceito e das condições desiguais.
Projeto Ação Integrada na Bahia	Ações de acolhimento e encaminhamento de trabalhadores resgatados do trabalho degradante ou análogo ao de escravo, tem como proposta reintegrar o trabalhador à sua vida social, proporcionando elevação educacional, qualificação profissional e intermediação para o emprego formal.
Caravanas de Erradicação do Trabalho Infantil	Mobilização pelo enfrentamento ao trabalho infantil, tendo como meta reduzir o número de crianças e adolescentes em situação de trabalho, sensibilizando os gestores municipais e a sociedade em geral para o enfrentamento. Nos municípios visitados foi assinado um termo de compromisso dos gestores municipais e dos órgãos que compõem o Sistema de Garantia de Direitos.
Projeto Todos Juntos: Fortalecimento Institucional para Prevenção e Combate ao Trabalho Infantil no Território de Identidade Bacia do Paramirim	Projeto visa identificar formas de trabalho e fatores que configuram a situação de trabalho infantil, no âmbito das relações sociais de gênero, raça e etnia, em nove municípios do território; qualificando tecnicamente e socialmente agentes públicos e membros dos conselhos municipais no conceito, causas e consequências do trabalho infantil, além de promover a atuação articulada dos conselhos municipais.
Programa Você Servidor	Conjunto de ações de profissionalização, valorização e reconhecimento dos servidores da administração pública estadual
Semana da Previdência Social	Realização de ações, eventos, cursos e publicações para informação e conscientização dos direitos e deveres dos trabalhadores.

Projeto EcoFolia Solidária: O Trabalho Decente Preserva o Meio Ambiente	Beneficiou catadores de resíduos sólidos que trabalham no carnaval de Salvador, por meio de: a) Assessoria técnica; b) Linha de crédito para empréstimos; c) Fornecimento de kits de fardamento; d) Fornecimento de água mineral e alimentação; e) Fornecimento de materiais de consumo; f) Instalação de postos de coleta; g) Seminários.
Dia D de Inclusão da Pessoa com Deficiência	Evento para atendimento e inclusão da pessoa com deficiência no mercado formal de trabalho.
Programa Escravo, Nem Pensar!	Difundir o conhecimento a respeito do tráfico de pessoas e do trabalho escravo rural contemporâneo.
Curso de qualificação para o público LGBT	Formação para que o servidor público não atue com discriminação em qualquer situação e, especialmente, pela orientação sexual. Inclusão do público nos cursos de qualificação.
Ações de Apoio à População em Situação de Rua	Atendimento às demandas da população de rua, para qualificação e intermediação para o trabalho, documentação e políticas de geração de renda.
Projeto Expansão da Coleta do Quesito Raça/Cor no SINEBAHIA	Estimular a coleta de dados sobre as características étnico-raciais do público atendido por toda a rede estadual.

FONTE: LACERDA, PATRÍCIA TRINDADE DE LIMA. NARRATIVA DA AGENDA BAHIA DE TRABALHO DECENTE. BRASÍLIA: OIT, 2016.

A ABTD também foi responsável por impulsionar a elaboração de outras agendas, por meio da participação em instâncias já existentes:

1. Evento de divulgação da ABTD, primeira iniciativa nacional do âmbito da OIT, na 97ª Conferência Internacional do Trabalho, em Genebra, no ano de 2008. O encontro teve como propósito apresentar a metodologia de implantação da ABTD, baseada no diálogo social, a fim de estimular outros países-membros da OIT a construírem suas agendas afins.
2. Reunião do Fórum Consultivo de Cidades e Regiões (FFCR) durante a reunião das cúpulas do Mercado Comum do Sul (Mercosul) e da Unasul (União das Nações Sul-Americanas) realizadas em 2008, na Costa do Sauípe, no Brasil. No encontro foi assinado um termo de compromisso proposto pelo Estado da Bahia a 27 cidades e Estados da América do Sul, que previa o compromisso de construírem Agendas Locais de Trabalho Decente (SILVA e JUNIOR, 2010).

Conclusão

Este artigo teve como finalidade estudar a metodologia do diálogo social como estratégia para a formulação de políticas públicas de emprego e renda, a partir do estudo do caso da ABTD. As ações e políticas decorrentes contribuíram para os avanços na integração dos atores tripartites e para uma maior participação social nos processos decisórios das políticas públicas de emprego e renda, além do desenvolvimento de mecanismos inovadores de diálogo social. A agenda se desdobrou na execução de um programa inovador, por seu caráter transversal e interinstitucional.

Por meio do diálogo social foi estabelecida uma gestão democrática e coletiva das políticas públicas, que promoveu o consenso entre representantes das diversas instituições do trabalho. Ademais, houve a criação de câmaras temáticas de diálogo social voltadas para cada público priorizado na agenda (negros, mulheres, pessoas com deficiência e jovens), além do estabelecimento de leis, decretos e ações voltadas à melhoria das condições de trabalho.

Cabe citar alguns avanços e desafios decorrentes desta experiência vivenciada na Bahia. Verifica-se que a vontade política foi um elemento fundamental, que levou as políticas de emprego e renda à atenção dos gestores estaduais, assim como também as incluiu no plano estratégico e orçamentário do governo do Estado, resultando na ampliação e integração das políticas voltadas ao trabalho.

No que tange aos atores tripartites, o Estado é um mediador imprescindível nas relações entre trabalhadores e empregadores, contudo, tal ação só é efetiva quando há interesse do governo em estabelecer este diálogo. No caso da Bahia, a construção da agenda do trabalho decente estabeleceu um diálogo amplo entre os setores do governo, empregadores, trabalhadores e justiça do trabalho. A integração tanto dos atores destas instituições quanto de suas ações transversais relacionadas ao emprego e a renda resultou no estabelecimento de uma rede de participantes compromissados em desenvolver as ações presentes na agenda.

Importante destacar que a ABTD utilizou o diálogo social em todas as etapas, na formulação das políticas públicas de emprego e renda, por meio da criação de um comitê gestor do programa e na execução e monitoramento, por meio de câmaras temáticas para cada eixo estratégico da agenda. Esta proposta beneficiou não somente a criação de uma rede ampla voltada aos setores do trabalho, como tornou este processo de formulação mais democrático e participativo, voltado para as necessidades de cada localidade.

A ABTD foi lançada em 2007 e até hoje é desenvolvida ininterruptamente, seus objetivos foram atualizados e ampliados, além disso, apresenta-se como uma experiência positiva com resultados empíricos no âmbito da formulação de políticas públicas, promovendo a transversalidade e a interinstitucionalidade, buscando entender que a promoção de melhores condições de trabalho passam pelo campo da saúde, educação, justiça, entre outros.

Com relação aos desafios, verifica-se a dificuldade de trabalhar políticas de modo transversal, quando esta noção não é inserida nem na prática e nem nos objetivos da grande maioria das instituições, que atuam isoladamente. Outro desafio desta proposta é o próprio estabelecimento de indicadores e monitoramento, pois a agenda não pode ser avaliada de modo isolado, por meio da execução de suas políticas, mas deve se atentar a eficiência de seus objetivos mais amplos voltados aos eixos estratégicos da noção de trabalho decente e justiça social.

O diálogo social também é um instrumento desafiador, pois promove o estabelecimento de convergência entre atores com pensamentos diversos e, principalmente, que não alcançam facilmente consensos sobre determinados assuntos ou formas de atuar sobre certa situação. Quando lidamos com atores do trabalho é comum verificarmos as constantes dificuldades voltadas às diferenças tanto de pensamento quanto de metodologia a ser empregada por cada indivíduo e/ou instituição, o desafio é, por meio do intenso e longo diálogo, buscar estabelecer possíveis posicionamentos comuns.

Por fim, cabe ressaltar que a crise de representatividade dos sindicatos está se acentuando devido a múltiplas causas, entre outras, baixa mobilização, queda do financiamento, redução da taxa de sindicalização e enfraquecimento das negociações coletivas, importante instrumento de diálogo social entre trabalhadores e empregadores. O elevado desemprego, as mudanças nas relações no trabalho devido à introdução de novas tecnologias produtivas e organizacionais criaram interesses sociais para além do trabalho que estão sendo congregados em outras instâncias como ONGs e outras associações. Parcelas mais vulneráveis da população, como jovens, idosos e pessoas de baixa renda com pouco acesso à educação, terão dificuldades de acompanhar as mudanças sociais e reúnem-se em grupos específicos para a defesa de seus interesses.

São vários os desafios relacionados ao trabalho e não é possível buscar superá-los individualmente, qualquer ação profunda e de longo prazo que vise instituir políticas e estratégias afirmativas deve ser construída e executada coletivamente, de preferência, por meio do diálogo que inclua os principais atores envolvidos.

Referências Bibliográficas

ABRAMO, Laís. *Uma década de promoção do trabalho decente no Brasil: uma estratégia de ação baseada no diálogo social.* Organização Internacional do Trabalho. Genebra: OIT, 2015.

ABRAMO, Laís *et al.* Tripartismo e participação social: potencialidades e desafios do encontro entre dois processos na I Conferência Nacional de Emprego e Trabalho Decente. *Revista Latino-americana de Estudos do Trabalho,* ano 18, n. 30, p. 211-248, 2013.

BAHIA. *Agenda Bahia de Trabalho Decente.* Salvador, 2007.

BALTAR, Paulo E. de A. *et al.* Moving towards Decent Work. Labour in the Lula government: reflections on recent Brazilian experience. *Global Labour University Working Papers,* n. 9, May 2010.

BRASIL. *Texto Base da Conferência Nacional de Emprego e Trabalho Decente.* Ministério do Trabalho e Emprego: Brasília, 2012.

________. *Agenda nacional de emprego e trabalho decente para a juventude.* Ministério do Trabalho e Emprego: Brasília, 2011.

________. *Plano Nacional de Emprego e Trabalho Decente.* Ministério do Trabalho e Emprego: Brasília, 2010.

________. *Agenda nacional de emprego e trabalho decente.* Ministério do Trabalho e Emprego: Brasília, 2006.

CACCIAMALI, M. C. Política social e reforma laboral no Brasil. Os desafios dos sindicatos sob o governo Lula. *Relaciones Laborales*, UdelaR, Montevidéu, v. 7, p. 64-82, 2005.

________. *Princípios e Direitos Fundamentais no Trabalho na América Latina.* v. 16, n. 2. São Paulo: Perspectiva, abr./jun. 2002.

________; BRITO, A. A flexibilização restrita e descentralizada das relações de trabalho no Brasil. *Revista da ABET,* v. 2, n. 3, 2002.

DELGADO, Maurício Godinho. Direitos fundamentais na relação de trabalho. *Revista de Direitos e Garantias Fundamentais,* n. 2, 2007.

KREIN, José Dari *et al.* Trabalho no governo Lula: avanços e contradições. *Revista ABET,* v. X, n. 2, 2011.

KREIN, José Dari. A reforma trabalhista de FHC: análise de sua efetividade. *Revista do Tribunal Regional do Trabalho da 15ª Região,* n. 24, p. 270-299. Campinas, SP: jan./jun. 2004.

________. *A reforma do sistema de relações de trabalho no Brasil.* São Paulo: 1999.

LACERDA, Patrícia Trindade de Lima. *Narrativa da Agenda Bahia de Trabalho Decente.* Brasília: OIT, 2016.

MARTINS, Heloísa de Souza; RODRIGUES, Iram Jácome. O sindicalismo brasileiro na segunda metade dos anos 90. *Tempo social.* São Paulo: 1999.

ORGANIZAÇÃO INTERNACIONAL DO TRABALHO. *VI da Conferência Internacional do Trabalho sobre Diálogo Social,* 2013. Disponível em: <http://www.ilo.org/public/portugue/region/eurpro/lisbon/pdf/cit102_rel6_dialogo_social.pdf>. Acesso em: 13 abr. 2018.

________. *Conquistas e desafios de um processo de diálogo social:* reflexões dos atores para o futuro. Lima: OIT/Projeto "Fortalecimento dos Mecanismos Institucionais para o Diálogo Social", 2007.

________. *Trabalho decente nas Américas:* uma agenda hemisférica, 2006-2015. Brasília, DF: 2006.

________. *Princípios e direitos fundamentais no trabalho:* Do compromisso à ação. Conferência Internacional do Trabalho, 101ª Sessão, 2012. Disponível em: <http://www.ilo.org/public/portugue/region/eurpro/lisbon>. Acesso em: 16 abr. 2018.

________. *Declaração da OIT sobre os princípios e direitos fundamentais no trabalho e seu seguimento.* Genebra: 1998.

________. *Convenção nº 144 de Consultas tripartites sobre normas internacionais do trabalho.* Genebra: 1978.

________. *Convenção nº 111:* Discriminação em matéria de emprego e profissão. Genebra: 1958.

________. *Convenção nº 102 de normas mínimas para a seguridade social.* Genebra: 1952.

RIBEIRO, José; JANINE, Berg. Evolução recente do Trabalho Decente no Brasil: avanços e desafios. In: *Revista Bahia & Análise de Dados:* Trabalho Decente. v. 20. Salvador: 2010.

RUIZ, María Luz V. *La Reforma Laboral en América Latina:* Un análisis comparado. Lima: Oficina Internacional del Trabajo, 2001.

SILVA, Tatiana D.; JUNIOR, Nilton Vasconcelos. Trabalho Decente: uma agenda para a Bahia. In: *Revista Bahia & Análise de Dados:* Trabalho Decente. v. 20. Salvador: 2010.

AS TRÊS DIMENSÕES DA ECONOMIA SOLIDÁRIA E O ALINHAMENTO COM O DESENVOLVIMENTO SUSTENTÁVEL

Francisco D'Orto Neto[1]
Valério Vitor Bonelli[2]

Resumo

O trabalho tem por objetivo discutir as dimensões que definem a economia solidária no contexto capitalista neoliberal da sociedade brasileira contemporânea, onde a economia social é evidenciada como um dispositivo de resistência ao poder econômico sobre a vida do outro que se encontra em estado de precariedade. Trata-se de uma pesquisa bibliográfica qualitativa, cujos resultados demonstram uma visão sobre o conhecimento da economia solidária e a sustentabilidade das relações socioeconômicas e a percepção em oposição entre economia solidária e sistema capitalista. Explicar as diferenças em relação à economia formal capitalista, e apontando as principais questões que o debate pode gerar, onde a busca pelo desenvolvimento sustentável, aliados à economia solidária possam proporcionar ações que desencadeiem processos de produção e consumo baseados no comércio justo e solidário e no consumo consciente.

Palavras-chave: Economia Solidária; Neoliberalismo; Desenvolvimento Sustentável; Sustentabilidade.

Introdução

De acordo com o FBES (Fórum Brasileiro de Economia Solidária), as três dimensões são: **econômico**: é um modo de fazer a atividade econômica de produção, oferta de serviços, comercialização, finanças ou consumo baseado na democracia e na cooperação, o que chamamos de autogestão, ou seja, na economia solidária não existe patrão nem empregados, pois todos os/as integrantes do empreendimento (associação, cooperativa ou grupo) são ao mesmo tempo trabalhadores e donos; **cultural:** é também um modo de estar no mundo e de consumir (em casa, em eventos ou no trabalho) produtos locais saudáveis da economia solidária que não afetem o meio ambiente, que não tenham transgênicos e nem beneficiem grandes empresas. Neste aspecto, também simbólico e de valores, estamos falando de mudar o paradigma da competição para o da cooperação e da inteligência coletiva, livre e partilhada; e o **político:** é um movimento social, que luta pela mudança da sociedade, por uma forma diferente de desenvolvimento, que não seja baseado nas grandes empresas nem nos latifúndios com seus proprietários e acionistas, mas sim um desenvolvimento para as pessoas, construído pela população a partir dos valores da solidariedade, da democracia, da cooperação, da preservação ambiental e dos direitos humanos.

O artigo parte da noção de economia solidária, proposta pelo professor e pesquisador Paul Singer no início dos anos 1980. O termo já existia antes, mas foi Singer que trouxe o debate para o Brasil, contextualizando-o e formulando novas questões tendo em vista os problemas específicos que foram gerados por aqui.

O contexto deste debate é marcado por uma complexidade explícita porque alia questões do âmbito econômico, político, social, educacional e subjetivo — no que se refere à constituição dos sujeitos. O próprio entendimento de economia neste contexto refere-se à possibilidade de produzir, criar e viver junto, onde a chave está no compartilhamento e na constituição de coletividades.

A justificativa que temos para este estudo baseia-se no sentido de que em um momento de crise que atinge proporções notáveis relativas a mudanças de concepção de trabalho, de segurança, de educação e produção; o debate acerca da economia solidária torna-se fundamental. Como será explicitado no decorrer deste trabalho, não se trata de negar o modelo capitalista e suas estratégias, mas sim de abrir possibilidades em escalas menores e locais, criando ações plurais amparadas pela diversidade de saberes. Através do princípio econômico solidário, que busca um elo de respeito e consideração pela natureza, é possível afirmar que a economia solidária se liga à sustentabilidade ao considerarmos este termo como sendo a capacidade de atender as necessidades do presente sem comprometer a capacidade das gerações futuras de atenderem às suas próprias.

Como diante de uma sociedade individualista e com tendências cada vez mais narcísicas seria possível admitir uma economia solidária cujos parâmetros parecem se opor ao sistema de maneira irreconciliável? A resposta para este questionamento tem um alinhamento com o desenvolvimento sustentável e a economia solidária.

O objetivo está fundamentado em apresentar a bibliografia que introduz o tema da economia solidária, explicar as diferenças em relação à economia formal capitalista, e apontando as principais questões que o debate pode gerar, onde a busca pelo desenvolvimento sustentável, aliados à economia solidária possam proporcionar ações que desencadeiem processos de produção e consumo baseados no comércio justo e solidário e no consumo consciente.

Como se trata aqui de uma pesquisa eminentemente teórica, a metodologia utilizada fundamentou-se nos textos que consideramos fundamentais para delimitação conceitual do tema.

Referencial teórico

Economia solidária

O principal referencial teórico é a obra do economista Paul Singer que fundamenta a discussão e apresenta o termo economia solidária. São citados também autores como Boaventura de Souza Santos, que propõe o termo ecologia de saberes, aqui relacionado à discussão de Singer. As primeiras discussões ligadas aos conceitos de economia solidária no Brasil ocorreram a partir do conceito de "economia de solidariedade", em 1993, no livro *Economia de solidariedade e organização popular.*

Singer (2002), ao assumir esta perspectiva, entende a economia solidária como uma alternativa viável à crise do trabalho, decorrente da automação da produção e da difusão do ideal de maximização dos lucros, que tipifica o capitalismo financeiro. Nesse sentido, os empreendimentos econômicos solidários progressivamente passaram a ser entendidos como instrumento basilar para a reconstrução das relações humanas e sociais, sobretudo no âmbito das classes populares (GAIGER *et al.*, 1999), como também para a construção de um modo de produção alternativo ao capitalista (SINGER; SOUZA, 2000).

De acordo com Singer (2002), as consequências da 1ª Revolução Industrial na Grã-Bretanha (êxodo do campo para a cidade, formação do proletariado moderno e exploração sem limites legais do trabalho nas fábricas) , junto ao longo ciclo de guerras provocado pela Revolução Francesa e à depressão econômica que se abateu sobre o país logo após esse período, contribuíram para o fortalecimento das ideias de uma economia solidária.

Ubuntu: um espectro da Economia Solidária (ES)

Existe uma palavra em zulu que é conhecida por diferentes povos africanos: *ubuntu*. Apesar de não possuir uma tradução específica para o português, pode ser entendida de várias formas como a consciência da relação entre o indivíduo e a comunidade. Nelson Mandela explica que *ubuntu* é simultaneamente:

> Respeito. Cortesia. Compartilhamento. Comunidade. Generosidade. Confiança. Desprendimento. Uma palavra pode ter muitos significados. Tudo isso é o espírito de *ubuntu*. *Ubuntu* não significa que as pessoas não devam cuidar de si próprias. A questão é: você vai fazer isso de maneira a desenvolver a sua comunidade, permitindo que ela melhore?[3]

Na política, *ubuntu* relaciona-se à emergência da sociedade para uma união e consenso nas decisões, assim como à prática lastreada pela ética humanitária.

Apropriamo-nos do espectro do *ubuntu* para reconhecer na Economia Solidária (ES) o espírito que a molda. Singer (2018) define ES com o mesmo viés:

> "[...] Economia solidária é hoje um conceito amplamente utilizado dos dois lados do Atlântico, com acessões variadas, mas que giram todas em torno da ideia da solidariedade, em contraste com o individualismo competitivo que caracteriza o comportamento econômico-padrão nas sociedades capitalistas".[4]

---

3 Vídeo: <https://pt.wikipedia.org/wiki/Ubuntu_(filosofia)>. Título: Experience ubuntu.ogv Autor: © Canonical, Ltd. Data: 24 May 2006.

4 SINGER, Paul. *Ensaios sobre economia solidária* (Locais do Kindle 298-300). Almedina. Edição do Kindle. 2018.

A economia solidária no Brasil 2018

Formação social, econômica e política

Na economia capitalista brasileira, a ES surgiu como uma reação às várias crises econômicas e sociais que, de acordo com Singer (2018), ganharam força a partir de 1981. Fatores como os elevados níveis de desemprego, as perdas e ou as reduções das rendas das famílias conduziram à formação de um coletivo de indivíduos e famílias, normalmente, desempregados ou participantes de uma economia informal e excludente. Por conta da extensão territorial brasileira, encontram-se hoje distribuídos nas mais diversas regiões do país. O que os mantem conectados é uma espécie de ambiente de interesses comuns, principalmente, no que se refere ao trabalho, moradia, alimentação,-saúde e educação.

É a partir deste contexto que, desde o início dos anos 1980, tem emergido uma economia solidária brasileira, representando uma oposição ao individualismo característico das economias capitalistas. Os sujeitos da ES rompem com o individualismo capitalista dando espaço para a formação de um consenso coletivo, guiado por aquilo que pode ser chamado de precariedade coletiva. São excluídos e/ou desnecessários aqueles que não trabalham pelo capital competitivo (EIDELWEIN, 2009), ativando um estado de precariedade.

Singer (2018), alerta que a economia solidária situa-se dentro de uma economia capitalista, ou seja, não se trata de algo fora do sistema. O que a difere é o fato de operar através de uma autogestão que implica em um claro confronto ao modelo meritocrático capitalista. A economia solidária produz subjetividade e resistência ao modelo de governo na medida em que ativa a participação dos sujeitos sociais e econômicos.

Assim, por se tratarem de economias distintas — a capitalista e a solidária — ambas tendem a um confronto pela conquista de espaços e a produção de sujeitos. A primeira se distingue pela sua natureza de mercado consumidor e competitivo, e, principalmente, pela formação de grupos dominantes políticos e econômicos. A segunda revela uma clara insatisfação com a centralidade de poderes políticos e econômicos, assim como a consequente submissão da classe trabalhadora à elite dominante.

A Secretaria Nacional de Economia Solidária (SENAES) e o Fórum Brasileiro de Economia Solidária (FBES) em 2018

A Secretaria do Ministério do Trabalho encarregada do desenvolvimento das políticas públicas para as economias solidárias assim define:

> "A economia solidária é um jeito diferente de produzir, vender, comprar e trocar o que é preciso para viver. Enquanto na economia convencional existe a separação entre os donos do negócio e os empregados, na economia solidária os próprios trabalhadores também são donos. São eles quem tomam as decisões de como tocar o negócio, dividir o trabalho e repartir os resultados".[5]

De acordo com a referida secretaria, são muitas iniciativas econômicas, tanto no campo como nas cidades, onde os trabalhadores em associações, cooperativas em geral, redes de produção, comercialização e consumo. Inclusive, em serviços financeiros como por exemplo: bancos comunitários; cooperativas de crédito; clubes de trocas.

Dentre as várias atividades descritas nesse trabalho, podemos identificar uma similaridade daquilo que é praticado na economia solidária com o que se pretende inserir na política pública, a seguir relacionamos os princípios mais relevantes inscritos na economia solidária pelo governo brasileiro.

Alguns princípios são muito importantes para a economia solidária. São eles:[6]

1. **Cooperação:** ao invés de competir, todos devem trabalhar de forma colaborativa, buscando os interesses e objetivos em comum, a união dos esforços e capacidades, a propriedade coletiva e a partilha dos resultados.
2. **Autogestão:** as decisões nos empreendimentos são tomadas de forma coletiva, privilegiando as contribuições do grupo ao invés de ficarem concentradas em um indivíduo. Todos devem ter voz e voto. Os apoios

5 Disponível em: <http://trabalho.gov.br/trabalhador-economia-solidaria>. Acesso em: 9 maio 2018.

6 Disponível em: <http://trabalho.gov.br/trabalhador-economia-solidaria>. Acesso em: 9 maio 2018.

externos não devem substituir nem impedir o papel dos verdadeiros sujeitos da ação, aqueles que formam os empreendimentos.

3. **Ação econômica**: sem abrir mão dos outros princípios, a economia solidária é formada por iniciativas com motivação econômica, como a produção, a comercialização, a prestação de serviços, as trocas, o crédito e o consumo.
4. **Solidariedade:** a preocupação com o outro está presente de várias formas na economia solidária, como na distribuição justa dos resultados alcançados, na preocupação com o bem-estar de todos os envolvidos, nas relações com a comunidade, na atuação em movimentos sociais e populares, na busca de um meio ambiente saudável e de um desenvolvimento sustentável.

Um outro agente da ES que atua fortemente vinculado com a SENAES é o FBES. De acordo com o FBES, há três dimensões para se entender a ES. A primeira é **econômica** e refere-se a um modo de fazer a atividade econômica de produção, oferta de serviços, comercialização, finanças ou consumo baseado na democracia e na cooperação — o que chamamos de autogestão. Isto significa que na economia solidária não existe patrão nem empregados, pois todos os/as integrantes do empreendimento (associação, cooperativa ou grupo) são ao mesmo tempo trabalhadores e gestores.

A segunda dimensão é **cultural.** Neste caso trata-se de um modo de estar no mundo e de consumir (em casa, em eventos ou no trabalho) produtos locais, saudáveis, que não afetam o meio ambiente, sem transgênicos e que não beneficiam grandes empresas. Há também um aspecto simbólico e relativo a diversos valores. O ponto mais relevante aqui é que se trata de uma possível mudança em relação ao paradigma da competição que se transforma em uma cooperação, em uma noção de inteligência coletiva, livre e partilhada.

A terceira e última dimensão seria a **política**. Neste caso, emergem movimentos sociais que lutam por mudanças na sociedade, por formas diferentes de desenvolvimento, que não sejam baseadas apenas nas grandes empresas nem nos latifúndios com seus proprietários e acionistas, mas sim em um desenvolvimento para as pessoas, construído pela própria população a partir dos valores de solidariedade, democracia, cooperação, preservação ambiental e de direitos humanos (FBSE, 2018).

Desenvolvimento sustentável

Conforme Sachs (1993), a prática de ações consideradas de sustentabilidade pode ser apresentada como dimensões sociocultural, ecológica, territorial, econômica, política nacional e política internacional. A dimensão social propõe uma justa distribuição de renda, igualdade social e qualidade de vida; a cultural nos sugere autonomia na estruturação de projetos assim como a confiança e abertura para o mundo; a ecológica nos alerta para a preservação da fonte natural e os limites para sua utilização; a territorial aborda o equilíbrio entre o meio urbano e o rural, além da preocupação com o desenvolvimento de cada regional; a econômica busca abordar o equilíbrio econômico entre setores e realização e melhoramento de pesquisas científicas e tecnológicas; a dimensão da política nacional compreende os direitos humanos, a democracia; a política internacional propõe a paz e a cooperação internacional, científica e tecnológica (COSTA e SANTOS, 2015 *apud* LAMIM-GUEDES, 2012).

Estas dimensões relacionadas ao conceito de sustentabilidade mostram que a mesma vai muito além de que um simples tema relacionado ao meio ambiente. Ou seja, pode-se dizer que a sustentabilidade é uma nova forma estratégica de se pensar as relações organizacionais, de sociedade e de ordem econômica, enfatizando a importância do coletivismo e cooperação para as práticas em si baseadas (JACOBI, 1999).

Para Singer (2002), o desenvolvimento é um processo de incentivo para novas forças produtivas e novas relações de produção, visando um crescimento sustentável e econômico, que preserve os recursos naturais e compartilhe esses resultados.

A prática do desenvolvimento se fortalece e se valida a partir de atividades da sociedade civil que se articulam em prol de novas alternativas para o desenvolvimento, tais como as associações, cooperativas, redes de movimentos sociais, redes solidárias, entre outros.

A rede solidária é uma alternativa à dispersão e à fragmentação enfrentadas pelos agricultores que se reorganizam para criar estratégias de luta, tanto no plano social quanto na esfera horizontal do desenvolvimento sustentável.

A lacuna deixada pelo Estado pela ausência de políticas públicas em prol do desenvolvimento local e na melhoria das condições de vida dos diversos atores envolvidos.

De acordo com a Carta de Princípios da Economia Solidária do Fórum Brasileiro de Economia Solidária, o conceito de economia solidária constitui o fundamento de uma globalização mais humanizada, de um desenvolvimento sustentável, socialmente justo e voltada para a satisfação racional das necessidades de cada um e de todos os cidadãos da Terra, seguindo um caminho mais inclusivo de desenvolvimento sustentável na qualidade de vida. A economia solidária parte de uma perspectiva que propõe a inovação e criação de novas formas de mercado, a socialização da produção de conhecimento e igualdade de direitos (SINGER, 2018). Sob esta ótica, a rede de economia solidária e o desenvolvimento sustentável visam a melhoria da sociedade, mas apresentam concepções difíceis de serem materializadas dado seus ideais sociais, econômicos e ambientais. Ambas necessitam de um processo de transição significativo para ganhar forma e se estabelecer no cotidiano.

Com base na Carta de Princípio da Economia Solidária realizado durante o Fórum Brasileiro de Economia Solidária e na Agenda 21 construída durante a realização da Eco-92, é possível traçar alguns princípios que norteiam economia solidária e desenvolvimento sustentável, conforme Quadro 1:

QUADRO 1 - PRINCÍPIO DE ECONOMIA SOLIDÁRIA E DESENVOLVIMENTO SUSTENTÁVEL

ECONOMIA SOLIDÁRIA	DESENVOLVIMENTO SUSTENTÁVEL
Instrumento de combate à exclusão social e à pobreza	Capacitação dos pobres para a obtenção de meios de subsistência sustentáveis
Apresenta alternativa viável para a geração de trabalho e renda	Visa a geração de trabalho e renda para diminuição da pobreza
Visa como eficiência social à qualidade de vida e da felicidade de seus membros	Proteção e promoção das condições da saúde humana e melhoria na qualidade de vida
O modelo busca uma relação de intercâmbio respeitoso com a natureza	Este desenvolvimento busca uma interação das dimensões ambientais e econômicas
Busca outra qualidade de vida e de consumo	Promover padrões de consumo e produção que reduzam as pressões ambientais
Busca a satisfação direta das necessidades de todos	Atender às necessidades básicas da humanidade

FONTE: AGENDA 21 (1992); CARTA DE PRINCÍPIOS DE ECONOMIA SOLIDÁRIA (2003); ELABORAÇÃO: ADAPTADO DE OLIVEIRA (2015).

Os princípios não são iguais, mas sim complementares e ressaltam o tripé da sustentabilidade: ambiental, social e econômica. Singer (2002) acentua que o desenvolvimento por meio da economia solidária proporciona atividades que visam o respeito ao meio ambiente e condutas igualitárias, por meio de propósitos sociais. Sachs (2004), no entanto, evidencia que o verdadeiro desenvolvimento deve ser "includente e sustentável" e ressalta o caráter solidário do desenvolvimento sustentável em prever a atuação da geração atual em prol das gerações futuras.

Ao importar a noção de economia solidária para o Brasil no início dos anos 1980, Singer abriu a possibilidade de desestabilizar alguns dos importantes pilares capitalistas. O objetivo não era negar ou criar algo que estivesse fora do sistema, mas abrir possibilidades que agissem simultaneamente no mesmo, valorizando o âmbito local, as ações singulares que emergem de contextos específicos e criam seus próprios movimentos.

QUADRO 2 - DIMENSÕES DA ECONOMIA SOLIDÁRIA E DESENVOLVIMENTO SUSTENTÁVEL

DIMENSÃO	AÇÃO DAS DIMENSÕES DA ES NO DESENVOLVIMENTO SUSTENTÁVEL
Econômica	• Venda produtos/serviços: produto da autogestão. • Subsídios governamentais (nível institucional): interação com a dimensão política. • Subsídios não governamentais (nível institucional): interação com a dimensão social. • Doações monetárias (nível individual): interação com a dimensão social • Trabalho militante: autogestão. • Doações não monetárias (móveis, equipamento, utensílios): iniciativas de comprometimento com a ES e desenvolvimento sustentável. • Assessoria técnica (contábil, legal, gestão): cooperativismo integrado com metas de autogestão. • Qualificação profissional, técnica e gerencial: técnicas de autogestão e sustentabilidade. • Formação sociopolítica: integração das três dimensões da ES e as práticas de desenvolvimento sustentável. • Interação com o desenvolvimento sustentável através de práticas da ES via agentes que proporcionam: reciprocidades em ações comunitárias.

Social	• Ações entre o desenvolvimento sustentável e a ES objetivando a formação social de cooperação mutual, autogerida e sustentável. • Priorização à coesão social.
Política	• Priorização à democracia interna. • Priorização ao comprometimento com as dimensões da ES e foco no desenvolvimento sustentável. • Priorização à formação de competências: técnica, gerencial e tecnológica na gestão das cooperativas e núcleos sociais. • Domínio sobre os modos de produção em um ambiente cooperativista e includente de práticas de sustentabilidade. • Priorização à ação pública dos agentes do governo em sintonia com a sociedade. • Fortalecimento da articulação de redes interagentes na ES. • Conquista e permanência de elevado autonomia econômica e social em um ambiente lastreado por política de desenvolvimento e permanência de práticas de sustentabilidade.

ELABORAÇÃO: PELOS AUTORES.

Assim como outros pensadores brasileiros contemporâneos a Singer haviam observado ao lidar com contextos semelhantes, como, por exemplo, o pedagogo Paulo Freire, a chave estava na ativação de autonomias. Neste sentido, aquilo que seria gerado pelas comunidades específicas ia além do necessário para a sua subsistência, uma vez que se tratava antes de mais nada da produção de subjetividades e da potência de gerir as próprias necessidades e decisões.

Seria uma ilusão imaginar que seria possível criar zonas absolutamente autônomas e apartadas dos contextos capitalistas. No entanto, mostrou-se profícua a hipótese de que, dentro de espectros menores de atuação, os sujeitos poderiam gerar seus próprios recursos a partir da criação de coletivos e do compartilhamento de necessidades.

Finalizamos a discussão apresentando um conjunto de indicadores organizados no Quadro 2, onde podemos sintetizar alguns dos principais elementos para a compreensão da sustentabilidade e sua interferência no plano da gestão das iniciativas da economia solidária, uma vez que a sustentabilidade está profundamente relacionada com a gestão.

Apesar da divisão das dimensões da economia solidária, observamos que há uma necessidade de se pensar nelas de forma integrada pois uma interage com a outra, fortalecendo-se de modo a não ser possível reconhecê-las separadamente. Tanto a ES quanto a prática de desenvolvimento sustentável requerem uma transversalidade no que se refere à formação de sociedade democrática e dos poderes público e privado para uma produção de subjetividade e formação de uma potência para o desenvolvimento sustentável.

Conclusão

A sustentabilidade nesta pesquisa está, portanto, relacionada à capacidade que as organizações têm de se manter em funcionamento cumprindo os objetivos a que se propõem, em consonância com os princípios de economia solidária e do desenvolvimento sustentável. Refere-se aos resultados políticos e sociais das suas ações.

Como abordado anteriormente, a economia solidária está conectada com uma diversidade de fatores que interferem na sua viabilidade, sobretudo nas três dimensões discutidas, ou seja, a econômica, a social e a política.

Com esse trabalho, esperamos poder contribuir com os debates recentes, demonstrando a importância de valorizar as especificidades da produção de nichos culturais e modos de produção, nem sempre visíveis em termos de uma produção macropolítica capitalista. Isso porque a questão da solidariedade e da constituição do comum, presentes no debate proposto por Singer, mostram-se potentes, mesmo quando identificadas como espaços de exceção. Como observamos anteriormente, os modelos econômicos e cognitivos que emergem destas experiências trazem como diferencial justamente o fato de partir de experiências e nem sempre de planos organizados *a priori*.

Esta ênfase na prática e nos saberes locais pode ser relacionada ao que o pesquisador professor Boaventura de Souza Santos chamou de ecologia dos saberes. De acordo com este autor, trata-se de um modo de reconhecer a constituição de conhecimento sem os vestígios coloniais e a necessidade de mimetizar modelos importados, valorizando, ao invés disso, os modelos que emergem de práticas específicas. A partir destes deslocamentos de terminologias e modos de pensar, Singer e Souza Santos aliam a produção de riquezas à produção de subjetividades e conhecimentos. Um desafio que enfrentamos ainda hoje e cuja potência está em testar novos modos de vida e solidariedade.

Referências Bibliográficas

AGENDA 21. Disponível em: <http://www.onu.org.br/rio20/img/2012/01/agenda21.pdf>. Acesso em: 7 maio 2018.

Cadernos de Pedagogia Social, Universidade Católica Editora, SA, Faculdade de Educação e Psicologia da UCP.

COSTA, G.B.; SANTOS, N. *Rede de economia solidária para o desenvolvimento sustentável:* Estudo de caso no centro de tecnologia alternativa, XIX ENGEMA, 2017.

EIDELWEIN, Karen. Tese de Doutorado. *Economia Solidária:* A produção dos sujeitos (des) necessários. Pontifícia Universidade do Rio Grande do Sul. Faculdade de Serviço Social. Porto Alegre, 2009.

GAIGER, L. I. *et al.* A Economia Solidária no RS: viabilidade e perspectivas. *Cadernos CEDOPE*: Série Movimentos Sociais e Cultura, São Leopoldo: Unisinos, n. 1, 1999.

GAIGER, L. I. Germany. *A economia solidária diante do modo de produção capitalista. Caderno CNH.* Salvador, n. 39, p. 181-211, jul./dez. 2003.

GALLO, S. Biopolítica e subjetividade: resistência? *Educar em Revista*, Curitiba, Brasil, n. 66, p. 77-94, out./dez. 2017.

InterEspaço Grajaú/MA, v. 2, n. 6, p. 379-395, maio/ago. 2016. Acesso em: 9 maio 2018.

FBES. Disponível em: <http://fbes.org.br/>. Acesso em: 10 maio 2018.

FRANÇA FILHO, G. C.; LAVILLE, J. *A Economia Solidária:* uma abordagem internacional. Porto Alegre: UFRGS, 2004.

JACOBI, P. *Cidade e meio ambiente.* São Paulo: Annablume, 1999.

MARTINS, M.; TOLEDO, D. O discurso da sustentabilidade na economia solidária: o caso do sítio Rosa dos Ventos-Pocinhos do Rio Verde, Minas Gerais. *IV Congresso Brasileiro de Estudos Organizacionais*, Porto Alegre, 19 a 21 out. 2016.

MINISTÉRIO DA ECONOMIA. Economia Solidária. Disponível em: <http://trabalho.gov.br/trabalhador-economia-solidaria>. Acesso em: 9 maio 2018.

________. SENAES. Disponível em: <http://trabalho.gov.br/ecosolidaria/secretaria_nacional.asp>. Acesso em: 8 maio 2018.

OLIVEIRA, E. Desenvolvimento sustentável e economia solidária: uma conexão necessária. *Revista VITAS:* Visões Transdisciplinares sobre Ambiente e Sociedade. ano V, n. 11, set. 2015.

PASSETTI, Edson (2013). Transformações da biopolítica e emergência da ecopolítica. *Revista Ecopolítica*, São Paulo, n. 5, jan-abr., p. 2-37.

SACHS, I. Estratégias de transição para o século XXI. In: BURSZTYN, M. *Para Pensar o Desenvolvimento Sustentável.* São Paulo: Brasiliense, 1993. p. 29-56.

SANTOS, B. S. *Um discurso sobre as ciências.* 7. ed. São Paulo: Cortez, 2010a.

________. Para além do pensamento abissal: das linhas globais a uma ecologia dos saberes. In: SANTOS, B. S.; MENESES, M. P. *Epistemologias do Sul.* São Paulo: Cortez, 2010b, p. 31-83.

________. Épistémologies du Sud. Études Rurales, 2011. *Revista Direito Ambiental e Sociedade*, v. 5, n. 2, 2015, p. 173-201.

SCARANO, Renan Costa Valle; NOGUEIRA, Carmen Regina Dorneles. Uma Abordagem Biopolítica da Economia Solidária a partir de Michel Foucault. *Revista de Geografia e Interdisciplinaridade.* Disponível em: <http://dx.doi.org/10.18764/2446-6549/interespaco.v2n6p379-395>.

SINGER, Paul I. *Introdução à Economia Solidária.* São Paulo: Fundação Perseu Abramo, 2002a.

______. A recente ressurreição da economia solidária no Brasil. In: SANTOS, B. de S. *et al.* *Produzir para viver:* os caminhos da produção não capitalista. Rio de Janeiro: Civilização Brasileira, 2002b.

______. *Introdução à Economia Solidária.* 5. ed. São Paulo: Editora Fundação Perseu Abramo, 2012.

______. *Ensaios sobre economia solidária* (Locais do Kindle 298-300). Almedina. Edição do Kindle. 2018.

______. Economia Solidária versus Economia Capitalista. *Sociedade e Estado.* v. 16, n. 1-2, Brasília, jun./dez. 2001. Disponível em: <http://www.scielo.br/scielo.php?script=sci_arttext&pid=S0102-69922001000100005>. Acesso em: 9 maio 2018.

SINGER, P.; SOUZA, André Ricardo (Org.) *et al.* *A economia solidária no Brasil:* a autogestão como resposta ao desemprego. São Paulo: Contexto, 2000.

WIKIPÉDIA. *Experience ubuntu.ogv.* Disponível em: <https://pt.wikipedia.org/wiki/Ubuntu_(filosofia)>.

ANÁLISES DAS ELASTICIDADES DO PRODUTO INTERNO BRUTO DO BRASIL E DA ARRECADAÇÃO PREVIDENCIÁRIA: UMA APLICAÇÃO DA COINTEGRAÇÃO DE ENGLE-GRANGER

Ariane Cristina Gonçalves Marquezini[1]

Resumo

Este trabalho estimou e analisou as elasticidades da arrecadação previdenciária e do Produto Interno Bruto do Brasil (de janeiro de 1999 até dezembro de 2014). Foram utilizados o Critério de Informação de Akaike, teste de raiz unitária Dickey-Fuller aumentado (ADF), teste de cointegração de Engle-Granger e modelo de correção de erro (MCE) para o cálculo das respectivas elasticidades. Os resultados mostram que a elasticidade de longo prazo apresentou expressivas mudanças nos respectivos coeficientes, fatos estes relacionados com mudanças no produto da economia brasileira, assim como na arrecadação previdenciária. A análise para longo prazo apresentou coeficientes mais elásticos quando comparado ao curto prazo. Finalmente, houve presença de simetria na arrecadação previdenciária no curto prazo.

1 Economista pela FECAP, oficial administrativo, professor do Departamento de Gestão do Sistema de Arquivos do Estado de São Paulo (DGSAESP), Arquivo Público do Estado de São Paulo (APESP).

Palavras-chave: Previdência; Arrecadação Previdenciária; Produto Interno Bruto; Elasticidade; Cointegração.

Introdução

O sistema previdenciário está em pauta no atual governo, uma vez que o deficit previdenciário tende a aumentar progressivamente. Recentemente foi proposta uma Emenda Constitucional abordando uma possível reforma no sistema. Contudo, é preciso considerar algumas variáveis antes de uma reforma generalizada no Brasil, pois esta tem diferentes características de acordo com a região analisada.

A previdência tem uma característica distributiva, como um instrumento de política social para redução de pobreza. Este aspecto é relevante dado que um dos mais graves problemas do Brasil é o de desigualdade de direitos, tornando-se, assim, um dos problemas enfrentados pelo sistema previdenciário brasileiro (ZYLBERSTAJN, AFONSO, SOUZA, 2005). Como no Brasil a ausência do Estado no financiamento previdenciário é muito forte, este fica restrito em grande parte aos assalariados do setor formal, que constitui uma redistribuição de renda entre os trabalhadores. Porém, com o baixo desempenho econômico, o elevado desemprego e o aumento do emprego informal, esta arrecadação é insuficiente para custear os benefícios (MARQUES *et al.*, 2003).

A previdência é financiada pelos contribuintes ativos, que vem diminuindo em proporção ao número de beneficiários. Entre 2007 e 2015, observa-se uma elevação de 40% no número de contribuintes e, em contrapartida, verifica-se um aumento de 30% no número de beneficiários (IBGE/PNAD). A longo prazo haverá uma queda perceptível na arrecadação previdenciária, devido a vários fatores: a crise econômica histórica pela qual o país passa; a mudança da relação entre capital e trabalho, em função do uso de novas tecnologias e formas de gestão, favorecendo a ampliação do mercado informal de trabalho e a elevação do desemprego; redução da taxa de fecundidade, aumento da expectativa de vida, entre outros.

O objetivo deste estudo é analisar o crescimento da arrecadação previdenciária em comparação com o crescimento do Produto Interno Bruto (PIB) do Brasil. Assim, visa-se estimar os valores (arrecadação e PIB) de acordo com dados do Instituto de Pesquisa Econômica Aplicada (IPEA), mostrando se há uma simetria no crescimento de ambos. Consiste também em determinar as elasticidades dos valores da arrecadação previdenciária e do PIB Brasil. Para tal tarefa foram utilizados modelos de séries temporais, tais como o teste de raiz unitária ADF, cointegração de Engle-Granger e modelo de correção de erro (MCE).

Estudos envolvendo elasticidades se revestem de suma relevância, uma vez que a estimação de elasticidades permite aprimorar o conhecimento sobre estruturas de mercado, além de possibilitar determinar quais os efeitos de variações de preços sobre o excedente do consumidor, bem como sobre o excedente do produtor. A partir das informações fornecidas pelas elasticidades, pode-se, por exemplo, delinear políticas públicas no setor previdenciário.

Aspectos históricos da Previdência Social

Breve histórico

Os regimes previdenciários podem ser de dois tipos: de *repartição*, no qual as contribuições dos trabalhadores em um determinado período são utilizadas para o pagamento das aposentadorias aos inativos, de modo que os benefícios pagos na velhice a cada geração são financiados pelas contribuições das gerações seguintes; e o de *capitalização*, na qual as contribuições de cada indivíduo são aplicadas e capitalizadas a cada período, visando formar um fundo que custeará sua própria aposentadoria quando passar para a inatividade. Assim o valor da aposentadoria do indivíduo é função direta do montante contribuído durante sua vida ativa e da taxa de juros que remunera esse estoque de ativos (AFONSO, 2004).

Antes da Constituição de 1988, existiam no Brasil dois regimes distintos: a *Previdência Social Urbana*, onde os segurados tinham direito a tudo que o sistema proporcionava; e a *Previdência Social Rural*, da qual os segurados não contribuíam diretamente para o sistema, tendo direito à aposentadoria de um salário mínimo, desde que comprovassem o tempo de serviço, ou seja, os segurados urbanos financiavam os rurais (MARTINS, 2006). Ambos os regimes utilizavam apenas o método de repartição.

Após 25 de julho de 1991, com a regulamentação da Lei Fundamental de 1988 foram, então, publicadas as Leis nº 8.212 e 8.213, referentes ao custeio e benefícios da Previdência e Seguridade Social. Logo foram extintos os dois regimes citados anteriormente, criando-se o Regime Geral de Previdência Social (RGPS), gerido pelo Instituto Nacional da Seguridade Social (INSS) que é destinado a todos os trabalhadores, e os Regimes Próprios da Previdência Social (RPPS), que são os dos servidores públicos (MARTINS, 2006). Os dois novos regimes também utilizam o método de repartição.

Com relação ao regime de capitalização, sua utilização é dada pela previdência complementar, um terceiro regime previdenciário — legalizado com a Lei nº 6.435 de 1977, sendo revogada pela Lei nº 109 de 2001 —, composto por entidades de previdência privada, e tem por objetivo instituir planos privados de concessão de pecúlios ou de rendas, de benefícios complementares ou assemelhados aos da Previdência Social, mediante contribuição de seus participantes, dos empregadores ou de ambos (CHAN *et al.*, 2006).

A previdência complementar brasileira é dividida em dois segmentos. Um é operado por entidades abertas que visam lucro, como bancos e seguradoras, que oferecem planos previdenciários individuais. Outro é operado por entidades fechadas, sem fins lucrativos, que abrange os fundos de pensão, oferecendo planos coletivos acessíveis a partir dos vínculos empregatícios ou associativo.

Fundamentos e objetivos previdenciários

A Previdência Social tem como principal função a reposição de renda em caso de perda da capacidade laborativa e a redução da pobreza através da transferência de renda. Tem o objetivo de estabelecer um sistema de proteção social para proporcionar meios de sobrevivência ao segurado e seus dependentes, garantindo aos seus contribuintes os direitos básicos e universais de cidadania, como: assistência social, auxílio maternidade, aposentadoria por invalidez, salário-família e pensões (CAETANO, 2006). Seria uma proteção coletiva para a sociedade contra os riscos enfrentados, minimizando-os em razão daquela assistência social (AFONSO, 2003).

O sistema previdenciário é de longo prazo, pois, para muitos dos segurados, mesmo com seu falecimento, é gerado o benefício das pensões para seus dependentes, que são os benefícios previdenciários transferidos para a família do falecido. Logo, a previdência tem muitos gastos com transferências de rendas, não apenas dos ativos para os inativos, mas também para aqueles que não contribuem, não por vontade, mas por condição. Os recursos são realocados entre os indivíduos, tanto de uma mesma geração quanto entre coortes[2] diferentes (CAETANO, 2006).

> "Uma aposentadoria por idade ou por tempo de contribuição tem como finalidade garantir a renda de um segurado quando, por questões relativas ao maior tempo de contribuição ou idade, não existem as mesmas condições para a manutenção de sua renda. A aposentadoria por invalidez fornece cobertura ao risco de perda da capacidade de trabalho e geração de renda em decorrência de doença ou acidente. As pensões têm como foco a família do segurado e não ele próprio" (CAETANO, 2006, p. 8).

Além da função de reposição de renda, a previdência tem um caráter distributivo, de redução de pobreza, que recai sobre o RGPS (CAETANO, 2006). O sistema previdenciário utiliza também recursos fiscais do tesouro, que são gerados por meio de tributos indiretos, contribuições que são pagas pela sociedade (SILVEIRA, 2008).

Ainda que o sistema previdenciário tenha introduzido o critério de cidadania, garantindo ao menos o benefício mínimo de um salário, inclusive para indivíduos que previamente não contribuem, como os trabalhadores rurais e os de baixa renda (que são inclusos no campo de Assistência Social), está praticamente voltado para o mercado formal de trabalho, por onde é financiado. Isto acarreta um desequilíbrio no sistema, uma vez que no Brasil o trabalho informal cresce cada vez mais devido à precarização do trabalho e o custo elevado de se empregar com carteira assinada, levando a uma queda no número de contribuintes (MARQUES, 2007).

Embora o país venha gastando muito na área social, apresenta uma redistribuição de renda invertida, ou seja, a concentração de renda ainda é muito elevada, na qual uma grande parcela concentra-se com poucos indivíduos, e muitos se encontram em um nível de subsistência (FERREIRA e SOUZA, 2004). Isso também recai sobre a proteção e os ônus previdenciários, que supõem não serem distribuídos de maneira igualitária para todos os indivíduos.

2 Conjunto de pessoas que têm em comum um evento que ocorreu no mesmo período.

Esse caráter de proporcionar um bem-estar no Brasil através das transferências e distribuições de renda feitas pela previdência torna necessária uma detalhada análise, tanto com relação à concentração de renda quanto em relação à incerteza do período de sobrevida do indivíduo.

A situação da Previdência Social se agravou nos anos 1990, de modo que passou a ser um dos mais graves problemas das finanças públicas no Brasil. Deficits crescentes para os dois regimes, associados a um histórico de desigualdades e diferenças de direitos e regras, fizeram com que a previdência ocupasse um destaque na agenda política econômica do país. Assim, existe a necessidade de equilibrar o sistema, dotando o país com uma posição previdenciária mais justa e igualitária (ZYLBERSTAJN *et al.*, 2005), que pode ser solucionada através de reformas no sistema previdenciário.

O sistema previdenciário brasileiro se tornou insustentável, devido ao seu crescente deficit, que pode ser verificado em Caetano (2006), através dos fundamentos e determinantes da Previdência Social acerca dos riscos associados, que trata de questões relacionadas desde o desenho de um plano previdenciário até suas diversas consequências econômicas nas perspectivas de distribuição, alocação e estabilização.

A reforma se faz necessária devido à assimetria de informação existente no sistema, já que a idade em que se começa a contribuir e que se entra no mercado de trabalho é incerta. O mesmo ocorre com períodos de recebimentos dos benefícios, influenciando nas propostas de reformas paramétricas, que propõem mudanças no regime de repartição.

O sistema previdenciário brasileiro apresenta uma série de problemas. Um dos mais graves é a desigualdade de direitos, como se pode notar em Ferreira e Souza (2004) que analisaram a magnitude da contribuição das aposentadorias e pensões para a concentração de renda no Brasil, com o objetivo de avaliar a participação daquelas na desigualdade da distribuição do rendimento domiciliar *per capita* no Brasil, no período de 1981 a 2001.

Outro problema enfrentado pelo sistema previdenciário é a diferença das esperanças de longevidade no Brasil, onde em um mesmo município encontra-se uma defasagem elevada, como pode ser observado em um documento elaborado pela Associação Nacional dos Auditores-Fiscais da Receita Federal do Brasil (ANFIP) sobre a Reforma da Previdência citada na PEC 287/2016, afirmando que na cidade de São Paulo os moradores de bairro Alto de Pinheiros têm expectativa de vida de 79,7 anos, enquanto em Cidade Tiradentes a média é de 53,9 anos, uma diferença brutal, de nada menos que 25,8 anos.

Análise empírica

O Produto Interno Bruto (PIB) representa a soma, em valores monetários, de todos os bens e serviços em uma determinada região (país, estado ou município), durante um período específico de tempo (ano, semestre, trimestre ou mês). É importante salientar que no cálculo do PIB apenas considera-se os bens e serviços finais da cadeia de produção, excluindo todos os insumos intermediários — matérias-primas, mão de obra, impostos e energia. A exclusão dos bens e serviços intermediários é feita para evitar a dupla contagem dos valores gerados na cadeia de produção, o que provocaria erro na soma do PIB.

Desde 1990, o cálculo e a divulgação do PIB brasileiro são realizados trimestralmente pelo Instituto Brasileiro de Geografia e Estatística (IBGE) — órgão federal subordinado ao Ministério do Planejamento. Antes disso, a Fundação Getúlio Vargas (FGV) era a instituição responsável pela mensuração do indicador.

Neste trabalho, a variável PIB será utilizada como sendo uma variável *proxy* para a renda.

Após a descrição das características previdenciárias através dos aspectos históricos, distributivos e de longevidade, e do PIB, será feita uma análise empírica, verificando como as variações no PIB determinam as variações na arrecadação previdenciária, ou seja, será estimada a elasticidade do PIB e da arrecadação.

As séries utilizadas para a análise foram arrecadação previdenciária (ARPREV) e Produto Interno Bruto do Brasil (PIBBR). A fonte utilizada foi o Instituto de Pesquisa Econômica Aplicada (IPEA). Todas as variáveis foram logaritmizadas, logo, seus coeficientes estimados representam suas respectivas elasticidades. Para identificar as variáveis no formato logarítmico acrescentou-se a letra "L" no início da sigla de cada variável. O período analisado inicia-se em janeiro de 1999 e estende-se até dezembro de 2014.

Métodos[3]

Trabalhos empíricos com base em dados de séries temporais supõe que a série temporal subjacente seja estacionária. Algumas vezes não há relação entre as duas variáveis, ainda que a regressão de uma sobre a outra mostre uma relação significativa. Essa situação exemplifica o problema da regressão espúria, ou sem sentido, que se dá quando uma série temporal não é estacionária. Logo, torna-se importante a aplicação do teste de cointegração, para assim descobrir se os resíduos da regressão são estacionários (GUJARATI, 2011).

Basicamente, uma série de tempo pode ser desagregada em quatro componentes: ciclo, tendência, sazonalidade e componente aleatório. Matematicamente, uma série de tempo pode ser multiplicativa ou aditiva, conforme apresentada, respectivamente por:

$$\widehat{Ym}_t = \hat{T}_t * \hat{S}_t * \hat{C}_t * \hat{I}_t$$
$$\widehat{Ya}_t = \hat{T}_t + \hat{S}_t + \hat{C}_t + \hat{I}_t$$

$\widehat{Ym}_t$ é a série de tempo classificada como multiplicativa; $\widehat{Ya}_t$ é a série de tempo classificada como aditiva; T, tendência; S, sazonalidade; C, ciclo; e I, componente aleatório, também denominado de componente irregular.

A distinção entre processos estocásticos (ou séries temporais) estacionários e não estacionários possui um aspecto essencial relacionado ao fato de a tendência (a lenta evolução de longo prazo da série temporal em consideração) ser determinística (determinada no tempo) ou estocástica (não previsível). Neste caso, a tendência estocástica, em economia, mostra alterações no nível da série de tempo, as quais podem ser resultados de mudanças sociais, tecnológicas, condições de mercado, entre outros.

O componente sazonal capta os padrões regulares da série de tempo, por exemplo: mudanças de renda, consumo, contribuições previdenciárias, alterações inflacionárias, entre outros.

Os ciclos são caracterizados por longas ondas, regulares, em torno de uma linha de tendência. O interesse pelos ciclos está relacionado com seus pontos

3 Esta parte baseia-se fundamentalmente em Gujarati (2001).

de mudanças, também denominados de pontos de inflexão[4], duração, frequência, etc.

De acordo com Yaffee e McGee (2000, p. 66):

> "O programa do método X-12 foi desenvolvido pelo U.S. Census e contém algumas inovações em relação ao método X-11 e sua posterior atualização em 1988, o X-11 ARIMA, desenvolvido por E. B. Dagum *et al.* Dagum introduziu o X-11 ARIMA para reduzir a viés de previsão para o final das séries. O novo X-12 contém uma nova sistemática, focada no diagnóstico para avaliar a qualidade de ajustamentos sazonais".

No cálculo do Coeficiente de Amplitude Sazonal (CA) de cada série foi utilizado o trabalho de Freitas *et al.* (1998). Este coeficiente tem como base a seguinte fórmula:

$$CA\% = \frac{(\textit{Índice máximo} - \textit{Índice mínimo})}{(\textit{Índice máximo} + \textit{Índice mínimo})} * 2 * 100$$

Uma das maneiras de se descobrir se a série é estacionária é verificando se possui raiz unitária. Um dos testes é o de raiz unitária Dickey-Fuller aumentado (ADF), também conhecido como *estatística* ou *teste tau (τ)*, verificando assim os *p-valores*, se estão de acordo com o nível de significância estipulado. Conforme os valores apresentados rejeita ou não as seguintes hipóteses:

- Hipótese nula: $H0$: $\delta=0$ (há uma raiz unitária ou a série temporal é não estacionária, ou ela possui tendência estocástica).
- Hipótese alternativa: $H1$: $\delta<0$ (a série temporal é estacionária).

O número de termos de diferenças defasados a serem incluídos é frequentemente determinado empiricamente. A ideia é incluir termos suficientes para que o termo de erro na equação seja serialmente não correlacionado, para que possa obter uma estimativa não viesada.

$$y_t = \alpha + \beta_t + \rho_1 \, y_{t-1} + \sum_{j=1}^{p-1} \rho_{j+1} \, \nabla y_{t-j} + e_t$$

4 Em economia, o interesse em conhecer adequadamente este componente da série de tempo está relacionado com os ciclos econômicos, visando determinar períodos de prosperidade, recessão, entre outros.

Em que α e β correspondem ao intercepto e tendência da regressão respectivamente, ρ o parâmetro do regressor e *et* é uma sequência de variáveis aleatórias identicamente e independentemente distribuídas.

Para a determinação do número de defasagens foi utilizado o Critério de Informação de Akaike (AIC). O AIC se caracteriza por ser assintoticamente eficiente tanto para os modelos de regressão quanto para o caso de modelos de séries temporais, é representado da seguinte forma:

$$-2ln(L) + 2k$$

Onde:

L = função de máxima verossimilhança;

K = número de parâmetros livres.

A ordem de integração de uma variável representa o número de vezes que uma série necessita ser diferenciada para se tornar estacionária. Visando identificar a possível relação de longo prazo entre as variáveis foi utilizado o teste de cointegração desenvolvido por Engle e Granger (1991), pois duas variáveis serão cointegradas se tiverem uma relação de longo prazo, ou de equilíbrio.

Primeiramente, dado que as variáveis envolvidas apresentem a mesma ordem de integração, deve-se estimar uma equação de regressão com as variáveis em nível, conforme apresentado na equação de regressão abaixo. Esta equação também é denominada de equação de cointegração:

$$y_t = \alpha + \beta x_t + u_t$$

Em que α corresponde ao intercepto da regressão e *ut* são os resíduos da regressão.

Uma vez estimada esta regressão com as variáveis em nível, haja vista que ambas as variáveis são integradas de ordem 1, o próximo passo consiste em "capturar" os resíduos (*ut*) da equação de cointegração, para posteriormente testar se os resíduos são estacionários $I(0)$ ou não são estacionários, isto é $I(1)$.

Portanto, posto que o teste de cointegração envolve a realização de teste de raiz unitária do tipo Dickey-Fuller aumentado (ADF) sobre os resíduos da equação de cointegração, este teste deve ser efetuado sobre a seguinte equação de resíduos:

$$\nabla u_t = \rho u_{t-1} + \sum_{i=1}^{p} \gamma_i \nabla u_{t-i} + e_t.$$

Neste caso, o termo ∇u_t representa a primeira diferença da variável *ut*, enquanto que ∇u_{t-1} é a primeira diferença defasada da variável *ut*, sendo que o número total de defasagens corresponde a *i* períodos. Quando o termo *γ1* é igual à zero para todos os *is*, ao invés do teste Dickey-Fuller aumentado (ADF), tem-se o teste Dickey-Fuller (DF).

Tendo como base os resíduos da equação de cointegração, o procedimento de verificação da presença ou não de raiz unitária testa a hipótese nula de que os resíduos têm raiz unitária ($\rho = 0$) contra a hipótese alternativa de que os resíduos são estacionários ($\rho \neq 0$), ou seja, testa a hipótese nula de que não há cointegração *versus* a hipótese alternativa de que existe cointegração entre as variáveis *yt* e *xt*.

Detectada a relação de cointegração entre as variáveis, isto é, havendo uma relação de longo prazo, ou de equilíbrio entre as variáveis, é necessário verificar a relação a curto prazo, que pode ter um desequilíbrio. Assim, será feito o modelo de correção de erro (MCE). Engle e Granger (1991) afirmaram que, se duas variáveis *yt* e *xt* são cointegradas, a relação entre as duas pode ser expressa como um mecanismo de correção de erro da seguinte forma:

$$\nabla y_t = \omega_0 + \omega_1 \nabla x_t - \gamma \left(y_{t-1} - \alpha \, x_{t-1} \right) + \varepsilon_t,$$

Em que ∇y_t e ∇x_t representam as variáveis *yt* e *xt*, respectivamente. Dado que representam as diferenças das variáveis, estes dois elementos captam os efeitos de curto prazo do modelo de correção de erro. O parâmetro *γ* mostra a velocidade pela qual os desvios em relação à condição de equilíbrio são corrigidos em cada período de tempo e também é denominado de termo de correção de erro. Portanto, quanto maior o valor estimado de *γ*, mais rapidamente os desvios são corrigidos. Ao contrário, quanto menor o seu valor, mais tempo leva para o sistema voltar a uma nova posição de equilíbrio. Finalmente, o termo (yt–1 - αxt–1) representa os resíduos da equação de cointegração, porém, defasados de um período. Vale lembrar que $zt = yt - \alpha xt$, ou seja, Zt corresponde aos resíduos da equação de cointegração. Defasando-se esta equação em um período tem-se zt–1 = yt–1 - αxt–1, sendo que o lado direito dessa última expressão corresponde aos resíduos defasados de um período, conforme apresentado na equação de cointegração.

Também será utilizado o teste de cointegração assimétrica conforme apresentado em Enders e Siklos (2001). O teste de cointegração assimétrica é uma derivação do teste de Engle-Granger, pois os procedimentos iniciais são idênticos aos do teste de Engle-Granger. A distinção é que no caso do teste de assimetria, os resíduos defasados de um período são divididos em duas partes (positivo e negativo). A equação pode ser representada como:

$$\nabla\hat{u}_{t-1} = I_t\,\rho_1\,\hat{u}_{t-1} + (1 - I_t)\rho_2\hat{u}_{t-1} + v_t^*\,,\ \sim (0,\ \sigma^2),$$

Em que $It = 1$ se $\hat{u}t$–1≥0 e $It = 0$ se $\hat{u}t$–1<0. Em relação a este teste, a hipótese nula afirma que as variáveis não são cointegradas, enquanto que na hipótese alternativa elas são cointegradas, porém, com assimetria. Matematicamente, a hipótese nula é ($\rho 1 + \rho 2 = 0$) e pode-se utilizar a convencional estatística F.

Análise de resultados

Inicialmente foi utilizado o método X12 para verificar se cada série apresenta sazonalidade ou não. Este procedimento é de suma relevância, uma vez que os testes de raiz unitária tradicionais, tal como, Dickey-Fuller aumentado (ADF), produzem resultados viesados quando a série tem sazonalidade. O mesmo se aplica ao teste de cointegração de Engle-Granger.

A Tabela 1 apresenta os índices sazonais médios para cada série, sendo possível verificar quais meses têm o maior e o menor índice sazonal médio, respectivamente.

TABELA 1 - ÍNDICES SAZONAIS MÉDIOS, ARRECADAÇÃO PREVIDENCIÁRIA E PRODUTO INTERNO BRUTO DO BRASIL, JANEIRO DE 1999 – DEZEMBRO DE 2014

	ÍNDICES SAZONAIS MÉDIOS ARRECADAÇÃO PREVIDENCIÁRIA	ÍNDICES SAZONAIS MÉDIOS PRODUTO INTERNO BRUTO — BRASIL
Jan.	88,80*	96,1
Fev.	92,50	94*
Mar.	94,50	99,8
Abr.	95,60	98,5
Maio	94,50	100,3
Jun.	96,50	100,8
Jul.	96,50	102,3
Ago.	95,20	101,8
Set.	95,40	98,1
Out.	96,50	102,8
Nov.	94,40	103,3**
Dez.	159,90**	102

***MENOR** ÍNDICE MÉDIO SAZONAL. **MAIOR ÍNDICE MÉDIO SAZONAL.
FONTE: ELABORADA PELA AUTORA A PARTIR DE DADOS BÁSICOS DO IPEA.

GRÁFICO 1 - ÍNDICES SAZONAIS MÉDIOS DA ARRECADAÇÃO PREVIDENCIÁRIA, 1999–2014

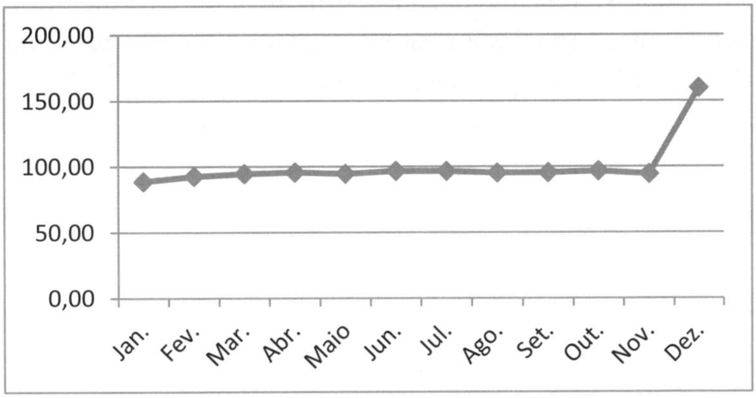

FONTE: ELABORADO PELA AUTORA A PARTIR DE DADOS DO INSTITUTO DE PESQUISA ECONÔMICA APLICADA.

GRÁFICO 2 - ÍNDICES SAZONAIS MÉDIOS DO PRODUTO INTERNO BRUTO DO BRASIL, 1999–2014

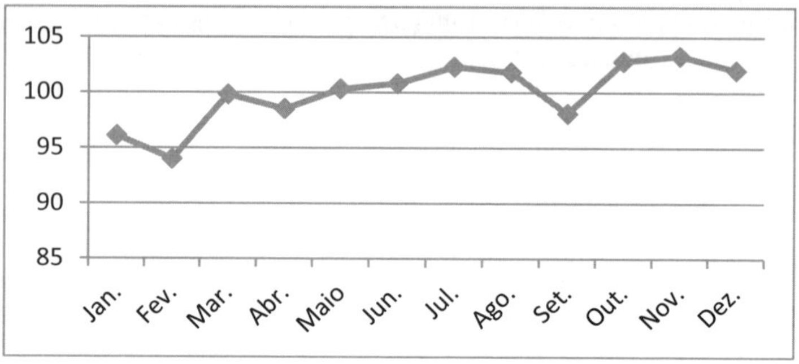

FONTE: ELABORADO PELA AUTORA A PARTIR DE DADOS DO INSTITUTO DE PESQUISA ECONÔMICA APLICADA.

Para a arrecadação previdenciária, o menor índice sazonal ocorreu em janeiro (88,80) e o maior em dezembro (159,90), enquanto para o Produto Interno Bruto o menor índice ocorreu em fevereiro (94) e o maior em novembro (103,3) (Tabela 1). No caso dos menores índices, isto se verifica pelo fato de que janeiro e fevereiro tem menor consumo, uma vez que muitos pagamentos, como tributos e matrículas escolares, são feitos no início do ano, reduzindo a renda disponível. Em relação aos valores máximos (novembro e dezembro), pode-se relacionar com a dinâmica do pagamento do décimo terceiro salário, que aumenta a renda do consumidor e impacta também na elevação das contribuições previdenciárias.

A seguir foram calculados os coeficientes de amplitude sazonal. Neste estudo, quando o coeficiente for superior a 5% implica em presença de sazonalidade na respectiva série e, consequentemente, a série precisa ser dessazonalizada pelo método X12.

Os resultados para os coeficientes de amplitude sazonal mostram que as variáveis apresentaram algum grau de sazonalidade, conforme consta na Tabela 2.

TABELA 2 - COEFICIENTES DE AMPLITUDE SAZONAL, ARRECADAÇÃO PREVIDENCIÁRIA E PRODUTO INTERNO BRUTO DO BRASIL, JANEIRO DE 1999 – DEZEMBRO DE 2014

VARIÁVEIS	COEFICIENTES DE AMPLITUDE SAZONAL (%)
Arrecadação previdenciária	57,17
Produto Interno Bruto Brasil	5,95

FONTE: ELABORADA PELA AUTORA A PARTIR DE DADOS BÁSICOS DO IPEA.

Após dessazonalizar[5] cada série, foi efetuado o teste de raiz unitária ADF para determinar a ordem de integração de cada variável. Foi utilizado o Critério de Informação de Akaike (AIC), para que os resíduos dos testes de raiz unitária não apresentem autocorrelação é preciso determinar um número de defasagens. Os resultados do AIC mostraram para as variáveis em nível *LARPREV_d11* e *LPIBBR_d11* 14 (quatorze) defasagens para se efetuar o teste de raiz unitária (Tabela 3).

TABELA 3 - CRITÉRIO DE INFORMAÇÃO DE AKAIKE (AIC), VARIÁVEIS DESSAZONALIZADAS EM NÍVEL, LOGARITMOS DA ARRECADAÇÃO PREVIDENCIÁRIA E DO PRODUTO INTERNO BRUTO, JANEIRO DE 1999–DEZEMBRO DE 2014

VARIÁVEIS EM NÍVEL	NÚMERO DE DEFASAGENS – CRITÉRIO AIC
LARPREV_d11	14
LPIBBR_d11	14

FONTE: ELABORADA PELA AUTORA A PARTIR DE DADOS BÁSICOS DO IPEA.

Com base no número de defasagens definido pelo critério de informação AIC, foram efetuados os respectivos testes de raiz unitária ADF.

TABELA 4 - RESULTADOS DOS TESTES DE RAIZ UNITÁRIA ADF, VARIÁVEIS DESSAZONALIZADAS EM NÍVEL, LOGARITMOS DA ARRECADAÇÃO PREVIDENCIÁRIA E DO PRODUTO INTERNO BRUTO DO BRASIL, JANEIRO DE 1999 – DEZEMBRO DE 2014

VARIÁVEIS EM NÍVEL	MODELO	ESTATÍSTICA T	PROB<TAU
LARPREV_d11	Com constante e tendência (τ_τ)	-2,77266	<0,2075
	Somente com constante (τ_μ)	-1,25287	<0,6535
	Sem constante (τ)	7,48205	<1
LPIBBR_d11	Com constante e tendência (τ_τ)	-1,51563	<0,8246
	Somente com constante (τ_μ)	-1,13575	<0,7039
	Sem constante (τ)	8,06188	<1

FONTE: ELABORADA PELA AUTORA A PARTIR DE DADOS BÁSICOS DO IPEA.

5 Após dessazonalizar e logaritmizar as variáveis, as nomenclaturas foram alteradas de ARPREV e PIBBR para LARPREV_d11 e LPIBBR_d11.

Para as variáveis *LARPREV_d11* e *LPIBBR_d11*, as respectivas hipóteses nulas de que estas variáveis em nível têm raiz unitária não podem ser rejeitadas para os três modelos respectivamente. Portanto, conclui-se que ambas têm raiz unitária quando consideradas em nível (Tabela 4).

Dado que foi detectado que as variáveis em nível têm raiz unitária, torna-se necessário refazer os respectivos testes de raiz unitária, porém, com as variáveis diferenciadas[6]. No entanto, antes disso, necessita-se determinar os números de defasagens que serão novamente 14 (quatorze) para ambas variáveis (Tabela 5).

TABELA 5 - CRITÉRIO DE INFORMAÇÃO DE AKAIKE (AIC), VARIÁVEIS DIFERENCIADAS, LOGARITMOS DA ARRECADAÇÃO PREVIDENCIÁRIA E DO PRODUTO INTERNO BRUTO, JANEIRO DE 1999 – DEZEMBRO DE 2014

VARIÁVEIS EM NÍVEL	NÚMERO DE DEFASAGENS – CRITÉRIO AIC
DLARPREV_d11	14
DLPIBBR_d11	14

FONTE: ELABORADA PELA AUTORA A PARTIR DE DADOS BÁSICOS DO IPEA.

Determinado o número de defasagens definido pelo critério de informação AIC, foram efetuados os respectivos testes de raiz unitária ADF.

TABELA 6 - RESULTADOS DOS TESTES DE RAIZ UNITÁRIA ADF, VARIÁVEIS DIFERENCIADAS, ARRECADAÇÃO PREVIDENCIÁRIA E PRODUTO INTERNO BRUTO DO BRASIL, JANEIRO DE 1999 – DEZEMBRO DE 2014

VARIÁVEIS EM NÍVEL	MODELO	ESTATÍSTICA T	PROB<TAU
DLARPREV_d11	Com constante e tendência (τ_τ)	-10,5577	<.0001
	Somente com constante (τ_μ)	-10,4956	<.0001
	Sem constante (τ)	-1,40912	<0,1482
DLPIBBR_d11	Com constante e tendência (τ_τ)	-10,2445	<.0001
	Somente com constante (τ_μ)	-10,1847	<.0001
	Sem constante (τ)	-0,815643	<0,3629

FONTE: ELABORADA PELA AUTORA A PARTIR DE DADOS BÁSICOS DO IPEA.

6 Variáveis precedidas da letra D indicam que as variáveis são diferenciadas, logo, captam os relacionamentos de curto prazo.

Os resultados dos testes de raiz unitária mostraram que, para as variáveis diferenciadas que utilizam modelos com constante e tendência e somente com constante, as hipóteses nulas de raiz unitária podem ser rejeitadas, uma vez que os *P-valores* se encontram abaixo do nível de significância de 5%. Entretanto nos modelos sem constante, as hipóteses nula de raiz unitária não podem ser rejeitadas, já que os *P-valores* se encontram acima do nível de significância estipulado, que é de 5%. Ainda que um modelo tenha ficado acima de 5%, pode-se considerar que o teste é estacionário na diferença, pois dois modelos foram significativos e rejeitaram a hipótese nula de raiz unitária. Com base nestes resultados, pode-se afirmar que duas variáveis são integradas de ordem um, sendo necessária a aplicação do operador de diferença de ordem um para que se tornem estacionárias (Tabela 6).

Determinada a ordem de integração de cada variável, o próximo passo consiste em verificar se as variáveis cointegram, ou seja, se convergem para o equilíbrio no longo prazo. O teste de cointegração será feito pelo método de Engle-Granger, que se divide em duas etapas: estimar a equação em nível, obtendo os seus resíduos, assim, testa-se a presença ou não de cointegração entre as variáveis; estimar o modelo de correção de erro, caso a hipótese de que as variáveis não são cointegradas seja rejeitada, a tabela a seguir consiste em estimar uma regressão com as variáveis em nível.

TABELA 7 - EQUAÇÃO DE COINTEGRAÇÃO*, MODELO, LOGARITMO DA ARRECADAÇÃO PREVIDENCIÁRIA DESSAZONALIZADA COMO FUNÇÃO DO LOGARITMO DO PRODUTO INTERNO BRUTO DO BRASIL DESSAZONALIZADO

VARIÁVEL	ESTIMATIVA DO PARÂMETRO	ERRO-PADRÃO DA ESTIMATIVA	VALOR DO TESTE T	P-VALOR DO TESTE T
Constante	−4,57214	0,0805888	−56,73	<.0000
LPIBBR-d11	1,13403*	0,00656504	172,7	<.0000

*O VALOR DO COEFICIENTE ESTIMADO REPRESENTA A RESPECTIVA ELASTICIDADE DE LONGO PRAZO.

FONTE: ELABORADA PELA AUTORA A PARTIR DE DADOS BÁSICOS DO IPEA.

Conforme resultados da Tabela 7, nota-se que as variáveis são significativas, já que os *P-valores* estão abaixo do nível de significância estipulado, que é de 5%, logo, pode-se concluir que a cada aumento de um ponto percentual no PIB, terá um aumento de 1,13% na arrecadação previdenciária no longo prazo.

A seguir, conforme preceitua o teste de cointegração de Engle-Granger, fez-se o teste de raiz unitária sobre os resíduos do modelo de regressão com as variáveis em nível (Tabela 8). O número de defasagens utilizado no teste, conforme resultado do critério de informação AIC, foram 14 (quatorze) defasagens para garantir que os resíduos do modelo do teste de raiz unitária sobre os resíduos da equação de cointegração não apresentem autocorrelação.

TABELA 8 - RESULTADOS DOS TESTES DE RAIZ UNITÁRIA ADF, RESÍDUOS DA EQUAÇÃO DE COINTEGRAÇÃO, VARIÁVEIS EM NÍVEL, MODELO DA ARRECADAÇÃO PREVIDENCIÁRIA E PRODUTO INTERNO BRUTO DO BRASIL, JANEIRO DE 1999 – DEZEMBRO DE 2014.

VARIÁVEIS EM NÍVEL	MODELO	ESTATÍSTICA T	PROB<TAU
Resíduos	Com constante e tendência (τ_τ)	-4,73916	<.000557
	Somente com constante (τ_μ)	-4,75202	<.00001
	Sem constante (τ)	-4,76221	<0,00001

FONTE: ELABORADA PELA AUTORA A PARTIR DE DADOS BÁSICOS DO IPEA.

Os resultados dos testes de raiz unitária para os três modelos mostram que, ao se adotar o nível de significância de 5%, todas as respectivas hipóteses nulas de presença de raiz unitária nos resíduos da equação de cointegração podem ser rejeitadas, ou seja, são estacionários, tendendo a uma situação de equilíbrio no longo prazo (Tabela 8).

Uma vez que os resultados estão de acordo com a teoria econômica, pois um aumento no PIB gera um aumento na arrecadação previdenciária, as variáveis cointegram, sendo assim, os seus resultados para as variáveis em nível não são espúrios. No longo prazo há uma relação elástica.

A seguir foi estimado o modelo de correção de erro, representado pelos resíduos defasados de um período, analisando a relação das variáveis no curto prazo.

TABELA 9 - RESULTADOS DO MODELO DE CORREÇÃO DE ERRO, MODELO, LOGARITMO DA ARRECADAÇÃO PREVIDENCIÁRIA DESSAZONALIZADA COMO FUNÇÃO DO LOGARITMO DO PRODUTO INTERNO BRUTO DO BRASIL DESSAZONALIZADO

MODELO DEMANDA DA ARRECADAÇÃO PREVIDENCIÁRIA				
VARIÁVEL	**ESTIMATIVA DO PARÂMETRO**	**ERRO-PADRÃO DA ESTIMATIVA**	**VALOR DO TESTE T**	**P-VALOR DO TESTE T**
Constante	0,00850035	0,00361340	2,352	0,0197
DLPIBBR-d11	0,232062	0,175142	1,325	0,1868
Resíduo defasado	−0,788890	0,0689611	−11,44	<.0001

FONTE: ELABORADA PELA AUTORA A PARTIR DE DADOS BÁSICOS DO IPEA.

O coeficiente associado ao PIB é positivo, porém não é estatisticamente significativo, pois o *p-valor* está em 18%, acima do nível de significância estipulado, que é de 10%. Isto implica a perfeita inelasticidade entre as duas variáveis no curto prazo, ou seja, não há mudanças na quantidade arrecadada pela previdência no curto prazo, ainda que existam variações no PIB Brasil.

Finalmente, o termo de correção de erro, representado pelos resíduos defasados de um período, mostrou que desequilíbrios na arrecadação previdenciária são corrigidos a uma taxa de 78,88% a cada período (Tabela 9). Portanto, diante de desequilíbrios neste cenário, sua volta para o equilíbrio foi relativamente rápida, aproximadamente 1,3 meses — em torno de cinco semanas.

A seguir foi estimado outro modelo de correção de erro para verificar se a cointegração teve comportamento assimétrico ou simétrico. Neste caso, os resíduos da equação de cointegração foram divididos em valores menores e iguais a zero e valores positivos, criando, assim, duas variáveis *dummies*. Os valores iguais a zero e negativos representam choques negativos, enquanto que os valores positivos representam os efeitos de choques positivos.

TABELA 10 - RESULTADOS DO MODELO DE CORREÇÃO DE ERRO (MCE) COM RESÍDUOS DIVIDIDOS EM VALORES NEGATIVOS E POSITIVOS, MODELO LOGARITMOS DA ARRECADAÇÃO PREVIDENCIÁRIA E DO PRODUTO INTERNO BRUTO, JANEIRO DE 1999 – DEZEMBRO DE 2014

MODELO LOGARITMOS DA ARRECADAÇÃO PREVIDENCIÁRIA E DO PRODUTO INTERNO BRUTO				
VARIÁVEL	**ESTIMATIVA DO PARÂMETRO**	**ERRO-PADRÃO DA ESTIMATIVA**	**VALOR DO TESTE T**	**P-VALUE T**
DLPIBBR-d11	0,0464579	0,206688	0,2248	0,8224
Resíduo defasado positivo	0,0474972	0,00779085	6,097	<0,0001
Resíduo defasado negativo	Omitido devido à colinearidade exata.			

FONTE: ELABORADA PELA AUTORA A PARTIR DE DADOS BÁSICOS DO IPEA.

Para identificar se esse relacionamento é simétrico ou assimétrico é necessário impor restrição e implementar um teste de hipótese sobre esta restrição. Neste caso, a restrição é a seguinte: *Resíduo defasado negativo* + *Resíduo defasado positivo* = 0, ou seja, *Resíduo defasado negativo* = -*Resíduo defasado positivo*. Neste caso, utiliza-se a distribuição *F*. A hipótese nula é que a relação é simétrica, ou seja, choques negativos e positivos têm mesmo efeito sobre a variável dependente. A hipótese alternativa é que predomina a assimetria e, neste caso, diversos estudos mostram que más notícias têm impacto mais relevante sobre o mercado do que boas notícias. Entretanto na Tabela 10 nota-se que há colinearidade perfeita nos resíduos, ou seja, apresentam resultados simétricos, logo não há necessidade de aplicar o teste de hipótese em função da imposição da restrição anterior.

Para comprovar a presença de multicolinearidade perfeita foi estimado separadamente a regressão com os resíduos positivos e negativos, podendo-se observar nas Tabelas 11 e 12.

TABELA 11 - RESULTADOS DO MODELO DE CORREÇÃO DE ERRO (MCE) COM RESÍDUOS POSITIVOS, MODELO LOGARITMOS DA ARRECADAÇÃO PREVIDENCIÁRIA E DO PRODUTO INTERNO BRUTO, JANEIRO DE 1999 – DEZEMBRO DE 2014

MODELO LOGARITMOS DA ARRECADAÇÃO PREVIDENCIÁRIA E DO PRODUTO INTERNO BRUTO				
VARIÁVEL	**ESTIMATIVA DO PARÂMETRO**	**ERRO-PADRÃO DA ESTIMATIVA**	**VALOR DO TESTE T**	**P-VALUE T**
DLPIBBR-d11	0,0464579	0,206688	0,2248	0,8224
Resíduo defasado positivo	0,0474972	0,00779085	6,097	<0,0001

FONTE: ELABORADA PELA AUTORA A PARTIR DE DADOS BÁSICOS DO IPEA.

TABELA 12 - RESULTADOS DO MODELO DE CORREÇÃO DE ERRO (MCE) COM RESÍDUOS NEGATIVOS, MODELO LOGARITMOS DA ARRECADAÇÃO PREVIDENCIÁRIA E DO PRODUTO INTERNO BRUTO, JANEIRO DE 1999 – DEZEMBRO DE 2014

MODELO LOGARITMOS DA ARRECADAÇÃO PREVIDENCIÁRIA E DO PRODUTO INTERNO BRUTO				
VARIÁVEL	ESTIMATIVA DO PARÂMETRO	ERRO-PADRÃO DA ESTIMATIVA	VALOR DO TESTE T	P-VALUE T
DLPIBBR-d11	0,0464579	0,206688	0,2248	0,8224
Resíduo defasado negativo	−0,0474972	0,00779085	−6,097	<0,0001

FONTE: ELABORADA PELA AUTORA A PARTIR DE DADOS BÁSICOS DO IPEA.

Dado a igualdade de valor entre os resíduos de valores positivos e negativos, prova-se que há simetria no modelo de correção de erro da arrecadação previdenciária em função do Produto Interno Bruto no Brasil, apontando que choques negativos e positivos têm o mesmo efeito sobre a variável dependente, não há diferença nos efeitos de boas ou más notícias no mercado.

Conclusão

Os resultados deste estudo mostraram que variações no Produto Interno Bruto do Brasil impactam positivamente na arrecadação previdenciária. No longo prazo há uma relação elástica, pois a variação de 1% no PIB tende a elevar a arrecadação em 1,13%, enquanto no curto prazo não obteve um resultado estatisticamente significativo, embora pareça haver um aumento de 0,23%, há uma relação de inelasticidade perfeita, ou seja, no curto prazo não há alterações na arrecadação previdenciária. Foi detectado também que há uma simetria entre as variáveis analisadas, ou seja, no curto prazo, choques positivos e negativos no PIB obtêm o mesmo resultado na arrecadação previdenciária.

Uma vez que o sistema previdenciário está praticamente voltado para o mercado formal de trabalho, por onde é financiado, com a ascensão do PIB pode haver uma queda no trabalho informal, elevando a oferta de empregos com carteira assinada, aumentando assim o número de contribuintes previdenciários, provocando um crescimento na arrecadação previdenciária no longo prazo.

Entretanto, ainda que variações no PIB impactem positivamente a arrecadação previdenciária e considerando a hipótese de que o sistema previdenciário tenha um aspecto distributivo, existem falhas, onde as transferências não estão sendo alocadas de maneira justa. Uma das premissas adotadas pode ser pelo motivo de o Brasil ter uma característica de um país injusto se tratando de distribuição de renda, com uma redistribuição as "avessas", onde uma grande parcela se concentra com poucos indivíduos, enquanto muitos vivem a um nível de subsistência.

Propõe-se neste estudo uma reforma no sistema previdenciário, porém, uma que leve em consideração o aspecto de desigualdade no sistema, mudança demográfica e disparidade na expectativa de vida do país, pois há no Brasil diferentes realidades que tendem a aumentar a desigualdade e precariedade no país, caso não haja providências viáveis em tempo hábil, como possíveis reformas com regras distintas para cada estado brasileiro. Caso contrário, os deficits e desequilíbrio no sistema previdenciário possivelmente ficarão insustentáveis. E, mesmo que haja um crescimento no PIB, não será suficiente para suprir as necessidades previdenciárias.

Este estudo seguiu padrões teóricos e metodológicos que contribuíram para elucidar aspectos importantes do regime previdenciário e do PIB Brasil. Todavia, outras construções e delineamentos são sempre bem-vindos, favorecendo o aprofundamento da discussão acadêmica, mormente sobre itens tão prementes para o dia a dia do brasileiro.

Referências Bibliográficas

AFONSO, Luís Eduardo. Seguridade Social. In: BIDERMAN; ARVATE. *Economia do Setor Público no Brasil.* Rio de Janeiro: Elsevier, 2004. p. 381-401.

________. *Um estudo dos aspectos distributivos da Previdência Social no Brasil.* 2003. Disponível em: <www.teses.usp.br/teses/disponiveis/12/12138/tde-08022004-153104/publico/TeseLuisEduardoAfonso.pdf>.

ANFIP, Associação Nacional dos Auditores Fiscais da Receita Federal do Brasil/DIEESE, Departamento Intersindical de Estatística e Estudos Socioeconômicos. *Previdência:* reformar para excluir? Contribuição técnica ao debate sobre a reforma da previdência social brasileira. Brasília: ANFIP/DIEESE, 2017. Disponível em: <https://www.dieese.org.br/evento/2017/reformarParaExcluirCompleto.pdf>.

CAETANO, Marcelo Abi-Ramia. *Fundamentos Acerca dos Riscos Associados à Previdência Social.* 2006. Disponível em: <www.ipea.gov.br/sites/000/2/publicacoes/tds/td_1214.pdf>.

CHAN, Betty Lilian; SILVA, Fabiana Lopes; MARTINS, Gilberto de Andrade. *Fundamentos da previdência complementar:* da atuária à contabilidade. São Paulo: Atlas: FIPECAFI/USP, 2006.

ENGLE, Robert F.; GRANGER, C. W. J. *Long-run economic relationship*: readings in cointegration. New York: Oxford University Press, 1991. 301 p. (Advanced texts in econometrics).

FERREIRA, Carlos Roberto; SOUZA, Solange de Cássia Inforzato de. *Previdência Social e Desigualdade*: A Participação das Aposentadorias e Pensões na Distribuição da Renda no Brasil — 1981 a 2001. 2004. Disponível em: <www.anpec.org.br/encontro2004/artigos/A04A139.pdf>.

FREITAS, Silene M. de; FERREIRA, Célia R. R. P. T.; BARBOSA, Marisa Z. Oportunidades e entraves à expansão de dendeicultura brasileira. *Agricultura em São Paulo*. São Paulo, v. 45, abr. 1998, p. 1-16.

GUJARATI, Damodar N.; PORTER, Dawn C. *Econometria Básica*. Porto Alegre: AMGH, 2011, p. 731-758.

HURVICH, Cliffrod F. and TSAI, Ching-Ling. Regression and time series model selection in small samples. *Biometrika*, 76(2), p. 297-307, 1989.

IPEA, Instituto de Pesquisa Econômica Aplicada. Disponível em: <www.ipeadata.gov.br>.

MARQUES, R. M. Uma Previdência Social para os brasileiros. In: SICSÚ, João (Org.). *Arrecadação, de onde vem? E Gastos Públicos, para onde vão?* São Paulo: Boitempo Editorial, 2007, p. 17-27.

_______; BATICH, Mariana; MENDES, Áquilas. Previdência Social Brasileira: um balanço da reforma. *São Paulo em Perspectiva* [online]. 2003, v. 17, n. 1, p. 111-121. Disponível em: <www.scielo.br/pdf/spp/v17n1/v17n1a10.pdf>.

MARTINS, Sérgio Pinto. *Reforma Previdenciária*. São Paulo: Atlas, 2006.

SILVEIRA, Fernando Gaiger. *Tributação, Previdência e Assistência Sociais:* Impactos distributivos. 2008. Disponível em: <www.tesouro.fazenda.gov.br/Premio_TN/XIIIpremio/qualidade/1qualidaeXIIIPTN/TRIBUTACAO_PREVIDENCIA_ASSISTENCIA_SOCIAIS.pdf>.

YAFFEE, Robert; McGEE, Monnie. *Introduction to Time Series Analysis and Forecastring with Applications of SAS and SPSS*. United States of America: Academic Press. 2000. 528 p.

ZYLBERSTAJN, Hélio; AFONSO, Luís Eduardo; SOUZA, André Portela. *Reforma da Previdência Social e Custo de Transição*: Simulando um Sistema Universal para o Brasil, 2005. Disponível em: <www.anpec.org.br/encontro2005/artigos/A05A052.pdf>.

II

INOVAÇÃO TECNOLÓGICA: ABORDAGEM MESOECONÔMICA

Nota da editora: a pedido da organizadora, o seguinte artigo foi mantido em inglês.

POLICIES OF RESEARCH, DEVELOPMENT AND INNOVATION IN BRAZIL: CASE STUDY OF THE TECHNOLOGY PARK OF SÃO JOSÉ DOS CAMPOS

Eduardo Luiz Machado[1]
Mariano Alves da Cunha[2]

Abstract

The technology parks have received special attention in Brazil regarding the policies of incentive to research, development and innovation. The implementation of parks was part of programs and strategic actions of regional and local development. In 2006, the State of São Paulo created the Paulista System of Technology Parks (SPTec) with the objective of managing the new investments. The SPTec created an institutional structure that allowed the development of technical support activities, articulating public administration bodies and the private sector, favoring the consolidation of an effective instrument for the formulation of scientific policies to state. In this sense, the creation of the Technology Park of São José dos Campos aimed to attract universities, research institutions and public and private companies, seeking to facilitate the exchange of information between the agents, promoting the local innovation. The objective of this article is to verify the effectiveness of

1 Institute for Technological Research of São Paulo State (IPT) and Federal University of São Paulo (UNIFESP).

2 Universidade Federal de São Paulo (UNIFESP).

the Technology Park of São José dos Campos as instruments of technological, competitive and social development using indicators based on the perception of its main stakeholders. This research will contribute to the identification of dimensions that compile the main points for performance measurement of technology parks based on a triple helix structure including university, government and business. The single case study strategy was chosen to observe in detail the structure of the Technology Park of São José dos Campos and to learn lessons that can help new models of technology parks and public policies that address the structuring of innovative environments.

Keywords: Innovation; Public Policies; Technology Park; Social Development; Local Development.

Introduction

Brazil is a country that has awakened late for technological innovation. Despite its ability to generate scientific knowledge, it has not been able to simultaneously develop an effective policy to turn this knowledge into innovation.

Technology Park (PqTs) is an organization managed by specialized professionals, whose main aim is to increase the wealth of its community by promoting the culture of innovation and the competitiveness of its associated businesses and knowledge-based institutions. To enable these goals to be met, a science park stimulates and manages the flow of knowledge and technology amongst universities, R&D institutions, companies and markets; it facilitates the creation and growth of innovation-based companies through incubation and spin-off processes; and provides other value-added services together with high quality space and facilities [1].

In Brazil, the PqTs do not have a well-defined strategic planning, making it difficult to choose a sustainable business model in the long term. In addition, there are some institutional obstacles that hamper the coordination and coordination of the various initiatives spread throughout the country, preventing the proliferation of a large number of projects with unsatisfactory results in order to promote innovation [2]. The PqTs tried to be instruments to overcome the technological gap of certain regions in the country [3].

In order to improve this performance, in 2006, the State Government of São Paulo created the São Paulo System of Technology Parks (SPTec). The purpose of the initiative was to create an institutional framework for the development of technical support activities, articulating the organs and entities of the public administration and the private sector, favoring the consolidation of an effective instrument for the formulation of scientific and technological policies for the State of São Paulo. In developed countries, out of every four researchers three are in private companies. In Brazil, on the other hand, only one is found in private companies [4].

Besides helping the process of structuring and managing the parks, it is the SPTec's job to organize the investments and avoid competition for resources among the participating units of the system [4].

In this context, the present article intends to discuss if the SPTec has contributed to the promotion of innovation and technological advance. Through a case study, we seek to evaluate the results obtained by the implementation of the Technology Park of São José dos Campos (PTSJC). The case study was chosen as a research strategy because it was a research that sought to understand the way the technology park is organized.

It is hoped to identify elements that allow supporting the hypothesis that the PTSJC is able to meet the scope of its conceptions and generate new sources of scientific and technological innovation, generating positive externalities to the companies installed there, as well as in the region in which it is inserted.

Literature review

The role of the institutional environment

The State defines the institutional environment as a result of the action of society, seeking to reduce the transaction cost by guaranteeing property rights and creating a favorable environment for private agents to act. Institutions are seen as the rules, habits or legal limits for the action of individuals, while organizations are built by agents seeking to exploit existing incentives. Institutions tend to change slowly, as organizations quickly adjust the changes in the institutional environment [5].

A model of interaction between State, Business and University was developed to explain the importance of the coordination of transactions between these agents. Emphasis is given to the constant interaction of these agents in a movement of a triple helix. In this model, increasing collaboration among the actors of the technology parks facilitates the sharing of information and knowledge, improving the results of the research and innovation process [6].

A company is not just an organization that manufactures products or services but also a structure of relationships and different ways of organizing such relationships between firms. The transaction cost would come from the need for companies to constantly relate to the objective of negotiating and signing contracts with each other [7].

The State plays a fundamental role in creating the stable institutional environment by organizing productive activity. In this sense, the creation of SPTec is based on this idea of creating an institutional environment formed by laws, norms and regulations that regulate the performance of agents, aiming to improve the coordination of transactions between agents in society.

Technology parks

The first sketches of technology parks and/or science parks, so called technopoles, emerged from the successful experiences of space agglomeration and technological production in Silicon Valley, California, and Route 128 in Boston, Massachusetts, in the late 1940s and early 1960s. The success of these initiatives contributed to the construction of the concept of technology parks [8].

In technology parks, an innovation environment supported by an institutional apparatus that allows the creation and consolidation of a knowledge flow can be observed, based on established relationships [9].

There is no single definition of technology park that can be applied to all initiatives and, consequently, this fact leads to the inexistence of indicators that can express their performance. Thus, this heterogeneity of models does not allow analyzing them through a single format that is recognized by all. However, the different definitions of technology parks have in common the idea of being an institutional environment favorable to innovation based on R&D [10].

A classification of technological poles based on their design, performance, participating members, vocation and productive development is adopted by this article [8]:

1. Industrial complexes formed by high-tech companies and built on innovative environments. This type of complex can connect R&D and

production, becoming real centers of command of the new industrial spaces. They arise without any deliberate planning, although local governments and universities play a crucial role in their development.

2. Cities Science is a complex scientific research without direct territorial link to production. They are intended to achieve a higher level of scientific excellence through the synergy they should generate in their isolated scientific region.
3. Technology parks aims to induce new industrial growth, in terms of employment and production, by attracting high technology manufacturing companies into a privileged space. Innovation functions are not excluded from such projects, but are mainly defined in terms of economic development.
4. Design of technological poles as tools for regional development and industrial decentralization.

This article understands that the SPTec sought to encourage the implementation of the third model suggested by the authors.

Research and development policies adopted in Brazil

Industrial development policies in Brazil were stimulated until the late 1970s. Since then, other government initiatives have not been successful in the country, such as the 1984's Government Action Plan, Industrial Policy of 1986 and the Technological and Industrial Development Program (PDTI) of 1988 [11].

The current model is the result of the aging of the institutions destined to the formulation of industrial policies. Under these conditions, the S&T&I policies implemented in Brazil have lost their effectiveness, since they have started to respond to specific situations instead of promoting a long-term action plan. In order to change this scenario, the country has created new institutional instruments to encourage industrial and technological policies, such as sectorial funds, laws of innovation, tax incentives, among others. The changes in the institutional environment inspired the appearance of the first PqTs in the country, seeking to boost the regional economies [4].

In this sense, SPTec created an adequate institutional structure for the development of technical support activities in an articulated way among the various public and private agents, making possible its consolidation as an effective instrument of scientific and technological policy.

The implementation of parks is part of programs and strategic actions of regional and local development. The São Paulo public policy for these parks follows a management model that is adequate to the scientific and technological competencies of local entities and to regional economic vocations. Initially a preliminary study of technical and economic viability is carried out. Next, public and private agents are mobilized and financial and institutional modeling is carried out, aiming at contracting and supervising technical services, selecting sectors of activity and choosing the leading agents of each enterprise [4].

Besides helping the process of structuring and managing the parks, SPTec directs the investments to be made. In this way, the State plays the role of inductor, promoter and structurer offering hosting and incubation of innovative companies to promote technology transfer [12].

Technology Park of São José dos Campos

The city of São José dos Campos had its regional development directed to the technological sector in the 50s, with the implementation of a pioneering military project: the Aeronautical Technical Center (CTA) and the Technological Institute of Aeronautics (ITA). Composed of an engineering school and a research institute, this military project made the municipality attractive to scholars and multinational companies, constituting a technological pole [13].

Located 94 kilometers far from the city of São Paulo, São José dos Campos has an area of 1.099.600km^2 and an estimated population of 681.036 inhabitants. The municipality houses important companies, such as Panasonic, Johnson & Johnson, Ericsson, Philips, General Motors (GM), Petrobras, Monsanto, Embraer, among others. It has important teaching and research centers, such as: the Institute of Aeronautics and Space (IAE), the Technological Institute of Aeronautics (ITA), the Institute of Technological Research (IPT) and the Federal University of São Paulo (Unifesp), being an important technopoly of military material, metallurgical and headquarters of the largest aerospace complex in Latin America [13] [14].

The Technology Park of São José dos Campos (PTSJC) was created in 2010, in the context of the São Paulo System of Technology Parks (SPTec) with the objective of promoting technological research, development and innovation [13]. The model adopted is as follows:

1. Technological Development Centers (CDTs): partnerships between anchor companies, universities and research entities, focusing on the development of specific technologies. Anchor companies are leaders in their business segments, with their own Research and Development programs.
2. Universities and educational institutions: the scientific and technical capacity of its researchers and the possibility of access to the laboratories constitute assets of great value;
3. Business Centers (CEs): spaces designed to house technology-intensive small and medium-sized enterprises, enjoying a synergistic environment and stimulating entrepreneurship, characterized by high connectivity and competitiveness.

The technology park has 45 companies and occupies an area of 1.2 million m^2 near the Presidente Dutra Highway. The surrounding area of the park is the Special Zone of the Technology Park (ZEPTEC), an area that provides an urban occupation in a planned way, being a fundamental element for the strategic plan of the park in the coming years [14].

Regarding its vocation, although it is oriented to the aerospace and defense segment, in alignment with the tradition and history of the city, the park was conceived as a multi-thematic unit, housing companies that work in several areas of interest and performance.

Using the classifying presented in item 2.2, it is verified that the PTSJC fits the third type, since it was consolidated with the objective of generating jobs and increasing production, attracting knowledge intensive companies. The consolidation of the project was a direct result of the incentive policy implemented by the State, aimed at strengthening the relationship between teaching and research institutions and the productive sector. In addition, the park is the result of a structured and planned project, based on the triple helix model.

Quantitative indicators

The number of companies in the city between 2006 and 2013 grew by 24% (Table 1).

TABLE 1 - NUMBER OF COMPANIES

YEAR	NUMBER OF COMPANIES	INCREASE (%)	ACCUMULATE (%)
2006	18.342	-	-
2007	18.739	2,2%	2,2%
2008	19.212	2,5%	4,7%
2009	20.262	5,5%	10,2%
2010	21.162	4,4%	14,6%
2011	21.760	2,8%	17,4%
2012	22.523	3,5%	20,9%
2013	23.242	3,2%	24,1%

SOURCE: [13]

This growth may be a consequence of the public policy of encouraging entrepreneurship and the development of the technological pole through incubator programs. From the analysis of employability in the municipality between 2003 and 2013, it is verified that the number of employees admitted exceeded the number of dismissed employees, which corroborates the idea of the expansion of the number of companies in the municipality, indicating that the public policy was promoting local development (Table 2).

TABLE 2 - NUMBER OF OPEN JOBS

YEAR	EMPLOYEES			
	ADMITTED	FIRED	BALANCE	ACCUMULATE
2003	38.128	39.080	-952	-952
2004	48.003	40.239	7.764	6.812
2005	52.658	46.558	6.100	12.912
2006	52.086	47.927	4.159	17.071
2007	70.148	55.216	14.932	32.003
2008	86.605	72.931	13.674	45.677
2009	85.935	83.023	2.912	48.589

YEAR	EMPLOYEES			
	ADMITTED	FIRED	BALANCE	ACCUMULATE
2010	101.542	95.704	5.838	54.427
2011	108.011	107.020	991	55.418
2012	102.646	101.794	852	56.270
2013	103.531	102.552	979	57.249

SOURCE: [13]

Social networks index is presented in Table 3. The indexes selected for analysis were: the centrality index (degree), the Bonacich power index, the closeness index and the degree of intermediation and control (Betweenness) [15] [16]. The centrality index identifies the number of connections assigned to the agent. Finally, there is also the degree of Betweenness, understood as the actor's potential for intermediation [14][15][16].

It is observed that the ITA has the highest degree of centrality, indicating a possible privileged position in the network, since it is the agent with the highest number of connections and the degree index (Table 3). In the aspect of centrality, Unifesp stands out.

TABLE 3 - SOCIAL NETWORKS INDEX

ORDER	AGENT	NATURE	DEGREE	BONACICH POWER	BETWEENNES
1	ITA	Teaching and research	0,366	29.436	0,877
2	Unifesp	Teaching and research	0,352	29.122	0,934
3	FATEC	Teaching and research	0,225	19.489	0,835
4	Associação	Support and research institution	0,183	14.255	0,835
5	Unesp	Teaching and research	0,155	14.847	0,845
6	FINEP	Support and research institution	0,113	14.675	0,703
7	FAPESP	Support and research institution	0,113	13.244	0,67
8	IPT	Support and research institution	0,127	13.547	0,676
9	CECOMPI	Support and research institution	0,127	12.977	0,772
10	UNICASTELO	Teaching and research	0,113	12.609	0,676
11	Ericsson	Company	0,085	11.704	0,732
12	SABESP	Company	0,085	11.470	0,657
13	USP	Teaching and research	0,085	11.470	0,657

SOURCE: [14]

The analysis indicates that teaching and research institutions play a prominent role in the transfer of knowledge, connecting different groups and acting in different streams of dissemination of knowledge. The absence of teaching and research institutions would make the network structured in isolated groups.

Additionally, since its inception, the Park has already received US$800 million in investments and different companies registered 70 patents. Such indexes show that the PTSJC has played the role of an institutional environment capable of promoting research and technological innovation, as well as stimulating cooperation between research institutions, universities and companies by reducing transaction costs.

Conclusion

The results suggest that public policy of this municipality, at a certain moment in history, have been a strategic planning that the ordered to be convergent maintenance of regional development as a technological pole. The change in the institutional environment provided by the creation of SPTec reduced transaction costs by improving coordination among the agents of the triple helix model. New governance structures have improved efficiency in the local economy, enabling the creation of jobs and the emergence of innovative companies.

The case of the Technology Park of São José dos Campos can serve as a basis for managers of other similar organizational arrangements, such as industrial districts and business incubator, as well as technology parks of other regions, regarding the increase of the capacity of innovation and regional development. On the other hand, the park is still in a consolidation phase and with many challenges ahead, as it does not yet have the capacity to face the main structural challenges of innovation.

It was concluded that there was a convergence of public policies that improved the use of public resources, but also provided a more accelerated and solid development to the municipality.

Referências Bibliográficas

[1] INTERNATIONAL ASSOCIATION OF SCIENCE PARKS AND AREAS OF INNOVATION. About IASP. Disponível em: <http://www.iasp.ws/the-role-of-stps-and-innovation-areas>. Acesso em: 23 de janeiro de 2018.

[2] ASSOCIAÇÃO NACIONAL DE ENTIDADES PROMOTORAS DE EMPREENDIMENTOS INOVADORES. (ANPROTEC). Parques Tecnológicos no Brasil: Estudo, análise e proposições. Brasília, DF, 2008. Available:<http://www.anprotec.org.br/>. Acess in: jun. de 2014. [Portuguese]

[3] LUCIZANI, Jonhey Nazario. O Impacto Econômico Regional do Parque Tecnológico Itaipu (PTI). Universidade Estadual do Oeste Do Paraná (Unioeste). Campus de Toledo Centro de Ciências Sociais Aplicadas, Toledo, Paraná, 2012. [Portuguese]

[4] STEINER, João E. CASSIM, Marisa Barbar. ROBAZZI, Antônio Carlos. Parques Tecnológicos: Ambientes de Inovação. Instituto de Estudos e Pesquisas Avançados da Universidade de São Paulo. Disponível em: <http://www.iea.usp.br/publicacoes/textos/steinercassimrobazziparquestec.pdf>, Acess in 20 de março de 2014. [Portuguese]

[5] NORTH, Douglass. Institutions, institutional change and economic performance. Cambridge: Cambridge University Press, 1990.

[6] ETZKOWITZ, H., LEYDESDORFF, L. (2000). The dynamics of innovation: From National System and "Mode 2" to a Triple Helix of University industry government relation. Research Policy, 29(2), 109-123.

[7] WILLIAMSON, O. E. Transaction-cost economics: the governance of contractual relations. Journal of law and economics, p. 233-261, 1979.

87

[8] CASTELLS, Manuel e HALL, Peter. Technopoles of the World: The making of twenty-first-century Industrial Complexes. Routledge, New Fetter Lane, London, 1994.

[9] BUENO, G.; JOHN, E.; LYRA, F. R.; LENZI, F. C. Knowledge Management, Market Orientation and Innovation: a study at a Technology Park of Santa Catarina. Brazilian Business Review, v. 13, n. 3, p. 70-89, 2016.

[10] VEDOVELLO, Conceição Aparecida; JUDICE, Valéria Maria Martins; e MACULAN, Anne-Marie Dalaunay. Revisão crítica às abordagens a parques tecnológicos: Alternativas interpretativas às experiências brasileiras recentes. Revista de Administração e Inovação. São Paulo, v. 3, n. 2, p. 103-118, 2006. [Portuguese]

[11] SUZIGAN, Wilson e FURTADO, João. Instituições e Políticas Industriais e Tecnológicas: Reflexões a Partir da Experiência Brasileira. Est. Econ., São Paulo, V. 40, N. 1, p.7-41, Janeiro-Março 2010. [Portuguese]

[12] CASSIOLATO, JE. e SZAPIRO, M. Uma caracterização de arranjos produtivos locais de micro e pequenas empresas. Capítulo 2 do livro "Pequena empresa: cooperação e desenvolvimento local", organizado por Helena M.M. Lastres, José E. Cassiolato e Maria Lúcia Maciel, Relume Dumará Editora, julho de 2003. [Portuguese]

[13] COIMBRA, A.C.M; HOPFER,K.R. Polo tecnológico de São José dos Campos: análise crítica da política pública municipal. R. bras. Planej. Desenv., Curitiba, v. 6, n. 2, p. 313-338, mai./ago. 2017. [Portuguese]

[14] FIORAVANTI, V. S. L. O processo de transferência do conhecimento em redes interorganizacionais: Uma análise do parque tecnológico de São José dos Campos. Dissertação de Mestrado apresentada ao Programa de Pós-Graduação em Administração da Universidade Paulista, São Paulo, 2017. [Portuguese]

[15] WASSERMAN, S.; FAUST, K. Social network analysis: methods and applications. New York: Cambridge University Press, 2007.

[16] BORGATTI, S.P.; EVERETT, M.G.; JOHNSON, J C. Analyzing Social Networks. SAGE, 2013.

STARTUPS: DO NASCIMENTO AO CRESCIMENTO. PROPOSTA DE INTEGRAÇÃO PARA CICLOS DE INOVAÇÃO E DESAFIOS DO DESENVOLVIMENTO

Marcio Augusto Lassance Cunha Filho[1]
Alessandro Paes dos Reis[2]
Moisés Ari Zilber[3]

Resumo

Este artigo tem como proposta o desenvolvimento de quadro teórico para orientação de pesquisas que envolvam os ciclos de vida das *startups*. Através de levantamento bibliográfico, visa a identificação de modelo convergente integrando propostas encontradas para os ciclos de inovação e desenvolvimento publicados em literatura acadêmica com as fases definidas pelo Serviço Brasileiro de Apoio às Micro e Pequenas Empresas no Estado de São Paulo (SEBRAE-SP), usadas para orientação das *startups* desde seu nascimento até a fase de crescimento.

Palavras-chave: Startup; Inovação; Desenvolvimento; Evolução.

---

1 Doutorando do programa de Pós-Graduação Stricto Sensu da Universidade Presbiteriana Mackenzie.

2 Mestrando do programa de Pós-Graduação Stricto Sensu da Universidade Presbiteriana Mackenzie.

3 Doutor em Administração pela Universidade de São Paulo Professor da Universidade Presbiteriana Mackenzie.

Introdução

Que tipo de empresas têm maior probabilidade para inovação e em quais condições de mercado? Quais tipos de incentivos estimulam a inovação de forma mais efetiva? Freeman e Soete (1997) levantam pontos fundamentais onde a busca pela resposta é assunto comum entre empreendedores, executivos, agentes governamentais e estudiosos. Neste sentido e com participação quase onipresente nos debates sobre crescimento, inovação e oportunidades tecnológicas, as *startups* representam uma importante fonte para estudos acadêmicos e corporativos.

Desde sua concepção até a maturidade, cada fase que compõe seu ciclo de negócios apresenta desafios particulares cuja origem e linha de ação determinam a sustentabilidade da proposta. Esta última é resultado de vantagem competitiva observada na introdução com sucesso do produto ou serviço no mercado. São inúmeros os estudos sobre a dinâmica competitiva dos mercados e o papel das vantagens competitivas das firmas para determinação de seu posicionamento. Não resta claro, entretanto, o quanto destes estudos podem ser aplicados a novos empreendimentos cuja disponibilidade inicial de recursos limita a capacidade de execução de seus modelos ou planos de negócio. Katila, Chen e Piezunka (2012) indicam que, em geral, a unidade de análise recai sobre empresas líderes em seus segmentos ou em empresas de capital aberto.

Os autores sugerem ainda que as *entrepreneurial firms,* por não conseguirem sustentar uma rivalidade competitiva baseada em ações e contramedidas, tendem a fazer movimentos mais cautelosos e menos visíveis. Mais ainda, indicam que os movimentos competitivos destas empresas em mercados já estabelecidos e maduros são menos relevantes que os exploratórios de novos mercados. As *entrepreneurial firms* são definidas pelos autores como firmas que iniciam sua atuação a partir de uma fraca posição de mercado e com poucos recursos. Neste artigo, as *startups* estão incluídas nestas condições.

Novos mercados são caracterizados por estrutura ainda não desenvolvida, alta imprevisibilidade e conhecimento limitado de clientes, rivais e segmentos de mercado relacionados. A ambiguidade e incerteza combinadas trazem para as *startups* um desafio importante para suportar os investimentos necessários para suas intenções de penetração de mercado. Busca de parceiros interessados em participar do empreendimento parece ser a solução. Santos e Eisenhardt (2009) indicaram em seu estudo sobre o poder do empreendedorismo em mercados nascentes três mecanismos de aliança usados para atração destes parceiros: compartilhamento de receita, onde o parceiro se beneficia do novo mercado através da distribuição, publicidade ou contratos de fornecimento; investimentos de capital, onde os empreendedores permitem aos parceiros a compra de participação na firma; e posicionamento contra o líder, onde o empreendedor busca parceiros com força similar ao líder atual de mercado onde o produto ou serviço será inserido.

Embora com pontos fortes e fracos a serem analisados, cada uma destas opções auxilia os empreendedores em seu desafio inicial de sobrevivência e abre oportunidade para exploração de ativos complementares que possam garantir retorno ao negócio. De qualquer modo, há uma lacuna ainda não totalmente preenchida no suporte aos novos negócios e *startups*. Trata-se do apoio obtido desde a concepção com suporte técnico, passando pela captação com suporte às negociações até a fase de administração do negócio quando o produto ou serviço já está lançado. Além das opções já mencionadas de parceria entram em cena os órgãos governamentais, agências de fomento e universidades.

Em estudo publicado na última década do século XX, Bania, Eberts e Fogarty (1993) indicaram que as atividades das universidades dos Estados Unidos representaram influência significativa no desenvolvimento da indústria microeletrônica americana. Esta influência foi medida através de correlação com a taxa de nascimento de novas *startups* do setor. A evolução do apoio das universidades aos novos negócios no país tem-se mostrado consistente desde então com exemplos de sucesso bastante conhecidos como Google, Facebook e Twitter. Já no Brasil, a experiência ainda não demonstrou o mesmo potencial. Embora com iniciativas pontuais importantes na área, pesquisa aponta afastamento da universidade brasileira em relação ao mercado, com poucas iniciativas abertas ao público ou que envolvam agentes empreendedores da comunidade (SEBRAE-SP, 2015). Além disso, há carência de trabalhos acadêmicos voltados para a avaliação da situação específica no país que contenham propostas de estudos subsequentes e indicação de caminhos a serem percorridos.

No Brasil, estima-se que existam mais de dez mil *startups*, as quais movimentaram, em 2012, cerca de R$2 bilhões. Todavia, apenas uma em cada dez *startups* obtêm sucesso (ASSOCIAÇÃO BRASILEIRA DE STARTUPS, 2014). Para complementar a relevância do assunto, entre as pessoas de dezoito a sessenta e quatro anos no Estado de São Paulo, cerca de 31%, ou seja, nove milhões de pessoas têm um negócio próprio ou estão envolvidas na criação de um negócio (IBQP, 2015).

Com um recorte específico nas *startups* originadas no Estado de São Paulo, Brasil, busca-se identificar através de levantamento bibliográfico um modelo convergente que permita estudo dos seus ciclos de vida. Atenção à interação das *startups* com as universidades e, em especial no Brasil, foi igualmente considerada no levantamento. Para atingir esses objetivos, a seção "Referencial teórico" apresenta tudo sobre inovação e *startups*. Em "Procedimentos metodológicos" mostra-se o percurso metodológico da pesquisa até identificação de quatro modelos distintos de avaliação das fases da vida das *startups*. "Startups e seus estágios de evolução" discute os modelos identificados e suas particularidades ressaltando suas contribuições. "Integração e síntese entre os modelos" apresenta uma discussão integrada entre os modelos, buscando a extração de seus pressupostos comuns e complementaridades de modo a propor uma síntese. As conclusões e propostas para utilização do resultado desta pesquisa são discutidos na "Conclusão".

Referencial teórico

Inovação

> "[...] E deve ser lembrado que não há nada mais difícil para iniciar, mais perigoso para conduzir, ou mais incerto no seu sucesso, que assumir a liderança de uma nova ordem de coisas. Porque o inovador tem como inimigos todos aqueles que se saíram bem nas condições antigas, defensores mornos, aqueles que poderiam se sair bem nas novas. Esse frescor surge em parte do medo dos opositores que têm as leis ao seu lado, e em parte da incredulidade dos homens que não acreditam prontamente em coisas novas, até que tenham uma longa experiência com elas. Assim, quando aqueles que são hostis têm oportunidade para atacar, eles o fazem como guerrilheiros, enquanto os outros o defendem mornamente [...]" (MAQUIAVEL, *O Príncipe*, 1513).

Novidade ou aquilo que é novo ou que foi introduzido recentemente. Muito embora estas definições diretas encontradas nos dicionários de língua portuguesa ou inglesa apontem para uma referência recente no tempo, o termo inovação, em administração, tem sido amplamente abordado pela literatura desde o fim do século XIX. Schumpeter (1982) afirmou que o capitalismo pode ser entendido pela sua própria natureza como uma forma ou método de mudança econômica. Nessa visão, a dinâmica da economia se explica pela introdução de inovações pelos empresários, ou seja, pela introdução de novas combinações de fatores já disponíveis no mercado, através do processo definido pelo autor como *destruição criadora*. Por este processo, as firmas inovadoras tendem a se expandir e ocasionam o desaparecimento das não inovadoras num movimento evolucionário associado ao funcionamento do capitalismo. As inovações são, portanto, resultado de iniciativas de indivíduos ou empresas na busca por determinados objetivos, que impactam na reorganização das atividades econômicas.

Invenção mais comercialização. Para Affuah (1998), de forma mais geral, a inovação pode ser definida como o uso de novo conhecimento para oferecer novo produto ou serviço que os consumidores ou clientes desejam. Do ponto de vista exclusivo das organizações, o autor sugere também que inovação possa ser definida como a adoção de ideias que sejam novas para a organização que a adota.

Mas quem são as firmas com maior probabilidade para inovação? Schumpeter (1982) sugeriu que as pequenas firmas empreendedoras seriam responsáveis pela maior parte das inovações. Posteriormente, mudou de ideia sob a argumentação de que as grandes firmas detêm o aparato produtivo e ativos complementares para explorar comercialmente a inovação, podem conseguir economias de escala para otimizar os retornos em Pesquisa e Desenvolvimento (P&D) e uma melhor gestão de seus riscos devido a diversificação. Estudos mais recentes não comprovaram correlação estatisticamente significativa entre o tamanho da firma e sua maior propensão à inovação (COHEN, 1995; ARVANITIS, 1997).

Os impulsionadores de inovação para as empresas grandes ou pequenas apresentam características inicialmente distintas, mas que podem, se identificadas e bem trabalhadas, levar a firma a obter retorno esperado pela introdução do produto ou serviço. Nessa linha, Teece (1986) propõe um modelo que envolve dois fatores combinados para que uma firma possa obter vantagem competitiva a partir de uma inovação: o regime de apropriabilidade e a existência de ativos complementares das firmas em processo de inovação. Segundo o autor, o regime de apropriabilidade é definido por duas dimensões: instrumentos legais (patentes, direitos autorais, segredos industriais) e a natureza da tecnologia do produto/processo ou grau de conhecimento tácito e complexidade. Por sua vez, a existência de ativos complementares faz referência a todas as outras capacidades, à exceção da tecnologia, que a firma possui para explorar a inovação. Inclui manufatura, marketing, canais de distribuição, reputação, marca e tecnologias complementares.

De qualquer modo, especialmente as inovações radicais (AFFUAH, 1998) promovidas por firmas menores podem causar problemas importantes para as firmas já estabelecidas. Estas pequenas firmas inovadoras, além das dificuldades iniciais de captação e suporte, ainda encontram ambiente de extrema dificuldade para aceitação e legitimação institucional entre as firmas já estabelecidos e os principais *stakeholders* envolvidos (VERMEULEN, BÜCH e GREENWOOD, 2007). Por outro lado, inovações radicais destroem a ordem existente. Novos entrantes levam vantagem sobre as empresas estabelecidas pois, enquanto estas lidam com seu legado de produtos, serviços, processos e rotinas, aquelas apresentam inicialmente regime de apropriação relativamente alto em relação a inovação mencionada.

Tushman e Anderson (1986) propõem que estas descontinuidades radicais estão associadas a uma razão maior entre entrada e saída de firmas em determinado setor. Segundo os autores, firmas que lançam inovações tecnológicas radicais apresentam taxas de crescimento mais elevadas. Por esta linha de estudo, a inovação radical ou não incremental é mais intensamente promovida nas indústrias em que as pequenas e médias empresas dominam. Kupfer e Hasenclever (2002) contribuem com esta noção e apontam algumas vantagens estruturais em favor da inovação nessas empresas: organização menos burocratizada, maior motivação para a criatividade e maior disposição para dividir o mercado.

Startups

O que é uma *startup*? Conforme Gitahy (2011), o conceito *startup* começou a se popularizar na década de 1990 mais especificamente a partir do início da bolha da internet nos Estados Unidos. O termo começou a ser difundido no Brasil, entretanto, somente a partir do período compreendido entre 1999 a 2001.

Há uma tendência para se afirmar que qualquer pequena empresa em seu período inicial pode ser considerada uma *startup*. Outra afirmativa comum indica que uma *startup* é uma empresa inovadora com custos de manutenção muito baixos, mas que consegue crescer rapidamente e gerar lucros cada vez maiores. Na visão de Longhi (2011), *startups* são pequenas empresas montadas em casa ou em faculdades e que recebem pequenos aportes de capital. Elas exploram áreas inovadoras de determinado setor (mais comumente de tecnologia), possuindo uma aceleração de crescimento muito alta já nos primeiros meses de existência em virtude de investimentos feitos por fundos de investimento especializados. Assim uma *startup* deve, por meio das suas ideias, construir produtos, medir como os clientes respondem e aprender a manter o rumo ou mudar de direção, tentando novas hipóteses sem perder a posição conquistada. O objetivo é que as *startups* se concentrem em minimizar o tempo total desse circuito de reação para que mais rapidamente consigam obter uma aprendizagem validada, evitando os habituais desperdícios (RIES, 2012; MAURYA, 2010).

Ries (2012) afirma que nem toda empresa nova, em estágio inicial, pode ser considerada *startup*. Abrir uma nova empresa, exatamente igual a um negócio existente, copiando modelo de negócios, precificação, cliente-alvo e produto, pode ser um investimento econômico atraente, mas não é uma *startup*, pois seu sucesso depende somente da execução e não de inovação. O autor caracteriza uma *startup* como uma instituição humana desenhada para criar um novo produto ou serviço em condições de extrema incerteza.

Hermanson (2011), por sua vez, ressalta que *startups* não são necessariamente somente empresas de tecnologia, mas toda e qualquer empresa em fase de constituição. *Startups* são consideradas empresas nascentes de base tecnológica, que possuem na inovação tecnológica disruptiva os fundamentos de sua estratégia competitiva. Entre as principais características de tais negócios está o caráter de organização temporária com potencial de rápido crescimento. Estes negócios atuam em um ambiente de extrema incerteza, em busca de um modelo de negócios que possa tornar-se repetível e escalável (ASSOCIAÇÃO BRASILEIRA DE STARTUPS, 2014; BLANK, 2013). Sendo essa a definição usada neste artigo, segue uma avaliação mais próxima dos pontos indicados.

Um cenário de incerteza significa que não há como afirmar se aquela ideia e projeto de empresa irão realmente ter sucesso e se provarão sustentáveis. O modelo de negócios determina como a *startup* cria, configura e se apropria do valor, ou seja, como transforma suas iniciativas em resultado. Ser repetível significa ser capaz de entregar o mesmo produto novamente em escala potencialmente ilimitada, sem muitas customizações ou adaptações para cada cliente e com redução do custo marginal de produção. Uma analogia simples para isso seria o modelo de venda de filmes. É possível ser repetível com o modelo *pay-per-view*, mas não é possível vender a mesma unidade de DVD várias vezes. Ser escalável é chave para uma *startup*. Significa possibilidade de crescimento contínuo de receitas sem crescimento proporcional de sua base de custos.

Procedimentos metodológicos

Revisões de literatura são conduzidas para uma série de propósitos, entre eles prover embasamento teórico para a pesquisa em andamento e responder questões práticas através da compreensão sobre o que já existe publicado a respeito do assunto de interesse. São importantes, portanto, quando o objetivo é identificar, conhecer e acompanhar o desenvolvimento da pesquisa em determinada área do conhecimento (NORONHA e FERREIRA, 2000). Está alinhada aos objetivos deste estudo pois a síntese resultante da avaliação dos modelos que determinam as fases de vida das *startups* pode contribuir para o desenvolvimento de novas pesquisas, uma vez que permite a identificação de lacunas do conhecimento e perspectivas futuras.

Okoli e Schabram (2010) sugerem que um procedimento metodológico detalhado é necessário em qualquer tipo de revisão de literatura. Definem três tipos gerais para estas revisões. A mais comum é definida como fundamentação teórica. Refere-se à seção do artigo que define o embasamento teórico para o contexto da questão de pesquisa. O segundo tipo é chamado de revisão de literatura para teses onde um capítulo completo é incluído no texto final do trabalho. O terceiro tipo é intitulado revisão independente e seu propósito é tão somente revisar a literatura existente em determinado campo sem nenhum dado primário coletado ou analisado. Quando uma revisão independente é conduzida com uso sistemático e com padrões rigorosos, é chamada de revisão sistemática de literatura (OKOLI e SCHABRAM, 2010).

Para o propósito desta pesquisa, foi realizada uma revisão independente de literatura para busca de referências de modelos para fases ou estágios percorridos por uma *startup*. O termo inovação, como mencionado, tem sido utilizado de maneira ampla em estudos diversos tanto com objetivos acadêmicos quanto profissionais. Um desafio com que se defronta um pesquisador da área prende-se à vastidão da literatura sobre o assunto, oriunda de campos diversos do conhecimento, como Engenharia, Sociologia, Psicologia, Economia e Administração. Além disso, o tema inovação é tratado em Administração sob pontos de vistas diferentes em marketing, estudos organizacionais, estratégia e gestão de operações. Portanto, para prover uma sustentação teórica de comparação dos diversos estágios aos quais uma *startup* é submetida, foi escolhido o modelo dinâmico de Abernathy-Utterback (1978) que trata das fases de inovação e possui representatividade adequada e reconhecida na área acadêmica. Em adição, para trazer a aplicabilidade ao recorte definido neste estudo, foi também utilizada para comparação e enriquecimento à classificação atual das fases de uma *startup* pelo SEBRAE — Serviço Brasileiro de Apoio às Micro e Pequenas Empresas.

Sendo assim, o escopo da revisão ficou restrito a busca de modelos específicos para fases de *startups* em artigos publicados a partir do ano 2000. Ainda com foco no recorte específico deste artigo, preferencialmente uma das referências pesquisadas para comparação estaria relacionada ao caso brasileiro.

Para a realização da pesquisa, foram utilizadas como filtro inicial as seguintes palavras-chave combinadas e operadores booleanos no texto das publicações: *startup**, *start-up**, *phase**, *stage** e *cycle**. Considerando a cobertura e abrangência desejadas, foram utilizadas as bases de dados EBSCO (BUSINESS SOURCE COMPLETE) e CAPES para a pesquisa. Seguem os resultados iniciais na Tabela 1.

TABELA 1 - RESULTADOS INICIAIS – REVISÃO DE LITERATURA

	EBSCO	CAPES
Startup phase	18.688	42.779
Start-up phase	33.528	53.160
Startup stage	34.229	41.351
Start-up stage	46.665	61.230
Startup cycle	17.431	23.499
Start-up cycle	27.621	35.450

ELABORAÇÃO: AUTORES.

Com resultados ainda amplos, a busca foi refinada com a inclusão da palavra *university* para concentração de foco na interação com as universidades conforme um dos propósitos da pesquisa já mencionado anteriormente. Na base de dados EBSCO, o número de ocorrências foi reduzido para 134 quando combinadas as palavras *start-up* e *phase* no texto com *university* no título. A partir da avaliação dos artigos encontrados, foi definido o estudo de Vohora, Lockett e Wright (2003) como base de comparação, dada a sua atualização, densidade e adequação aos objetivos desta pesquisa.

Para completar a busca, incluiu-se a palavra *brazilian* na busca com o objetivo de avaliação em publicações internacionais com propostas de modelos desenvolvidas no Brasil e já com pesquisas de campo concluídas. Apenas 6 ocorrências encontradas na base de dados EBSCO. Considerando os critérios definidos, decidiu-se pela utilização dos trabalhos de Zawislak *et al.* (2012, 2013) dada a aderência aos propósitos deste estudo.

As *startups* e seus estágios de evolução

Introdução

As dificuldades associadas aos novos empreendimentos de alta tecnologia são bem documentadas como já mencionado. Em geral, a novidade do empreendimento e inexperiência do empreendedor formam barreiras que restringem sua capacidade de execução durante estágios iniciais de crescimento para se tornar uma empresa estabelecida em um mercado, capaz de obter lucro e sustentabilidade. Os empresários precisam superar este desafio para conseguir uma sucessão de transições de um estágio de crescimento para o próximo. Nesta seção serão descritas referências entre estágios de evolução das *startups* em associação as fases do processo de inovação que as caracterizam.

Estágios de desenvolvimento — Vohora, Lockett e Wright (2004)

Em investigação empírica sobre os *spinouts* de empresas de tecnologia nascidas em universidades, Vohora, Lockett e Wright (2004) concentraram-se na questão de como esses empreendimentos se desenvolvem ao longo do tempo. Para os propósitos do estudo, as unidades de análise são definidas como empreendimentos iniciados em universidades tendo como base uma inovação tecnológica radical. Foram criadas para superar as incertezas técnicas e de mercado inerentes a oportunidade comercial identificada. Difere, portanto, de empresas também criadas em universidades cujo objetivo é penetração de mercado sem inovação radical e sem objetivo de crescimento acelerado.

Os autores identificaram cinco estágios distintos de desenvolvimento. São eles: (i) pesquisa; (ii) oportunidade; (iii) pré-organização; (iv) reorientação e (v) crescimento sustentável. Cada estágio caracteriza um grupo específico de atividades e foco estratégico que a firma precisa atender antes de seguir para a próxima fase. A Figura 1 ilustra os estágios identificados:

FIGURA 1 - ESTÁGIOS DE DESENVOLVIMENTO DAS STARTUPS

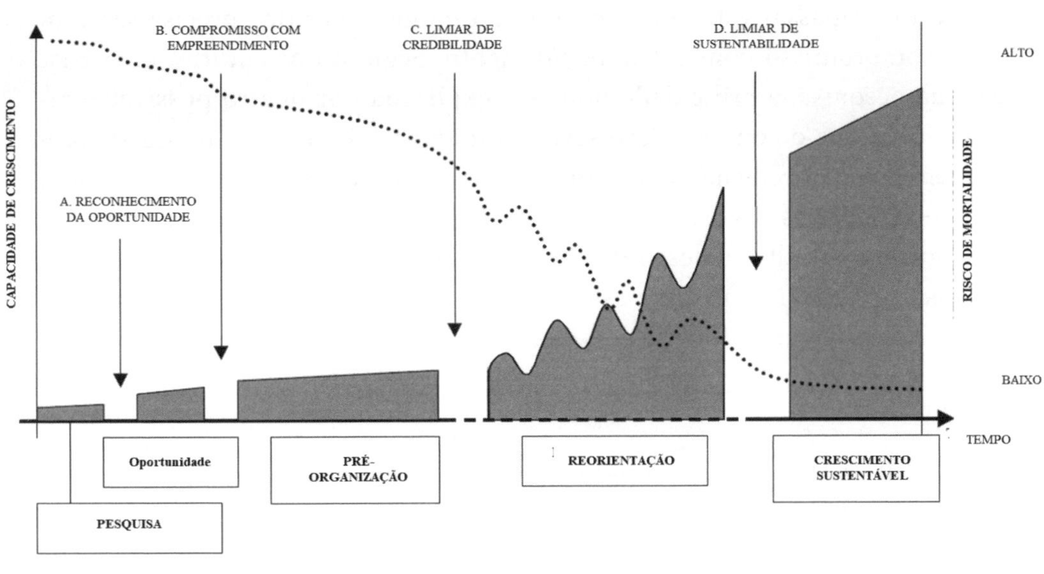

FONTE: ADAPTADO DE VOHORA, WRIGHT E LOCKETT (2004).

Pesquisa

Nesta fase, não há ainda ideia de empreendimento formada. O foco reside no aprimoramento e aperfeiçoamento da pesquisa acadêmica. A publicação dos resultados da pesquisa é o objetivo principal.

A criação da propriedade intelectual (patente) abre caminho para a oportunidade comercial. Surge, então, o primeiro momento crítico no desenvolvimento do empreendimento: reconhecimento da oportunidade.

Oportunidade

Etapa caracterizada pela identificação de potencial de mercado para exploração da propriedade intelectual. Identificar valor e garantir que os atributos técnicos apresentem evidências suficientemente robustas são o foco neste estágio. A partir destes pontos, o escopo ou alcance da inovação pode ser definido. De modo geral, entretanto, a incerteza domina esta fase, pois não há informações prévias sobre as aplicações práticas da tecnologia no mercado. A incerteza abrange aspectos técnicos, de mercado, manufatura, recursos e empreendimento propriamente dito. Atração de potenciais parceiros é difícil.

Para ultrapassar esta etapa, o segundo momento crítico precisa ser vencido: compromisso com o empreendimento. Segundo os autores, com base em sua pesquisa, a criticidade pode ser explicada por quatro possíveis barreiras para que o compromisso seja assumido: relutância dos pesquisadores acadêmicos para engajamento em aspectos comerciais; desconhecimento e incerteza sobre os riscos; desconforto dos acadêmicos em relação a situações ambíguas; e por último desconhecimento, pelos acadêmicos, de suas próprias limitações. Uma ligação entre este ambiente acadêmico peculiar e o ambiente comercial empreendedor é necessária.

Pré-organização

Durante a etapa de pré-organização muitas incertezas sobre a indústria, localização, tamanho, mercado e administração do empreendimento podem ser resolvidas. Mais ainda, planos estratégicos podem ser montados e sua implementação iniciada. Representa um passo importante para o empreendedor acadêmico uma vez que passa a ter contato direto com o ambiente comercial e competitivo da indústria. Qualquer decisão impacta consideravelmente o futuro do empreendimento, pois é neste estágio que os caminhos do empreendimento são inicialmente definidos. Plano de ataque ao mercado, geração de receitas e estabelecimento de objetivos de negócio estão entre as atividades esperadas nesta fase.

Um terceiro momento crítico vem com esta etapa: o limiar de credibilidade. Refere-se à habilidade do empreendedor para captação dos recursos financeiros necessários para sequência do empreendimento. Neste ponto, o investidor questiona a capacidade gerencial do empreendedor para levar adiante o projeto comercial para a inovação. Em paralelo há também necessidade de obter credibilidade inicial junto aos potenciais clientes.

Reorientação

Fase de construção onde a aquisição, desenvolvimento e integração de recursos e capacidades identificadas anteriormente são efetivamente trabalhadas. Nesta etapa o empreendedor desenvolve as capacidades (sistemas e rotinas) necessárias para a gestão do negócio.

A etapa exige interação contínua entre as aplicações do modelo de negócios projetado e seus efeitos práticos em campo. Avaliação de decisões anteriores, à medida que o conhecimento sobre as necessidades encontradas na implementação, demanda novo conjunto de competências ao empreendedor.

Recebido o aporte inicial e iniciada a exploração comercial da tecnologia nesta etapa, o quarto momento crítico que se apresenta é a sustentabilidade do negócio. Novos empreendimentos ainda não possuem políticas, capacidades e rotinas necessárias para assegurar um modelo de gestão que seja capaz de manter um crescimento sustentável do negócio. Configuração e reconfiguração de rotinas e estrutura são necessárias para encontrar o melhor modo para operar.

Crescimento sustentável

Tendo resolvido muitas das incertezas iniciais e passando pela curva de aprendizado mostrada nas fases anteriores, o empreendedor atinge neste estágio o objetivo fundamental traçado inicialmente em sua jornada.

Modelo dinâmico Utterback-Abernathy (1978)

Atenção considerável tem sido dada ao tema inovação como já mostrado neste artigo. Propostas de modelos para entender como se processam os ciclos de inovação e as suas condições facilitadoras e restritoras vêm sendo apresentadas pela academia (TEECE, 1986; ROSENKOPF e TUSHMAN, 1992). Entre os modelos, a proposta de Utterback e Abernathy (1978) é representativa para os propósitos deste artigo. Como a inovação de uma empresa se comporta com o crescimento? Há circunstâncias nas quais um padrão que normalmente é associado ao sucesso seja responsável por falhas? O modelo proposto pelos autores se propõe a investigar estas repostas e mostra as fases do processo de inovação desde seu estágio inicial até seu posicionamento como projeto dominante. São três as fases propostas pelas quais uma indústria e suas firmas evoluem em seus processos dinâmicos de implementação de uma inovação: fase fluida, fase transitória e fase específica. A Figura 2 ilustra esta evolução.

FIGURA 2 - DIREÇÃO NATURAL DO DESENVOLVIMENTO DE UMA INOVAÇÃO

FONTE: ADAPTADO DE ABERNATHY (1978).

A fase fluida é marcada por incertezas importantes relacionadas ao mercado e à tecnologia. Os autores argumentam que nesta fase a mudança do produto está, em geral, associada com a identificação de uma necessidade emergente ou novo modo para atendimento de alguma necessidade já existente. Utterback (1996) descreve a fase fluida do modelo dinâmico do processo de inovação como o período no qual o tipo predominante de inovação se dá por meio de frequentes e importantes mudanças nos produtos. Inovação em processo, por sua vez, tem pouca participação neste estágio (ABERNATHY, 1978) e a competição é basicamente centrada nas características dos produtos.

Na fase transitória predominam importantes inovações em processo necessárias para aumento do volume de produção (UTTERBACK, 1996). São maiores as interações com os consumidores e, através da experimentação crescente, tem início alguma padronização de componentes e maior compreensão das necessidades do mercado. Nesta fase emerge o design dominante com uma redução substancial nas incertezas, nas experimentações e nas mudanças de projeto do produto (AFFUAH, 1998). Segundo Tidd, Bessant e Pavitt (2008), nesta fase a ênfase na indústria se desloca para estratégias de imitação e/ou desenvolvimentos complementares em torno do design dominante. Conforme ilustrado na Figura 2, a taxa de inovação em produto se reduz enquanto a de inovação em processo cresce.

Na fase específica, os produtos desenvolvidos em torno do projeto dominante proliferam e as inovações em produto passam a ser incrementais. Por outro lado, inovações em processo ganham ênfase e a rivalidade competitiva gira em torno da otimização de custos. Segundo Utterback (1996), há pouca diferenciação em produto nesta fase e processo de produção se torna eficiente, intensivo em capital e rígido, com altos custos de mudança.

Modelo de capacidades de inovação de Zawislak *et al.* (2012)

O modelo de capacidades de inovação desenvolvido por Zawislak *et al.* (2012, 2013, 2014) no contexto das firmas industriais procura contemplar quatro capacidades. Para esse autor, a capacidade de inovação engloba a capacidade de desenvolvimento, de operação, de gestão e de transação, sendo que as duas primeiras correspondem à dimensão tecnológica, enquanto as duas últimas dizem respeito ao eixo de negócios.

A capacidade de desenvolvimento consiste na habilidade de interpretar o estado atual da arte, absorver e, eventualmente, transformar uma determinada tecnologia para criar novos produtos, processos, métodos e técnicas com o objetivo de atingir níveis mais elevados de eficiência técnico-econômica.

A capacidade de operação refere-se à habilidade de executar uma dada capacidade produtiva por meio de um conjunto de rotinas diárias, as quais se referem aos padrões de qualidade, à rapidez, à flexibilidade e aos fluxos de trabalho.

Já o objetivo da capacidade de gestão é transformar as saídas da etapa de desenvolvimento em operações coerentes e em arranjos de transação.

A capacidade de transação, por sua vez, compreende a habilidade de reduzir os custos de comercialização, de terceirização, de negociação, de logística e de entrega, ou seja, os custos de transação (ZAWISLAK *et al.* 2012, 2013).

Além disso, no que compete às diferenças nos arranjos de capacidades ao longo da trajetória de uma firma, Zawislak *et al.* (2012) propõem que toda a empresa, quando inicia as suas atividades, é inicialmente tecnológica ou transacional e, em uma segunda fase, operacional ou de gestão, o que evidencia as diferentes etapas pelas quais uma empresa passa para ser considerada uma firma no seu sentido econômico.

Fases de desenvolvimento das *startups* — SEBRAE

De acordo com o SEBRAE-SP (Serviço de Apoio às Micro e Pequenas Empresas do Estado de São Paulo), as *startups* podem estar classificadas de acordo com seu estágio de evolução nas fases de ideação, operação e tração.

As *startups* que se encontram na fase ideação já possuem uma ideia do negócio, mas ainda estão avaliando sua viabilidade. Precisam ainda estruturar seu modelo de negócio, validar e fazer o seu protótipo para coleta e validação do modelo, ou seja, estão na fase de busca de informações, pesquisando e validando ideias junto a clientes.

Já as *startups* que estão no estágio da operação, já estão faturando. Portanto, o seu modelo já foi testado e está sendo aceito pelo mercado. Ela ainda precisa de investimento para incrementar novas estratégias e ampliar suas habilidades e competências. As *startups* que se encontram no processo de tração, também já se encontram em operação, mas estão prontas para o processo de expansão, ou seja, já possuem receita, clientes ativos e usuários registrados e um alto potencial de alavancagem. Estão pensando em formas de crescer mais rápido e, para isso, pensam na possibilidade de fazer maiores investimentos, internacionalizar ou buscar novos parceiros.

Integração e síntese entre os modelos

O intuito do Quadro 1 é buscar integração entre as fases propostas pelas referências selecionadas no estudo e a proposta utilizada pelo SEBRAE-SP. A fase de **IDEAÇÃO** utilizada pelo SEBRAE-SP, definida como aqueles empreendedores que já possuem uma ideia do negócio, mas que ainda estão avaliando sua viabilidade e a estruturação e validação do seu modelo de negócio, pode ser alinhada às fases combinadas de pesquisa e oportunidade, propostas por Vohora, Lockett e Wright (2004), à fase fluida de Utterback-Abernathy (1978) e à de desenvolvimento sugerida por Zawislak *et al.* (2012). Assim como na ideação, as demais são igualmente marcadas por incertezas importantes relacionadas ao mercado e à tecnologia. Referem-se, portanto, ao momento em que o empreendedor ainda possui uma ideia de seu negócio, iniciando, assim, o seu processo de captura de informações para avaliar se a mesma pode ser considerada uma oportunidade com capacidade de escala. Nesta etapa, busca-se interações constantes com os clientes para entendimento e prototipagem do seu modelo de negócios. Ao final desta primeira etapa, no caso de inovações radicais, Utterback-Abernathy (1978) indicam a ascensão de um design dominante que traria uma redução substancial nas incertezas, nas experimentações e nas mudanças de projeto do produto. Embora em escala que pode ser diferenciada pelo contexto onde se encontra a *startup,* as demais referências deste estudo também sugerem uma menor incerteza acerca do produto ou serviço introduzido ao final das respectivas fases alinhadas com a fase de ideação.

QUADRO 1 - INTEGRAÇÃO ENTRE MODELOS PARA ESTÁGIOS NA VIDA DAS STARTUPS

		SEBRAE-SP		
REFERÊNCIAS	**ESTÁGIOS**	**DESENVOLVIMENTO**	**OPERAÇÃO**	**TRAÇÃO**
Vohora, Lockett e Wright	Pesquisa; oportunidade; pré-organização; reorientação e crescimento sustentável	Pesquisa Oportunidade	Pré-organização Reorientação	Crescimento Sustentável
Utterback-Abernathy	Fase fluida; fase transitória e fase específica	Fluida	Transitória	Específica
Zawislak et al.	Desenvolvimento, operação; gestão e transação	Desenvolvimento	Operação Gestão	Transação

ELABORAÇÃO: AUTORES.

Validada a fase de prototipagem e definição de modelo de negócios, inicia-se a fase de **OPERAÇÃO**, onde a empresa já apresenta faturamento, mas ainda necessita captar fundos para investimento em recursos e estrutura, assim como para ampliação e consolidação de suas capacidades organizacionais. Nessa linha, Vohora, Lockett e Wright (2004) definem que o plano de ataque ao mercado, geração de receitas e estabelecimento de objetivos de negócio estão entre as atividades esperadas — fase pré-organização. Apesar disso, os autores também definem que ajustes na estratégia podem ocorrer em virtude da reação do mercado. Apesar das *startups* já apresentarem faturamento, ajustes no "plano de voo"são realizados constantemente visando aperfeiçoar a operação. Nesta etapa o empreendedor desenvolve as capacidades (sistemas e rotinas) necessárias para a gestão do negócio — fase reorientação.

Utterback-Abernathy (1978) relatam que nessa fase predominam importantes inovações em processo necessárias para aumento do volume de produção — fase transitória. A capacidade de operação refere-se à habilidade de executar uma dada capacidade produtiva por meio de um conjunto de rotinas diárias, as quais se referem aos padrões de qualidade, à rapidez, à flexibilidade e aos fluxos de trabalho (Zawislak *et al.*, 2012).

A última etapa definida pelo SEBRAE-SP refere-se a fase de **TRAÇÃO**. As *startups* estão prontas para o processo de expansão neste estágio. Avaliam formas de crescimento rápido e, para tanto, buscam oportunidades para maiores investimentos, internacionalização ou busca de novos parceiros que possam complementar recursos necessários ou atividades relacionadas à sua cadeia de suprimentos. Realizando um comparativo, Vohora, Lockett e Wright (2004), em sua fase de crescimento sustentável, informam que o empreendedor atinge neste estágio o objetivo fundamental traçado inicialmente em sua jornada. Já Utterback-Abernathy (1978) relatam que os produtos desenvolvidos em torno do projeto dominante proliferam e as inovações em produto passam a ser incrementais. A capacidade de transação, por sua vez, compreende a habilidade de reduzir os custos de comercialização, terceirização, negociação, logística e de entrega, ou seja, os custos de transação (ZAWISLAK *et al.*, 2012, 2013).

Conclusão e proposta de pesquisa

Conforme explicitado no artigo, muitas são as dificuldades e etapas a serem superadas para que uma *startup* tenha êxito. A incerteza está na própria essência do conceito de *startups*, que são consideradas empresas nascentes de base tecnológica, que possuem na inovação tecnológica disruptiva, os fundamentos de sua estratégia competitiva. Entre as principais características de tais negócios estão o caráter de organização temporária com potencial de rápido crescimento, os quais atuam em um ambiente de extrema incerteza, em busca de um modelo de negócios que possa tornar-se repetível e escalável (ASSOCIAÇÃO BRASILEIRA DE STARTUPS, 2014; BLANK, 2013).

Todos os autores citados como referência neste artigo, Vohora, Lockett e Wright (2004), Zawislak *et al.* (2012) e Utterback-Abernathy (1978), apesar de apresentarem algumas diferenças no processo de classificação para os estágios percorridos pelas *startups*, diferenças essas relacionadas principalmente ao escopo e objetivos específicos de seus estudos, demonstram similaridade para os desafios que estas firmas enfrentam em seu processo de crescimento e superação.

Entre as limitações deste estudo encontra-se a abrangência da pesquisa sobre artigos que pudessem servir de referência para composição da base de fundamentação do modelo. De qualquer forma, acreditamos que os autores definidos representam um bom início para adequação teórica às pesquisas interessadas na avaliação, conjunta ou segregada, dos ciclos de vida das *startups*.

Uma proposta de estudo a ser levada adiante seria um estudo qualitativo e quantitativo com corte transversal para avaliação de percepção das *startups* sobre a efetividade das diversas fontes de apoio: universidades públicas e privadas, órgãos públicos de fomento, iniciativa privada e grupos de investidores — em cada uma das etapas de ideação, operação e tração. O desenvolvimento dos questionários para *survey* e entrevistas seguiria como base o quadro formatado neste estudo.

Em adição, o artigo procurou demonstrar os estágios e os desafios das *startups* para que a academia possa enriquecer as discussões sobre empreendedorismo e consiga em estudos futuros sugerir políticas e ações propositivas de apoio a essas empresas. Além disso, contribui com uma visão sistematizada de correlações do conceito definido pelo SEBRAE-SP, atualmente aceito no ecossistema empreendedor, com alguns pesquisadores importantes sobre o tema, tendo como finalidade um alinhamento conceitual sobre esses estágios.

Referências Bibliográficas

ABERNATHY, W. J. *The productivity dilemma*. Baltimore, MD: Johns Hopkins University Press, 1978.

AFUAH, A. *Innovation management:* strategies, implementation, and profits. New York: Oxford University Press, 1998.

ASSOCIAÇÃO BRASILEIRA DE STARTUPS. *Manual sobre conceitos, metodologias e investimentos em startups*, 2014. Disponível em: <http://www.abstartups.com.br/>. Acesso em: 29 nov. 2017.

ARVANITIS, S. *The Impact of Firm Size on Innovative Activity:* An Empirical Analysis Based on Swiss Firm Data, Small Business Economics. Netherlands: Kluwer Academic Publishers, 1997. p. 473–490.

BANIA, N.; EBERTS, R. W.; FOGARTY, M. S. Universities and the startup of new companies: Can we generalize from route 128 and Silicon Valley? *Review of Economics and Statistics* 75(4), p. 761-766, 1993

BLANK,S. *The Four Steps to the Epiphany:* Successful Strategies for Startups That Win. K&S Ranch, 2005

COHEN, W. M. Empirical Studies of Innovative Activity. In: STONEMAN, P. (ed.). *Handbook of the Economics of Innovation and Technological Change*. Oxford: Blackwell, 1995.

FREEMAN, C.; SOETE, L. *The economics of industrial innovation*. MIT Press, 1997.

GITAHY, Y. O que é uma startup? *Empreendedor Online*: Empreendedorismo na Internet e negócios online, 2011. Disponível em: <http://www.empreendedoronline.net.br/o-que-e-uma-startup/>. Acesso em: 6 fev. 2012.

HERMANSON, B. *O que é uma startup?* São Paulo: Mundo Sebrae, 2011. Disponível em: <http://www.mundosebrae.com.br/2011/01/o-que-e-uma-startup/>. Acesso em: 17 abr. 2012.

IBQP — INSTITUTO BRASILEIRO DA QUALIDADE E PRODUTIVIDADE. *Empreendorismo no Brasil,* 2015. Disponível em: <http://www.bibliotecas.sebrae.com.br/chronus/ARQUIVOS_CHRONUS/bds/bds.nsf/c6de907fe0574c8ccb36328e24b2412e/$File/5904.pdf>. Acesso em: 30 nov. 2017.

KATILA, R.; CHEN, E. L.; PIEZUNKA, H. All the right moves: how entrepreneurial firms compete effectively. *Strategic Entrepreneurship Journal Strat. Entrepreneurship J.*, 6: 116–132, 2012.

KUPFER, D.; HASENCLEVER, L. *Economia Industrial:* fundamentos teóricos e práticos no Brasil. Rio de Janeiro: Campus, 2002

LONGHI, Fúlvio. A história da revolução das startups. *Imasters*, 2011. Disponível em: <http://imasters.com.br/artigo/20027/mercado/a-historia-da-revolucao-dasstartups>. Acesso em: 27 ago. 2015.

MAURYA, A. *Why Lean Canvas vs Business Model Canvas?* 2012. Disponível em: <http://practicetrumpstheory.com/2012/02/why-lean-canvas>. Acesso em: 4 dez. 2013

NORONHA, D. P.; FERREIRA, S. M. S. P. Revisões da Literatura. In: Campello, B.S.; Cendón, B. V.; Kremer, J. M. (Org.). *Fontes de Informação para Pesquisadores e Profissionais*. Belo Horizonte: Editora UFMG, 2000. p. 191-198.

OKOLI, C.; SCHABRAM, K. A Guide to Conducting a Systematic Literature Review of Information Systems Research. *Sprouts*: Working Papers on Information Systems, 10(26). 2010. Disponível em: <http://sprouts.aisnet.org/10-26>.

RIES, E. *A startup enxuta:* como os empreendedores atuais utilizam a inovação contínua para criar empresas extremamente bem-sucedidas. São Paulo: Lua de Papel, 2012.

ROSENKOPF, L.; TUSHMAN, M. On the Organizational Determinants of Technological Change: Towards a Sociology of Technological Evolution. *Research in Organizational Behavior* 14, 1992.

SANTOS, F. M.; EISENHARDT, K. M. Constructing markets and shaping boundaries: entrepreneurial power in nascent fields. *Academic of Management Journal*, 52: 643-71, 2009.

SEBRAE-SP. *Pesquisa lado A/lado B startups.* 2015. Disponível em: <http://www.sebrae.com.br/Sebrae/Portal%20Sebrae/UFs/SP/Pesquisas/lado_A_B_startups.pdf>. Acesso em: 30 nov. 2017.

SCHUMPETER, J. A. *Teoria do desenvolvimento econômico:* uma investigação sobre lucros, capital, crédito, juro e o ciclo econômico. São Paulo: Abril Cultural, 1982.

TEECE, D. J. *Profiting from technological innovation:* Implications for integration, collaboration. School of Business Administration, University of California, Berkeley, CA 94720, USA, 1986.

TIDD, J.; BESSANT, J.; PAVITT, K. *Gestão da inovação.* 3. ed. Porto Alegre: Bookman, 2008.

TUSHMAN, M.; ANDERSON, P. Technological discontinuities and organizational environments. *Administrative Science Quarterly* 31/3: 439–465, 1986.

UTTERBACK, J. M. *Mastering the dynamics of innovation.* Boston: Harvard Business School Press, 1996.

VERMEULEN, P.; BÜCH, R.; GREENWOOD, R. The Impact of Governmental Policies in Institutional Fields: The Case of Innovation in the Dutch Concrete Industry. *Organization Studies*, 28, 4, 515–540, 2007.

VOHORA, A.; LOCKETT, A.; WRIGHT, M. The formation oh high-tech university spinouts: the role of joint ventures and venture capital investors. *The Journal of Technology Transfer*, v. 29, issue 3-4, p. 287-310, 2004.

ZAWISLAK, P. A.; ALVES, A. C.; TELLO-GAMARRA, J.; BARBIEUX, D.; REICHERT, F. M. Innovation capability: from technology development to transaction capability. *Journal of Technology Management and Innovation,* 7(2), 14-27, 2012.

________. Influences of internal capabilities of firms on their innovation performance: a case study investigation in Brazil. *International Journal of Management,* 30(1), 329-348, 2013.

________.The different innovation capabilities of the firm: further remarks upon the Brazilian experience. *Journal of Innovation Economics,* 13, 129-150, 2014.

ZAWISLAK, P. A.; ZEN, A. C.; FRACASSO, E. M.; REICHERT, F. M.; PUFAL, N.A. Types of innovation in low-technology firms of emerging markets: an empirical study in Brazilian Industry. *Revista de Administração e Inovação,* 10(1), 212-231, 2013.

INOVAÇÃO NO SETOR ELÉTRICO: ESTUDO COM AS EMPRESAS PRESTADORAS DE BENS E SERVIÇOS AO SETOR

Renata Lèbre la Rovere[1]
Antônio Pedro Lima[2]
Guilherme Santos[3]

Resumo

O setor de serviços tem uma série de particularidades que afetam suas atividades inovativas. Muitas empresas fornecedoras de serviços são de pequeno porte, entregam produtos intangíveis com restrições para serem apresentados antecipadamente, dependem de interações elevadas entre cliente-fornecedor e têm produção e consumo simultâneos. Devido a essas características, a inovação no setor de serviços tende a ser incremental, informal e contínua, centrando-se, portanto, mais no uso de recursos existentes do que na descoberta de novos recursos. Além disso, no setor de serviços, as inovações de processo e as mudanças organizacionais são importantes para gerar o conhecimento necessário à atividade de inovação, pois melhoram a capacidade de absorção de conhecimento e tecnologia das empresas.

Este artigo tem como objetivo caracterizar o processo de inovação das empresas fornecedoras de bens e serviços para o setor elétrico, identificando tanto desafios para esse processo quanto as vantagens obtidas pelas empresas com relação ao processo de inovação. Para isso, foi realizada uma revisão bibliográfica sobre a dinâmica da inovação no setor de serviços e no setor elétrico, além de 49 entrevistas com empresas fornecedoras, por meio de um questionário semiestruturado. Os resultados sugerem que as empresas fornecedoras do setor elétrico apresentam um perfil de inovação correspondente ao sugerido pela literatura, com foco em interação com o cliente e atuação em nichos de mercado.

Palavras-chave: Serviços; Inovação; Setor Elétrico; Mercado; Capacitações.

Introdução

Há uma transformação em curso no setor elétrico brasileiro: a geração de energia elétrica está se tornando cada vez mais distribuída e próxima dos consumidores; a distribuição tem incorporado paulatinamente elementos de redes inteligentes, como os medidores inteligentes; a transmissão tem-se beneficiado de novos softwares e programas que tornam mais eficiente todo o processo de transporte de energia. É inegável, portanto, que a inovação tecnológica está e continuará tendo papel-chave no setor elétrico. Isso acarretará diversos efeitos para o consumidor final, que poderá ter um fornecimento mais eficiente de energia e que será diretamente beneficiado por uma rede mais inteligente, moderna e tecnológica.

O setor elétrico tem uma importante política pública de indução de inovação através do fomento à pesquisa e desenvolvimento, que precisa ser levada em consideração quando se analisa o processo inovativo do setor. Trata-se do Programa de Pesquisa e Desenvolvimento (P&D) da Agência Nacional de Energia Elétrica (ANEEL), que foi instituído pela Lei nº 9.991[4], de 2000, e, atualmente, constitui o maior programa de fomento à inovação no setor elétrico, tendo mobilizado R$8 bilhões em 4.400 projetos desde o início de sua implementação. O programa cria uma obrigação para as empresas dos segmentos de geração, distribuição e transmissão investirem um percentual de sua receita operacional líquida em projetos inovadores para o setor. Os percentuais são definidos pelo manual de P&D da ANEEL, a partir de regulamentação específica.[5] Os resultados desta política já foram analisados pelo IPEA (POMERMAYER *et al.*, 2011) e pelo CGEE (2015), mas esta análise co-

---

4 Lei 9.991 de 2000. Disponível em: <http://www.planalto.gov.br/ccivil_03/leis/L9991.htm>. Acesso em: 4 mar. 2017.

5 Atualmente, as empresas de geração e transmissão investem 0,4% de sua ROL em projetos de P&D, e as distribuidoras investem 0,3% de sua ROL em projetos de P&D. O *Manual de P&D* está disponível em: <http://www2.aneel.gov.br/arquivos/pdf/Manual-PeD_REN-504-2012.pdf>. Acesso em: 4 mar. 2017.

briu apenas o período 2000 a 2007. Neste estudo, serão traçadas comparações entre o esforço de inovação das empresas tanto no âmbito do programa da ANEEL quanto fora, no período 2008–2015.

Dessa forma, o presente artigo tem como objetivo geral analisar o papel das fornecedoras de bens e serviços para o setor elétrico no contexto de transformações que o setor atravessa. Para isso, analisar-se-á o processo inovativo das fornecedoras, com foco em quatro aspectos: (i) caracterização das atividades inovativas; (ii) desempenho inovativo; (iii) parcerias; e (iv) atividades de treinamento e capacitações. O estudo foi feito a partir de uma série de entrevistas aplicadas às fornecedoras do setor elétrico. Os resultados foram interpretados a partir de um software de análise qualitativa e por meio da elaboração de índices de inovação, que foram criados para interpretar os dados quantitativos do questionário.

Aspectos teóricos

Inovação no setor de serviços

O setor de serviços pode ser definido como o "conjunto de atividades econômicas que produzem utilidades relativas a tempo, lugar, forma e benefícios psicológicos" (KON, 2004). Envolvendo assim atividades muito distintas, tais como serviços pessoais, serviços às empresas, serviços sem fins lucrativos e serviços de distribuição de bens e de informação. As características básicas das empresas de serviços são: simultaneidade entre fornecimento e consumo do serviço, produção de bens intangíveis e perecíveis e atividade intensiva em trabalho. Como observado por Calabria *et al.* (2013), as características do setor de serviços podem ser resumidas em quatro palavras: intangibilidade, heterogeneidade, inseparabilidade e perecibilidade (Intangibility, Heterogeneity, Inseparability, and Perishability, sigla IHIP). Metcalfe e Miles (1997) apontam que, por conta destas características, muitas empresas fornecedoras de serviços são de pequeno porte, entregam produtos intangíveis com restrições quanto à apresentação antecipada e dependem de interações frequentes entre cliente e fornecedor.

Devido a essas características, a inovação no setor de serviços tende a ser incremental, informal e contínua, centrando-se, portanto, mais no uso de recursos existentes do que na descoberta de novos recursos (LA ROVERE e MIRANDA, 2017). A inovação acarreta uma mudança nos negócios dada pela adição de um novo elemento, ou pela combinação de elementos, e precisa ser um fenômeno de alguma relevância (SUNDBO e GALLOUJ, 1998). A mudança introduzida pelo processo inovador deve ser reproduzível e ter ocorrido mais de uma vez (KUBOTA, 2008).

Além disso, a inovação ocorre devido a interações, que podem ser tanto capacitações e estímulos gerados dentro da empresa e do setor quanto causas externas aos setores (DOSI, 1998; CALLIGARIS *et al.*, 2003). Neste prisma, os fatores internos estão relacionados à forma organizacional, ao planejamento, ao processo de aprendizagem e à competência da empresa, enquanto que os fatores externos se referem ao mercado e ao ambiente, o que abrange a rede de atores, em que podem ser incluídas as empresas do setor, as empresas fornecedoras do setor, as universidades, os centros de pesquisa, o governo e os consumidores (SILVA, 1999). O fluxo de conhecimento, portanto, não é unidirecional, de uma empresa fornecedora ao cliente, mas, sim, interativo, devido à multiplicidade de atores, fontes e tecnologias envolvidas no processo (KUBOTA, 2008). Assim, as empresas não inovam de forma isolada (LUNDVALL, 1992). Elas devem buscar novas formas de conhecimento e de inovação, de forma contínua, para o desenvolvimento de produtos e serviços novos. Desse modo, a rede de parceiros é cada vez mais essencial para a aquisição de conhecimento complementar e para a obtenção de êxito nos processos inovativos (NOOTEBOOM, 1999). Assim sendo, os processos de aprendizagem, que incluem capacitações e treinamentos, podem e devem ser realizados com outras empresas, universidades, institutos de pesquisa e consultorias. As mudanças na base de conhecimento e nos processos de aprendizagem das empresas com outros atores levam a transformações no comportamento e na estrutura dos agentes e em suas relações entre si (VONORTAS *et al.*, 2009).

No entanto, um grande desafio para as empresas, especificamente para as fornecedoras de serviços, é transformar conhecimento em inovações de êxito. Este processo dependerá, em grande medida, da apropriação de oportunidades de aprendizado, por meio de pesquisa e desenvolvimento, de aprendizado interno e de absorção de conhecimento (ANTONELLI, 1988). Para isso, as redes de parcerias e de relações entre os atores são fundamentais. Deste modo, como destacam La Rovere e Miranda (2017), no setor de serviços as inovações de processo e as mudanças organizacionais são importantes para gerar o conhecimento necessário à atividade de inovação, pois melhoram a capacidade de absorção de conhecimento e tecnologia das empresas.

Uma forma de parceria cada vez mais usada por empresas são programas de apoio a *startups*. As *startups* são empresas dinâmicas, enxutas e rapidamente escaláveis, que podem criar inovações para setores mais consolidados devido às suas características organizacionais. Além disso, as *startups* são independentes das trajetórias e dos *lock-ins* do setor, pois se afastam das práticas usuais de negócios (GEELS e SCHOT, 2007). Nas redes de cooperação, as *startups* podem assumir riscos que as empresas maiores e mais consolidadas não estão dispostas a encarar, tomando a dianteira, portanto, das oportunidades de desenvolvimento tecnológico (LA ROVERE e MIRANDA, 2017).

Para a prestação de serviços com alta qualidade, as empresas precisam manter capacidade competitiva de longo prazo. Pela abordagem da teoria institucional, a competitividade empresarial precisa ser analisada a partir de uma combinação de elementos técnicos e institucionais (MACHADO DA SILVA e FONSECA, 1996). Por um lado, o ambiente técnico comporta fatores e indicadores de competitividade empresarial, em que se valoriza a eficiência operacional das organizações. Por outro, o ambiente institucional se refere à imagem, adequação às normas e à legitimidade da empresa em seu segmento. Nesse sentido, pressões de contexto podem influenciar escolhas estratégicas das empresas, a depender do setor, o que define a competição e as características estruturais das organizações (MACHADO DA SILVA *et al.*, 2002).

Gallouj e Savona (2010) apontam para a diversidade de abordagens em relação à questão da inovação no setor de serviços. Alguns autores buscaram adaptar conceitos de teorias de inovação no setor industrial ao setor de serviços; outros propõem tipologias para a inovação a partir da classificação dos segmentos do setor de serviços no que se refere às características tecnológicas; outros ainda focam no papel da inovação em serviços para o aumento da produtividade. Muitos estudos têm como base a teoria schumpeteriana. Para Schumpeter (1982), as inovações e a tecnologia estão no centro do desenvolvimento tecnológico e devem se tornar viáveis pra atender às necessidades sociais e de mercado. O desenvolvimento da economia só ocorre se houver demanda por novos produtos e métodos produtivos. Como resultado da diversidade de abordagens, Gallouj e Savona (2010) observam que são necessários mais estudos para entender a natureza da inovação neste setor. Na mesma linha de raciocínio, Calabria *et al.* (2013) propõem uma agenda de pesquisa para a ciência de inovação em serviços no Brasil, focando na elaboração de estratégias e instrumentos de avaliação da atividade de inovação nos serviços que possam contribuir para o desenvolvimento das empresas no país.

Neste artigo, optou-se pela abordagem que analisa a inovação a partir da classificação dos segmentos de serviços, considerada útil para o estudo do setor elétrico. Esta tipologia, inicialmente proposta por Luc Soete e Marcela Miozzo (1989; 2001), foi adaptada por Metcalfe e Miles (1997) e classifica as empresas de serviços em diferentes tipos: dominadas por fornecedores, dominadas por usuários, redes intensivas em escala, redes de informação e fornecedores especializados de base tecnológica. As fontes principais de inovação nestes segmentos são a cooperação e a interação usuário-produtor. O setor elétrico depende de uma rede física e tem como característica a produção e consumo instantâneo. Devido a isso, portanto, pode-se classificar as empresas do setor, principalmente no segmento de distribuição, como sendo empresas de redes intensivas em escala (METCALFE e MILES, 1997). Já os fornecedores do setor são fornecedores especializados de base tecnológica.

Inovação no setor elétrico: características brasileiras

Diversas inovações estão sendo introduzidas no setor elétrico. As tecnologias de comunicação e de informação, que permitem o estabelecimento de redes inteligentes, são, cada vez mais, essenciais para lidar com o complexo sistema elétrico que está se consolidando no Brasil e no mundo. Nessas redes, predomina elevado nível tecnológico nos sistemas de medição e de monitoramento dos fluxos de energia. Neste contexto, os consumidores terão um comportamento mais ativo, a demanda será flexível e os fluxos de energia serão multidirecionais (CASTRO *et al.*, 2017).

Na esteira do crescimento exponencial de painéis solares fotovoltaicos e de outros recursos energéticos distribuídos, as políticas de *demand response*[6] estão se tornando cada vez mais relevantes, o que permite flexibilizar a demanda por energia elétrica. Além disso, sistemas de armazenamento de ener-

6 *Demand response* constitui uma mudança no consumo de energia de um cliente de distribuidora para que se possa que ajustar a demanda com o fornecimento de energia de forma mais eficiente. Trata-se de ajustar, portanto, a demanda de energia, em vez de apenas ajustar a oferta. Essas mudanças dos consumidores finais geralmente respondem a alterações dos preços da eletricidade ao longo do tempo, com a finalidade de induzir menor uso de eletricidade nos momentos em que os preços estão mais altos.

gia estão sendo desenvolvidos e aprimorados por multinacionais e se tornarão economicamente viáveis em um futuro próximo (CASTRO *et al.*, 2017). Dessa forma, avanços tecnológicos são necessários para dar cabo e assegurar segurança às mudanças que estão ocorrendo no sistema.

No setor elétrico, a decisão de investir em inovação torna-se complexa devido às especificidades do setor. As empresas deste setor geralmente são intensivas em capital e sujeitas a condições de mercado complexas e reguladas, com horizontes de investimento de longo prazo. Essas características dificultam o processo de investimento em inovações tecnológicas, pois a decisão de escolher uma tecnologia em vez da concorrente terá efeitos no funcionamento do setor por um período extenso de tempo (REHME *et al.*, 2015).

Neste contexto, as empresas fornecedoras de bens e serviços para o setor elétrico desempenham papel-chave no processo inovativo, pois são tradicionalmente os principais *drivers* de novas tecnologias para o setor elétrico. Geralmente, são empresas multinacionais com ampla participação no mercado brasileiro, como GE, Siemens, ABB e Alstom. Pode-se afirmar, portanto, que o processo de inovação do setor elétrico brasileiro depende, em parte, das grandes empresas fornecedoras, que se aproveitam das elevadas barreiras de entrada no setor elétrico. Na fase de instalação e de modernização da infraestrutura do setor, o alto capital necessário requer o uso de equipamentos que se encontram na fronteira tecnológica, o que reforça o ciclo de dependência das grandes empresas fornecedoras (CASTRO *et al.*, 2015).

Apesar de haver um programa governamental de incentivo à pesquisa e desenvolvimento no setor elétrico, há limitações ao desenvolvimento de inovações que foram abordadas por dois estudos recentes. O estudo do IPEA (2011) aponta que a maioria dos projetos é voltada para resolver problemas operacionais dos agentes e se aproxima de atividades rotineiras de engenharia que prescindiriam de incentivo, descaracterizando a atividade de pesquisa e desenvolvimento. Desse modo, o IPEA considerou que, até o período da avaliação, não houve melhorias significativas na capacidade de inovação das empresas do setor.

O estudo do CGEE (2015) aborda obstáculos referentes a seis dimensões: primeiro, na gestão interna de P&D das empresas, não há um alinhamento entre os prazos dos projetos e da formação acadêmica dos envolvidos, havendo também dificuldades em relação à propriedade intelectual. A segunda dimensão, referente a recursos humanos e infraestrutura, tem obstáculos referentes à falta de infraestrutura nas empresas e limitações dos valores do projeto. A terceira dimensão, referente à cultura empreendedora, tem como obstáculos a reduzida presença de atitudes empreendedoras nas empresas e nas universidades, além da falta de uma cultura de inovação nas empresas. A quarta dimensão, referente ao modelo de P&D no âmbito nacional, tem como obstáculo a falta de alinhamento deste programa com outras políticas de fomento à ciência, tecnologia e inovação no Brasil e a reduzida integração com a indústria. A quinta dimensão, que trata da legislação, tem como principal obstáculo os critérios de avaliação da ANEEL: há uma insegurança geral quanto à aprovação dos projetos, o que inibe as atividades de inovação. Finalmente a sexta dimensão, relativa à gestão pública de P&D tem a ver com prazos de concessão de patentes, burocracia na prestação de contas e dificuldades com relação às exigências dos editais.

Tendo em vista as dificuldades diagnosticadas, esta pesquisa tratou de analisar duas dimensões do desenvolvimento do processo inovativo das empresas fornecedoras, a partir de um questionário aplicado, que contemplou perguntas tanto sobre processos internos das empresas, como o seu desempenho inovativo e externos e as suas parcerias.

Metodologia

A pesquisa teve como finalidade apresentar resultados de um estudo sobre os processos inovativos das empresas fornecedoras de bens e serviços para o setor elétrico, a partir de dados coletados por meio de entrevistas presenciais, por Skype e online[7]. No âmbito do estudo, foram realizadas 49 entrevistas com empresas fornecedoras, através de um questionário semiestruturado dividido em sete blocos de questões. A amostra foi constituída a partir da seleção das maiores empresas fornecedoras do setor elétrico e a partir da escolha das empresas com mais projetos de Pesquisa e Desenvolvimento no âmbito do Programa de P&D da ANEEL, contemplando assim tanto empresas que fazem uso do Programa de P&D da ANEEL quanto as que não o utilizam.

O questionário foi elaborado a partir das categorias de análise da Pesquisa de Inovação do Instituto Brasileiro de Geografia Estatística (IBGE), do Ma-

7 O questionário online foi elaborado na plataforma SurveyMonkey com as mesmas perguntas do questionário presencial. Das 49 entrevistas, 19 foram realizadas no SurveyMonkey.

nual de Pesquisa e Desenvolvimento da Agência Nacional de Energia Elétrica (ANEEL), que apresenta as diretrizes para os projetos de fomento à inovação no âmbito do Programa de P&D da ANEEL, e a partir de categorias específicas do setor elétrico.

Os questionários foram estruturados a partir de três tipos de questões: (i) discursivas, nas quais se pede um detalhamento nas respostas; (ii) sim/não; (iii) escala de importância de 0 a 3, com três respostas possíveis (escala de Likert), sendo o valor zero atribuído quando o assunto questionado não é realizado pelo respondente. As perguntas em que se solicitava a escala de importância permitiram o cálculo de índices de inovação. Esses índices servem para aferir a importância atribuída pelos entrevistados a determinados tópicos e permitem comparar a relevância dos diversos assuntos.

Os índices constituem médias ponderadas dos graus de uma escala de 0 a 3. No cálculo de cada índice, atribuiu-se valor 0 para o agregado de empresas que marcou 0 no quesito; multiplica-se por 0,33 o agregado de empresas que atribuiu grau 1 ao quesito; multiplica-se por 0,66 o agregado de empresas que atribuiu grau 2 ao quesito; multiplica-se por 1 o agregado de empresas que atribuiu grau 3 ao quesito. Em seguida, divide-se o total pelo somatório de empresas que responderam este quesito[8]. O índice varia, portanto, de 0 a 1. Quanto mais próximo de 0, menos importante e relevante é o que foi perguntado para o entrevistado; quanto mais próximo de 1, mais importante e relevante é o que foi perguntado para o entrevistado.

Os tópicos gerais do questionário aplicado são: (i) caracterização da empresa; (ii) caracterização do portfólio da empresa; (iii) inovação na estratégia da empresa; (iv) atividades inovativas e resultados; (v) formação de pessoal e aprendizado; (vi) financiamento e uso de recursos públicos; (vii) barreiras e possíveis soluções.

A caracterização da empresa, tópico (i) do questionário, serve para identificar sua atividade principal e dos seus clientes, a estrutura de capital, o acesso que a mesma possui à tecnologia externa, caso seja filial de empresa multinacional, e qual a sua capacidade de desenvolvimento de inovações, medida pelo número de funcionários com nível superior, mestrado e doutorado.

---

8 A média ponderada do índice segue a seguinte formulação matemática: Índice = (0*agregado não relevante + 0,33*agregado baixa + 0,66*agregado médio + 1*agregado alta)/(somatório total agregado).

A caracterização do portfólio da empresa, tópico (ii) do questionário, visa identificar quais são os elementos mais importantes para o posicionamento estratégico das empresas. Para isso, busca-se compreender melhor os tipos de serviços que elas prestam ao setor elétrico, além de descobrir os determinantes para a manutenção da capacidade competitiva na oferta de produtos e serviços.

A inovação na estratégia da empresa, tópico (iii) do questionário, permite identificar como a inovação é avaliada e como se situa na empresa, o que permite constatar o seu nível de preocupação em relação às mudanças tecnológicas atuais. Com isso, permite-se averiguar os vetores que a empresa pratica para promover inovação.

As atividades inovativas e os resultados, tópico (iv) do questionário, pretendem descobrir os tipos de inovações introduzidas pelas empresas no setor elétrico no período de 2008 a 2015. Além disso, as perguntas deste bloco informam as características dos projetos de inovação mais importantes para as empresas no período citado e as parcerias que elas realizaram para desenvolver os projetos.

A formação de pessoal e aprendizado, tópico (v) do questionário, teve como finalidade analisar a fundo como as empresas realizam treinamentos e capacitações de pessoal. O financiamento e utilização de recursos públicos, tópico (vi) do questionário, identifica as fontes de obtenção de recursos por parte das empresas fornecedoras. Por fim, as barreiras e possíveis soluções, tópico (vii) do questionário, visam captar a percepção dos envolvidos sobre as dificuldades relacionadas ao fomento e ao desenvolvimento de atividades inovativas dentro das empresas.

Com isso, buscou-se avaliar os esforços relacionados aos processos inovativos das empresas do setor elétrico a partir dos seguintes aspectos: (i) construção de capacitações a partir de processos internos e interativos; (ii) esforços sistemáticos de inovação; (iii) introdução de novidades no mercado, como produtos, processos e mudanças organizacionais; (iv) magnitude dos impactos no setor elétrico; (v) articulação com as dimensões local e regional; (vi) potenciais convergências e conflitos. Trata-se de campos de análise de relevância expressiva para o setor de serviços.

As entrevistas foram gravadas e transcritas, e os dados foram posteriormente analisados por meio do software MAXQDA, de análise de conteúdo. O software permitiu ordenar e classificar as informações e categorias de análise relevantes, que foram definidos tanto *a priori* quanto *a posteriori*. O objetivo de sua utilização foi, portanto, o de categorizar as informações em diferentes códigos ou "nós" de informações. Esse processo permitiu sistematizar as falas das entrevistas em categorias-chave para o estudo das empresas fornecedoras.

Um ponto central na escolha das questões foi selecionar questões que pudessem abarcar os processos de aprendizagem das empresas do setor e das prestadoras de serviços e produtos para descobrir como se deu a ampliação do estoque de conhecimentos e o incremento das capacitações. Neste sentido, foram criados índices para o aprendizado dentro da empresa com a finalidade de analisar a rotina das atividades presentes na mesma, assim como os treinamentos e as capacitações, além de índices de aprendizado por interação para englobar o caráter coletivo deste processo.

Além disso, outro ponto levado em consideração na escolha das questões foi analisar o desempenho inovativo dos agentes, abordando a introdução de inovações nas empresas. Em termos dos impactos da introdução de inovações sobre o desempenho as empresas, foram consideradas na análise tanto medidas quantitativas (o aumento de sua participação nos mercados de atuação), quanto qualitativas (os impactos no setor elétrico). Assim, buscou-se obter informações de *outputs* e impactos que vão além daqueles usualmente considerados em pesquisas de inovação, tais como indicadores de patentes e de vendas.

Resultados da pesquisa

Nesta seção, serão apresentados os resultados das entrevistas referentes aos aspectos relevantes dos processos inovativos das empresas prestadoras de bens e serviços para o setor elétrico entre os anos de 2008 a 2015. Deste modo, esta seção será dividida em: (i) caracterização das atividades inovativas das empresas; (ii) desempenho inovativo: principais inovações introduzidas; (iii) parcerias; e (iv) atividades de treinamento e capacitações.

Caracterização das atividades inovativas das empresas

Nesta seção do artigo, serão apresentadas as características das atividades de inovação das fornecedoras no que se refere aos tipos de serviços prestados, à capacidade competitiva das empresas e à taxa de realização de atividades inovativas tanto dentro quanto fora do Programa de P&D da ANEEL.

Com relação aos serviços prestados pelas fornecedoras, o desenvolvimento de novos produtos, os serviços de consultoria e o desenvolvimento de novos processos foram os serviços mais realizados: 51% das empresas fornecedoras afirmaram ter prestado serviços de desenvolvimento de novos produtos com alta frequência; 48% das empresas fornecedoras afirmaram ter prestado serviços de consultoria com grande regularidade; e 43% das empresas fornecedoras afirmaram ter prestado serviços de desenvolvimento de processos com periodicidade alta. Enquanto isso, os serviços menos prestados pelas empresas entrevistadas foram os serviços jurídicos, de publicidade e de marketing e manutenção de equipamentos, em que, respectivamente, 78,3%, 76,1% e 64,4% das empresas afirmaram não prestarem esses serviços. O índice de prestação de serviços, representado no Gráfico 1, ilustra esses resultados.

GRÁFICO 1 - ÍNDICE DE PRESTAÇÃO DE SERVIÇOS

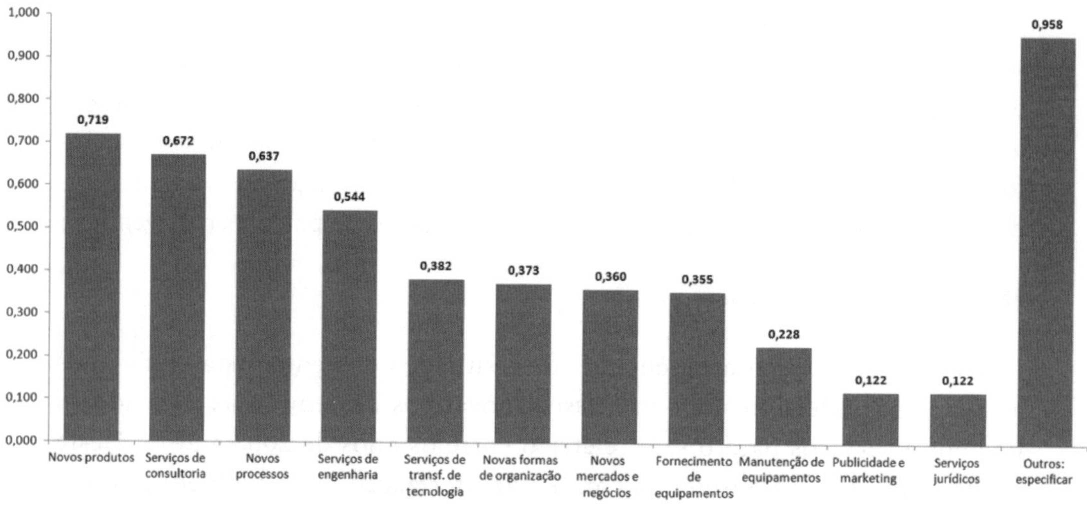

FONTE: PESQUISA DE CAMPO.

Vale destacar que a categoria "outros: especificar" teve um índice de alto valor, pois as oito empresas que alegaram prestar serviços não elencados na lista do questionário prestam outros com alta frequência, como capacitação de pessoas para empresas, gestão ambiental, processos de licenciamento, mapeamento de mudanças de uso de solo, suscetibilidade a erosão, dentre outros, que constituem parte da atividade *core* da empresa.

As empresas entrevistadas valorizam o conhecimento de suas equipes. O conhecimento técnico constitui fator de alta relevância para 89,8% das empresas entrevistadas, e a qualidade da mão de obra aparece como o segundo fator mais relevante, com 83,7% das empresas atribuindo nota máxima em termos de relevância neste quesito. A qualidade do produto também se destaca como fator relevante para a manutenção da capacidade competitiva dos produtos e serviços fornecidos para os clientes: 78,3% das empresas atribuíram alta relevância nesse aspecto. Dentre os fatores menos relevantes para as empresas incluem-se: a qualidade de matéria-prima (44,7% dos entrevistados afirmaram não haver relevância neste critério), o desenho e estilo nos produtos (43,5% dos entrevistados disseram que este quesito não tem relevância para a empresa) e o nível tecnológico dos equipamentos (30,4% atribuíram nota 0 a esse fator). O índice de capacidade competitiva, representado no Gráfico 2, ilustra esses resultados.

GRÁFICO 2 - ÍNDICE DE CAPACIDADE COMPETITIVA

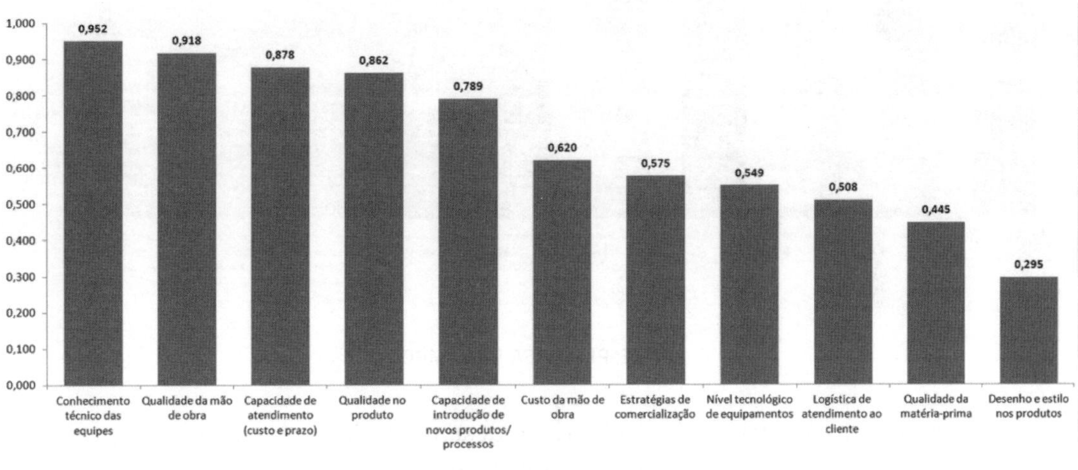

FONTE: PESQUISA DE CAMPO.

As empresas fornecedoras entrevistadas prestam um conjunto de serviços para o setor elétrico com a finalidade de se consolidarem e de se manterem competitivas. Tais serviços podem ser enquadrados em diversos tipos de atividades, que, seguindo a classificação do Manual da ANEEL e da PINTEC/IBGE, podem variar desde pesquisa aplicada (Manual da ANEEL) até aquisição de tecnologias (PINTEC/IBGE). Para avaliar esta questão, foi solicitado que as empresas definissem se as atividades inovadoras foram desenvolvidas no âmbito do Programa de P&D da ANEEL ou fora dele, para compreender a importância do mecanismo de financiamento da ANEEL em comparação com outros instrumentos, necessidades do cliente ou da empresa, no desenvolvimento de projetos inovadores. Também foi perguntado se as empresas não desenvolviam atividades inovativas em cada uma das categorias ou se realizaram projetos inovadores tanto no âmbito do Programa da ANEEL quanto fora.

As empresas fornecedoras de bens e serviços entrevistadas desenvolveram mais atividades inovativas no âmbito do Programa de P&D da ANEEL, como se pode visualizar no Gráfico 3.

GRÁFICO 3 - TAXA DE REALIZAÇÃO DAS ATIVIDADES INOVATIVAS DENTRO E FORA DO PROGRAMA DA ANEEL

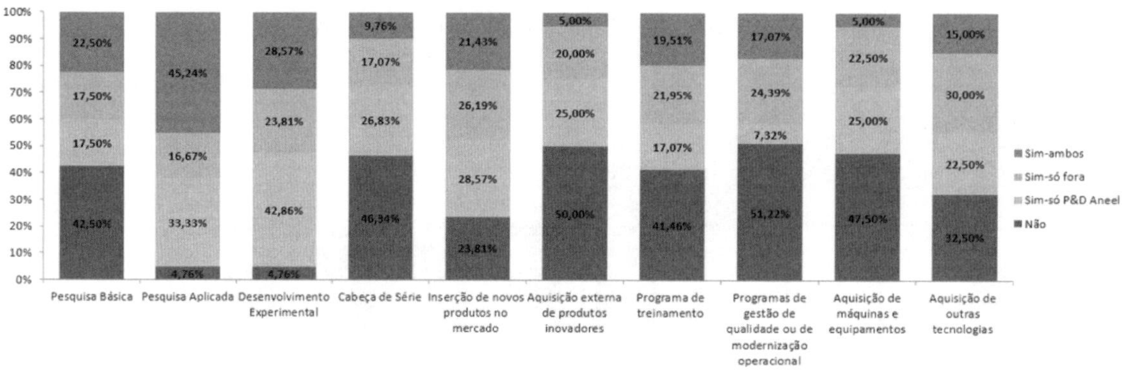

FONTE: PESQUISA DE CAMPO.

Com relação às atividades inovativas desenvolvidas pelas empresas prestadoras no âmbito do Programa de P&D, destacam-se: o desenvolvimento experimental (42,86%); a pesquisa aplicada (33,33%); e a inserção de novos produtos no mercado (28,57%). Desse modo, pode-se afirmar que, no âmbito do Programa de P&D, as empresas realizam pesquisas de fins práticos, movidas pela necessidade do conhecimento para aplicação imediata de resultados. Ademais, nota-se que elas desenvolvem trabalhos sistemáticos baseados nos conhecimentos existentes obtidos pela investigação e/ou pela experiência prática, que são direcionados à produção de novos materiais, produtos ou dispositivos, à instalação de novos processos, sistemas e serviços, ou melhoria substancial dos que já existem.

No que diz respeito às atividades inovativas realizadas pelas empresas fora do Programa de P&D da ANEEL, destacam-se: aquisição de outras tecnologias (30%); inserção de novos produtos no mercado (26,19%); e programas de gestão de qualidade ou de modernização operacional (24,39%). Fora do âmbito do Programa de P&D não houve nenhuma atividade inovativa que tivesse predomínio sobre as demais, mas os percentuais foram expressivos nesses três campos. Em relação à aquisição de outras tecnologias, programas de gestão de qualidade e programas de treinamento, dentre as empresas que realizaram inovações, ocorreram mais fora do âmbito do Programa de P&D do que dentro do P&D ou misto.

As empresas fornecedoras entrevistadas não realizaram atividades inovativas importantes para o desenvolvimento de competências relevantes para empresas, como programas de gestão de qualidade ou de modernização operacional (51,22% não realizaram) e aquisição externa de produtos inovadores (50%). Além disso, duas informações chamam atenção: 46,34% das empresas fornecedoras não fizeram protótipos, o que constitui um passo relevante para a posterior comercialização do produto e serviço inovador; e 41,46% das empresas não fizeram programas de treinamento, o que, de certa forma, contradiz as informações apresentadas na questão sobre manutenção de capacidade competitiva, em que as empresas afirmaram que a capacitação da equipe é aspecto de suma importância.

Desempenho inovativo: principais inovações tecnológicas

Como destacado em "Inovação no setor de serviços", o desempenho inovativo é fundamental para a competitividade das empresas no longo prazo. No que concerne às inovações introduzidas pelas empresas fornecedoras entrevistadas, no período de 2008 a 2015, podem ser destacados três tipos: (i) inovações de produto; (ii) inovações de processo; e (iii) inovações organizacionais.

As empresas entrevistadas foram perguntadas com relação à inovação de produtos em três quesitos: produto novo para a empresa, mas já existente no mercado; produto novo para o mercado nacional; produto novo para o mercado internacional. Além de saber se houve ou não inovações de produto, o objetivo da pergunta era compreender, em caso afirmativo, se tais inovações se deram somente no âmbito do Programa de P&D da ANEEL ou se ocorreram em outros tipos de iniciativas. As inovações de produtos novos para o mercado internacional introduzidas no Sistema Elétrico Brasileiro (SEB) foram realizadas em maior escala no âmbito do Programa de P&D da ANEEL (28,6%), depois fora do programa (19%) e, finalmente, tanto no programa quanto fora (4,8%). O Gráfico 4 apresenta os resultados das inovações de produto.

GRÁFICO 4 - INOVAÇÕES DE PRODUTO NO ÂMBITO DO PROGRAMA DE P&D DA ANEEL

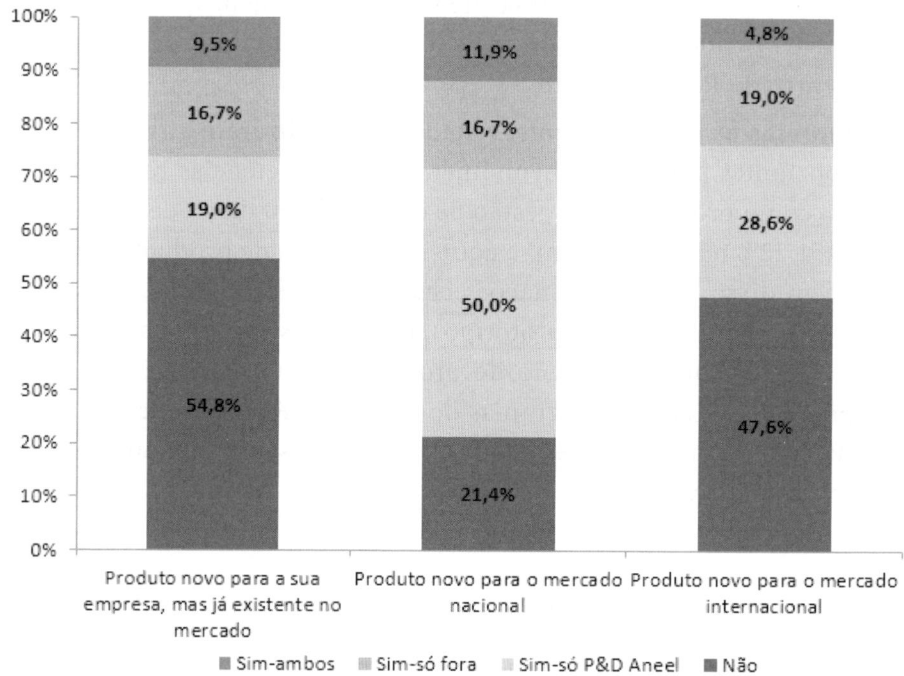

FONTE: PESQUISA DE CAMPO.

As empresas entrevistadas também foram perguntadas com relação à inovação de processos em dois quesitos: processos tecnológicos novos para a empresa, mas já existentes no setor; e processos tecnológicos novos para o setor de atuação. Em caso afirmativo, as empresas responderam se tais inovações ocorreram somente no âmbito do Programa de P&D da ANEEL ou se também ocorreram em outros tipos de projetos. Pelos resultados apresentados no Gráfico 5 percebe-se que as inovações de processos tecnológicos novos para o setor de atuação e para empresa são feitos mais fora do âmbito do Programa de P&D da ANEEL do que dentro do mesmo.

GRÁFICO 5 - INOVAÇÕES DE PROCESSO NO ÂMBITO DO PROGRAMA DE P&D DA ANEEL

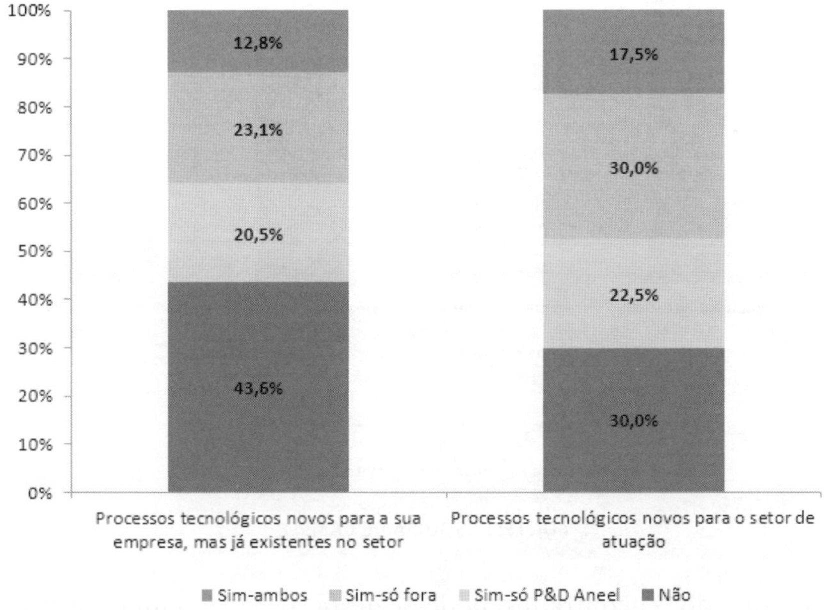

FONTE: PESQUISA DE CAMPO.

No caso das inovações organizacionais realizadas, as empresas possuíam quatro opções de resposta: implementação de técnicas avançadas de gestão; implementação de significativas mudanças na estrutura organizacional; implementação de novos métodos e gerenciamento visando atender normas de certificação e ainda propostas de mudanças regulatórias. No Gráfico 6 pode-se observar que as empresas realizam poucos esforços de inovações organizacionais, com exceção da dimensão "propostas de mudança regulatória", realizadas no âmbito do Programa de P&D da ANEEL por metade das empresas que responderam a esse quesito e por 70% do total das que foram entrevistadas.

GRÁFICO 6 - INOVAÇÕES ORGANIZACIONAIS INTRODUZIDAS NO ÂMBITO DO PROGRAMA DE P&D DA ANEEL

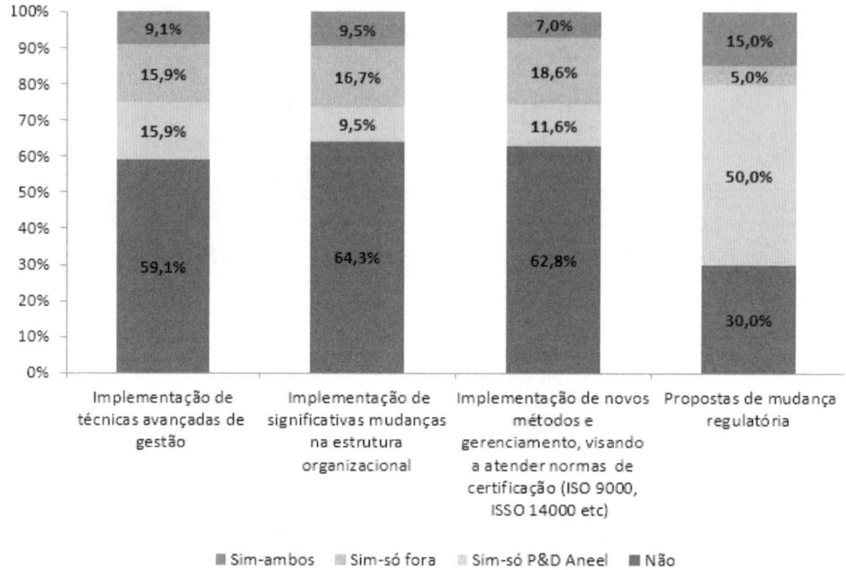

FONTE: PESQUISA DE CAMPO.

Pelos resultados encontrados, pode-se destacar que as empresas prestadoras de bens e serviços no setor elétrico não realizaram tantas inovações organizacionais (como novas técnicas de gestão, implementação de novos métodos e modificações na estrutura da empresa), quanto inovações de produto, principalmente no que concerne a um produto novo para o mercado nacional (78,6%), e inovações de processo, especialmente no que se refere a processos tecnológicos para o setor de atuação (70%). Além disso, é importante destacar que as inovações de produto e de processo realizadas pelas fornecedoras foram novas para o setor e para o mercado nacional. As empresas estavam preocupadas em levar produtos novos para o mercado, e não somente para a empresa — como apontam os dados sobre ambos os tipos de inovações.

As empresas entrevistadas também foram questionadas sobre o impacto da introdução de inovações nas empresas contratantes dos projetos de P&D. A observação do Gráfico 7 permite concluir que o fortalecimento de parcerias com clientes, a abertura de novos negócios e ainda o aumento da qualificação do pessoal foram os quesitos com os impactos mais relevantes identificados pelas empresas entrevistadas. Esses quesitos foram apontados, respectivamente, por 60%, 59% e 53% das empresas entrevistadas como tendo impactos altos com a introdução de inovações. Por outro lado, os enquadramentos em novos patamares de certificação de normas nos mercados externo e interno foram apontados como sendo os quesitos com menor impacto pela introdução das inovações. Esses dois quesitos foram apontados como não sofrendo impactos relevantes por 76% e 67% das empresas, respectivamente.

GRÁFICO 7 - IMPACTO DA INTRODUÇÃO DE INOVAÇÕES

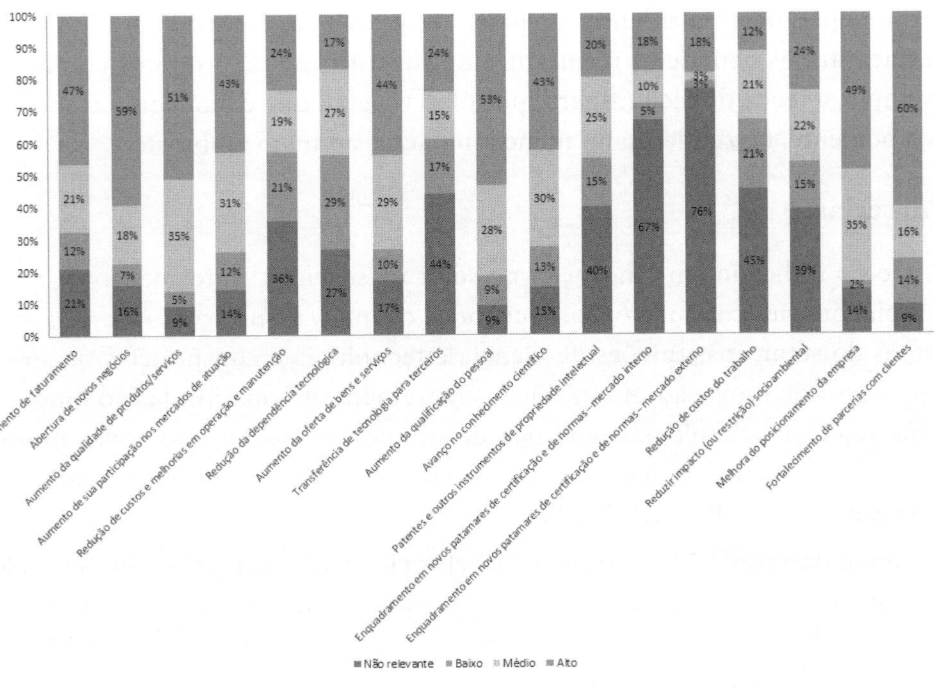

FONTE: PESQUISA DE CAMPO.

As empresas fornecedoras afirmaram que os benefícios resultantes da introdução de inovações geram melhorias para os clientes, fortalecendo a relação com os mesmos e colocando este quesito em primeiro lugar dentre os selecionados. As novas tecnologias resultantes da introdução de inovações também permitem a abertura de novos negócios, que constitui o segundo maior benefício apontado pelos entrevistados. Por meio da introdução de inovações são criadas novas ferramentas de monitoramento, de contagem e de métricas, que abrem novas possibilidades de projetos nessas áreas para as empresas que dominam estes instrumentos.

Os entrevistados apontaram, também, outros benefícios resultantes da introdução de inovações tais como segurança, eficiência da operação e redução dos custos, que têm relação direta com a melhoria nos processos internos e operacionais das empresas.

Assim, pode-se afirmar que o desenvolvimento de inovações pelas empresas acarreta benefícios diretos para a economia do país, o que permite substituir produtos que antes eram importados por produtos nacionais. Com isso, logra-se a produção de similares nacionais, que movimentam a economia, ao gerar emprego e renda dentro do país. Além disso, as empresas entrevistadas destacaram os benefícios resultantes da substituição de produtos como, por exemplo, a troca de óleo mineral por óleo vegetal, que é biodegradável e menos poluente, trazendo assim menos impactos ao meio ambiente.

Parcerias

Como indicado em "Inovação no setor de serviços", a formação de redes de colaboração (com outros fornecedores, clientes, associações setoriais, empresas do setor, instituições de ciência e tecnologia e consultorias) favorece o processo de inovação. As inovações incrementais constituídas ao longo de uma trajetória tecnológica, ao invés de simples melhorias, são novos produtos, serviços e, até mesmo, indústrias inteiras, que se consolidam após uma inovação radical (PEREZ, 2010).

Como destacado em "Inovação no setor elétrico", as empresas do setor elétrico podem ser consideradas como empresas de redes, pois se organizam em uma rede de distribuição física que assegura o provimento de *utilities*. Desse modo, as empresas fornecedoras para o setor elétrico deveriam focar, além do desenvolvimento de treinamento interno, no estabelecimento de redes de cooperação, pois a inovação em serviços depende de interações com clientes e fornecedores (LA ROVERE e MIRANDA, 2017).

A estrutura tradicional de geração de conhecimento, que ocorria dentro de um departamento de P&D ou de um laboratório de pesquisa com acesso restrito, está em processo de reestruturação. Ocorre, cada vez mais, um mercado de troca de informações, em que há intercâmbio e interação constante e em tempo real de produtores e consumidores de informação (SUNDBO e GALLOUJ, 1998). Neste contexto, as interações personalizadas entre fornecedores e outros atores ganham força.

Como mencionado em "Inovação no setor de serviços", o fomento a *startups* tem sido uma estratégia de grandes empresas para promover parcerias e formar novas redes de colaboração. Das dez empresas que realizaram iniciativas de apoio a *startups*, oito empresas fornecedoras chegaram a adquirir novos conhecimentos tecnológicos em função da parceria com as *startups*. O percentual expressivo (80%) de empresas fornecedoras que afirmaram ter obtido benefícios em termos de novos conhecimentos tecnológicos devido às parcerias com *startups* reforça o argumento de que iniciativas desse tipo são positivas para as empresas. A sinergia criada por meio da colaboração permite avançar nas capacidades dinâmicas das empresas.

Mais da metade (60%) das empresas fornecedoras que implementaram iniciativas de apoio a *startups* adquiriu novas capacidades de gestão por promover a rede de relacionamentos com *startups*, e, neste processo, os colaboradores da empresa fornecedora acabaram criando *startups*.

Apenas duas das dez empresas usaram investimento anjo para financiar suas iniciativas de colaboração com *startups* e venderam as soluções tecnológicas resultantes da colaboração. Pode-se afirmar, portanto, que as iniciativas de apoio a *startups* foram realizadas, majoritariamente, para processos e soluções internas das empresas. Os desenvolvimentos resultantes dessa parceira ainda não são comercializados.

Por meio dos programas de *startups* poderiam ser estabelecidas novas formas de colaboração com organizações de ensino e consumidores, novos métodos de integração com fornecedores, *outsourcing* de atividades e a introdução de subcontratação, que constituiriam, em essência, redes de cooperação. Neste contexto, os programas de fomento a *startups* podem representar uma alternativa para preparar as empresas do setor elétrico para as atuais dinâmicas do ecossistema de negócios (LA ROVERE e MIRANDA, 2017).

Além das *startups*, as empresas colaboram com diversos atores. Para as empresas fornecedoras, os parceiros de alto grau de importância são os clientes (61,5%), outras empresas do setor (37,5%), outros fornecedores (32,5%) e as instituições de ciência e tecnologia (32,5%). Os parceiros que as empresas fornecedoras atribuíram menor importância foram as associações setoriais (58,3%) e as consultorias (45,9%). O índice de importância de parcerias, exposto no Gráfico 8, explicita de forma mais específica as informações descritas anteriormente; isto é, os clientes têm um índice de 0,708 enquanto que as associações setoriais têm um índice de 0,267, sendo, portanto, menos relevantes para as empresas fornecedoras como parcerias de projetos.

GRÁFICO 8 - ÍNDICE DE IMPORTÂNCIA DE PARCERIAS PARA A INOVAÇÃO

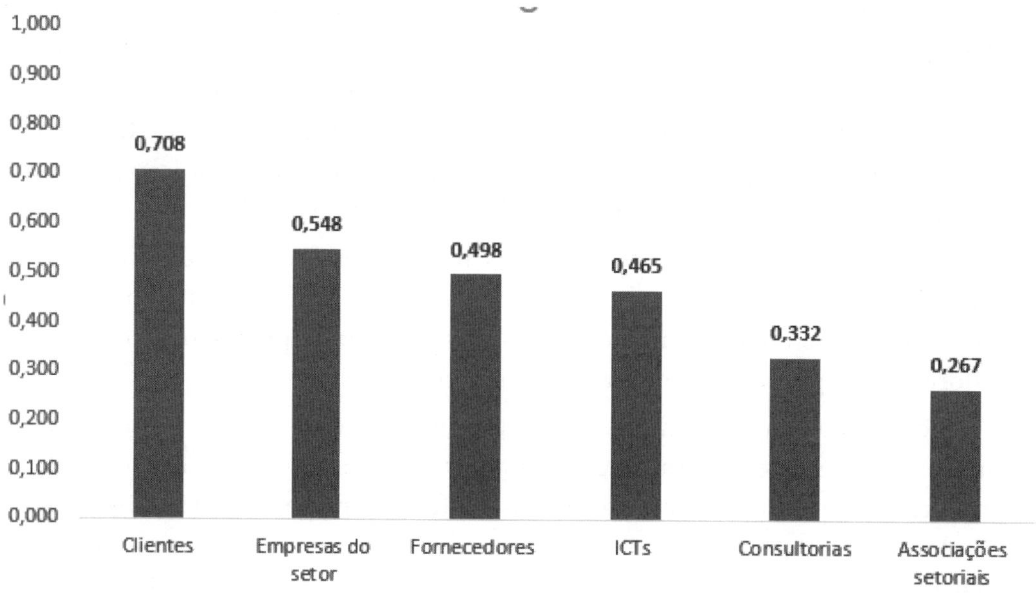

FONTE: PESQUISA DE CAMPO.

De modo geral, as empresas entrevistadas afirmaram que as parcerias com as universidades ficam muito restritas à publicação de *papers* para a aplicação do conhecimento e para a divulgação de trabalhos em seminários e workshops que existem na área.

Os entrevistados afirmaram, também, que as parcerias possibilitam apoio para questões técnicas a serem desenvolvidas. Observou-se ainda que, onde se vislumbra um potencial de cooperação, é sugerida uma parceria para apoio no desenvolvimento dos projetos. As empresas ressaltaram, portanto, a importância das redes de colaboração para o desenvolvimento na cadeia de produção. Além disso, foi destacada, nas entrevistas, a importância de parceiros na fabricação de equipamentos, mais especificamente no processo de transformar o desenho industrial em produto industrial. Assim, os parceiros apoiam a transformação dos protótipos em produtos comercializáveis.

Atividades de treinamento e capacitações

Como destacado em "Inovação no setor de serviços", para o desenvolvimento de inovações as empresas necessitam realizar processos de treinamento e capacitação que possibilitam o aprendizado e a absorção de conhecimento. Com relação às atividades de capacitação de recursos humanos promovidas pelas empresas fornecedoras, nas quais os entrevistados atribuíram maior importância, incluem-se treinamentos internos, programas de estágio e treinamentos externos. Verificou-se que 62,9% das empresas concederam máxima importância para treinamentos internos e apenas 11,4% dos entrevistados afirmaram que tais atividades não eram relevantes dentro de suas empresas. O Gráfico 9 apresenta o grau de importância atribuído pelas empresas para as diversas atividades de capacitação e de treinamento.

GRÁFICO 9 - ÍNDICE DAS ATIVIDADES DE CAPACITAÇÃO

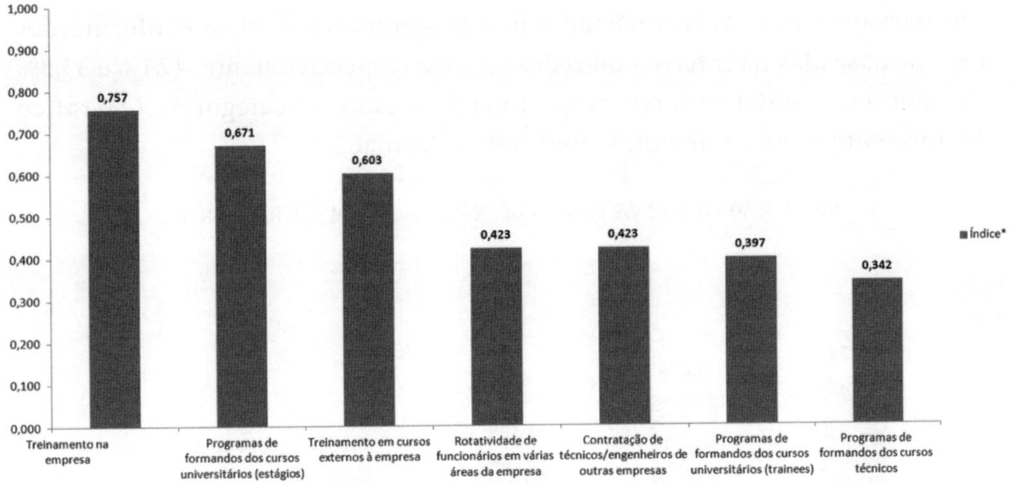

FONTE: PESQUISA DE CAMPO.

Dentre as atividades de capacitação que receberam mais notas nulas (0), estão incluídos: os programas de formandos de cursos técnicos e de aperfeiçoamento profissional (51,5%) e de programas de *trainees* (45,7%). As empresas fornecedoras preferem investir seus recursos em capacitação de estagiários de cursos universitários para treiná-los e efetivá-los posteriormente, caso obtenham desempenho satisfatório.

Os entrevistados puderam detalhar, também, como adquiriram informações, isto é, informaram o local e a origem do processo de obtenção de conhecimento, de acordo com as quatro categorias listadas a seguir: (i) fontes internas; (ii) fontes externas; (iii) universidades e outros institutos de pesquisa; (iv) outras fontes de informação. Dentre as categorias, as fontes que as empresas fornecedoras citaram mais vezes com alta relevância foram: (i) a área de Inovação e de Pesquisa & Desenvolvimento (61,8% atribuiu relevância alta), considerada como fonte interna da empresa; (ii) os clientes (54,5% atribuiu relevância alta), considerada como fonte externa da empresa; e (iii) as universidades (48,5% atribuiu relevância alta).

Com relação às outras fontes de informação, as empresas apontaram como as mais relevantes as conferências, seminários, cursos e publicações especializadas, subcategoria para a qual 61,1% delas conferiram alta relevância. Apenas 16,7% dos entrevistados afirmaram que a importância das universidades é nula como fonte de informação. Das fontes de informação listadas, as menos relevantes para os entrevistados foram agentes financeiros e informações de rede baseadas na internet ou redes sociais; respectivamente, 47,1% e 33,3% das empresas conferiram relevância nula para estas subcategorias. O Gráfico 10 apresenta o índice de outras fontes de informação.

GRÁFICO 10 - ÍNDICE DE FONTES DE INFORMAÇÃO EM OUTRAS FONTES

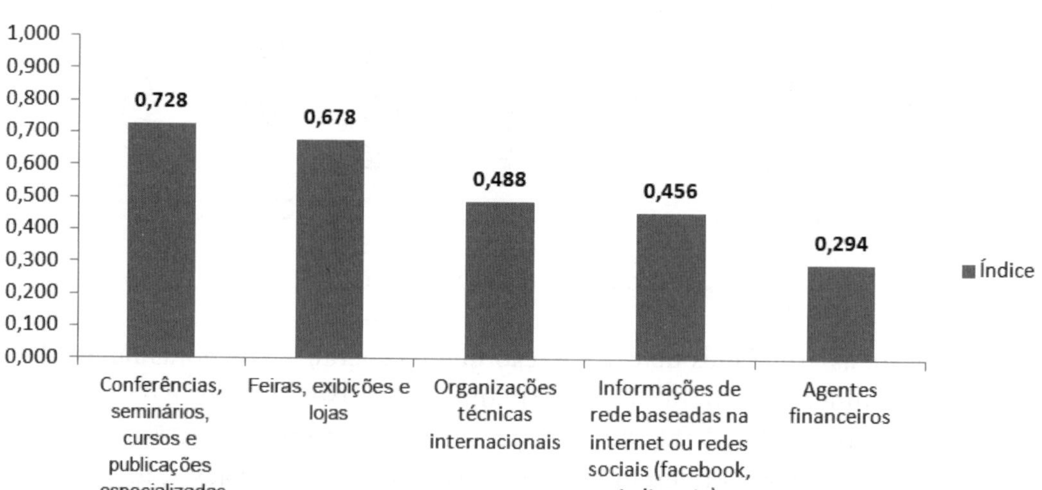

FONTE: PESQUISA DE CAMPO.

Conclusão

Os resultados apresentados sugerem um padrão distinto do padrão das empresas do setor elétrico em geral. As empresas fornecedoras de serviços são mais focadas em inovações de produto e de processo e, como dependem fortemente da interação com o cliente, tendem a se especializar em nichos de atuação. Essas empresas se percebem como competitivas a partir de elementos relacionados a seus recursos intangíveis, tais como: capacidade de atendimento, qualidade do serviço e da mão de obra, conhecimento técnico das equipes e capacidade tecnológica, sendo o custo do serviço um aspecto menos relevante.

Os produtos e serviços introduzidos pelas empresas fornecedoras foram novos para o mercado nacional, o que pode denotar o caráter incremental das inovações. Caso fossem inovações introduzidas no mercado internacional, teriam caráter mais disruptivo. Além disso, parte expressiva dos entrevistados declarou não ter introduzido inovações de processo e mudanças organizacionais, que são importantes para promover a criação de conhecimento nas empresas.

Ainda sobre o desempenho inovativo, pode-se afirmar que apesar das empresas valorizarem a qualidade dos seus serviços e da sua mão de obra, mais de 40% delas não realiza programas de capacitação. Este resultado parece contradizer a resposta sobre a importância de treinamentos na empresa, e sugere que várias delas estão fazendo menos programas de treinamento do que gostariam, provavelmente devido ao seu porte reduzido.

As empresas entrevistadas relataram que os principais benefícios da inovação foram a abertura de novos negócios e fortalecimento de parcerias com os clientes, o que é condizente com o perfil de empresas de serviços.

Uma possível solução para aumentar a taxa de inovação das empresas do setor elétrico é o uso de parcerias com *startups* (LA ROVERE e MIRANDA, 2017). Essas empresas oferecem a vantagem de se especializar em nichos e ficarem mais próximas ao cliente final. Pelos resultados apresentados na pesquisa, constata-se que quem fez parcerias com elas obteve benefícios, principalmente no que se refere à aquisição de conhecimentos tecnológicos e capacidades de gestão.

Referências Bibliográficas

ABRADEE — Associação Brasileira de Distribuidores de Energia Elétrica. *Visão Geral do Setor Elétrico*. Disponível em: <http://www.abradee.com.br/setor-eletrico/visao-geral-do-setor>. Acesso em: 1 dez. 2018.

ANTONELLI, C. Localizad technological change, new information technology and the knowledge and the knowledge-based economy: the European evidence. *Journal of Evolutionary Economics*, v. 8, p. 177-198, 1998.

CALABRIA, P. C.; BERNARDES, R. C.; VARGAS, E. R.; PINHANEZ, C. S. A ciência da inovação em serviços: estudo exploratório sobre os interesses e prioridades para uma agenda de pesquisa no Brasil. *Revista de Administração e Inovação*, São Paulo, v. 10, n. 4, p. 110-135, out./dez. 2013.

CALLIGARIS, A. B.; TORKOMIAN, A. L. *Benefícios do desenvolvimento de projetos de inovação tecnológica*. Prod., São Paulo, v. 13, n. 2, p. 21-32, 2003.

CASTRO, N.; DANTAS, G.; BRANDÃO, R.; ROSENTAL, R.; MOSZKOWICZ, M. A *ruptura do paradigma tecnológico e os desafios regulatórios do setor elétrico*. 2017. Disponível em: <http://www.gesel.ie.ufrj.br/app/webroot/files/publications/59_Artigo%20para%20revista%20Aneel%20%20-%20VF.pdf>. Acesso em: 1 fev. 2018.

________; MARTINS, J.; PENNA, C.; ALVES, C.; ZAMBONI, L.; MOSZKOWICZ, M. *Innovation Process in the Brazilian Eletric Sector*. 2015. Disponível em: <http://www.gesel.ie.ufrj.br/app/webroot/files/publications/07_castro.pdf>. Acesso: 1 fev. 2018.

CGEE. *Sugestões de Aprimoramento ao Modelo de Fomento à PD&I do Setor Elétrico*. Brasília: CGEE, 2015.

DOSI, G. Sources, procedures, and microeconomic effects of innovation. *Journal of Economic Literature*. v. 26, p. 1120-1171, sep. 1988.

GEELS, F. W.; SCHOT, J. W. Typology of sociotechnical transition pathways. *Research Policy 36*. 399–417, 2007.

HAMEL, G.; PRAHALAD, C. K. *Competing for the Future*. Boston, Harvard Business School Press, 1994. 357 p.

KUBOTA, L. C. As Kibs e a inovação tecnológica das firmas de serviços. *Economia e Sociedade*. Campinas, v. 18, n. 2 (36), p. 349-369, ago. 2009.

LA ROVERE, R. L.; MIRANDA, K. *O conceito de inovação em serviços e suas implicações para as estratégias das empresas do setor elétrico*. Rio de Janeiro: IE/UFRJ, 2017.

LUNDVALL, B. A. *National Systems of Innovation*. London: Pinter Publishers, 1992.

MACHADO DA SILVA, C. L.; FONSECA, V. S. da. Competitividade organizacional: uma tentativa de reconstrução analítica. *Organizações & Sociedade*. v. 4, n. 7, p. 97-114, 1996.

________; BARBOSA, S. L. Estratégia, fatores de competitividade e contexto de referência das organizações: uma análise arquetípica. *Rev. Adm. Contemp.* Curitiba, v. 6, n. 3, p. 7-32, dez. 2002 .

METCALFE, S.; MILES, I. *Services: Invisible Innovators*. Paper presented at CSLS Conference on Service Sector Productivity and the Productivity Paradox. Chateau Laurier Hotel Ottawa, Canada. April 11-12, 1997.

MIOZZO, M.; SOETE, L. Internationalization of Services: A Technological Perspective. *Technological Forecasting and Social Change 67*, p. 159–185, 2001.

NOOTEBOOM, B. The Dynamic Efficiency of Networks. In: Grandori, A. (ed.). *Interfirm Networks*: Organizational and Industrial Competitiveness. London: Routledge, 1999.

PEREZ, C. Technological revolutions and techno-economic paradigms. *Cambridge Journal of Economics*, 34, p. 185-202, 2010.

POMERMAYER, F. M.; DE NEGRI, F.; CAVALCANTE, L. R. *Inovação tecnológica no SEB*: uma Avaliação do Programa P&D Regulado pela ANEEL. Brasília: Instituto de Pesquisa Econômica Aplicada, 2011.

REHME, J.; NORDIGARDEN, D.; CHICKSAND, D. Public policy and electrical-grid sector innovation. *International Journal of Energy Sector Management*, v. 9, issue 4, p. 565-592, 2015.

SCHUMPETER, J. *A Teoria do Desenvolvimento Econômico*. São Paulo: Editora Abril, 1982.

SILVA, J. C. T. *Modelo interativo empresa-universidade no desenvolvimento de produto*. São Paulo. 163 p. Tese (Doutorado) — Escola Politécnica da Universidade de São Paulo. Departamento de Engenharia de Produção, 1999.

SOETE, L.; MIOZZO, M. *Trade and development in services: a technological perspective*. Working Paper n. 89-031. Maastricht, MERIT, 1989.

SUNDBO, J.; GALLOUJ, F. Innovation in services. *SI4S Synthesis Paper* (S2). 1998.

VONORTAS, N. S.; MALERBA, F. (eds.) *Innovation Networks in Industries*. Cheltenham, UK: Edward Elgar, 2009.

A INTEGRAÇÃO INDÚSTRIA E SERVIÇOS: O ADVENTO DO NOVO PARADIGMA TECNOLÓGICO

Anita Kon[1]

Resumo

O artigo visa investigar, sob a ótica da economia política, a evolução do novo paradigma tecnológico denominado de Indústria 4.0, que se efetiva através da integração das atividades industriais com serviços específicos com impactos econômicos contundentes. Analisa inicialmente as características da evolução desta integração entre indústrias e serviços observada mundialmente à medida do desenvolvimento tecnológico. Em sequência investiga a nova dinâmica da Indústria 4.0 e os impactos econômicos do novo modelo sobre as economias. Finaliza com uma análise das políticas econômicas necessárias para a implantação do ambiente adequado para o desenvolvimento do novo modelo.

Palavras-chave: Indústria; Serviços; Tecnologia; Indústria 4.0; Automação; Internet das Coisas.

Introdução

O desenvolvimento industrial tem passado por várias fases caracterizadas por processos de mudanças nos meios de produção e de tecnologia produzidos, nomeados de "ondas tecnológicas", desde o surgimento do sistema

1 Professora titular da PUC-SP. Coordenadora do Grupo de Pesquisas em Economia Industrial, Trabalho e Tecnologia do Programa de Estudos Pós-Graduados em Economia Política da PUC-SP.

fabril (Primeira Onda), passando pela Era Industrial (Segunda Onda), Era da Informação, que segundo Toffler (1980) configurou a Terceira Onda, até as transformações atualmente em curso, que deram origem ao paradigma da denominada Indústria 4.0, como uma forma alternativa e mais avançada da dinâmica industrial anterior, que apresenta características de início de uma Quarta Onda.

Esta última fase resulta de um processo de transformação no ambiente econômico e na sociedade como um todo, impulsionado pela convergência das quatro ondas tecnológicas que provocaram mudanças significativas no uso da computação, pelo uso crescente da automação digital representada por novas tecnologias que convergem como a computação em nuvem, mobilidade, plataformas sociais e Big Data, o que resultou na circunstância de que a tecnologia de serviços se insere em todas as atividades das empresas. Muitas transformações tecnológicas irão afetar a produção e distribuição econômica nos próximos dez a quinze anos, com amplos impactos setoriais.

Neste contexto, os serviços intangíveis se situam como principal componente na produção e geração de valor de vários bens tangíveis, ou seja, a integração entre indústria e serviços na produção da indústria manufatureira é a base do aumento da produtividade e do valor agregado pelas empresas. Certos bens, essencialmente de alta tecnologia, possuem características tradicionalmente associada a serviços, tais como intangibilidade ou interatividade. Em determinadas situações, a distinção tradicional entre firma industrial e firma de serviços tende a perder seu significado, quando um número significativo de firmas passa a produzir simultaneamente bens de capital e tecnologia de serviços.

Esse novo paradigma resultante a inovação industrial pode ser associada, com maior ou menor intensidade, à inovação em serviços e surge um modelo de coprodução de um produto industrial, em que não só o próprio processo produtivo integra atividades manufatureiras e serviço, mas também os consumidores têm acesso ao fornecimento de serviços como suporte para a fruição do produto.

Sob a ótica da economia política, este artigo investiga as relações de produção circulação e distribuição de bens e serviços que visam atender as necessidades humanas, buscando entender as leis que regem tais relações. Analisa primeiramente o desenvolvimento do processo de integração entre indústrias e serviços no decorrer da evolução tecnológica, observando o aumento da conscientização sobre a relevância das inovações em serviços como o processo de desenvolvimento industrial e econômico. Em sequência, investiga as características da denominada Indústria 4.0 resultante desta integração, e os impactos econômicos resultantes deste novo paradigma. Finalmente, são observadas as políticas públicas propostas para sua implantação efetiva.

A integração entre indústrias e serviços

A reformulação de antigos conceitos a respeito do papel das atividades produtivas na dinâmica do desenvolvimento econômico aponta para a forte integração e múltiplo comprometimento dos vários setores industriais e de serviços da economia para a indução ao processo de crescimento. Estes relacionamentos e mútuas articulações assumem uma conotação diferenciada no que se refere ao estímulo das várias atividades econômicas neste processo, quando comparados à visão mais tradicional que considera o estímulo preponderante da indústria para alavancar o desenvolvimento econômico.

Na atualidade, ampliou-se a percepção sobre o relevante papel das atividades de serviços na geração de renda e riqueza das economias, também como indutor do desenvolvimento e não apenas como induzido pelo crescimento industrial. O crescimento do setor de serviços em direção à indução do desenvolvimento econômico revelou uma situação de mudança estrutural análoga à que ocorreu na fase de reorganização da economia rural para industrial.

Como salienta Carlota Perez (2009), de modo associado ao advento das ondas tecnológicas, a economia industrial atravessou várias etapas diferenciadas de desenvolvimento, associadas a cinco revoluções tecnológicas sucessivas, partindo da introdução da utilização de máquinas no processo produtivo (1771), passando pela do vapor e das ferrovias (1829), do aço, eletricidade e engenharia pesada (1875), pela do petróleo, automóvel e produção em massa (1908) até o advento da informação e das telecomunicações (1971), que correspondeu à 5ª Revolução Tecnológica. Cada nova etapa tecnológica resultou da combinação de atividades, produtos e processos e novos com outros preexistentes, que se articulam gerando um conjunto de novas oportunidades de negócios interativos, capazes de se difundir por toda a economia.

Esta última etapa de transformações veio tomando corpo desde que Hayek, em 1970, resgatou as ideias da Teoria da Informação para introduzi-las no contexto da economia, quando foi intensificado o conceito de "conhecimento relevante", como o insumo básico que influencia as ações das pessoas e a tomada de decisões econômicas. O autor havia ressaltado anteriormente que o conhecimento é fragmentado, ou seja, está na cabeça das pessoas, nos agentes econômicos e nas instituições e cada pessoa possui apenas uma parte do conhecimento que, portanto, está disperso na sociedade. Hayek ressalta que um planejador central nunca seria capaz de absorver todo o conhecimento disperso e dele fazer uso, pois seria necessário um mecanismo gigantesco com um volume de dados tão imenso que não seria possível distinguir informação de ruído. A informação na tomada de decisão é relevante para solucionar os problemas que surgem quando há mudanças no cenário da ação que exigem uma rápida adaptação e adequação à nova situação (KON, 2016).

Nesse sentido, a integração da indústria com atividades de serviços voltadas para o conhecimento passou a ganhar intensidade quando se estruturou a percepção de que as tecnologias de informação e computação ajustadas ao processo econômico assumiram o papel de oferecer instrumentos para centralizar o conhecimento disperso e para oferecer instrumentos voltados à criação, descoberta e utilização do conhecimento novo, ajustando-o para as condições particulares e locais da economia. Assim, através destes instrumentos, na tentativa de obter maior vantagem no processo de concorrência, o empresário busca novos conhecimentos sobre o mercado em que atua, sobre a demanda com que lida, sobre a introdução de novas técnicas de produção e novos produtos, bem como de novas oportunidades de negócios.

Anteriormente, Schumpeter (1934) já ressaltava a natureza dinâmica da tecnologia e seus seguidores evolucionistas destacavam a racionalidade limitada dos agentes econômicos, resultante de sua natureza cognitiva e da impossibilidade do conhecimento total sobre as possibilidades de ação, tendo em vista a limitação das disponibilidades de informações. Portanto, as ações dos agentes não podem ser predeterminadas (como na tese de equilíbrio neoclássica) e se materializam ao longo do processo. Seus seguidores neoschumpeterianos ressaltaram a relevância da endogeneidade das inovações tecnológicas como parte integrante do processo produtivo, particularmente com relação às formas de diminuir as limitações da falta de disponibilidade de informações e dessa maneira diminuir as limitações à racionalidade das tomadas de decisão.

Em uma abordagem neoschumpeteriana, Perez (2009) mostra que novos sistemas tecnológicos conduzem a novas interações entre setores. A emergência de inovações individuais ou pontuais não surge ao acaso e isoladamente, mas tende a aparecer em interconexão com outras, desde que este é um processo coletivo que envolve cada vez mais não apenas produtores, mas também demais agentes de mudança, como distribuidores, consumidores e outros. Novas aglomerações de atividades (*clusters*) ou sistemas produtivos resultam das interações tecnoeconômicas e sociais entre produtores, fornecedores de insumos e seus consumidores, através da criação de novas redes de interação, em uma dinâmica complexa. A maior parte das inovações induz a outras inovações, pois demandam novas formas de interações entre agentes, que facilitam as alternativas competitivas.

Outro aspecto do aumento gradativo da integração de atividades intangíveis no processo produtivo das manufaturas tomou corpo na segunda metade dos anos 1970, quando os processos industriais com base na microeletrônica vieram a substituir gradativamente os antigos instrumentos de automação eletromecânica, e as tecnologias digitais aceleraram a base da automação, conduzindo ao paradigma de automação integrada flexível ou CIM (Computer Integrated Manufacturing) que se efetivou na década de 1990. Nesse período de evolução já se observava a integração entre elementos dos processos contínuos de produção, que absorveram, então, Controladores Lógicos Programáveis (CLP) e outros sistemas digitais de controle, como os denominados CAM (Computer Aided Manufacturing), CN (Comandos Numéricos) e CNC (Comandos Numéricos Computadorizados), que permitiam maior otimização da produção. A substituição de operações manuais por robôs, ainda que de forma incipiente, já começou a se integrar em indústrias mais desenvolvidas. Em um estágio mais avançado, a CIM passou a incluir técnicas de desenho (CAD) e de engenharia (CAE), que constituíram os fundamentos do novo paradigma industrial que se efetivou no início do século XXI (COUTINHO, 1992; TIGRE, 2006).

Como resultado, a aceleração no desenvolvimento e na diversificação de serviços de toda ordem que tiveram início após o advento das tecnologias de informação e das telecomunicações veio atender aos requisitos de efetivação e operacionalização da utilização destas novas tecnologias digitais ao contexto da inovação nas indústrias e nas demais atividades econômicas.

Este fenômeno veio de encontro à visão precedente de que a colaboração dos serviços desempenhava apenas um papel subordinado no processo de desenvolvimento econômico, tendo em vista o impacto visível das manufaturas sobre as cidades e regiões. A importância da informação na economia, ainda que imperfeita, foi reconhecida pelos estudiosos evolucionistas, que consideram que sua crescente incorporação no processo produtivo, apesar de acarretar em um custo adicional de transação, colabora para a diminuição dos custos totais de transação, objetivo prioritário dos produtores (KON, 2016).

Assim, o desenvolvimento da circulação, distribuição e regulação das atividades reflete a necessidade das firmas de dedicarem montantes crescentes de recursos aos serviços, a fim de operacionalizar as novas formas de modelos tecnológicos e, dessa forma, aumentar sua produtividade e sua capacidade de continuidade da inovação. O desenvolvimento das atividades de serviços reflete essa evolução constante dos sistemas produtivos (KON, 2016).

A complexa relação entre indústria e serviços, que incluem os setores logísticos, muitas vezes são profundamente imbricadas:

> "Em certas indústrias manufatureiras, é difícil estabelecer a divisão entre a produção e os serviços. Por exemplo, a manufatura que utiliza equipamentos de processamento de dados, os insumos de serviços são necessários para tornar operacional o processo produtivo e logístico, bem como têm uma grande influência sobre o sucesso do produto no mercado" (KON, 2004, p. 91).

O papel relevante dos serviços como indutor do desenvolvimento econômico pode ser explicado pelas repercussões sistêmicas micro e macroeconômicas contundentes em toda a economia de um país e mundial, resultantes da introdução da inovação tecnológica intangível nos processos produtivos e organizacionais através de novos serviços criados ou da modernização de processos anteriores. O avanço tecnológico sistêmico é uma nova forma de parceria crescentemente difundida em nível mundial, derrubando barreiras entre indústrias e reforçando a interdependência entre setores. As novas tecnologias colocadas à disposição pelas economias mais avançadas são introduzidas rapidamente em serviços como financeiros, de comunicação, transportes e saúde, transformando atividades antes tradicionais em indústrias de serviços intensivas em capital. Dessa forma, o conteúdo de serviços na indústria manufatureira e a dependência desta indústria em relação às atividades terciárias são crescentes e constantes (KON, 2004; BRYSON e DANIELS, 2007).

Como salienta Hauknes (1996), as tecnologias inovadoras, particularmente na área da informação, aplicadas aos serviços, mudaram a estrutura da competição interna e global, tanto nas indústrias de bens quanto de serviços e a parcela de serviços nas indústrias manufatureiras é crescente. Através disto, surgem novas economias de escala nas maiores instituições, frequentemente com uma estrutura doméstica ou internacionalmente descentralizada. Por outro lado, novas economias de escopo criadas por estas tecnologias apresentam constantemente efeitos de segunda ordem não esperados, em forma de benefícios ou externalidades positivas. Além disso, a crescente complexidade econômica e o aumento constante da população mundial podem ser tratados de modo mais eficiente com novas tecnologias de informação, que permitem a melhor organização e difusão do consumo, ou ainda que permitam a operacionalização, anteriormente não possibilitada, de processos e relacionamentos entre agentes produtivos.

Observa-se na literatura pertinente que o processo de integração entre a indústria e os serviços que foi crescente após o advento das tecnologias de informação e comunicação introduzidas nas atividades produtivas atravessou várias fases. A fase inicial teve como foco principal a ligação da cadeia de demanda, integrando os fornecedores aos consumidores finais de bens, o que exigia a integração entre as atividades intermediárias em toda a cadeia produtiva. Isto tornou possível a obtenção de menores custos e eficiência nas trocas entre as várias etapas do processo, após a introdução da internet, que permitiu maior coordenação entre planejamento e implementação, contribuindo para agilização do processo e melhor desempenho na produção e distribuição do produto (FROLICH e WESTBROOK, 2002).

Da mesma forma, sob o ponto de vista da cadeia de oferta, a capacidade e a disponibilidade de informações reduziram as ineficiências na tomada de decisões, bem como a instabilidade no planejamento, ao mesmo tempo em que aumentaram as economias de escala e o acesso a novos mercados, tanto nas firmas verticalizadas quanto nas demais. A partir destes efeitos, as atividades de serviços voltadas para o atendimento da indústria começaram a desenvolver modelos de interação no próprio processo de inovação, de modo a tornar a integração mais operacional, quando confrontado com as questões de gerenciamento das interfaces interfuncionais, buscando o aperfeiçoamento das soluções para as dificuldades do novo modelo (GADREY, GALLOUJ e WEINSTEIN, 1995).

Em uma fase que se seguiu, os serviços passaram ser o principal componente na geração de valor de inúmeras indústrias de bens materiais. Uma pesquisa mostrou que, em um grande número de manufaturas no período, os custos de insumos materiais não excediam 20% a 30%, enquanto que os custos operacionais dos serviços na produção e distribuição representavam de 70% a 80%. Alguns bens essencialmente de alta tecnologia passaram a ter características comumente associada a serviços, como intangibilidade ou interatividade, desde que o próprio processo produtivo extremamente automatizado era operacionalizado por softwares. Nesse sentido, a distinção tradicional entre firma industrial e firma de serviços tende a perder o significado em determinadas situações. Este modelo de coprodução, portanto, descreve uma situação em que os produtores industriais se integram a fornecedores de serviços tanto para a efetivação do processo produtivo, quanto para seu processo interno de inovação (GADREY, GALLOUJ e WEINSTEIN, 1995).

Assim, a última Revolução Tecnológica (RT) descrita por Perez, que moldou a era da Informação e da Telecomunicação, se caracterizou pela redefinição de indústrias de serviços que baratearam os processos que utilizam microeletrônica, informática (softwares), serviços de controle de instrumentos de telecomunicações, de biotecnologia e de novos materiais. Paralelamente, desenvolveram-se outros serviços de apoio a telecomunicações digitais (a cabo, fibra ótica, por rádio e satélite), como a comunicação via internet, ou ainda ligações de transporte físico multimodal. Da mesma forma, possibilitou a melhoria nas práticas organizacionais das atividades do mercado, de empresas, governamentais e individuais, transformando as formas pelas quais o trabalho, a produção e as trocas se organizavam (PEREZ, 2009).

Como salienta Paulo Tigre (2006), as estratégias tecnológicas adotadas pelos gestores da inovação, destinadas à melhoria nas práticas organizacionais, são dependentes da combinação entre a oferta de conhecimentos da empresa e a capacidade desta de absorver de forma eficiente os novos equipamentos, sistemas e processos produtivos, além de sua capacidade financeira e do mercado em que atua. No decorrer da evolução tecnológica, a obtenção do conhecimento desafia as ações produtivas, desde que novas competências e padrões de competição mudam constantemente. Muitos conceitos e princípios anteriormente utilizados para a prática produtiva e competitiva da economia industrial não dão conta das especificidades e potencialidades desconhecidas das trocas intensivas em conhecimento.

O conhecimento torna-se cada vez mais importante para se ter acesso à informação, devido a sua codificação linguística, técnica ou científica para a manipulação e transmissão. A obtenção do conhecimento que constitui o capital humano dos agentes produtivos e da sociedade está intrinsecamente ligado a disponibilidades de serviços específicos ligado à sua apropriação e à capacidade dos agentes de participarem de redes de informações. A organização em rede dessa forma adquire um papel-chave na economia do conhecimento na medida em que ela aumenta as economias externas, por meio das economias de escala e de escopo, ampliação dos mercados, aceleração do processo de inovação e aceso a competências tecnológicas críticas (TIGRE, 2006, p. 216).

Observa-se a partir disto que o valor agregado pelo processo produtivo na indústria manufatureira e extrativa não só se confunde com o valor agregado pelos serviços neste processo, mas também é verificado que não haveria possibilidade daquelas atividades adicionarem um valor mais elevado com processos menos intensos nos serviços específicos. A própria avaliação da produtividade dos diversos setores ou da contribuição setorial ao produto gerado de uma economia, como representado pela mensuração do Produto Interno Bruto, não reflete de modo adequado estas variações, visando frequentemente análises setoriais, e desse modo dificultando a percepção sobre a mudança de enfoque na participação setorial no PIB (KON, 2016).

Por outro lado, na atualidade, estas transformações tecnológicas têm sido conduzidas através de ecossistemas de inovação, onde se efetiva particularmente a forte contribuição dos serviços nesta dinâmica. Os ecossistemas de inovação são constituídos pela integração, em uma dada área geográfica, econômica, industrial ou empresarial entre os agentes, fatores, entidades e atividades tangíveis e intangíveis, que interagem entre si e com o ambiente socioeconômico em que se localizam e se aglomeram espacialmente, para a criação conjunta de inovações. Nessa dinâmica, cada elemento, também chamado de indivíduo, tem seu próprio nicho e um papel a ser desempenhado no conjunto do ecossistema. Estas atividades atuam como facilitadoras da operacionalização da inovação, porém por sua natureza possuem características diferenciadas das inovações em tecnologias tangíveis, que para sua operacionalização mostram forte dependência destas atividades intangíveis (KON, 2016).

A integração dos serviços intangíveis na indústria de produtos tangíveis, embora gradual, desde que dependente da criação de novas tecnologias específicas, é um processo que já se fazia sentir nas décadas finais do século XX. Com margens de lucro decrescentes no período de crise, as empresas buscam soluções complexas que combinam diferentes formas de serviços que possibilitem maiores retornos. Esta tendência veio transformando os mercados tradicionalmente dominados pelas indústrias manufatureiras que passaram a customizar os produtos através da inclusão de serviços adicionais. Em certos casos o fornecimento destes serviços por determinadas manufaturas tem mais a conotação de um prêmio para a manutenção do consumidor, do que de uma necessidade e esta produção adicional por produtores industriais não especializados pode se tornar onerosa e acarretar a perda de controle sobre a qualidade dos serviços.

Como resultado, estes serviços passam a ser terceirizados, difundindo-se dessa maneira a criação de empresas fornecedoras de serviços especializados em novo conhecimento e tecnologias tradicionalmente não encontradas nas manufaturas. A terceirização acarreta em crescimento da terciarização ou servitização da economia, ou seja, do aumento considerável da participação dos serviços no produto agregado das indústrias manufatureiras e da economia (KON, 2016).

A fase de desenvolvimento tecnológico, também denominada pelo escritor Alvin Toffler de "Terceira Onda" de transformações pela qual passou a humanidade (1980), originou-SE com a intensificação da integração indústria e serviços, e sua intensificação deu origem à "Quarta Onda" ou a era do conhecimento, correspondente à 5ª RT de Perez — que se estruturou com os ecossistemas de inovação. Como denominou Klaus Schwab (2017), criador do Fórum Econômico Mundial, esta fase corresponde à "4ª Revolução Industrial", caracterizada pelas Indústrias 4.0 e pela internet das coisas, que serão apresentadas em sequência.

A nova dinâmica industrial

Tecnologias determinantes da Indústria 4.0

Salienta-se que no âmbito do estudo do setor industrial é essencial considerar-se inicialmente a distinção aqui utilizada entre empresa ou firma e indústria. É necessário salientar-se que a conotação de Indústria 4.0, como utilizada na literatura referenciada, muitas vezes se refere às condições internas de uma empresa ou firma que consiste em uma unidade primária de ação, dentro da qual organizam-se os recursos com o fim de produção. Por sua vez, no conceito teórico mais amplo de economia industrial, a indústria constitui um conjunto de firmas que elaboram produtos idênticos ou semelhantes quanto à constituição física ou ainda baseados na mesma matéria-prima, de modo que podem ser tratadas analiticamente em conjunto (KON, 2017).

Como verificado, a digitalização aplicada em grande escala na produção industrial manufatureira caracterizou o avanço destes setores em anos recentes e causou impactos significativos tanto no desenvolvimento dos produtos quanto nos processos produtivos e distributivos, bem como na organização global destas atividades. Para tanto, contribuiu a criação de tecnologias de redes de sensores sem fio WSN (Wireless Sensor Network), que transmitem seus dados de forma cooperativa através de uma rede centrada em uma determinada localização.

O último Fórum Mundial de Desenvolvimento realizado em Davos, em 2016, reuniu líderes mundiais tendo como tema a "4ª Revolução Industrial", a qual, para muitos especialistas, já está em curso, ainda que de forma sobreposta à 3ª Revolução Industrial. O professor Klaus Schwab, fundador e organizador do Fórum Econômico Mundial realizado anualmente em Davos, considera estas mudanças como a nova Revolução Industrial que deu origem ao termo Indústria 4.0, como uma forma alternativa e mais avançada da dinâmica industrial anterior. O termo, usado pela primeira vez na Feira de Hannover em 2011, foi criado anteriormente a partir de um projeto de estratégias do governo alemão voltadas à tecnologia.

Se as revoluções industriais anteriores tornaram possível a produção em massa e levaram as capacidades digitais a bilhões de pessoas, esta última difere fundamentalmente do modelo de produção anterior e representa uma descontinuidade em relação ao mesmo, pois se caracteriza por uma ampla gama de novas tecnologias, produtos e processos, que representam a convergência entre nano, bio e neuro-cogno tecnologias. Estes avanços correspondem à fronteira da ciência e possuem aplicações em todas as áreas do conhecimento e, além do mais, fundem os ambientes físicos, digitais e biológicos, com impactos em todas as atividades humanas, disciplinas, economias e intensamente nas indústrias e serviços (SCHWAB, 2016).

O Fórum de 2016 ocorreu em um momento em que ainda não foram superados os impactos negativos da crise econômica, política e social mundial iniciada com os problemas financeiros em 2008. Nesse sentido, a grave preocupação dos debatedores era se as organizações governamentais e privadas serão capazes de se adaptar às novas tecnologias capturando seus benefícios, através do uso adequado e da regulação, pois devem ocorrer mudanças na hegemonia do poder em várias esferas econômicas, que podem criar problemas de segurança, de crescimento da desigualdade econômica e social e maior fragmentação perversa das sociedades (SCHWAB, 2017).

Assim, estas formas avançadas de manufaturas envolvem a integração de tecnologias físicas e digitais além de outras inovações em serviços intangíveis, bem como a integração de todos os estágios da cadeia de valor, desde a fase de desenvolvimento até o uso final de um produto. É uma dinâmica que diz respeito a um contexto mais além do que apenas o da automação no processo industrial, pois consiste na integração entre a maquinaria e os outros sistemas que operam nesta produção, incluindo as diferentes atividades industriais e de serviços da cadeia de oferta de insumos (CNI, 2016).

Esta integração resulta em um processo denominado de convergência tecnológica, definida como um processo pelo qual as telecomunicações, tecnologias da informação e mídia, setores que originalmente operavam de forma independente um do outro, passaram a crescer de forma conjunta. Resultou da possibilidade de absorver dispositivos eletrônicos nos produtos e integrá-los ao mundo digital, o que leva ao resulta ao rompimento dos limites técnicos, regulatórios e mercadológicos que separam os diferentes segmentos da indústria. Este processo foi possibilitado não apenas pela digitalização crescente das informações, mas principalmente pelo desenvolvimento de padrões universais de comunicação, que já vem ocorrendo há vários anos e deverá se acelerar no futuro, graças à combinação de inovações em distintas áreas do conhecimento. Esta convergência ocorre tanto na rede de telecomunicações quanto nos serviços e através de uma infraestrutura comum, a convergência viabiliza uma ampla difusão de equipamentos e serviços relacionados à portabilidade, entretenimento e comunicação (TIGRE *et al.*, 2008/2009).

Observou-se que a 5ª RT se baseou na convergência entre as indústrias tradicionais e o setor digital, resultando em maior e crescente integração de processos produtivos da indústria, não só com serviços inteligentes e personalizados, mas também com serviços menos avançados que colocam o consumidor como foco central. Um importante pilar da estratégia de desenvolvimento dos produtores industriais busca adicionar valor aos produtos, através da diferenciação, diversificação ou elevação da qualidade, visando a manutenção de relacionamentos duradouros com os consumidores finais. Isso cria oportunidades e, mais do que isso, cria necessidades para que os produtores de manufaturas se transformem também em produtores de serviços relacionados, bem como para que os fornecedores de insumos para a produção aumentem a oferta de outros serviços como treinamento, assessoria, processos de design, apoio financeiro, seguros e outras inovações em serviços que usam sensores e monitoramento remoto, para a previsão de falhas antes que aconteçam (PROBST, 2016).

Uma pesquisa recente da Comissão Europeia verificou que o setor industrial europeu estima investir em soluções para a Indústria 4.0 cerca de 140 bilhões de euros até 2020, que incluem serviços de manutenção das novas tecnologias e de soluções para monitoramento remoto do processo produtivo e distributivo, que trarão rendas anuais de 110 bilhões de euros, advindas da digitalização e interconexão das atividades. Verificaram que 77% dos dirigentes de empresas acreditam que os investimentos na tecnologia digital aumentam o valor agregado através da melhor conexão com os consumidores, desde que mais serviços e diferenciação adicional ocorram simultaneamente à introdução de tecnologias inteligentes. Produtos inteligentes são intensivos em softwares e parte da rede do processo produtivo equipada com sensores e conexões que visam um feedback instantâneo ao produtor da indústria é constituída por produtos-chave de serviços (PROBST, 2016).

Múltiplas pesquisas em empresas constataram quais as principais tecnologias determinantes das Indústrias 4.0 que operam sob esta nova configuração: internet das coisas (internet of things), internet dos serviços (internet of services), robótica avançada, inteligência artificial, manufatura aditiva, simulações, integração vertical e horizontal de sistemas, Big Data, nuvens digitais (cloud manufacturing), nanotecnologia, segurança cibernética, drones inteligentes e realidade aumentada (LOURAL, 2014; CNI, 2016; SCALABRE, 2017).

Entre estas modalidades de inovações, a internet das coisas (IoT) é um dos principais pilares da Indústria 4.0, desde que possibilita a conexão entre dispositivos eletrônicos, sejam eles de uso doméstico ou industrial, facilitando a comunicação entre os diversos produtos de automação industrial e permite que várias máquinas possam trocar dados em tempo real, sem a necessidade de interferência do ser humano. Neste paradigma, muito dos objetos que são produtos industriais ou de serviços, alocados interna ou externamente às empresas, se comunicam em rede de forma inteligente, e evoluem para conectar objetos rotineiros existentes, bem como para incorporar inteligência em nosso ambiente diário (GUBBY *et al.*, 2013; IEDI, 2017).

No mesmo sentido, a denominada internet dos serviços (IoS) constitui especificamente na aplicação da internet para a criação de uma rede flexível e adaptável de planejamento e controle de processos. Através deste modelo digital, empresas, pessoas ou sistemas inteligentes se comunicam com o intuito da produção, distribuição e consumo de serviços. As informações são trocadas através da cadeia de valor, para agilizar os processos de desenvolvimento, produção e transporte de produtos e materiais que, como visto, são considerados como serviços prestados de forma interna ou externa à empresa (IEDI, 2017).

Dessa forma, os serviços de software de interface homem-máquina constituem um instrumento de aumento de produtividade que permite redução do tempo de ciclo do processo, redução de custos em relação a erros de operação e perdas de materiais, flexibilidade, aumento da qualidade dos produtos e melhor controle de produção. A diversificação de serviços introduzida pela robótica industrial tem ainda reflexos em outras atividades fora da indústria que utiliza esta forma de automação, desde que o próprio projeto de criação de um robô é interdisciplinar, envolvendo o conhecimento e serviços de várias áreas de Engenharia (mecânica, elétrica, eletrônica) e Ciências da Computação (SANTOS, 2004; CARRARA, 2015).

O novo sistema integrado permite a simulação de ações pelos operadores para testarem e otimizarem processos e produtos ainda na fase de concepção, diminuindo os custos e o tempo de criação. Da mesma forma, possibilita a integração horizontal e vertical de sistemas de TI, que integram uma cadeia de valor automatizada, por meio da digitalização de dados. Neste sentido os sistemas de Big Data, nuvem e Analytics facilitam a identificação de falhas nos processos da empresa, o que leva à otimização da qualidade da produção, economia de energia, com resultados de maior eficiência da utilização de recursos na produção.

Assim, as indústrias inteligentes, em que as máquinas, sistemas de armazenamento e equipamentos funcionam em rede, na qual elementos inteligentes trocam informações entre si de forma autônoma, são características de todos os conceitos da Indústria 4.0, e os robôs passaram a ser um elemento-chave destas indústrias por permitir um melhor nível de integração, comunicação ininterrupta e de flexibilidade. Este sistema permite a simulação de ações pelos operadores para testarem e otimizarem processos e produtos ainda na fase de concepção, diminuindo os custos e o tempo de criação. Da mesma forma, possibilita a integração horizontal e vertical de sistemas de TI, que integram uma cadeia de valor automatizada, por meio da digitalização de dados. Sendo assim, os sistemas de Big Data, nuvem e Analytics facilitam a identificação de falhas nos processos da empresa, o que leva à otimização da qualidade da produção, economia de energia, com resultados de maior eficiência da utilização de recursos na produção.

Em suma, a nova dinâmica de integração na Indústria 4.0 teve como determinantes novas tecnologia, que conduzem à elevação da produtividade e crescimento do valor agregado, particularmente com grande peso de inovações intangíveis, através da integração indústria e serviços, ou seja, da contribuição constante e crescente destes últimos para a geração deste valor adicionado.

Impactos econômicos do novo modelo de integração

A automatização e conectividade extremas das indústrias "inteligentes" resultam em mudanças consideráveis no paradigma organizacional anterior que definiu a Terceira Onda tecnológica, ao mudar os impactos da distância e do tempo no processo de comunicação e de operacionalização efetiva das fases do processo (MANYIKA, ROBERTS e SPRAGUE, 2007; SUGAYAMA; NEGRELI, 2016). O efeito combinado das novas tecnologias de informação conduz a formas modificadas de diagnóstico da situação das empresas, do planejamento, criação, elaboração e distribuição de produtos, que exigem novas estruturas organizacionais.

Os efeitos do novo paradigma se inserem na ideia schumpeteriana sobre o papel da inovação no processo de desenvolvimento econômico das empresas e das economias. Sua perspectiva mostra a relevância de serviços intangíveis como parte integrante das inovações da indústria manufatureira que impactam consideravelmente o ambiente econômico em que se insere. Estes projetos se realizam por meio de ações como: novas combinações de recursos existentes, novos métodos, novas fontes de matérias-primas, nova organização das empresas e dos mercados, novos produtos, com melhor qualidade e menor custo. Essas ações têm como resultado final transformações estruturais relevantes e irreversíveis na função produção agregada e no conjunto do sistema econômico que conduzem ao desenvolvimento dinâmico.

Os impactos significativos do novo modelo tecnológico implicam para as empresas, mas também para todo o sistema econômico, em redução de custos, eliminação de desperdícios, economia de energia, redução de erros, aumento da segurança, conservação ambiental, aumento da qualidade do produto, intensificação e maior rapidez na capacidade de atender os consumidores, que pode resultar em uma produção em escala consideravelmente elevada ou na customização mais acentuada dos novos produtos. O novo ambiente tecnológico, tanto dentro das empresas quanto em sua relação com o mercado, resulta em mudanças de estratégia nas tomadas de decisão, com impactos econômicos consideráveis, desde que gera cadeias de valor agregado crescentes e altera o poder de competitividade das empresas, frente ao mercado interno e externo da economia.

No entanto, as implicações destas mudanças diferem entre unidades e grupos funcionais das empresas, ou seja, pode variar consideravelmente em diferentes partes da organização ou em diferentes firmas da indústria, de acordo com a capacidade de renovação interna de cada empresa. O que se tem observado é que algumas destas tendências de transformação atravessam as fronteiras da empresa em direção à coprodução de inovações em forma de ecossistemas, como mostrado anteriormente.

Em estruturas de mercado oligopolistas, este novo paradigma tecnológico implantado inicialmente pelas firmas dominantes tem o efeito de expulsar do mercado firmas já estabelecidas que não apresentam condições financeiras ou técnicas de seguir os avanços tecnológicos que lhes permitam condições concorrenciais de preços, prazo de atendimento e outras vantagens aos consumidores, de modo a manterem sua parcela de mercado. Por outro lado, os novos processos acarretam também em barreiras à entrada de novas firmas potenciais no oligopólio, que apresentam desvantagens de não conseguirem condições técnicas e financeiras para os investimentos necessários que levem à criação do novo modelo automatizado, ou para incorrer em custos adicionais de implantação, produção e distribuição que lhes permitam economias de escala e preços competitivos (KON, 2017).

Como já preconizava Labini (1984), a política concorrencial da empresa está ligada à sua política de expansão, mas também aos menores custos diferenciais, que advêm da tecnologia mais eficiente, e não apenas da habilidade dos empresários que dirigem as firmas. Assim, neste novo modelo, o processo de concentração da produção depende da busca de uma crescente eficiência técnica, e da tendência de produzir a custos decrescentes. Isto origina a formação de grandes complexos produtivos e situações incompatíveis com a concorrência. As descontinuidades tecnológicas levam a custos diferenciados através de economias de escala, que servem de barreiras à entrada de outras firmas pela impossibilidade destas arcarem com despesas de venda necessárias para conquistar um número adequado de consumidores. Este processo leva a mudanças na concentração em indústrias oligopolizadas.

Os impactos do novo paradigma 4.0 sobre a possibilidade de diferenciação dos produtos é significativo. Esta diferenciação equivale a uma forma diversa de concorrência, isto é, não mais através de preços e sim de qualidade, entendendo-se não apenas qualidades tecnicamente melhores, como também mercadorias que aparente ou psicologicamente ofereçam uma qualidade superior ou preferível. Ainda que a um maior custo de produção, a diferenciação do produto pode ter efeitos superiores sobre o volume de vendas do que uma redução de preços, se o julgamento dos consumidores for falho (STEINDL, 1983). É nesse sentido que as novas tecnologias da Indústria 4.0 possibilitam a ampliação da estratégia dos empresários de diferenciar os produtos, isto é oferecer tipos e qualidades diversas dos produtos concorrentes.

Da mesma forma, permitem mudanças de linhas estratégicas das empresas em busca do crescimento por meio do realinhamento do conjunto de produtos e mercados da empresa, proporcionado pela melhoria de tecnologias de produtos e processos, em direção à ampliação dos territórios de vendas, ou do aumento da participação no mercado em que atua. Entre as alterações buscadas pela firma em relação a produtos e mercados, um caminho alternativo consiste no afastamento, pela empresa, de produtos e mercados conhecidos, através da diversificação de suas atividades. Nesse caso, uma estratégia alternativa de crescimento das empresas consiste na introdução de um produto em um mercado no qual a firma ainda não participa, ou seja, a busca do investimento em uma nova indústria, modificando sua linha de produtos, diversificando suas atividades. Portanto, a diversificação inclui aumentos na variedade de bens finais produzidos, na integração vertical e no número de áreas básicas de produção em que a firma opera (KON, 2017).

Do ponto de vista da tomada de decisões, as mudanças tecnológicas que resultam na Indústria 4.0 conduzem a mudanças consideráveis na tecnoestrutura da organização. Como definido por Galbraith (1985), a unidade empresarial no modelo anterior a estas mudanças tem a característica de ter suas decisões tomadas pela inteligência da empresa, que é formada por aqueles que trazem conhecimentos especializados, que não necessariamente se limitam ao grupo restrito de diretores, dos quais é exigido o conhecimento especializado. O quadro diretor central pode apresentar variações consideráveis em número de componentes, grau de responsabilidade e tarefas, dependendo da estrutura da firma e da extensão pela qual ela é colocada perante transformações externas que solicitem ações não realizáveis pela estrutura gerencial existente. As alterações na tecnoestrutura com eliminação da burocracia se dão por meio de tecnologias que interconectam processos decisórios e autoajustam as fases do processo produtivo e distributivo. Da mesma forma, com relação à decisão sobre o crescimento da empresa em longo prazo, as firmas que conseguem atingir maior flexibilidade neste processo de ajustamento observam maiores possibilidades de ampliação do seu mercado e de posterior continuação do crescimento. Dessa forma, as tomadas de decisão automatizadas no curso do paradigma produtivo da Indústria 4.0 acarretam em vantagens competitivas consideráveis para as empresas capacitadas a fim de assumir o novo processo (KON, 2017).

Observando por uma abordagem diferente, as ideias de Coase (1990) trazem uma colaboração central para a análise das vantagens do novo paradigma, através da diminuição dos custos de transação, que se referem a gastos incorridos pelos agentes econômicos sempre que recorrem ao mercado, isto é, são os custos de negociar, redigir contratos e garantir seu cumprimento. Estes custos de transação assumem papel primordial na tomada de decisão dos agentes econômicos sobre como irão distribuir seus recursos na economia.

Nas mudanças nos mercados de insumos e produtos, é necessário minimizar esses custos dos negócios e estabelecer contratos separados para cada transação, diferentemente do que ocorre no mercado tradicional. Infere-se, portanto, que as mudanças tecnológicas introduzidas na Indústria 4.0, por meio das inter-relações e autoajustes incorporados no processo produtivo e distributivo da firma, possibilitam a eliminação de muitas etapas que geram custos de transação e contribuem sobremaneira para facilitar e agilizar as negociações que acarretam nestes maiores gastos.

Outras repercussões contundentes do modelo de integração indústria-serviços, dizem respeito às possibilidades de uma empresa ou indústria de se integrar não apenas nas cadeias nacionais, mas também nas cadeias globais ou mundiais de valor, que se configura como um dos impactos econômicos mais significativos em termos de produtividade e competitividade internacional, com efeitos significativo na balança comercial dos países.

Por sua vez, internamente às empresas, os reflexos sobre os processos de integração vertical se fazem sentir desde o desenvolvimento e a compra de produtos, até fabricação, logística e serviços, pois todos os dados de processos de operações, eficiência dos processos e gestão da qualidade, bem como o planejamento de operações, estão disponíveis em tempo real, otimizados na rede integrada. Do ponto de vista da integração horizontal, os impactos são observados nas operações internas da organização, que unem fornecedores, clientes e parceiros da cadeia de valor, possibilitando não apenas o planejamento e execução da integração, mas também o rastreamento e controle em tempo real. Da mesma forma, o modelo possibilitou a integração horizontal às redes de cadeias globais de valor, com a colaboração entre parceiros de negócios e clientes, facilitando a inclusão em redes internacionais de produção e distribuição. Os novos produtos e serviços digitais incluídos no modelo oferecem soluções para a participação em ecossistemas digitais distintos.

Assim, as empresas que tiverem melhores condições de primeiro introduzirem o novo paradigma da Indústria 4.0 estarão em vantagem no que se refere ao conhecimento das demais firmas nas relações dos mercados, como, por exemplo, sobre preços e qualidades de vários produtos e serviços, que estão à venda no mercado. Nesse caso deve aumentar a informação assimétrica entre as empresas de uma mesma indústria ou mesmo de diferentes indústrias que se conectam no mercado, podendo causar transformações nos níveis de concentração industrial.

Críticas à automação avançada chamam a atenção para a preocupação com a eliminação de empregos, particularmente em países em desenvolvimento. No último encontro dos maiores países industrializados do grupo G20 em 2017, foram discutidas soluções para as conjunturas em que empregos de médios e baixos salários são perdidos para robôs, assim como o mercado de trabalho para atividades mais complexas se transforma rapidamente e de forma desvantajosa em direção futuras chances de renda com a introdução das tecnologias digitalizadas (SNOWER, 2017).

Os impactos negativos da Indústria 4.0 no mercado de trabalho se fazem sentir à medida que aumenta a automação e há a necessidade de evolução da qualificação da mão de obra, quando, por exemplo, pode haver a substituição do esforço manual pelo mecânico, ou a máquina passar para o controle com poder de autocorreção e de fornecer informações que servem de base para decisões tais como seleção de velocidade, de temperatura etc. Dessa forma, as ocupações mais mecanizadas reduzem as funções do operador. No entanto, passa a existir a necessidade de outras tarefas indiretas como programação (informática), engenharia, matemática, que criam novos trabalhos especializados. Os resultados destas mudanças sobre a criação e destruição de empregos se refletem na estruturação ocupacional de cada economia, dependendo do perfil de qualificação de sua força e trabalho e das condições e velocidade de implantação das inovações pelos setores de atividades.

Estas transformações nas ocupações, com a criação de novas formas de funções da mão de obra, são profundas, embora graduais e auxiliadas pelo uso de inovações intangíveis pelos trabalhadores. Mas ocorrem também transformações nas funções dos trabalhos já existentes, que passam a utilizar instrumentos de realidade virtual e realidade aumentada para auxiliar os trabalhadores tradicionais a elevarem a sua produtividade e a tornarem seus trabalhos mais seguros (IEDI, 2017). No entanto, para a efetivação destas mudanças, é necessário que a requalificação da mão de obra se efetive em um ritmo condizente com o da introdução destas inovações.

Portanto, no que diz respeito às repercussões da inovação tecnológica advindos da automação industrial, é possível observar-se em algumas economias que a perda de ocupações ou empregos na indústria pode ser compensada por novas formas de ocupações, porém o resultado líquido destas perdas e ganhos no mercado de trabalho será diverso para cada condição específica das economias, de acordo com o perfil de qualificação da força de trabalho, que determina consideravelmente as condições para a introdução das novas tecnologias mais avançadas bem como do treinamento dos trabalhadores no sentido de que aprendam a colaborar e a coexistir com as tecnologias inteligentes.

Políticas públicas necessárias

Como salientado, o novo paradigma de Revolução Tecnológica, já em curso em economias mais avançadas, resulta de uma confluência de inovações tangíveis e intangíveis, que englobam uma variedade de tecnologias digitais (manufatura 3D, IoT, robótica avançada), novos materiais (baseados em bio e nanotecnologias), novos processos (inteligência artificial, simulações, sistemas de dados).

Como salienta o recente *Relatório da OCDE* (2017), estas relevantes transformações econômicas resultam em consequências sobre a produtividade, emprego, capacitações e qualificações nas empresas, relações de mercado, distribuição de renda, bem-estar da população e condições ambientais, entre outras, passarão a prevalecer nas futuras formas de produção, o que apresenta implicações consideráveis sobre as demandas de políticas governamentais e institucionais de apoio. Os ajustamentos às novas condições de produção podem ser altamente disruptivos, o que requer que os formuladores de políticas governamentais monitorem suas possibilidades e consequências, bem como preparem o ambiente econômico para possibilidades de rompimento e reconstrução de antigas estruturas.

De início, estas políticas se voltam para a promoção de investimentos em desenvolvimento de P&D das empresas em parceria com instituições de ensino e pesquisa, visando a possibilidade da utilização de inovações e de informações sobre as novas tecnologias tangíveis e intangíveis. Nesse sentido, incorporam ações voltadas para a conscientização sobre as vantagens do novo paradigma, da operacionalização e treinamento nas empresas e no próprio âmbito governamental. Uma das bases para estas ações reside no fomento para a ampliação, pelo governo e pelas empresas, da estrutura de dados que apresentam efeitos de compartilhamento (*spillovers*) com outras empresas e com valor social também relevante, bem como para a parceria legal entre empresas para o desenvolvimento tecnológico, visando o compartilhamento do conhecimento e dos custos.

As ações políticas visando tanto o compartilhamento em nível nacional como internacional podem influenciar fortemente o desenvolvimento de ecossistemas de inovações, ampliar os potenciais agrupamentos de colaboradores, bem como promover a adoção de estratégias de investimentos mais eficientes, desde que neste novo paradigma tecnológico nenhuma empresa ou organização será capaz de produzir o conjunto total de tecnologias associadas ao ecossistema de inovação. Compõem este conjunto novos materiais, sistemas multidisciplinares de pesquisa e de educação, associados a uma coordenação operacional e política (OECD, 2017).

Como base para os sistemas de informações incluídos no paradigma, o papel do governo se prende fortemente ao desenvolvimento de um conjunto de políticas de inovações voltadas para a construção de uma infraestrutura de dados que tenha *spillovers* positivos entre indústrias e o resto da economia destinado a apropriação conjunta das informações e dos retornos advindos, cujo regime de acesso é não discriminatório, apesar de regulado. O que se observa na atualidade é que à medida que as informações ou dados se tornaram um fator essencial para a produção e distribuição econômica, as empresas vêm dividindo de forma crescente seus processos digitais de hospedagem, armazenamento e processamento de dados, não apenas interna, mas também externamente aos países. As economias mundiais que se transformam em fornecedores de informações e serviços digitais acabam por reunir vantagens em termos de custos de transação e outros.

Uma série de incertezas e riscos advindos com as transformações tecnológicas requerem novas políticas reguladoras designadas para a convivência com as novas formas de competição, para o rompimento de barreiras à participação de empresas de menor aporte de capital ou outras formas de barreiras à competição e ao acesso a mercados. Estas regulações incluem aspectos da segurança digital, como recomendado pela OECD para a proteção a ativos digitais, de legitimação da abertura e filtragem de pacotes de IP (Internet Protocol), de legitimação da governança das infraestruturas de acesso a dados e ao uso de dados pessoais — para evitar prejuízos sociais e privados.

A política regulatória do governo se volta também para impedir barreiras que bloqueiam a difusão, interoperacionalidade e os padrões de propriedade intelectual sobre softwares ou copyrights. Da mesma forma, se dirige para as regras de proteção do consumidor, privacidade, leis de competição e de taxação.

Nesse sentido, as regulações visam atualizar definições sobre as formas de concentração e competição dos mercados, e ainda sobre proteção, segurança e direitos do consumidor, diante das novas condições impostas pelo novo paradigma tecnológico. Paralelamente, as antigas regulamentações e legislações existentes podem requerer revisões sobre atribuições de responsabilidades e obrigações entre tomadores de decisão e grupos estratégicos (*stakeholders*), em nível nacional e internacional (OECD, 2017: p 37).

A criação de uma série de instituições e organizações destinadas à operacionalização dos sistemas no novo modelo estabelece as condições reguladoras essenciais para a difusão das novas tecnologias e das informações, para o direcionamento adequado dos financiamentos, pesquisas e sua comercialização. Estas instituições, por sua vez, se valem de tecnologias de informações digitais para facilitar a difusão, promover as mudanças institucionais e no conhecimento, bem como na capacidade de desenvolvimento de novas iniciativas tecnológicas, algumas das quais são experimentais (OECD, 2016).

Como salienta o *Relatório da OCDE* (2017), a conscientização da ideia da construção de um ambiente favorável ao desenvolvimento do novo paradigma tecnológico se mostra essencial para o direcionamento das políticas governamentais necessárias, que incluem ações para a aceitação da população com relação às transformações contundentes nos padrões de emprego, consumo e outros impactos econômicos e sociais esperados.

Conclusão

Na atualidade, as economias mundiais passam por grandes transformações industriais, marcadas fortemente pela integração entre atividades industriais e de serviços, caracterizadas por um novo modelo de produção da denominada Indústria 4.0, que possuem grandes repercussões tanto nas estruturas econômicas quanto na ordem econômica internacional. À medida que estas tecnologias têm impactos na produção e distribuição de bens e serviços, apresentarão consequências relevantes para a produtividade, capacidades, qualificações, distribuição de renda, bem-estar e nas condições ambientais dos países.

A Indústria 4.0 provoca impactos diversos nas empresas, nos mercados e nas economias ao acelerar ganhos de produtividade, substituição do trabalho por capital e retornos crescentes de escala. A aplicação dessas tecnologias à produção manufatureira é pré-requisito deste novo paradigma, mas o conceito não se resume na aplicação combinada dessas tecnologias, pois a criação e articulação de fábricas inteligentes se inserem em um sistema produtivo e de comercialização consideravelmente diferente do que o antecedente. O novo sistema de fábricas inteligentes que tem como base a integração da produção material com a intangível afeta profundamente as qualificações profissionais e as relações de trabalho, cria novos mercados e modelos de negócio, e pode alterar significativamente a dinâmica econômica das relações internacionais e a parceria nas cadeias globais de valor.

No que se refere ao mercado de trabalho, os impactos destas tendências podem ser favoráveis ou desfavoráveis para o emprego e a renda dos trabalhadores, de acordo com as capacidades e possibilidades de cada espaço econômico de assumir as mudanças e do perfil de qualificação da mão de obra.

Dessa forma, um dos caminhos relevantes para a política industrial brasileira, voltado para a retomada do crescimento após a crise é a percepção da integração entre a indústria com as atividades de serviços no contexto do novo paradigma 4.0. Assim, as políticas públicas de apoio à elevação da produtividade e à inserção mais intensa do Brasil nas cadeias de valor internacionais requerem políticas públicas institucionais e financeiras, que tenham como foco não apenas na indústria, mas, na mesma medida, nas atividades de serviços que permitam este avanço no modelo.

Referências Bibliográficas

BRYSON, J. R. and DANIELS, Peter W. *The Handbook of Service Industries.* London: Edward Elgar Publishing, 2007.

CARRARA, V. *Introdução à Robótica Industrial.* São José dos Campos: INPE, 2015.

CNI. Industry 4.0: a new challenge for Brazilian industry. *Especial Survey*, Year 17, n. 2. São Paulo: CNI, 2016a.

________. *Sondagem Especial n. 66. Indústria 4.0.* São Paulo: CNI, 2016b.

COASE, R. H. Accounting and the theory of the firm. *Journal of Accounting and Economics 12*, 1990.

COUTINHO, L. A Terceira Revolução Industrial e Tecnológica: as grandes tendências de mudanças. *Economia e Sociedade.* 1992.

ELSTRODT, H.; MANYIKA, J.; REMES, J.; ELLEN, P.; MARTINS, C. *Connecting Brazil to the world:* A path to inclusive growth. Chicago: McKinsey Global Institute, 2014.

FRAGA, M.; FREITAS, M.; SOUZA, G. *Logística 4.0*: conceitos e aplicabilidade – uma pesquisa-ação em uma empresa de tecnologia para o mercado automobilístico. Curitiba: FAE-NPA, 2016.

FROHLICH, M. T.; WESTBROOK, R. Demand chain management in manufacturing and services: web-based integration, drivers and performance. *Journal of Operations Management, 20*. 2002.

GADREY, J., GALLOUJ, F.; WEINSTEIN, O. New modes of innovation: how services benefit industry. *International Journal of Service Industry Management*. Emerald, v. 6 (3), p. 4-16. 1995.

GALBRAITH, J. K. *O Novo Estado Industrial*. São Paulo: Abril Cultural, 1985.

GUBBY, J.; BUYYA, R.; MARUSIC, S.; PALANISWAMI, M. *Internet of Things (IoT):* A Vision, Architectural Elements, and Future Directions. Melbourne: University of Melbourne, 2013.

HAUKNES, J. *Innovation in the Service Economy*. Norway: STEP Goups, 1996.

HAYEK, F. A. The Use of Knowledge in Society. *American Economic Review*. 1943.

IEDI. *Indústria 4.0:* a quarta revolução industrial e os desafios para a indústria e para o desenvolvimento brasileiro. São Paulo: IEDI, 2017.

KON, A. *Economia de serviços:* teoria e evolução no Brasil. Rio de Janeiro: Elsevier, 2004.

________. *Nova Economia Política dos Serviços*. São Paulo: Perspectiva, 2016.

________. *Economia Industrial:* teorias e estratégias. Rio de Janeiro: Alta Books, 2017.

LABINI, P.S. *Oligopólio e Progresso Técnico*. São Paulo: Abril Cultural, 1984.

LOURAL, C. A. *Um panorama de novas tecnologias e seus impactos na indústria*. Campinas: Unicamp, 2014.

MANYIKA, J. M.; ROBERTS, R. P.; SPRAGUE, K. L. *Eight business technology trends to watch*. Chicago: McKinsey Quarterly, 2007.

OECD. *The Next Production Revolution:* Implications for government and Business. Paris: OECD Pub., 2017.

________. *Enabling the Next Production Revolution: the Future of Manufacturing and Services:* Interim Report. Paris: OECD, 2016.

PEREZ, C. Technological revolutions and techno-economic paradigms. *Working Papers in Technology Governance and Economic Dynamics n. 20*. Tallinn: Tallinn University of Technology, 2009.

PROBST, L. *et al*. Servitisation. Service and predictive maintenance contracts. *Case Study 66*. Brussels: European Comission, 2016.

SANTOS, V. M. F. *Robótica Industrial*. Aveiro: Universidade de Aveiro, 2004.

SCALABRE, O. *Embracing Industry 4.0—and Rediscovering Growth*. Boston: Boston Consulting Groups, 2017.

SCHWAB, K. *The Fourth Industrial Revolution*. New York: Crown Business Ed., 2016.

SNOWER, D. J. "Por que necessitamos de um forte G20". Frankfurt: *Deutschland Edition (in Portuguese)*, 2017.

STEINDL, J. *Maturidade e Estagnação no Capitalismo Americano*. São Paulo: Abril Cultural, 1983.

SUGAYAMA, R.; NEGRELLI, E. Veículo conectado na rota da indústria 4.0. In: *Anais do XXIV Simpósio Internacional de Engenharia Automótica — SIMEA 2016*. São Paulo: Blucher, 2016.

TIGRE, P. B. Gestão da Inovação: a economia da tecnologia no Brasil. *Revista Brasileira de Inovação*. v. 5, n. 2, jul/dez. 2006.

TIGRE, P. B. *et al*. *Perspectivas do investimento em tecnologias de informação e comunicação*. Rio de Janeiro: IE/UFRJ, 2008/2009.

TOFFLER, A. *A terceira onda*. São Paulo: Record, 1980.

III

ASPECTOS SETORIAIS E REGIONAIS

ANÁLISE DA SAZONALIDADE DA TAXA DE DESEMPREGO NA REGIÃO METROPOLITANA DE SÃO PAULO

Cesar Augusto Andaku[1]
Vagner de Carvalho Bessa[2]
Mario A. Margarido[3]

Resumo

Este trabalho buscou verificar e analisar a presença de sazonalidade no processo gerador da série temporal da taxa de desemprego total na Região Metropolitana de São Paulo utilizando o método X-12-ARIMA. Constatou-se que, além da presença de sazonalidade nesse indicador do mercado de trabalho, houve mudança no padrão sazonal em um breve período de tempo, que deve estar relacionado às mudanças da economia brasileira. Notadamente, o menor índice sazonal médio da taxa de desemprego foi encontrado no mês de dezembro, ao passo que o maior foi no mês de abril.

Palavras-chave: Taxa de Desemprego; Sazonalidade; Modelo ARIMA; Método X-12-ARIMA.

---

1 Economista, mestre em Desenvolvimento Econômico pela Unicamp/SP. Economista no DIEESE.

2 Doutorando em Economia no Instituto de Economia da Unicamp/SP. Gerente de Indicadores Econômicos da Fundação Seade.

3 Economista, mestre em Economia de Empresas pela FGV-SP, doutor em Economia Aplicada pela ESALQ/USP, pós-doutor pela FGV-SP. Assistente Técnico da Fazenda Estadual, Assessoria de Política Tributária (APT), Secretaria da Fazenda do Estado de São Paulo (SEFAZ-SP).

Introdução

O mercado de trabalho brasileiro tem como característica principal sua alta heterogeneidade quando comparada com o dos países do centro do capitalismo, como consequência própria da também grande diversidade da estrutura econômica do país. A economia brasileira, complexa e diversificada, configurou-se com um *núcleo* altamente dinâmico, conectado aos fluxos internacionais de bens e capitais; uma parte periférica, com ritmo ditado por uma mescla do *núcleo* e também da dinâmica própria; e uma terceira parte, a chamada *franja*, equivalente a um amálgama que preenche as lacunas dessa forma de organização econômica (SOUZA, 1980).

Refletindo essa heterogeneidade da estrutura produtiva, o mercado de trabalho brasileiro se estruturou de forma ampla, com grande diversidade na forma de inserção dos trabalhadores, com situações protegidas, como no caso do assalariamento público e privado com carteira de trabalho assinada, e outras precárias, na forma do trabalho autônomo e do assalariamento sem carteira assinada.

A Pesquisa de Emprego e Desemprego (PED), desenvolvida pela Fundação Sistema Estadual de Análise de Dados (Seade), órgão do Governo do Estado de São Paulo, e pelo Departamento Intersindical de Estatística e Estudos Socioeconômicos (DIEESE), buscou captar essa heterogeneidade estrutural e a dinâmica particular do mercado de trabalho, inicialmente na Região Metropolitana de São Paulo (RMSP) a partir de 1984[4].

Um dos principais indicadores para entender essa dinâmica é a taxa de desemprego total[5]. Ela mede o total de pessoas que estão desempregadas em relação ao conjunto de pessoas no mercado de trabalho, a chamada força de trabalho ou População Economicamente Ativa (PEA). A PEA, composta

4 A PED-RMSP passou por revisão no início de 1988, fazendo com que alguns indicadores terem suas séries históricas ajustadas para se iniciarem nesse período.

5 Na PED-RMSP, a taxa de desemprego total pode ser decomposta nas taxas de desemprego aberto e oculto. A taxa de desemprego aberto afere o desemprego para as pessoas que realizaram busca efetiva por trabalho nos 30 dias anteriores à coleta da pesquisa; enquanto o desemprego oculto capta aquelas pessoas que, apesar de não terem feito a busca efetiva nos 30 dias anteriores à coleta, a realizaram nos 12 meses anteriores e ainda continuavam necessitando de trabalho. Neste trabalho, utilizou-se a série apenas da taxa de desemprego total. Para mais detalhes sobre a metodologia da pesquisa, ver em: <http://www.dieese.org.br/metodologia/metodologiaPed.html>

pelas pessoas que estão ocupadas ou desempregadas, é um subconjunto da População em Idade Ativa (PIA), excluindo dessa forma os chamados inativos, que não estão envolvidos diretamente no mercado de trabalho, ou seja, não estão trabalhando e não estão procurando uma ocupação de forma ativa. Matematicamente, a taxa de desemprego é representada pela seguinte razão:

$$Taxa\ de\ desemprego = \frac{Desempregados}{PEA},$$

Enquanto a PEA é representada como: *PEA = Ocupados + Desempregados*

Historicamente, verifica-se, na RMSP, que a taxa de desemprego tem um comportamento bastante regular, apresentando o seu menor índice principalmente nos meses de dezembro ou janeiro de cada ano, ao passo que os maiores aparecem nos meses de abril ou maio. Pesa nessas situações as flutuações que acontecem no nível da ocupação e no tamanho da PEA. Por exemplo, uma redução do nível de ocupação não interfere imediatamente na taxa de desemprego, pois a pessoa que perdeu um posto de trabalho pode sair momentaneamente do mercado de trabalho, sem procura efetiva de emprego, o que a torna um inativo. Portanto, uma redução da ocupação e da PEA na mesma magnitude, nesse exemplo, não alteraria a taxa de desemprego. Dessa forma, para análise do mercado de trabalho, verifica-se também a taxa de participação (PEA como proporção da População em Idade Ativa) para compreender se mudanças na taxa de desemprego referem-se ao comportamento da ocupação ou à entrada e saída de pessoas da PEA.

De qualquer forma, é possível verificar que, em geral, a geração de postos de trabalho intensifica-se no segundo semestre de cada ano, seja por elevação da produção industrial nesse período ou pelo aumento da contratação no setor do comércio (as vendas do comércio varejista têm o melhor desempenho nessa época do ano, em razão do pagamento do décimo terceiro salário e das festas de fim de ano), favorecendo, portanto, a redução do desemprego.

Assim, embora a taxa de desemprego seja um indicador composto de outras variáveis, ela tem um comportamento próprio, facilmente identificável ao longo do ano, ainda que suas componentes tenham condutas também próprias e diferentes.

Além disso, é fundamental destacar que a economia brasileira passou por diversas transformações nos últimos 30 anos, com crises econômicas, altos índices de inflação até meados dos anos 1990, além de um período de crescimento nos anos 2000, seguido por outra grave recessão a partir de 2014 e 2015. Assim, este estudo visa observar se houve e se há um padrão sazonal da taxa de desemprego, que pode ter sido afetado após tantas mudanças econômicas do país, afinal o ajuste sazonal dessa série temporal pode contribuir para um entendimento mais acurado e real dos impactos de tais transformações no mercado de trabalho.

Metodologia

O tema da sazonalidade no mercado de trabalho, da Região Metropolitana de São Paulo, já foi tratado em Pitta e Koyama (2006), quando se buscava fazer uma análise comparativa entre o método X-12-ARIMA e os modelos de espaços de Estado, observar a consistência dos resultados entre os dois métodos e fazer a previsão da taxa de desemprego total dos meses seguintes ao estudo. O estudo se baseou em 261 observações (de janeiro de 1985 a agosto de 2006) e, embora não apresentem os valores numéricos finais, visualmente os dois parecem ter resultados muito próximos. Nota-se também que no estudo não são apresentados os índices sazonais, que permitiriam uma análise mais acurada da sazonalidade no mercado de trabalho da região.

Tal ajuste sazonal resultou, através do método X-12-ARIMA, em um modelo Aditivo, "sendo identificado um modelo ARIMA[6] (2,1,2) (0,1,1), sem efeito de *outliers* ou dias úteis, tendo passado pelos testes de diagnósticos" (PITTA e KOYAMA, 2006, p. 6).

Destaca-se também que o Instituto Brasileiro de Geografia e Estatística (IBGE, 2001) produziu um estudo com ajustamento sazonal da taxa de desemprego das regiões metropolitanas pesquisadas pela Pesquisa Mensal de Emprego (PME), para o período entre maio de 1982 e dezembro de 2000. Utilizando-se do método X-12-ARIMA, nota-se que na análise dos resultados observou-se a presença de sazonalidade na série original e a não necessidade de ajuste de dias úteis.

Quanto aos fatores sazonais médios das regiões pesquisadas pela PME, observa-se que o maior índice detectado foi no mês de março e o menor em dezembro, para ser utilizado na análise do ano de 2001 (IBGE, 2001, p. 32). Destaca, ainda, que para a Região Metropolitana de São Paulo foi escolhido o

6 Detalhes sobre como escrever o modelo ARIMA podem ser encontrados em Box, Jenkins e Reinsel (1994).

modelo Aditivo, com modelo ARIMA (4,1,1) (0,1,1) e sem ajuste de dias úteis e páscoa (IBGE, 2001, p. 39).

Os dados utilizados são os divulgados regularmente pela Fundação Seade e pelo DIEESE, da Pesquisa de Emprego e Desemprego na Região Metropolitana de São Paulo. A variável escolhida, taxa de desemprego total, é mensurada mensalmente na pesquisa, sendo que o resultado divulgado é a média móvel do trimestre em questão. Por exemplo, o resultado divulgado pelas instituições como referentes a dezembro de 2017 é, na realidade, a média do trimestre encerrado naquele mês — ou seja, a média de outubro/novembro/dezembro de 2017. No presente estudo, foram utilizados os dados trimestrais divulgados no período entre abril de 1988 a dezembro de 2017.

Para o tratamento da série de tempo foi o utilizado o método X-12-ARIMA, desenvolvido pelo U.S. Census Bureau, que é um método automático de modelagem tendo por base os estudos de Gómez e Maravall (1997a e 1997b).

Uma série temporal pode ser desagregada em quatro elementos: ciclo, tendência, sazonalidade e componente aleatório. Matematicamente, ela pode ser escrita na forma aditiva ou multiplicativa:

$$Ya_t = T_t + C_t + S_t + I_t \quad Ym_t = T_t * C_t * S_t * I_t$$

Onde: *Ya*t = série temporal classificada como aditiva;

*Ym*t = série temporal classificada como multiplicativa;

*T*t = tendência; *S*t = sazonalidade;

Ct = ciclo; *I*t = componente aleatório.

A amplitude sazonal expressa a variação da sazonalidade em determinado ano, através da verificação entre os valores máximo e mínimos dos índices sazonais. Para tanto, foi calculado o Coeficiente de Amplitude Sazonal (CAS), segundo método indicado por Freitas, Ferreira e Barbosa (1998):

$$\text{CAS} = \frac{(\textit{Índice máximo} - \textit{Índice mínimo})}{(\textit{Índice máximo} + \textit{Índice mínimo})} \text{ x } 2 \text{ x } 100$$

Por fim, o pacote econométrico utilizado para o tratamento da série da taxa de desemprego foi o software SAS Enterprise Guide Version 7.1©.

Resultados

Os resultados mostram que o menor nível da taxa de desemprego tende a ocorrer no mês de dezembro, quando se verificou o menor índice sazonal médio (91,68) — Gráfico 1. Sabe-se que no fim de ano há tendência de elevação da atividade econômica nos setores do comércio e dos serviços, por efeito de aumento da renda proporcionada pelo 13º salário e pelas festas desse período (Natal e *Réveillon*), o que induz o aumento da ocupação de trabalhadores, na maioria das vezes, temporários. Soma-se a isso uma maior predisposição das pessoas em saírem do mercado de trabalho nesse período, quando nota-se recuos mais intensos na taxa de participação, seja devido a férias escolares, no caso dos mais jovens, ou justamente por conta das festas de fim de ano. Nessa conjunção de fatores, a taxa de desemprego tende a diminuir, confirmado pelo resultado dos fatores sazonais.

GRÁFICO 1 - ÍNDICES SAZONAIS MÉDIOS DA TAXA DE DESEMPREGO TOTAL
REGIÃO METROPOLITANA DE SÃO PAULO
ABRIL DE 1988 A DEZEMBRO DE 2017

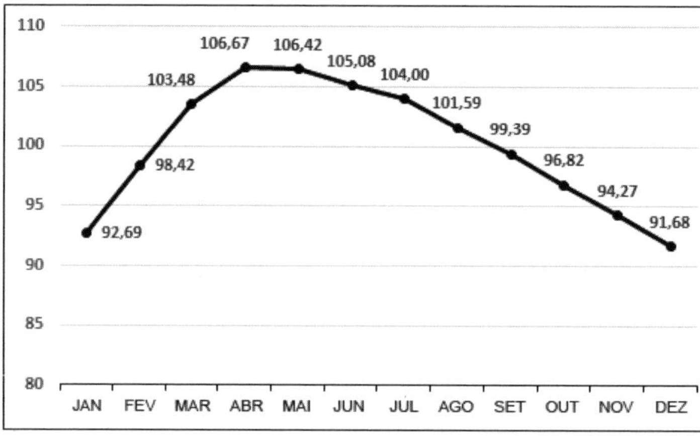

FONTE: ELABORADO PELOS AUTORES A PARTIR DE DADOS BÁSICOS DO DIEESE/SEADE. PESQUISA DE EMPREGO E DESEMPREGO.

Por outro lado, o maior nível da taxa de desemprego tende a ser no mês de abril, que apresentou o maior índice sazonal médio (106,67). Nota-se, principalmente no primeiro trimestre, movimentos contrários aos observados no fim de ano. O primeiro é a tendência de redução da ocupação, dada diminuição da atividade econômica em praticamente todos os setores, passada as festas de final de ano. Além disso, a taxa de participação volta a elevar-se, com retorno das pessoas ao mercado de trabalho em busca de um emprego. Esse duplo movimento pressiona ao aumento da taxa de desemprego, conforme verificado pela tendência de aumento dos índices sazonais até abril ou maio.

Portanto, quando se leva em consideração tais movimentos do mercado de trabalho ao longo do ano, compreende-se a tendência de elevação da taxa de desemprego ao longo do primeiro trimestre e redução principalmente a partir do final do segundo trimestre, confirmado pelos índices sazonais médios verificado no processo de ajuste sazonal da série analisada.

Importante destacar que, entre os anos de 1989 a 1994 e de 2015 a 2017, o maior índice foi observado nos meses de maio, ainda que o maior índice médio da série tenha ficado em abril, como visto anteriormente — Gráfico 2. Além disso, o menor índice sazonal também se deslocou, ficando em janeiro entre os anos de 1992 e 2000 e posteriormente em 2016, enquanto o menor índice médio da série tenha ficado em dezembro. Essas mudanças, especialmente entre os anos de 2015 e 2017 devem estar ligados à dinâmica da crise econômica recente, que afetou inicialmente os setores da indústria e da construção civil e posteriormente o comércio e os serviços, impactando no mercado de trabalho, e que, como se vê, afetou o movimento sazonal da taxa de desemprego.

GRÁFICO 2 - ÍNDICES SAZONAIS MÉDIOS DA TAXA DE DESEMPREGO TOTAL
REGIÃO METROPOLITANA DE SÃO PAULO
ANOS SELECIONADOS

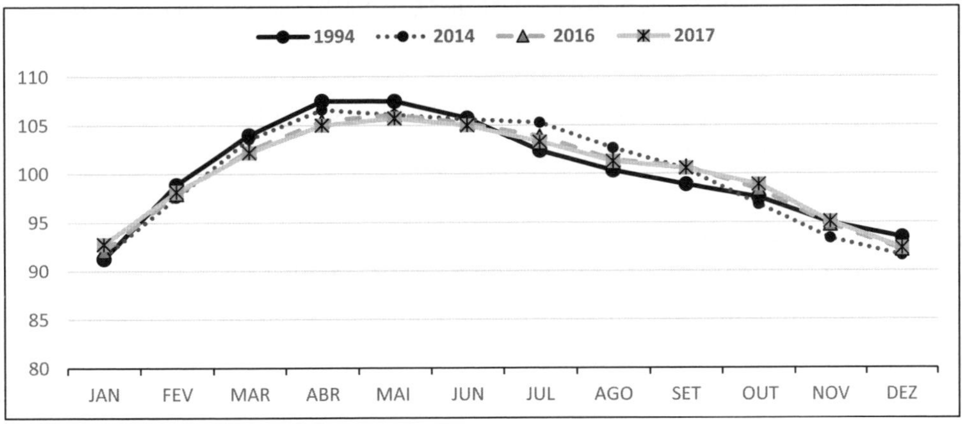

FONTE: ELABORADO PELOS AUTORES A PARTIR DE DADOS BÁSICOS DO DIEESE/SEADE. PESQUISA DE EMPREGO E DESEMPREGO.

O Coeficiente de Amplitude Sazonal (CAS) variou bastante ao longo do tempo, apresentando o valor máximo de 31,12 em 1989 e mínimo de 9,81 em 2004 — Gráfico 3. Ou seja, em 1989 o efeito sazonal variou 31,12% entre o índice máximo e mínimo, enquanto em 2004 essa variação foi bem menor, de 9,81%.

GRÁFICO 3 - COEFICIENTES DE AMPLITUDE SAZONAL — TAXA DE DESEMPREGO TOTAL REGIÃO METROPOLITANA DE SÃO PAULO (1989–2017)

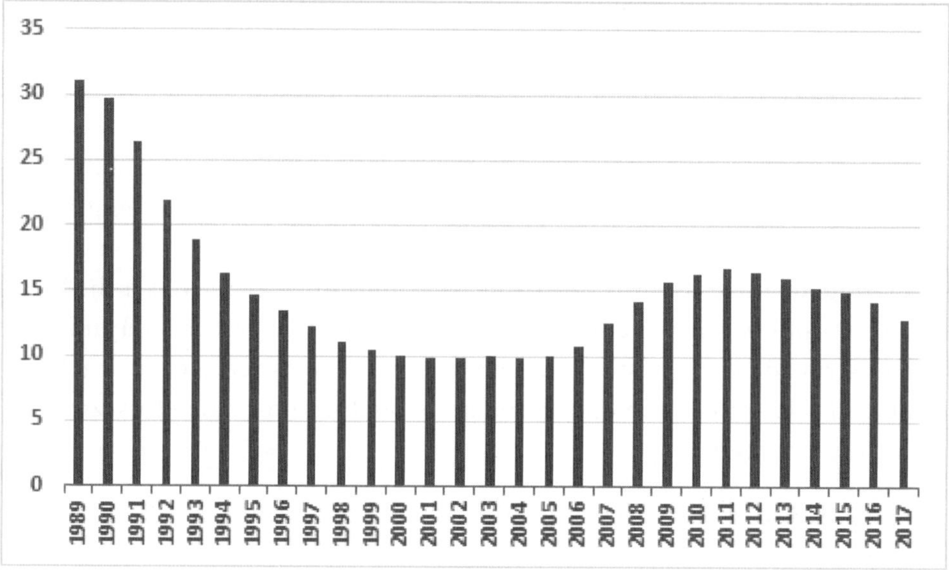

FONTE: ELABORADO PELOS AUTORES A PARTIR DE DADOS BÁSICOS DO DIEESE/SEADE. PESQUISA DE EMPREGO E DESEMPREGO.

Nota-se, contudo, que na série analisada é possível observar quatro movimentos distintos da amplitude sazonal. Primeiro, redução do coeficiente de amplitude ao longo da década de 1990, depois se estabilizando nos menores patamares observados no início dos anos 2000, voltando a elevar-se entre 2006 e 2011, e novamente se reduzindo a partir de 2012.

Esses movimentos devem estar relacionados a diferentes conjunturas econômicas desses períodos. Entre 1989 e 1994, quando se observa os maiores coeficientes da série analisada, destaca-se na economia brasileira os altos índices de inflação e sucessivas tentativas de estabilização da moeda nacional, até a introdução do Plano Real. Já entre 1999 e 2005, período com os menores coeficientes de amplitude sazonal, coincidindo com as maiores taxas de desemprego verificada na série histórica, houve momentos de retração e início da expansão econômica mais prolongada. Entre 2006 e 2011, quando os coeficientes apresentam movimento de elevação é o período de crescimento econômico mais intenso visto nas últimas décadas, que começa a sucumbir a partir de então, coincidindo com o movimento de redução dos coeficientes.

Tais informações sugerem que as crises econômicas tendem a afetar negativamente a variabilidade da taxa de desemprego ao longo do ano, fazendo com que a amplitude sazonal seja menor que em períodos de expansão. Isso pode ocorrer por haver uma tendência à redução da taxa de participação em alguns momentos de crise, em que muitas pessoas chegam a desistir da procura efetiva por trabalho por desânimo ou restrição orçamentária — haja visto que o deslocamento necessário para procura de emprego acaba conferindo despesa com transporte público, na maioria das vezes. Assim, pode ser que nas crises, apesar da redução da ocupação, uma redução proporcional na taxa de participação faça com que a taxa de desemprego varie menos.

Vale considerar, ainda, que os coeficientes podem ter sido impactados por mudanças estruturais da economia brasileira e, neste caso, também da economia da Região Metropolitana de São Paulo, especialmente a partir de meados da década de 1990. Naquele período, pós-estabilização monetária, maior abertura comercial e financeira e valorização cambial, observa-se a redução da importância do setor industrial, em detrimento de maior peso do setor de serviços, tanto às famílias quanto às empresas, na produção de riquezas e na geração de emprego (COMIN, 2009). Assim, mais do que movimentos meramente conjunturais de entrada ou saída de pessoas do mercado de trabalho, esses coeficientes também têm por pano de fundo as mudanças na estrutura produtiva e do emprego no país e na região metropolitana.

No processo de ajuste sazonal, como procedimentos iniciais, foram realizados testes para verificação de sazonalidade na série da taxa de desemprego, que se mostraram relevantes. No primeiro, relacionado ao teste *F*, que pressupõe sazonalidade estável, verificou-se sazonalidade ao nível de 0,1% (Tabela 1).

Em seguida, foi realizado um teste não paramétrico, que também pressupõe sazonalidade estável, e verificado sazonalidade ao nível de 1,0% (Tabela 2).

TABELA 1 - TESTE F PARA PRESENÇA DE SAZONALIDADE PRESSUPONDO ESTABILIDADE
TAXA DE DESEMPREGO TOTAL
REGIÃO METROPOLITANA DE SÃO PAULO, ABRIL DE 1988 A DEZEMBRO DE 2017

	SOMA DE QUADRADOS	GRAUS DE LIBERDADE	QUADRADO MÉDIO	F-VALUE	P-VALUE
Entre meses	9598,257	11	872,5688	87,87003	**
Resíduo	3425,926	345	9,930221		
Total	13024,18	356			
**Sazonalidade presente no nível de 0,1%.					

FONTE: ELABORADO PELOS AUTORES A PARTIR DE DADOS BÁSICOS DO DIEESE/SEADE. PESQUISA DE EMPREGO E DESEMPREGO.

TABELA 2 - TESTE NÃO PARAMÉTRICO PARA PRESENÇA DE SAZONALIDADE PRESSUPONDO ESTABILIDADE
TAXA DE DESEMPREGO TOTAL
REGIÃO METROPOLITANA DE SÃO PAULO, ABRIL DE 1988 A DEZEMBRO DE 2017

ESTATÍSTICA KRUSKAL-WALLIS	GRAUS DE LIBERDADE	P-VALUE
292,9288	11	0,00%
Sazonalidade presente no nível de 0,1%.		

FONTE: ELABORADO PELOS AUTORES A PARTIR DE DADOS BÁSICOS DO DIEESE/SEADE. PESQUISA DE EMPREGO E DESEMPREGO.

Por fim, foi realizado o teste de sazonalidade móvel, em que o resultado também foi positivo a 1,0%, o que significa que houve alteração ao longo dos anos (Tabela 3). Esse resultado condiz com a análise dos índices sazonais, os quais, como dito anteriormente, em alguns anos da série houve deslocamentos tanto do maior quanto do menor índice. Ou seja, esses deslocamentos devem ter sido os responsáveis pela detecção da sazonalidade móvel nesse teste.

TABELA 3 - TESTE DE SAZONALIDADE MÓVEL. TAXA DE DESEMPREGO TOTAL
REGIÃO METROPOLITANA DE SÃO PAULO, ABRIL DE 1988 A DEZEMBRO DE 2017

	SOMA DE QUADRADOS	GRAUS DE LIBERDADE	QUADRADO MÉDIO	F-VALUE	P-VALUE
Entre anos	1796,475	28	64,15983	19,64678	**
Erro	1005,825	308	3,265667		
**Sazonalidade móvel presente no nível de 1%.					

FONTE: ELABORADO PELOS AUTORES A PARTIR DE DADOS BÁSICOS DO DIEESE/SEADE. PESQUISA DE EMPREGO E DESEMPREGO.

O modelo ARIMA estimado (3,1,0) (0,1,1) indica três parâmetros autorregressivos de ordens (1, 2 e 3) e uma diferença de ordem 1, além de uma diferença sazonal de ordem 1 e um parâmetro média móvel sazonal de ordem 1 — com extensão sazonal de ordem 12.

Em relação ao modelo ARIMA, os parâmetros autorregressivos regulares captam a "memória" da variável, isto é, quanto o passado impacta o valor presente da própria variável. O parâmetro autorregressivo de ordem 1 mostra que 32,45% do valor da taxa de desemprego no período atual é função de seu próprio valor relativamente ao mês anterior. O parâmetro autorregressivo de ordem 2 indica que 32,59% no valor da taxa de desemprego hoje é função de seu próprio valor de dois meses atrás. Finalmente, 29,80% do valor da taxa de desemprego no período *t*, é função de seu próprio valor defasado de três meses. Os três parâmetros são estatisticamente significativos ao nível de significância de 1%. Aparentemente, a presença destes três parâmetros capta o fato de que a série da taxa de desemprego divulgada para determinado período é o resultado da média da taxa de desemprego de três meses anteriores (Tabela 4).

TABELA 4 - RESULTADOS DO MODELO ARIMA, TAXA DE DESEMPREGO TOTAL, REGIÃO METROPOLITANA DE SÃO PAULO, ABRIL DE 1988 A DEZEMBRO DE 2017

PARÂMETRO	DEFASAGEM	ESTIMATIVA DO PARÂMETRO	ERRO-PADRÃO DA ESTIMATIVA	VALOR DO TESTE T	P-VALOR
Autorregressivo não sazonal	1	0.32446	0.05067	6.40	<.0001
Autorregressivo não sazonal	2	0.32588	0.05075	6.42	<.0001
Autorregressivo não sazonal	3	-0.29797	0.05087	-5.86	<.0001
Média móvel sazonal	12	0.76875	0.03385	22.71	<.0001

FONTE: ELABORADO PELOS AUTORES A PARTIR DE DADOS BÁSICOS DO DIEESE/SEADE. PESQUISA DE EMPREGO E DESEMPREGO.

O parâmetro de média móvel sazonal capta o efeito da forte sazonalidade da série e mostra que desequilíbrios na taxa de desemprego, na média, são corrigidos em 76,87% a cada doze meses, conforme apresentado na Tabela 4. Matematicamente, este modelo pode ser escrito como:

$$\nabla\nabla_{s=12} LnTDSP_t = \frac{1}{(1 - \phi_1 B - \phi_2 B^2 - \phi_3 B^3)}(1 - \Theta_{12}B^{12})a_t$$

$$\nabla\nabla_{s=12} LnTDSP_t = \frac{1}{(1 - 0{,}32446B - 0{,}32588B^2 + 0{,}29797B^3)}(1 - 0{,}76875B^{12})a_t$$

Com esse modelo, foi gerado também previsão para a taxa de desemprego para os 12 meses de 2018, onde percebe-se, inclusive, que o modelo prevê que a taxa deverá ficar acima dos níveis de 2017 — Gráfico 4. Importante ressaltar que o modelo ARIMA, para geração de previsão, confere maior peso às observações recentes, e que isso deve estar afetando os resultados esperados para 2018. A taxa de desemprego total na região elevou-se desde o segundo trimestre de 2015, na série com ajuste sazonal, por efeito defasado da crise econômica sobre o mercado de trabalho. Desde então, esse indicador encontra-se em patamar elevado, o que deve estar implicando na expectativa alta da taxa. Além disso, ainda que a expectativa recente quanto à economia brasileira seja de pequena melhora em 2018, somente quando houver melhora efetiva da economia é que seus reflexos serão sentidos no mercado de trabalho.

GRÁFICO 4 - TAXA DE DESEMPREGO TOTAL E PREVISÃO
REGIÃO METROPOLITANA DE SÃO PAULO

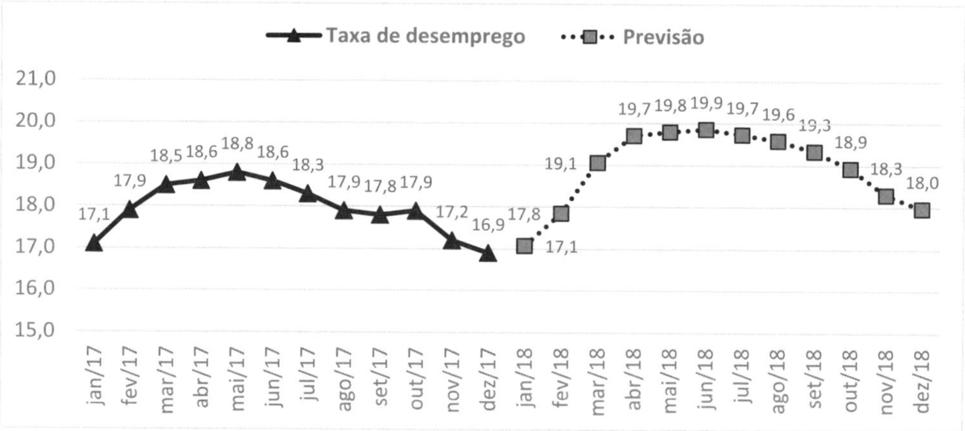

FONTE: ELABORADO PELOS AUTORES A PARTIR DE DADOS BÁSICOS DO DIEESE/SEADE. PESQUISA DE EMPREGO E DESEMPREGO.

Conclusão

Este trabalho buscou identificar e analisar o padrão sazonal da taxa de desemprego da Região Metropolitana de São Paulo, apurada pela Pesquisa de Emprego e Desemprego (PED-RMSP), através do método X-12-ARIMA.

Como essa série é a mais longa sobre o mercado de trabalho ainda ativa (iniciada em 1984), foi possível não apenas fazer a análise sobre os índices sazonais médios, mas também observar uma mudança de comportamento desses índices em alguns anos específicos.

Os resultados mostraram que a taxa desemprego na RMSP apresenta sazonalidade, com o maior índice médio no mês de abril (ainda que entre 1989 e 1994 e entre 2015 e 2017 o maior índice aconteceu em maio) e o menor em dezembro — apesar de que entre 1992 e 2000 e em 2016 o menor índice tenha sido observado em janeiro.

Esses deslocamentos dos índices sazonais devem ser os responsáveis pela detecção de sazonalidade móvel, apontado pelo método X-12-ARIMA. No caso do maior índice, especialmente pelo fato de ter se alterado entre 2015 e 2017, pode estar ligado à forte crise econômica que atingiu o país, quando as taxas de desemprego atingiram os maiores níveis em quase anos, podendo ser responsável também pelo deslocamento do menor índice sazonal de 2016, que ocorreu em janeiro e não em dezembro.

Além disso, verificou-se mudanças significativas nos coeficientes de amplitude sazonal ao longo da pesquisa, que podem estar ligadas não apenas às mudanças conjunturais de crises econômicas, mas também às transformações econômicas, da estrutura produtiva e do próprio mercado de trabalho nos últimos 30 anos de coleta de dados da PED-RMSP.

Portanto, ainda que o objetivo principal deste estudo tenha sido analisar o padrão sazonal da taxa de desemprego, é possível observar os impactos das mudanças econômicas no mercado de trabalho, a ponto de afetar a sazonalidade desse indicador em alguns períodos da história recente.

Aponta-se, por fim, que o presente estudo abre possibilidades para investigações especialmente no mundo do trabalho, como análises da sazonalidade na ocupação dos trabalhadores, em suas várias formas, ou na taxa de participação. Além disso, pode instigar também o desenvolvimento de modelos de previsão para esses principais indicadores do mercado de trabalho.

Referências Bibliográficas

BOX, G. E. P.; JENKINS, G. M.; REINSEL, G. C. *Time Series Analysis:* Forecasting and Control. 3. ed. Englewood Cliffs, NJ: Prentice Hall, 1994.

CHAHAD, J. P. Z. Tendências recentes no mercado de trabalho: Pesquisa de Emprego e Desemprego. *São Paulo em Perspectiva.* v. 17 (3-4), p. 205-217. São Paulo, 2003.

COMIN, A. *A desindustrialização truncada: perspectivas do desenvolvimento econômico brasileiro.* Tese de doutoramento. Unicamp, Instituto de Economia. Campinas, 2009.

FREDO, C. E.; MARGARIDO, M. A. Modelando a Sazonalidade e o Processo Gerador da Série de Tempo do Emprego Rural no Estado de São Paulo. *Revista de Economia e Agronegócio.* v. 6, p. 367-394, 2008.

FREITAS, S. M. de; FERREIRA, C. R. R. P. T.; BARBOSA, M. Z. Oportunidades e entraves à expansão de dendeicultura brasileira. *Agricultura em São Paulo.* São Paulo, v. 45, t. 2, p. 1-16, abr. 1998.

GOMEZ, V.; MARAVALL, A. *Guide for Using the Programs TRAMO and SEATS*, Beta Version. Banco de España: 1997a.

________. *Program TRAMO and SEATS*: Instructions for the User, Beta Version. Banco de España: 1997b.

Instituto Brasileiro de Geografia e Estatística (IBGE). *Ajustamento sazonal da taxa de desemprego aberto.* Pesquisa Mensal de Emprego. Rio de Janeiro: 2001.

Pesquisa de Emprego e Desemprego (PED). *Conceitos, metodologia e operacionalização.*/DIEESE; Fundação Seade. São Paulo: 2009.

PITTA, M.; MITTI, K. Ajuste sazonal e previsão da taxa de desemprego na Região Metropolitana de São Paulo. *São Paulo em Perspectiva.* São Paulo, Fundação Seade, v. 20, n. 4, p. 36-45, out./dez. 2006. Disponível em: <http://www.seade.gov.br> e <http://www.scielo.br>.

PRONI, Marcelo Weishaupt. *Teorias do desemprego: um guia de estudo.* Texto para discussão IE/Unicamp nº 256. Campinas: 2015.

SOUZA, Paulo Renato Costa. *A determinação dos salários e do emprego nas economias atrasadas.* Tese de Doutoramento. Campinas: 1980.

O NOVO RURAL E A PERTINÊNCIA DA EMBRAPA HORTALIÇAS PARA A REGIÃO METROPOLITANA DE SOROCABA: UMA AGENDA ESTRATÉGICA E PRIORITÁRIA!

Francisco Carlos Ribeiro[1]

Flaviano Agostinho de Lima[2]

Vidal Dias da Mota Júnior[3]

Roger Augusto de Camargo[4]

Célio Olderigi De Conti[5]

Luiz Carlos Rosa[6]

Resumo

O espalhamento urbano das cidades, ficando cada vez mais contíguas às áreas rurais, o desenvolvimento das telecomunicações, informática e transporte fazem do novo rural mais uma imposição de sobrevivência do

1 Faculdade de Tecnologia de Sorocaba José Crespo Gonzales (FATEC-Sorocaba) — Centro Paula Souza.

2 Faculdade de Tecnologia Prof. Wilson Roberto Ribeiro de Camargo (FATEC-Tatuí) — Centro Paula Souza.

3 Universidade de Sorocaba — Uniso.

4 Economista (MAPA) — Consultor do Ministério da Agricultura, Pecuária e Abastecimento.

5 Faculdade de Tecnologia de Sorocaba (FATEC-Sorocaba).

6 Faculdade de Tecnologia de Sorocaba (FATEC-Sorocaba).

que uma opção. E para sua sobrevivência é necessário não só ressignificar o que é rural e suas dimensões, como transformar o lócus da atividade agrícola em um lugar aprazível para se viver, além do que o fantasma do preconceito ainda existente em muitas cabeças, aponte o rural como o setor atrasado, arcaico. Por outro lado, encontram-se algumas populações em situação de vulnerabilidade em zonas rurais. A Lei Municipal 11.479/2016 ao elencar ações fixadoras do homem no campo, caminha no sentido de uma política pública que, ao melhorar o entorno e as condições do lócus rural, o mantenha em seu habitat natural. Portador de distintas características, compõe o Cinturão Verde da Região Metropolitana de Sorocaba justamente aquelas cidades que, através da olericultura, representam as cidades mais importantes para a mesa do cidadão em todo o estado. Ao mesmo tempo, ganham expressão chácaras de lazer, àquelas destinadas ao turismo rural, de lazer, veraneio ou mesmo residencial, o que permite a valorização imobiliária, uma vez que se têm tranquilidade relativa do campo, com os benefícios urbanos do entorno, porém, competindo com as terras agrícolas. A valorização das terras agrícolas nesta situação é também uma ameaça à perenidade das culturas. Garantir o valor adicionado, através de desenvolvimentos de tecnologias agrícolas se torna fundamental. Em uma importante região produtora de olerícolas do Estado de São Paulo, com fortes investimentos públicos na Empresa Municipal Parque Tecnológico de Sorocaba (EMPTS), e, ainda considerando que a Embrapa Hortaliças fica em Brasília, seria muito oportuno, ao menos, contar com um posto avançado de pesquisas ou mesmo uma parceria com a Embrapa Hortaliças atuando na Região Metropolitana de Sorocaba, que tem papel estratégico no abastecimento e na segurança alimentar da Região Metropolitana de São Paulo.

Palavras-chave: Novo Rural; Região Metropolitana de Sorocaba; Embrapa Hortaliças; Agricultura; PDUI; Terras Agrícolas.

Introdução

A contiguidade do tecido urbano somada às facilidades de comunicação, informática e transportes transformaram a emergência do novo rural como uma imposição inexorável. Ao mesmo tempo, no seu bojo, encontra-se um mundo com muitas contradições. Assim, os novos atores desse novo mundo rural aspiram a modernidade, querem um local aprazível para viver com todas as facilidades e meios tecnológicos e de comunicação que a sua proximidade com os centros urbanos pode oferecer. De outro lado há também reminiscências do agrícola arcaico, bem como as áreas rurais ainda são carentes de infraestrutura levando, em muitos casos, a perenizar a ideia de que o urbano é o moderno, o dinâmico e o rural é o arcaico, o atrasado.

Um dos desafios impostos à política pública de Sorocaba dado pela Lei Municipal 11.479 de 2016, que dispõe sobre as diretrizes da política agrícola municipal, é desenvolver ações fixadoras do homem no campo e, dentre outras coisas, dotar as áreas rurais de equipamentos e ações que a tornem um local não só melhor para se viver, mas como aumente o *sense of place* dessas populações.

Isso também passa por melhorar os canais de distribuição, os pontos de venda que permitam uma relação direta do produtor com o consumidor e, principalmente, criar condições tecnológicas e de cadeia produtiva que aumente o valor agregado do que é produzido pelos agricultores.

A Região Metropolitana de Sorocaba é a segunda do Estado de São Paulo, em maior importância agrícola cuja mesma responde por 2,99% do valor adicionado. No entanto, em se tratando de alimentos que vão à mesa do cidadão paulistano, em muitos produtos tais como alface, cenoura, beterraba, repolho etc. A Região Metropolitana de Sorocaba reponde por mais de 50% da produção desses produtos. Só na olericultura, representa praticamente um quarto (25%) da produção de olerícolas do estado e 22% do valor bruto da produção (RIBEIRO, F.C. *et al.*, 2017; RIBEIRO, F.C. *et al.*, 2017a).

Assim, é uma região metropolitana cujo plano de desenvolvimento urbano integrado que está em elaboração tem de se ater às suas características urbanas que a justificam ser uma região metropolitana, mas evidenciando sua grande importância e interface rural. Além disso, constitui o Cinturão Verde da macrometrópole. Dessa forma, preservar as atividades rurais não é só fundamental para a Região Metropolitana de Sorocaba, que possui municípios como Piedade, Ibiúna, Capela do Alto etc, cujas atividades agrícolas desempenham papel fundamental, como também passa por preservar a qualidade ambiental da RMS e da macrometrópole paulista. Portanto, a sustentabilidade econômica das atividades agrícolas também é um dos pré-requisitos para mantermos a qualidade ambiental.

Entretanto, a valorização das terras agrícolas frente ao ganho esperado das culturas, ainda mais em atividades olerícolas como apontava o estudo da Embrapa sempre foi um dos desafios para a manutenção agrícola, em especial, a familiar. A terra tem se tornado uma excelente reserva de valor e, dada a demanda de condomínios e outros empreendimentos agrícolas, o custo de oportunidade entre produzir e especular com a terra tem se tornado significativo.

Só garantiremos a perenidade da produção agrícola se os ganhos produtivos se aproximarem dos ganhos esperados da valorização das terras para fins imobiliários contrapondo ao que podem os agricultores, ao vendê-la, fazer um estoque de capital em muitos casos até intergeracional.

Reveste-se de importância capital, as pesquisas em qualidade e produtividade do setor agrícola da Região Metropolitana de Sorocaba, estudo dos canais de distribuição, estudo das questões logísticas e pontos de varejo de forma a aumentar o rendimento dos produtores e garantir que a Região continue sendo grande produtora, contribuindo significativamente com a segurança alimentar.

Além de universidades, faculdades e Parque Tecnológico de Sorocaba, uma Embrapa Hortaliças, ou um posto avançado da Embrapa Hortaliças, seja para atuar diariamente, seja na tarefa de transferência de tecnologia, torna-se muito apropriado, diríamos, até fundamental e estratégico. Considerando ainda que, como veremos neste artigo, o projeto original da Embrapa Hortaliças previa a proximidade de um grande centro produtor, para a própria Embrapa, torna-se um grande laboratório vivo.

A ação de todos esses atores, no sentido de dotar o setor agrícola da Região Metropolitana de Sorocaba, resultará, acreditamos, em um jogo de soma positiva.

Olericultura, Cinturão Verde e o novo rural

A condição rural

Na atualidade, a agricultura continua, sem dúvida, a desempenhar um papel relevante no desenvolvimento da Região Metropolitana de Sorocaba, sendo importante o quanto ela mesma conseguiu modernizar-se e adaptar-se às exigentes condições dos mercados cada vez mais competitivos, garantindo à maioria dos municípios uma boa margem de arrecadação e de geração de empregos promovendo, ao mesmo tempo uma expansão considerável na produção olerícola nos últimos anos.

No que tange a aspectos histórico-culturais, poucas regiões rurais são desfavorecidas; carregadas de história, de tradições, forjadas pelo trabalho de gerações de homens e de mulheres, elas possuem frequentemente um rico patrimônio e mesmo uma identidade cultural forte. A cultura local, fonte de atividades, de orgulho e de bem-estar pode ser um trunfo maior para o desenvolvimento.

No entanto, na Região Metropolitana de Sorocaba a agricultura deixou de ser o carro-chefe da economia e da vida social. Hoje é uma atividade que resiste, porém não tem o mesmo peso no PIB da região como serviços e indústria.

O enfoque puramente produtivo das políticas para a agricultura, que associa o desenvolvimento local às potencialidades do setor agrícola, lá onde ele se revelava, efetivamente, como um setor dinâmico, gerou um grave problema de exclusão, tanto de áreas como dos grupos sociais marginalizados deste processo. Em consequência, as sociedades modernas enfrentam hoje, sob formas e intensidades diferentes, uma "questão rural", que diz respeito à necessidade de inserir plenamente os espaços e as populações rurais na dinâmica econômica e social moderna, e de assegurar a preservação dos recursos naturais presentes no meio rural como um patrimônio de toda a sociedade.

Uma tentativa promissora e que pode se chamar de "experiência piloto" para a Região Metropolitana de Sorocaba é a Lei Municipal nº 11.479, de 27 de dezembro de 2016, que dispõe sobre a política municipal agrícola e dá outras providências. Esta lei tem como princípios: (i) promoção e fomento à sustentabilidade em todas as suas dimensões: ambiental, social e econômica; (ii) fomento às ações fixadoras do homem no campo, considerando a qualidade de vida; (iii) fomento às práticas ecologicamente corretas, de preservação e de recuperação ao meio ambiente; às práticas de agricultura sustentável e de agroecologia em todas as suas formas; (iv) fomento às inovações tecnológicas, à extensão rural e aos métodos de aperfeiçoamento; (v) promoção e incentivo ao empreendedorismo rural; (vi) apoio à fiscalização orientadora; (vii) mapeamento e monitoramento dos canais de escoamento da produção; (viii) associativismo, cooperativismo e economia solidária rural; (ix) fomento às práticas de agricultura urbana; (x) educação ambiental rural; (xi) sistemas de informações rurais; (xii) financiamento e planejamento da política agrícola; (xiii) demais condições materiais para a criação da política agrícola.

Como podemos perceber, esse diploma legal, cujas ações terão de ser construídas ao longo do tempo, não elimina as contradições apontadas aqui sobre a nova visão do rural; aliás, ao tratar da agricultura urbana e seu incentivo, esse mesmo diploma legal aponta para novas realidades hoje permeado o urbano-rural mas, ao mesmo tempo, percebe na perenidade (quase na imanência) do setor rural, de forma que há necessidades novas, como fixar o homem no campo; leia-se evitar seu êxodo, entre outras coisas.

Por outro lado, é necessário criar as condições de valorização do rural, dentro da própria perspectiva de *sense of place* (ROGERS e BRAGG, 2012).

Esse documento legal é bastante coerente e aderente aos termos do debate social, que tem como fulcro a problemática do desenvolvimento territorial/local focalizado três questões específicas: a pobreza e a exclusão social, as políticas de desenvolvimento territorial e o lugar da agricultura e dos agricultores neste novo contexto.

Nos estudos especializados, a fragilidade do campo aparece, antes de mais nada, como o prolongamento, na atualidade, das próprias características da história rural de cada sociedade. Como afirma Kayser, referindo-se à França, "o espaço rural é ainda marcado pelo estigma de sua inferioridade secular". Para ele, o meio rural, mesmo próspero, faz parte dos fracos: fraca densidade de população e de serviços, fraca produtividade, a atividade econômica e ambiental de base, a agricultura, ameaçada pelos seus próprios sucessos (KAYSER, 1994, p. 20).

Esta fragilidade é, também, frequentemente percebida como a consequência da distribuição desigual no espaço da riqueza de uma sociedade. Assim, conforme Wanderley (2000), por exemplo, dados do USDA informam que a pobreza ainda persiste no meio rural americano de forma significativa. Em 1990, 765 condados rurais tinham 20% ou mais de sua população vivendo abaixo da linha de pobreza, dos quais 535 registravam uma "pobreza de longo prazo", isto é, a que foi constatada desde 1960.

Essas informações possibilitam uma série de reflexões sobre a questão da agricultura e as condições de vida dessas populações que vivem nessas áreas de produção agropecuária e também da olericultura, na Região Metropolitana de Sorocaba, que ainda carecem de novos estudos para melhor entendimento de sua configuração social, ambiental, cultural e política. O território rural vem sendo tratado pela literatura como um modo particular de utilização do espaço e de vida social. Seu estudo supõe, portanto, a compreensão dos contornos, das especificidades e das representações deste espaço (rural), entendido, ao mesmo tempo, como espaço físico (referência à ocupação do território e aos seus símbolos), lugar onde se vive (particularidades do modo de vida e referência identitária) e lugar de onde se vê e se vive o mundo (a cidadania do homem rural e sua inserção nas esferas mais amplas da sociedade, o seu *sense of place*).

Do ponto de vista sociológico, quando se fala em "rural", aponta-se para duas características que são consideradas fundamentais. Por um lado, uma relação específica dos habitantes do campo com a natureza, com a qual o homem lida diretamente, sobretudo por meio de seu trabalho e do seu habitat. Trata-se, sem dúvida, das representações do espaço natural e do espaço construído, visto que a "natureza rural", precisamente porque é rural, isto é, "objeto de múltiplas atividades e usos humanos, é a menos natural possível" (MATHIEU e JOLLIVET, 1989, p. 15 *apud* WANDERLEY, 2000).

Assim, a questão vai além das atividades econômicas. O morador, trabalhador da atividade rural, aspira modernidade. Quer estar no campo, conectado às redes sociais, com facilidade de transporte e com a qualidade ecológica. Ao mesmo tempo outras comunidades, alheias a tudo isso, simbolizam o rural como o simples, como o "sem sofisticação". Do outro ângulo, o turismo rural e o turismo no rural procuram apreciar as qualidades cada vez mais raras, da natureza remanescente no campo — exceto para agricultura urbana. Ao mesmo tempo, valorizar os espaços rurais, aumentando a autoestima de viver no local (*sense of place*) também tem de ser objeto de políticas públicas, daí o texto legal apontar das atividades fixadoras do homem no campo. A experiência desse documento legal, se bem-sucedida nas suas implantações, poderá se transformar numa política forte e exitosa para a Região Metropolitana de Sorocaba, uma vez que temos significativa participação dos estabelecimentos de agricultura familiar e, quando comparado à produção de hortaliças, a agricultura familiar é predominante.

O Cinturão Verde e o rural na RMS

Outra perspectiva para entendermos a agropecuária na Região Metropolitana de Sorocaba é olharmos para um conjunto de cidades que já são tradicionalmente conhecidas como parte do Cinturão Verde da macrometrópole paulista. Estamos falando da Microrregião (MRG) de Piedade que integra um conjunto de outras cidades que se destacam por uma agropecuária marcante em seu PIB, diversificação de culturas, produtividade e contribuição para o abastecimento macrometropolitano paulista, nacional e até mesmo para o mercado externo.

Conforme Moreira e Hespanhol (2009), a MRG de Piedade é constituída de cinco municípios: Ibiúna, Piedade, Pilar do Sul, São Miguel Arcanjo e Tapiraí; estando situada no sudeste do Estado de São Paulo, sendo a menos industrializada e urbanizada da Região Metropolitana de Sorocaba.

Cada município possui suas especificidades, mas com um ponto em comum: o expressivo desempenho das atividades agrícolas. A pesquisa realizada pelas autoras supracitadas, na década passada, nos traz importantes elementos para caracterizarmos a dinâmica do Cinturão Verde.

É interessante observar que as sedes dos núcleos urbanos se organizaram ao longo dos eixos das vias de circulação, antigamente por meio das estradas boiadeiras e, atualmente, pelas rodovias estaduais que cortam essa região. Essa forma de organização espacial está vinculada ao processo de povoamento ocorrido no século XIX, primeiro pelos tropeiros e, depois, pelos imigrantes europeus e japoneses.

Os municípios paulistas que compõem a MRG de Piedade apresentam distintas características físicas, do ponto de vista da geomorfologia e da geologia, e aspectos socioeconômicos diferenciados, relacionados à dinâmica populacional, às atividades econômicas predominantes e à estrutura fundiária e produtiva. Ao mesmo tempo, todos têm em comum o clima subtropical, a proximidade física tanto com Sorocaba como para a Região Metropolitana de São Paulo (via SP-250 e SP-079) e, sobretudo, a produção agrícola expressiva.

Há nessa relação entre rural-urbano, além dos limites políticos e administrativos de cada município, ou seja, favorecendo uma rede regional, sendo beneficiada pelas vias de circulação e associada a uma população que pode exercer essa mobilidade.

É importante frisar a capacidade produtora de água dessa microrregião. Nela nascem importantes mananciais da região metropolitana e do Estado de São Paulo: Rio Sorocaba, Rio Itapetininga, Rio Juquiá, Rio São Lourenço e Rio Paranapanema.

Embora os municípios da MRG de Piedade estejam localizados relativamente próximos da capital (São Paulo), é expressiva a participação da população rural em relação à total. Contudo, essa característica não se assemelha à taxa média de urbanização do Estado de São Paulo, de 93,4%, o mais urbanizado do Brasil.

Esse processo é heterogêneo, como se pode verificar pelos dados dos municípios da MRG de Piedade, cujo grau de urbanização é distinto e abaixo da taxa média de urbanização do próprio estado.

Quanto ao grau de urbanização, os dados da Fundação Seade do ano de 2016 indicam que Ibiúna e Piedade, apesar de estarem situados geograficamente próximos à RMSP, apresentam as menores taxas da MRG.

Verifica-se que os municípios que compõem a MRG de Piedade apresentam graus de urbanização diferenciados, desde 36,14% em Ibiúna até 81,4% em Pilar do Sul. Esses dados refletem o peso econômico que as atividades agropecuárias exercem no contexto regional e mostram que, mesmo próximas geograficamente à RMSP, o processo de urbanização não é homogêneo, como é o caso de Ibiúna, situada a 60km de São Paulo, considerada, também, como integrante do Cinturão Verde metropolitano.

Outra constatação importante é o considerável tamanho da área ocupada pelos municípios, sobretudo por Ibiúna e São Miguel Arcanjo, que abarcam, respectivamente, 1.060 e 930km^2.

Esse grau de urbanização diferenciado dentro da MRG está associado ao tamanho da população urbana frente à rural. Percebe-se a participação considerável da população residente nas áreas classificadas como rurais e o crescimento dessa população entre 1990 e 2016, com base nos dados da Fundação Seade.

Com exceção de Tapiraí, os demais municípios tiveram ampliação no número de residentes rurais, sobretudo Ibiúna. Neste município, em 1990, eram 29.021 habitantes no rural e, em 2014, essa população era de 42.981.

Esse crescimento da população rural na MRG de Piedade está vinculado, de certa maneira, à migração de pessoas residentes na RMSP, sobretudo de classe média e média alta, para condomínios fechados localizados nas áreas rurais, a fim de fugir da violência e dos problemas existentes na metrópole. Além disso, os municípios são importantes produtores de olerícolas, frutas e grãos.

O município de Tapiraí apresentou um declínio da população rural, de 3.023, em 1990, para 2.773 habitantes, em 2000. Essa redução está vinculada à diminuição da produção agrícola (especialmente a teicultura) e à ampliação de área de preservação da biosferada Mata Atlântica, criada pela Unesco.

Essa participação considerável da população rural na MRG de Piedade tem uma relação estreita com a estrutura fundiária e produtiva.

Para Ueno (1985), todos os municípios da MRG de Piedade estão dentro do Cinturão Verde paulistano porque, a partir do final da década de 1970, ocorreu um deslocamento da produção de hortifrútis para locais mais distantes, em função da expansão urbana desordenada e seus problemas decorrentes da acessibilidade proporcionada pela construção de novas e melhores rodovias entre as áreas mais afastadas e a capital.

Ueno (1985), sob a influência da teoria de Von Thünen, propõe seis anéis (concêntricos) a partir da capital, no qual Ibiúna e Piedade estão no anel B (entre 50 e 80km), Pilar do Sul e Tapiraí no anel C (entre 80 e 120km) e São Miguel Arcanjo no anel E (acima de 120km).

A autora conclui, ainda, que houve um crescimento da produção de hortaliças nos municípios situados acima de 80km e uma elevação no preço das terras nos municípios situados até 80km, fato que pode explicar o deslocamento dessa produção para áreas mais afastadas e a alta dos preços dos hortifrútis devido aos gastos com transporte. Como vimos anteriormente, a olericultura na Região Metropolitana de Sorocaba constitui a mais importante produtora de olerícolas. Responde, por exemplo por mais de 50% de alface, de 70% de repolho, mais de 60% da beterraba, mais de 60% da cenoura e mais de 50% da abobrinha produzidas no estado, sem contar a participação importante de todas as outras olerícolas no conjunto da produção (RIBEIRO, *et al.*, 2017).

Os trabalhos de Seabra (1971) e de Ueno (1985) mostram que a dinâmica econômica da MRG de Piedade, pautada na agropecuária, está vinculada à demanda da área metropolitana de São Paulo, ou seja, fazem parte do Cinturão Verde paulistano. Este se formou não somente com a imigração japonesa, como ainda a partir de correntes imigratórias de italianos e de espanhóis, por exemplo.

Ao ler o trabalho de Moreira e Hespanhol (2009), foi possível perceber que o comportamento dos municípios que, em relação ao número de estabelecimentos e à área ocupada, foi distinto.

Assim, enquanto Ibiúna, Piedade e Tapiraí apresentaram um decréscimo no total de estabelecimentos agropecuários, Pilar do Sul e São Miguel Arcanjo tiveram um aumento considerável. Um ponto que pode ser utilizado para explicar esse aumento é a expansão das lavouras de batata inglesa, de feijão e de milho nestes últimos municípios mencionados. Em Piedade, constata-se que houve uma diminuição acentuada do número de estabelecimentos agropecuários, que passou de 2.376 em 1996, para 1.775 em 2013. Em 2016, esse número era de 782.

Em situação oposta, tem-se o município de Pilar do Sul, cujo número de estabelecimentos agropecuários em 1996 era de 895, aumentando no ano de 2006 para 2.057. Esse crescimento, como mencionado em um momento anterior, está vinculado à expansão das lavouras de grãos e da fruticultura. Em 2016, o número, já bem reduzido, limitando-se a 315.

Quanto à área ocupada pelos estabelecimentos agropecuários, nota-se que as diferenças entre 1996 e 2014 são bem acentuadas. Apesar dos municípios de Piedade e Ibiúna terem apresentado uma redução no número de estabelecimentos, a área total ocupada pelos mesmos foi ampliada de maneira considerável.

Entre 1996 e 2014, houve um crescimento no número de estabelecimentos agropecuários com lavouras (temporárias e permanentes) em Ibiúna, Pilar do Sul e São Miguel Arcanjo.

Em contrapartida, ocorreu uma redução tanto do número como da área ocupada pelos estabelecimentos agropecuários em Piedade e Tapiraí. Aliás, Tapiraí apresentou redução do número total de estabelecimentos e da área ocupada, fato que está relacionado à institucionalização da Reserva da Biosfera em seu território municipal.

Essas duas situações estão diretamente relacionadas à dinâmica apresentada pelas lavouras cultivadas. Em relação às lavouras temporárias e permanentes, verificou-se a dinâmica desses tipos de uso do solo entre 1996 e 2016. Pelos dados obtidos, percebe-se que os municípios de Ibiúna, Piedade e Pilar do Sul apresentaram redução no total das áreas cultivadas com lavouras temporárias, ao passo que, nos municípios de São Miguel Arcanjo e Tapiraí, a área colhida, entre 1991 e 2016, apresentou um perceptível aumento.

É importante ressaltar que, apesar da expansão da cana-de-açúcar no Estado de São Paulo, essa lavoura comparece nos municípios da MRG de Piedade apenas no início deste século XXI. Isso está atrelado à estrutura fundiária pouco concentrada e à própria topografia que dificulta o desenvolvimento desta lavoura em bases modernas.

No entanto, cultivos de cana e soja que exigem áreas mais extensas passaram a avançar nas áreas de Sorocaba, Iperó, Porto Feliz, Tietê e Boituva. Portanto, temos várias dinâmicas, mas a da Microrregião de Piedade demonstra outra estrutura e importância estratégica, principalmente, para a segurança alimentar.

Para fecharmos esse tópico, podemos parcialmente concluir que: a) o grau de urbanização é diferenciado entre os municípios, estando associado a dois fatores: o peso das atividades agrícolas e o tamanho da população residente, isto é, Ibiúna, embora esteja localizado nas franjas da RMSP, apresenta o menor grau de urbanização (33%), pois se constitui em um centro de produção hortifrutigranjeira, enquanto que Pilar do Sul (72%), um pouco mais distante da RMSP, vem se tornando um produtor de grãos e frutas; b) A fruticultura, com destaque à uva de mesa, ao caqui fuyu, ao pêssego e às frutas cítricas, tem uma participação significativa no valor arrecadado com a produção agropecuária; c) Verificou-se que os municípios, embora tenham forte participação do setor agrícola, apresentam especificidades, pois cultivam desde grãos (commodities) até produtos classificados como diferenciados (nichos de mercado); d) Há municípios que destinam boa parte de sua produção para exportação como Pilar do Sul e São Miguel Arcanjo, e outros visam o abastecimento interno, como Ibiúna e Piedade.

Esse perfil produtivo diferenciado vai influenciar a força do espaço rural nessa MRG. Embora o espaço rural não seja sinônimo de agrícola, essa atividade é absorvedora de grande parte da mão de obra existente no campo.

Está em curso a elaboração do Plano Diretor de Desenvolvimento Urbano Integrado (PDUI) da Região Metropolitana de Sorocaba, que é o "instrumento que estabelece, com base em processo permanente de planejamento, as diretrizes para o desenvolvimento urbano da região metropolitana ou da aglomeração urbana" (BRASIL, 2015). Com ampla participação da sociedade civil, a sua elaboração se reveste de uma complexidade adicional e, ao mesmo tempo, aí se encontra a sua riqueza, que a tratativa da Região Metropolitana de Sorocaba, pela diversidade do seu Cinturão Verde e atividades agrícolas, diferencia-se ao tipo padrão de região metropolitana, pelo fato de reunir em sua gênese, não só a divisão de uma cidade com mais de 600[7] mil habitantes de um lado e vinte e seis cidades com população abaixo de 200 mil, como também municípios com característica tipicamente urbanas, com outros cuja agricultura é o principal elemento da economia local. Se, por um lado, elaborar um plano de desenvolvimento urbano integrado, tendo em vista estas peculiaridades, se configura em desafio adicional, do outro é uma riqueza em aprendizado e em criar a percepção da necessidade de criação de pesquisas e observatórios. Tais pesquisas e observatórios ganham relevância quando se soma, como é o caso da Região Metropolitana de Sorocaba, dela fugir aos padrões correntes de uma região metropolitana tipicamente urbana, e ao mesmo tempo, ser região recém-criada (2014) cujo todo processo de elaboração de dados ainda está para ser construída[8].

Conveniência e oportunidade da Embrapa Hortaliças no Parque Tecnológico de Sorocaba

Os projetos de criação da Embrapa Hortaliças de 1974 e 1976

Conseguimos, via Lei de Informação[9], os fatores que motivaram e que sustentaram a criação da Embrapa Hortaliças. A Embrapa Hortaliças está sediada na Fazenda Tamanduá no quilômetro nove da Rodovia BR-060. Em que pese a Embrapa Hortaliças estar sediada em uma localidade indicada pelo Anteprojeto original, somente após a leitura dele desfez-se o nosso estranhamento. A princípio, causou-nos estranhamento ser em Brasília, uma vez que não há concentração de produtores olerícolas na capital federal, sendo esse o motivo que nos levou a pedir a informação das causas determinantes da sua instalação no Distrito Federal.

7 Ribeiro (2004) aponta as dinâmicas de pactuação, relação com a imprensa, maneira de escolha das Secretarias, maneira de angariar força política distintas entre as cidades de até 200 mil habitantes e cidades de acima de 200 mil. E, na região metropolitana, temos Sorocaba acima desse número (acima de 200 mil) e 26 cidades abaixo de 200 mil. Assim ganha mais um fator de complexidade o planejamento da Região Metropolitana de Sorocaba.

8 O Seade já sistematizou no Informações dos Municípios Paulistas os dados agregados da Região Metropolitana de Sorocaba, mas ainda no trato diário com pesquisas há muito a que se fazer com referência à coleta de dados e informações sistematizadas para a Região Metropolitana de Sorocaba.

9 Cabe ressaltar que fomos plena e rapidamente atendidos no envio de documentos, portanto, somos muito gratos à Embrapa.

O projeto se divide em duas fases distintas. O documento intitulado *Anteprojeto para a Implantação do Centro Nacional de Pesquisa em Olericultura* é datado de 21 de julho de 1976. Depois é retomado em 1981 com o título *Proposta de Transformação da UEPAE de Brasília em Centro Nacional de Olericultura.*

O projeto datado de 1976 versava, nas justificativas, sobre a importância econômica e social da olericultura; o estado da arte à época ("situação atual da tecnologia da produção") ressaltava a necessidade de tecnologia avançada (necessidade da pesquisa), sobre a produção de sementes, e ainda descrevia os principais estados e regiões produtores de hortaliças; o caráter nômade das espécies; a problematização da valorização imobiliária e a atividade de olericultura; e problemas do crescimento populacional e o abastecimento.

No que diz respeito, essencialmente à pesquisa, elencava a existência de capital humano para desenvolvê-las bem como as pesquisas da área em andamento; quais eram os requisitos mínimos para a implantação de um Centro de Pesquisa em Olericultura e o que mais nos interessa nesse documento: um estudo sobre os locais mais apropriados para a localização de um Centro de Pesquisa em Olericultura.

Os critérios de escolha para localização do Centro de Pesquisa em Olericultura

Abaixo, transcrevemos os trechos constantes do *Anteprojeto para a Implantação do Centro Nacional de Pesquisa em Olericultura* (1976, p. 90-91). A metodologia utilizada para a seleção dos locais sugeridos para a implantação do Centro Nacional de Olericultura foi baseada nos seguintes pontos:

1. Adoção de 12 critérios.
2. Seleção de unidades da federação com possibilidades.
3. Seleção de locais em cada unidade da federação.
4. Aplicação dos critérios a (sic) nível de localidade.
5. Eliminação de unidades da federação que não apresentassem, pelo menos, uma vantagem a mais em relação às desvantagens.
6. Eleição de localidades componentes da mesma unidade da federação, que apresentassem maior número de vantagens às desvantagens, após minucioso estudo.

Os critérios adotados para esta finalidade são relacionados a seguir, devendo ser esclarecido que a ordem apresentada nesta relação não está subordinada à sua importância. Para escolha de locais, estabeleceram-se os seguintes requisitos:

1. Existência de recursos naturais (clima, solo, água, topografia) que permitam o desenvolvimento de pesquisas com a maior diversificação possível de espécies, com área mínima de 100ha úteis[10].
2. Proximidade a grandes concentrações de produtores[11].
3. Proximidade a regiões com potencial para se tornarem grandes produtoras[12].
4. Proximidade a grandes centros consumidores[13].
5. Proximidade a cidades potencialmente importantes com grandes centros consumidores.
6. Existência de bases físicas oficiais, levando-se em consideração instalações existentes, tais como: laboratórios, casas de vegetação e áreas suficientes para a instalação de campos experimentais[14].
7. Infraestrutura socioeconômica do local, considerando serviços básicos (energia, água e esgoto) transportes, comunicação, educação, assistência médico-hospitalar, rede hoteleira, serviços sociais e aspectos econômicos (comércio, crédito)[15].
8. Existência de equipe técnica especializada, levando-se em consideração o grau de qualificação, experiência e o tempo dedicado à pesquisa.
9. Existência de Universidade ou Escola de Agronomia com equipe técnica no estado.

10 Chamamos a atenção para esse critério. Nenhuma observação adicional está no texto, mas os autores deste artigo querem chamar a atenção para esse ponto.

11 Mais do que nunca os autores deste artigo querem chamar a atenção para esse critério original.

12 Mais um critério para nos apoiar no que falaremos à frente.

13 Mais um critério que a nossa região metropolitana satisfaz.

14 A Região Metropolitana de Sorocaba cumpre o requisito. É certo que esses requisitos são de 41 anos atrás, numa época de recursos e infraestrutura mais escassa, mas não custa lembrar que cumprimos tais requisitos.

15 No original com erros ortográficos!

10. Existência de equipe de extensionistas em olericultura no serviço de extensão estadual.
11. Tradição em trabalhos de pesquisa que tenham contribuído para o desenvolvimento da olericultura acional.
12. Localização geográfica favorável ao intercâmbio e informação do pessoal técnico com as demais unidades federais.

Como podemos perceber, se o Centro fosse ser implantado hoje a Região Metropolitana de Sorocaba atenderia quase todos os critérios.

Com base nesses critérios em 1976, para os locais mais adequados a serem selecionados, de acordo com as principais sugestões feitas pelo grupo de trabalho, antes de uma análise detalhada das possibilidades de cada uma, foram:

- BAHIA — Jaquaquara e Juazeiro
- CEARÁ — Fortaleza
- DISTRITO FEDERAL — Fazendas Sucupira e Tamanduá
- ESPÍRITO SANTO — Venda Nova, Afonso Cláudio e Domingos Martins
- GOIÁS — Goiânia e Anápolis
- MATO GROSSO — Dourados
- MINAS GERAIS — Barbacena, Florestal e Sete Lagoas
- PARANÁ — Colombo, Irati e Castro
- PERNANBUCO — Petrolina, Vitória de Santo Antão e Caruaru
- RIO DE JANEIRO — Itaguaí, Cambuci e Petrópolis
- RIO GRANDE DO SUL — Pelotas, Grande Porto Alegre (Vale do Rio dos Sinos e Vale do Rio Taquarí)
- SANTA CATARINA — Canoinhas e Itajaí
- SÃO PAULO — Campinas e Botucatu

Com base da aplicação dos critérios a nível das localidades componentes das unidades federativas, já relacionadas, foram selecionados seis estados e o Distrito Federal, por apresentarem maior número de vantagens em relação às desvantagens, a seguir apresentados em ordem alfabética:

- DISTRITO FEDERAL — Fazendas Tamanduá e Sucupira
- GOIÁS — Anápolis
- RIO DE JANEIRO — Itaguaí
- RIO GRANDE DO SUL — Pelotas, ou Grande Porto Alegre
- SÃO PAULO — Campinas (EMBRAPA, 1976, p. 90-91)

Cabe ressaltar ainda que a desvantagem apontada para a instalação no Distrito Federal, à época, apontava "a região não possui grande concentração de produtores", embora atendesse muitos dos critérios.

A segunda fase: "Proposta de Transformação UEPAE[16] de Brasília em Centro Nacional de Pesquisa em Olericultura"

Esse documento, produzido em 1981, utilizou-se do estudo de 1976 para a sua produção. O documento contém seguintes seções: 1) Introdução, versando sobre o conceito e as caraterísticas gerais da olericultura; 2) Discorrendo sobre a importância da olericultura no Brasil; 3) Necessidade de coordenação da pesquisa em olerícolas; 4) Razões de escolha da UEPAE/Brasília para sede do Centro Nacional de Pesquisa em Olericultura[17] e 5) Estrutura necessária para o funcionamento do Centro Nacional de Pesquisa em Olericultura.

Segundo o documento, as razões para a transformação da UEPAE, de acordo com a conveniência e oportunidade da instalação da transformação da UEPAE de Brasília no Centro Nacional de Pesquisa em Olericultura, seguiriam os requisitos seguintes.

(i) Logísticas — Para bem cumprir as suas finalidades, um Centro Nacional de Pesquisa deve satisfazer algumas condições básicas:

1. Ser localizada em cidade de fácil acesso, possuidora de facilidades de transporte e comunicação para todos os pontos do território nacional, a fim de que possa exercer eficientemente a coordenação de pesquisa no setor, assessorando a todas as entidades e empresas estaduais que trabalhem com os produtos e/ou problemas de sua atribuição e competência.

16 UEPAE é a sigla de Unidade de Execução de Pesquisa de Âmbito Estadual.

17 Mais à frente vamos nos deter um pouco mais sobre este item.

2. A área de localização de um Centro Nacional de Pesquisa deve ser possuidora de condições edafoclimáticas propícias à execução de pesquisa e experimentação com os produtos ou problemas de sua atribuição.
3. A cidade sede do centro deve dispor de infraestrutura de saúde e ensino de modo a proporcionar boas condições de vida aos pesquisadores, funcionários e suas famílias.

A cidade de Brasília atende perfeitamente a esses requisitos. É o centro de decisões do país, possui excelente infraestrutura de transporte e comunicação e é possuidora de clima, solo e condições fitossanitárias excepcionalmente adequados à produção, à experimentação e à pesquisa com espécies olerícolas, durante todo ano. Além disso, dispõe de rede hospitalar, escolas, colégios e universidades, fatores decisivos na fixação e manutenção de um corpo de funcionários e pesquisadores de alto nível.

(ii) Contingente de pesquisadores — A UEPAE de Brasília possui o maior contingente de especialistas da Embrapa no setor de hortaliças. No momento, a unidade conta com 34 pesquisadores em atividade, dos quais 6 tem o nível de Doutoramento, 26 o nível de Mestrado e 2 o nível de Bacharelado. Conta ainda a unidade em cursos de Pós-Graduação, sendo 4 em nível de Doutoramento e 2 em nível de Mestrado. Os pesquisadores da UEPAE estão assim distribuídos por área de especialidade:

- Fitotecnia (3)
- Genética e melhoramento de hortaliças (6)
- Fisiologia vegetal (4)
- Fitopatologia (5)
- Entomologia (2)
- Microbiologia (1)
- Solos e nutrição de hortaliças (5)
- Irrigação (2)
- Economia (1)
- Estatística (1)
- Tecnologia de sementes (1)

- Tecnologia de produto (1)
- Difusão de tecnologia (1)
- Climatologia (1)

(iii) Base física existente — A UEPAE de Brasília possui 900ha, dos quais 115 estão sistematizados e adaptados para a pesquisa com hortaliças sob sistemas de irrigação por infiltração, corrugação, aspersão e gotejamento. Os investimentos nesta infraestrutura de campo somam cerca de 12 milhões de cruzeiros e o sistema está em franca atividade.

Além de trabalhos de pesquisa em lotes pequenos, a área permite testes de comprovação de sistemas de produção em escala comercial, o plantio de áreas para produção de sementes e rotação de culturas visando estudos de controle biológico de pragas de solo e outras. Ademais às facilidades de campo, conta a UEPAE conta com laboratórios de pesquisa e gabinetes para 44 pesquisadores, podendo ser dividido para até 52 a 55, biblioteca, edifício para administração, instalações para pesagem de experimentos e classificação da colheita, almoxarifado, garagem e oficinas. Estas instalações ocupam uma área coberta de 7.921m^2.

(iv) Clima, solo e água — A UEPAE está a uma altitude de 1.000m com temperaturas médias favoráveis ao cultivo da grande maioria de espécies olerícolas de importância econômica. As condições climáticas dominantes são favoráveis a todos os tipos de pesquisa e experimentação necessárias à geração de tecnologias de produção, seja para o abastecimento de mercados, ou as que visem o florescimento e produção de sementes, o que exige condições bastante específicas para a maioria das hortaliças. A área da unidade é predominantemente constituída de latossolos vermelho escuros e latossolos amarelos, características de cerca de 20% da superfície do Brasil e de uma pequena parte de solos hidromórficos, característicos das baixadas onde são plantadas hortaliças em diversas outras regiões do país (EMBRAPA, 1981, p. 22-24).

Com esta base, em 1981, então, foi criada a Embrapa Hortaliças. Mas por esses documentos é possível perceber, que, seja por limitação de recursos à época, ou seja, por oportunidade e conveniência da Embrapa, os fatores determinantes foram significativamente diferentes do que previa o projeto em 1976, pois o projeto original buscava, basicamente: (i) estar próximo a grande concentração de produtores; (ii) estar próximo a centros que pudessem se tornar grandes produtores; (iii) estar próximos a grandes centros de potencial de consumo etc.

O segundo momento foi dar condições para que um grande número de pesquisadores pudesse pesquisar e ter uma base física que oferecesse condições mínimas para a pesquisa. Prescindiu-se do fato de estar próximo de grandes concentrações de produtores e estarem próximos de centros com potencial de se tornarem grandes produtores.

Evidentemente, ao longo desses praticamente 40 anos, a Embrapa Hortaliças ganhou capilaridade e potencial de comunicação com diversas regiões do país. A sua criação foi meritória de qualquer forma. O que queremos apontar é que temos a região metropolitana de maior potencial agrícola do Estado de São Paulo, somos os grandes produtores de olericultura, temos um Parque Tecnológico em Sorocaba, que, além de custar algo em torno de R$5 milhões anuais aos cofres públicos, tem o dever público de promover o desenvolvimento tecnológico além do que já temos no próprio parque, além de universidades, faculdades e institutos de pesquisas.

O Parque Tecnológico tem se configurado como importante espaço para a indução de um desenvolvimento mais qualificado para Sorocaba e toda a região. Conta atualmente com laboratórios de 10 empresas, 8 instituições de ensino superior (3 públicas: USP, Unesp e UFSCar; 2 comunitárias: Uniso e PUC-SP; 1 faculdade pública: FATEC-Sorocaba e 2 faculdades particulares: ESAMC e Facens) e 27 empresas iniciantes incubadas. O parque, que foi inaugurado em junho de 2012 e que compõe o sistema de parques tecnológicos do Estado de São Paulo, conta com uma área de 1.200.000m^2 para concessão à empresas e instituições de base tecnológica e está localizado em uma área estratégica do município de Sorocaba, próximo à Rodovia Castelo Branco e inserido na nova zona industrial, em que se destacam algumas empresas como a montadora de veículos Toyota Motors do Brasil.

Mas, ao mesmo tempo em que o parque está na nova zona industrial, suas áreas são lindeiras com a zona rural do município, especialmente a do Caguaçú, que é uma das mais produtivas do município em olericultura, cana-de-açúcar e grãos. Destaca-se também que, em linha reta a aproximadamente 10km de distância, situa-se uma das mais importantes iniciativas do Ministério da Agricultura em investimento de tecnologia e inovação, feitos no país desde a década de 1960 — o Cenea (Centro Nacional de Engenharia Agrícola).

Com o início da produção nacional de máquinas agrícolas, em 1965, retomou-se com mais seriedade o ensaio de tratores, fiscalização da qualidade do equipamento depois que ele saía de fábrica. Esses ensaios eram feitos no Cenea, que chegou a ser considerado o melhor centro de equipamentos agrícolas da América do Sul e foi comparado à Universidade de Nebraska nos Estados Unidos — instituição pioneira no ensaio de tratores. Para tanto, o Cenea possuía pista de ensaios para máquinas agrícolas, bem como só encontrava similares na renomada universidade americana, contando ainda com setor de desenvolvimento tecnológico, divisão de ensaios e oficina de protótipos.

Com isso, pretende-se mostrar que a região já teve um importante espaço para inovação e desenvolvimento tecnológico na área da agricultura e que, com o advento do governo Collor, o centro foi fechado, mas as dependências, localizadas na Fazenda Ipanema, no município de Iperó, continuaram sob a gestão do Ministério da Agricultura.

Em 2016, a Prefeitura de Sorocaba, por meio da Secretaria de Desenvolvimento Econômico e do Parque Tecnológico, iniciou um acordo de cooperação técnica com fins de reativar o centro em novos moldes, principalmente por mecanismos de cooperação com a iniciativa privada que possam ter interesse em desenvolver *startups* na área, ou atividades ligadas ao uso da pista de teste de tratores e da pista de pouso que era usada para a formação de pilotos na aviação agrícola.

Uma das contrapartidas para a cooperação técnica foi a instalação da Unidade Técnica Regional de Agricultura do Ministério da Agricultura nas dependências do Parque Tecnológico. O fato de haver um órgão federal dentro do parque reforça o compromisso do desenvolvimento da região focado também na agricultura e pecuária, dando mais oportunidades de articulação com as universidades e empresas que possam atuar nesse segmento. Soma-se ao fato que a Região Metropolitana de Sorocaba tem ampliado cursos universitários e pesquisas agrícolas.

Dessa maneira, reunimos condições propícias para que a Embrapa Hortaliças desenvolva um posto avançado em pesquisa de olericultura, uma vez que reunimos aqui grande concentração de produtores em olericultura.

Os desafios da valorização imobiliária

O *Anteprojeto da Embrapa para criação de um Centro Nacional de Olericultura,* escrito em 1976, já alertava:

> "Boa parte da produção de hortaliças é feita por agricultores que não são proprietários das terras em que trabalham. É também notório que a olericultura sempre se localizou em áreas próximas a núcleos populacionais onde a valorização das terras apresenta índices elevados em vista da expansão contínua das áreas urbanas" (EMBRAPA, 1976, p. 65).

Passados mais de 40 anos do Anteprojeto da Embrapa alertando que a produção olerícola geralmente se localizava próxima aos núcleos populacionais, justamente onde a valorização da terra apresentava forte elevação, a situação parece não ter se alterado. Dessa forma, continuam grandes os entraves para a manutenção do setor agrícola, notadamente a olericultura da Região Metropolitana de Sorocaba (RMS) frente ao crescente processo de urbanização que, dentre outros impactos, contribui para a valorização da terra tornando o rendimento da agricultura pouco atraente face aos ganhos com investimentos imobiliários.

Portanto, para as próximas décadas, um dos grandes desafios será manter não só terras agrícolas férteis e produtivas na RMS que, sabidamente dentro do Estado de São Paulo, constituem-se numa das áreas mais produtivas, mas também manter e ampliar seu valor agregado. E isso não se fará sem políticas públicas direcionadas e grande potencial de pesquisa.

Segundo os dados do Censo Agrícola de 2015, a área plantada na RMS atingiu 646,23km^2 ou aproximados 5,57% de seu extenso território de 11.612,33km^2. Quando se compara a área plantada e a produção em 2014, observam-se bons indicadores com um crescimento de 20,9% da área plantada, aumentando de 534,6km^2 para 646,23km^2 (mais 111,63km^2) e a produção agrícola se elevando de 1.030.244 para 1.172.369 toneladas ou mais 13,8% com destaque para a produção de milho.

Importante registrar o Valor Bruto da Produção (VBP) da olericultura em 2015 que alcançou R$1.775.502.034,71. Cabe destacar que apenas 6 itens, como a alface, batata (da seca e águas), beterraba, cenoura, chuchu e repolho representaram 58,5% do VBP agrícola.

A partir de dados do Censo Agrícola do IBGE e dos levantamentos realizados pelo Instituto de Economia Agrícola do Estado de São Paulo por meio do Escritório de Desenvolvimento Rural (EDR) de Sorocaba, contando com 19 cidades que o integram (Alumínio, Araçariguama, Araçoiaba da Serra, Boituva, Cabreúva, Capela do Alto, Ibiúna, Iperó, Itú, Mairinque, Piedade, Pilar do Sul, Porto Feliz, Salto, Salto de Pirapora, São Roque, Sorocaba, Tapiraí e Votorantim) foi possível trazer para discussão, ainda que de modo preliminar, o comportamento do preço da terra durante o período de 1995 a 2016, ou seja, uma série histórica de 21 anos seguidos, convertida em valores constantes pelo INPC/IBGE e também pelo dólar americano médio divulgado pelo Banco Central do Brasil (BCB).

GRÁFICO 1 - SÉRIE HISTÓRICA EM REAIS, VALORES REAIS* MÉDIOS DO HECTARE DE TERRA AGRÍCOLA TIPO "TERRA DE CULTURA DE SEGUNDA"**; EDR SOROCABA (19 CIDADES)

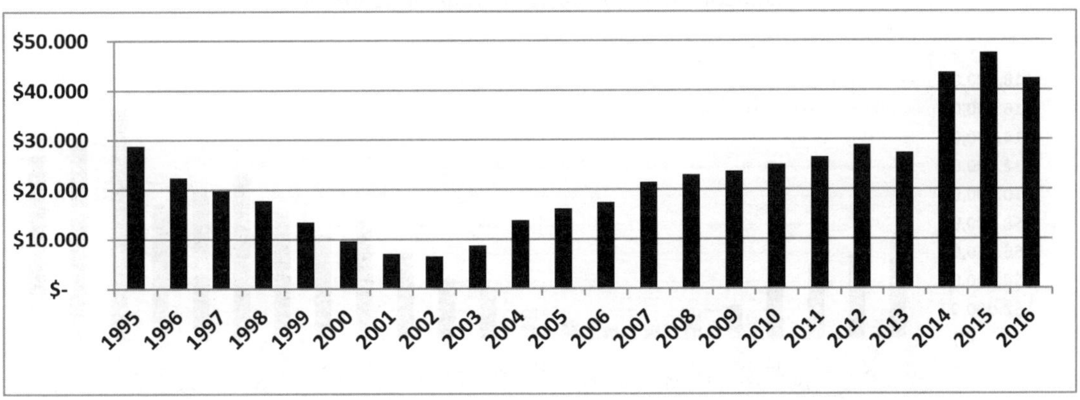

FONTE: IEA-SP. ELABORAÇÃO DOS AUTORES. *INPC DE DEZEMBRO/2016. **"TERRA DE CULTURA DE SEGUNDA": APESAR DE POTENCIALMENTE APTA PARA CULTURAS ANUAIS E PERENES E PARA OUTROS USOS, APRESENTA LIMITAÇÕES BEM MAIS SÉRIAS DO QUE A TERRA DE CULTURA DE PRIMEIRA. PODE APRESENTAR PROBLEMAS DE MECANIZAÇÃO, DEVIDO À DECLIVIDADE ACENTUADA. PORÉM, O SOLO É PROFUNDO, BEM DRENADO, DE BOA FERTILIDADE, NECESSITANDO, ÀS VEZES, DE ALGUM CORRETIVO.

O Gráfico 1 demonstra o acelerado processo de valorização da "terra de cultura de segunda" nas cidades do EDR de Sorocaba (valor médio da terra) a partir de 2002, medido pela variação do INPC (base 2016) ainda que, entre 2015 e 2016, houve um pequeno recuo diante da maior recessão que o Brasil enfrentou em sua história com uma queda acumulada do PIB superior a -7,26%.

Assim, o valor do hectare de terra saltou de R$6.479 para R$42.361 por hectare ou valorização real acumulada de 553,8%, equivalente a 14,35% ao ano.

Já o Gráfico 2 também demonstra o processo de valorização da terra de segunda nas cidades do EDR de Sorocaba (valor médio da terra) a partir de 2002 medido pela variação do dólar americano (base 2016), sendo que o valor do hectare de terra saltou de US$876,42 para US$12.956,02 por hectare ou valorização acumulada em moeda estrangeira de 1.378,2% equivalente a 21,21% ao ano.

Aplicando-se os rendimentos acumulados da caderneta de poupança no mesmo período (2002 a 2016) sobre o valor do hectare de R$6.479,00, encontramos um rendimento acumulado (ou valorização) de 187,34%, equivalente a 7,83% ao ano, o que elevaria o valor estimado para R$18.617,09.

GRÁFICO 2 - SÉRIE HISTÓRICA EM DÓLARES AMERICANOS* DO HECTARE DE TERRA AGRÍCOLA TIPO "TERRA DE CULTURA DE SEGUNDA"

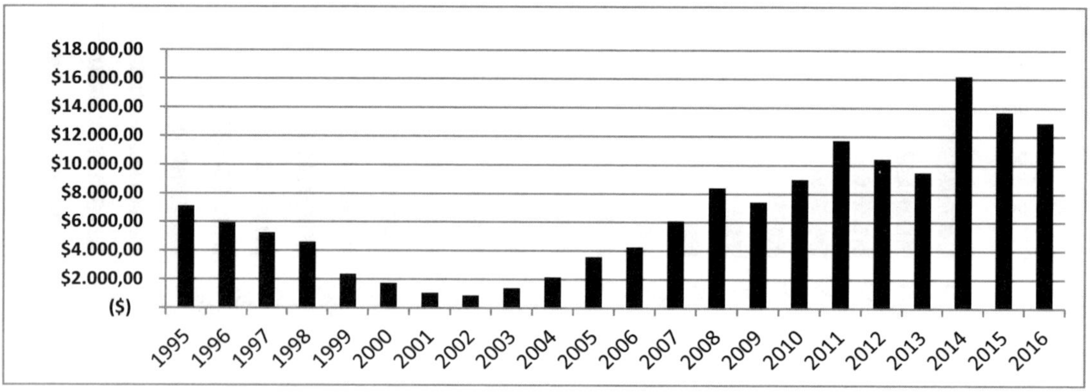

FONTE DOS DADOS BRUTOS: EDR SOROCABA/SP — IEA (19 CIDADES). ELABORAÇÃO DOS AUTORES. *DÓLAR DE VENDA ÚLTIMO DIA ÚTIL DE JUNHO.

Logo, a valorização anual da terra pelo INPC, de 14,35%, superou em 1,8 vezes o investimento mais tradicional e isento de imposto de renda do mercado financeiro brasileiro, a caderneta de poupança, com valorização anual de 7,83% e, ainda, quando comparado em dólar americano, foi 2,7 vezes maior do que os rendimentos da poupança.

Tal fenômeno de elevada valorização da terra está diretamente relacionado com os apontamentos teóricos de sua utilização como ativo especulativo de reserva de valor combinada com a produção de bens agropecuários.

É sabido que o mercado de terras no Brasil começou a ser constituído no final do século XIX, em 1850, com a Lei de Terras. Conforme Plata (2001, p. 43), este mercado de terras veio "tornando-se dinâmico com a modernização da agricultura, porém com a participação de poucos agentes, o que permitiu a consolidação de uma estrutura agrária concentrada, marcada pela extrema desigualdade na distribuição da terra".

Ainda, de acordo com Plata (2001, p. 65), "o preço da terra no Brasil está fortemente marcado pela capitalização de suas rendas futuras obtidas com sua utilização na produção de bens agropecuários e na atividade especulativa como ativo de reserva de valor".

Para Plata (2001, p. 68):

> "A terra rural pode ser caracterizada como um ativo que ao mesmo tempo é de capital e líquido, negociada em uma estrutura de mercado flexível (*flex price*), ou seja, seu preço está determinado pela dinâmica da demanda e da oferta, porém, em razão da oferta de terras ser considerada fixa, o preço de mercado estará determinado pela dinâmica da demanda. As expectativas dos proprietários podem fixar a quantidade de terra a ser negociada, mas são as expectativas dos compradores quanto aos ganhos futuros com o uso da terra que determinarão o preço".

No desenvolvimento de sua teoria, Plata (2001, p. 68) referencia-se em Reydon (1992) para fundamentar que a determinação do preço da terra leva em consideração quatro atributos capitalizados, como a quase-renda produtiva, o custo de manutenção, o prêmio de liquidez da terra e o ganho patrimonial gerado pela terra.

Segundo Reydon (1992), assim como para todos os ativos, o preço da terra rural é determinado pelos ganhos esperados para os quatro atributos capitalizados: $P = q - c + I + a$, onde: q representa quase-rendas produtivas esperadas decorrentes da propriedade da terra. O valor deste atributo depende dos ganhos esperados com a produção agrícola e da possibilidade de outros ganhos decorrentes da propriedade da terra, tais como: os do crédito ou de subsídios agrícolas.

c: Custo de manutenção. São os custos esperados para manter a terra no portfólio do agente, isto é, todos os custos não produtivos da terra tais como:

custos de transação, provisão para financiamento quando este é utilizado para a aquisição da terra, impostos e taxas decorrentes da propriedade.

l: Prêmio de liquidez da terra. Refere-se à relativa facilidade de venda da terra no futuro e depende, portanto, das expectativas formadas pelos agentes em relação ao mercado de terras. É maior na medida em que a economia cresce e a demanda por ativos de capital aumenta ou há um incremento na demanda por ativos líquidos e as expectativas do comportamento de outros ativos líquidos não são tão promissoras quanto às da terra.

a: Ganho patrimonial da terra. Este fluxo de renda é obtido no momento da venda da terra e depende, portanto, das condições do mercado. Este atributo é normalmente incluído em *q*, mas neste caso é importante considerá-lo separadamente, pois muitos compradores adquirem terras visando este ganho. Um exemplo disso é a compra de terras na fronteira, que não apresentam rendimento produtivo para um prazo econômico, realizada com o objetivo explícito de obter ganhos na revenda.

Plata (2001, p. 191) assevera em sua tese que:

> "O preço da terra é uma síntese de suas características produtivas e especulativas, dentro de um determinado espaço geográfico, refletindo a situação de sua estrutura de mercado, que está determinada pelo seu entorno socioeconômico e político. Este preço guia os agentes econômicos particulares que atuam no mercado de terras, são referência para o governo em seus programas de democratização e tributação da terra rural e são utilizados pela instituição de crédito como um parâmetro para determinar a hipoteca da terra e para direcionar crédito rural".

Portanto, segundo Plata (2001, p. 193), a evolução no preço da terra no Brasil entre as décadas de 50 e 90 "foi fortemente influenciada pela modernização da agricultura e pela instabilidade econômica que avivou expectativas otimistas de ganhos de uso especulativo da terra quando a inflação ainda estava crescendo e vice-versa".

No caso da RMS, observa-se que não só a modernização da agricultura, mas as expectativas otimistas de ganhos de uso especulativo e imobiliário da terra continuam cada vez mais presentes com o crescimento das cidades e também com a procura de áreas para a instalação de empresas ou loteamentos e condomínios de final de semana para a população da Região Metropolitana de São

Paulo, visto que a RMS está distante apenas 110 quilômetros em linha reta, considerando seu centro geográfico entre os limites das cidades de Sarapuí, Araçoiaba da Serra e Salto de Pirapora e a Catedral da Sé em São Paulo.

Analisando os dados coletados pelo EDR de Sorocaba quanto ao valor da terra nua, foi possível construir o Gráfico 3, que demonstra a diferença de valor da terra segundo qualidade do solo. São classificadas as terras de cultura de primeira, de segunda, terra de pastagem, terra de reflorestamento e terra de campo. Tendo como referência a terra de primeira (base 100%), observa-se respectivamente uma redução do valor do hectare em -15,61%, -30,44%, -40,79% e -55,15%.

GRÁFICO 3 - VALOR MÉDIO DO HECTARE (R$) DE TERRA POR TIPO DE TERRA E DESVALORIZAÇÃO (%) EM RELAÇÃO À "TERRA DE PRIMEIRA" (JUNHO DE 2016)

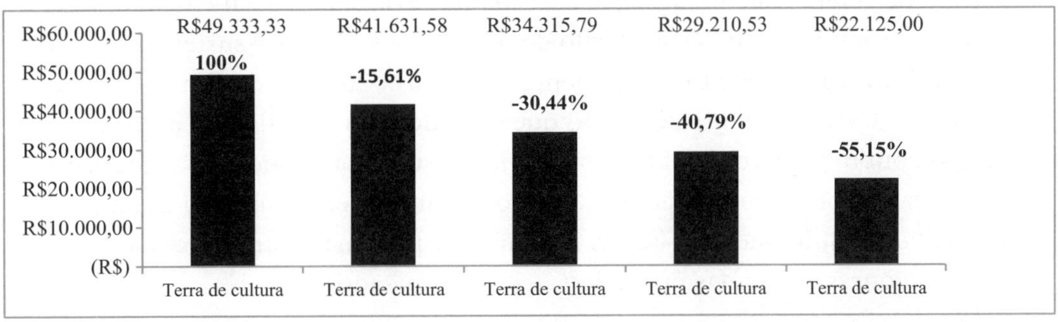

FONTE: EDR SOROCABA — IEA (19 CIDADES). ELABORAÇÃO DOS AUTORES.

Não foi possível aferir se nas áreas pesquisadas há correlação entre o preço da terra em função de sua classificação qualitativa e sua proximidade dos centros urbanos.

Retornando à análise do Gráfico 1, também se observa que o preço médio da terra de segunda no ano de 1995, da ordem de R$28.794 (em reais de 2016), caiu até R$6.479 em 2002, quando o Brasil passava por crise política, com impactos na economia pela transição de governo e presidência do PSDB para o PT, ou seja, de Fernando Henrique Cardoso para Luís Inácio Lula da Silva. Após esse período os preços médios do hectare começam a retomar e, entre 2011 e 2014, recuperam e passaram seu patamar de 1995.

Assim, há um novo salto de valores entre 2015 e 2016, saindo do patamar de R$28.000 por hectare para quase 50% a mais, na ordem de R$47.491 em 2015 e pequeno recuo em 2016 para R$42.361, cujas explicações ou hipóteses ainda precisam ser investigadas. Contudo, este processo ocorre justamente durante a crise que culminou no impeachment da presidente Dilma Rousseff, aceleração da inflação, da dívida pública e recessão histórica entre 2014 e 2017, com queda acumulada do PIB superior a -7,26%.

Dessa maneira, uma das soluções que se vislumbra para que o setor fique menos refém da acelerada valorização e especulação imobiliária passa por promover a agregação de valor dos produtos agrícolas produzidos na nossa Região Metropolitana de Sorocaba e isso só será possível com intensa pesquisa seja sobre produtos e no entendimento das cadeias produtivas locais com a aplicação de políticas públicas consistentes.

Dentre as estratégias para agregar valor ao produto, um caminho necessário é o avanço mais rápido da Agricultura de Precisão (AP), entendida como "um sistema de gerenciamento agrícola baseada na variação espacial e temporal da unidade produtiva e visa ao aumento de retorno econômico, à sustentabilidade e à minimização do efeito ao ambiente" (BRASIL, 2012, p. 6). Em outras palavras, a AP é um sistema de gestão que considera a variabilidade espacial do campo com o objetivo de obter um resultado sustentável social, econômico e ambiental, reforçando a visão de cadeia de conhecimentos na qual máquinas, aplicativos e equipamentos são ferramentas que podem apoiar essa gestão. Visa que as lavouras e sistemas produtivos sejam otimizados.

Para que tal desafio se torne realidade, o envolvimento de todos os atores se faz necessário: poder público, entidades do setor, universidades, institutos de pesquisa como a própria Embrapa, bancos de fomento (como BNDES, Banco do Brasil e Caixa Econômica Federal), dentre outros, são fundamentais para que os avanços sejam concretos e contínuos.

Conclusão

O novo rural se caracteriza por mesclar características da modernidade como acesso às telecomunicações e facilidades de transporte bem como vivenciar a complexidade e a oferta de bens e serviços do complexo urbano, pelo próprio avanço da área urbana até suas divisas não só possibilitando, mas, até mesmo obrigando-o, por força das circunstâncias, a conviver e a lidar com tal situação. Cada vez mais, a visão idílica do rural é fato passado.

Mas há aqueles, que vivendo na complexidade e na frieza de uma macrometrópole, encontram em áreas rurais, através das suas moradias de "refúgio" ou de lazer, senão o idílico do rural, mas, ao menos, uma almejada "paz possível" face à dureza e complexidade do tecido urbano macrometropolitano e, ainda sem perder o acesso, dada a proximidade, de todos os benefícios urbanos que, em termos de escala, só são viáveis em complexos metropolitanos.

Mas o rural, assim como o setor industrial, tem um pé no século XXI, mas também o pé no século XVIII. Ao mesmo tempo temos modernidade nas ações agrícolas, mas encontramos também populações agrícolas cujas características de pobreza e vulnerabilidade social estão presentes. Desta forma, ganham relevância as ações fixadoras do homem no campo, não só desenvolvendo sua autoestima por morar no local (*sense of place*) como também é função dos agentes públicos implantar uma política agrícola que faça da área rural um ambiente tão agradável e de aspirações pessoais quanto o é o mito da "cidade" como sinônimo do moderno. Eis o desafio que o município de Sorocaba se impôs através da Lei 11.479/2016 e que, como experiência piloto, poderá ser expandida para toda a Região Metropolitana de Sorocaba.

Um dos maiores desafios que se impõe a "fixação do homem no campo" para nossa região metropolitana e que o Anteprojeto da Embrapa para a criação do Centro de Pesquisa em Olericultura já apontava em seu estudo, é que os produtores em produtos olerícolas, normalmente estão próximos a áreas urbanas, e configura-se como uma das principais ameaças à continuidade da sua produção, a valorização imobiliária.

A posse da terra na nossa região metropolitana tem se configurado uma excelente opção de reserva de valor. Voltando à teoria ricardiana da renda diferencial, pode-se afirmar empiricamente[18], que para os agricultores familiares que não possuem a sua posse, cada novo condomínio de lazer ou de "refúgio", dada a escassez de terras, acaba gerando uma renda diferencial, afinal, dada a escassez, a locação fica mais cara, equivalendo-se não ao custo adicional de tratar uma terra menos fértil, conforme apontava Ricardo, mas sim porque aumentou a dificuldade de se obter terra semelhante para a produção.

Por outro lado, os próprios proprietários que ainda atuam na agricultura avaliam diariamente o custo de oportunidade em continuar produzindo ou vender a terra que vem se valorizando, criando não só um estoque de capital para a sua subsistência, como, dependendo do tamanho da propriedade, criar um capital capaz de gerar certa segurança financeira intergeracional.

18 Eis aqui uma boa opção de pesquisa.

Assim, reveste-se de importância capital que as nossas universidades, faculdades, Parque Tecnológico, e, por que não, uma Embrapa Hortaliças na Região Metropolitana de Sorocaba, ainda que seja um posto avançado, ou uma unidade de transferência de tecnologia para podermos potencializar o valor agregado da produção agrícola, que na Região Metropolitana de Sorocaba e no abastecimento do Estado de São Paulo, tem importância capital.

Só "fixaremos o homem no campo" se a atividade agrícola for tão lucrativa quanto usar a terra para especulação imobiliária, ou, ao menos, que seja de valor próximo. Para isso, será necessário agregar valor ao produto e isso se faz através da pesquisa que amplie a qualidade, a produtividade, os canais de distribuição, a cadeia produtiva como um todo.

Soma-se a essas questões a dicotomia cultural e preconceituosa de que ser urbano é ser moderno, ser rural é ser "atrasado", "jeca", "caipira", "grosseiro", sem sofisticação, preconceito ainda fantasmagórico que ronda muitas cabeças, inclusive, dentro das próprias famílias dos agricultores.

Vencer essa barreira cultural, resgatando o orgulho de ser moderno no campo, fazer da área rural um ambiente tão rico ou mais rico, dada a proximidade com a natureza, aumentando a autoestima de viver no local (*sense of place*), dotar de infraestrutura básica que dote o ambiente rural das facilidades urbanas e que a sua falta não seja um preço a pagar pela opção de ser "rural, reduzir o custo de oportunidade das famílias agrícolas fazendo com que a atividade agrícola seja economicamente tão interessante quanto vendê-la ou se tornar empreendedor imobiliário, impõe-se como um dos desafios de uma política pública agrícola moderna, em uma região metropolitana como a nossa.

Vencer esses desafios será fundamental para preservar o abastecimento, a segurança alimentar e a qualidade ambiental da nossa região metropolitana. Olvidar essas peculiares características da nossa região ou sermos omissos nas políticas públicas que as levem em consideração, ao contrário, acelerarão a sua extinção.

Referências Bibliográficas

BRASIL. Ministério da Agricultura, Pecuária e Abastecimento. Portaria nº 852 — Art. 1º Criar a Comissão Brasileira de Agricultura de Precisão — CBAP. *Diário Oficial da República Federativa do Brasil*. Brasília, DF, 21 set. 2012. Seção 1, n. 184. Disponível em: <http://www.cnpt.embrapa.br/biblio/do/p_do42.htm>.

________. *Agricultura de precisão:* resultados de um novo olhar. Alberto Carlos de Campos Bernardi [*et al.*], editores técnicos. Brasília, DF: Embrapa, 2014. Disponível em: <https://www.macroprograma1.cnptia.embrapa.br/redeap2>.

EMPRESA BRASILEIRA DE PESQUISA AGROPECUÁRIA. *Anteprojeto para a Implantação do Centro nacional de Pesquisa de Olericultura*. Brasília: Embrapa, 1976.

________. *Proposta de Transformação da UEPAE de Brasília em Centro Nacional de Pesquisa em Olericultura*. Brasília: Embrapa, 1981.

FIBGE — Fundação Instituto Brasileiro de Geografia e Estatística. *Censos Agropecuários de 1996 e 2006*. Rio de Janeiro: FIBGE, vários anos.

________. *Produção Agrícola Municipal de 1991 e 2006*. Rio de Janeiro: FIBGE. Disponível em: <www.ibge.gov.br>.

INSTITUTO DE ECONOMIA AGRÍCOLA — IEA. *Estatísticas da Produção Paulista*. Disponível em: <http://ciagri.iea.sp.gov.br/nia1/subjetiva.aspx?cod_sis=1&idioma=1>.

KAYSER, Bernard. *La renaissancerurale:* sociologie des campagnes du monde occidental. Paris: Armand Colin, 1990.

MOREIRA, Erika Vanessa; HESPANHOL, Rosângela A. de Medeiros. O perfil produtivo diversificado e a força do rural na MRG de Piedade/SP1. *V Encontro de Grupo de Pesquisa: Agricultura, Desenvolvimento Regional e transformações socioespaciais*. Grupo de Pesquisa em Educação e Território. Universidade Federal de Santa Maria. 2009. Disponível em: <http://w3.ufsm.br/gpet/engrup/vengrup/anais/6/erika_vanessa_moreira_GEDRA.pdf>.

PLATA, Ludwig Einstein Agurto. *Mercado de terras no Brasil:* gênese, determinação de seus preços e políticas. 215 f. Tese (Doutorado em Economia). Instituto de Economia, Universidade Estadual de Campinas — Unicamp, Campinas. 2001.

RIBEIRO, F. C. *et al. Elementos da Economia Agrícola e Olericultura da Região Metropolitana de Sorocaba:* Um celeiro produtivo e farto para pesquisas. Sorocaba: 2017a, 49 p.

RIBEIRO, F. C. Indicadores comparados da produção agrícola da região metropolitana de Sorocaba: seus municípios, emprego, renda e capital humano. *Anais do XV Ciclo de Debates em Economia Industrial, Trabalho e Tecnologia*. São Paulo/SP: EEIT-PUC-SP, 2017b.

________. Das coalizões advocatórias às coalizações defensivas: uma análise da forma de administração condicionada pela dimensão dos municípios. *Revista de Estudos Universitários*. Sorocaba-SP, v. 30, n. 2, p. 63-76, 2004.

RICARDO, David. *Princípios de Economia Política e Tributação*. Trad. Paulo Henrique Ribeiro Sandroni. São Paulo: Nova Cultural, 1996.

ROGERS, Zoey; BRAGG, Elizabeth. The Power of Connection: Sustainable Lifestyles and Sense of Place. *Ecopsychology*. New Rochelle/USA, v. 4, n. 4, p. 307-318, 2012.

SÃO PAULO (Estado). Secretaria de Agricultura e Abastecimento. Coordenadoria de Assistência Técnica Integral — CATI. *O Programa Estadual de Microbacias melhora sua vida:* experiências de sucesso. São Paulo, CATI (CD-ROM), 2008.

______. Secretaria de Agricultura e Abastecimento. Coordenadoria de Assistência Técnicas Integral-CATI. *Preço de Terras Agrícolas*. Escritório de Desenvolvimento Regional de Sorocaba – EDR. Disponível em: <http://www.iea.agricultura.sp.gov.br/out/precosdeterraagricolas.php>.

SEABRA, Manoel. *Vargem Grande:* organização e transformações de um setor do cinturão-verde paulistano. São Paulo: Instituto de Geografia/Universidade de São Paulo, 1971.

SOROCABA. Lei Municipal 11.479, de 27 de dezembro de 2016. Dispõe sobre as diretrizes da Política Municipal Agrícola e dá outras providências. Disponível em: <https://leismunicipais.com.br/a1/sp/s/sorocaba/lei-ordinaria/2016/1148/11479/lei-ordinaria-n-11479-2016-dispoe-sobre-as-diretrizes-da-politica-municipal-agricola-e-da-outras-providencias?q=11479>. Acesso em: 29 abr. 2018.

UENO, Lídia Hathue. *O deslocamento do cinturão verde de São Paulo no período de 1973 a 1980.* Piracicaba, 1985. Dissertação (Mestrado em Agronomia), Escola Superior de Agricultura, Universidade de São Paulo. 193 f.

WANDERLEY, Maria de Nazaré Baudel. A emergência de uma nova ruralidade nas sociedades modernas avançadas: o "rural" como espaço singular e ator coletivo. *Estudos Sociedade e Agricultura*. 15, out. 2000: 87-145.

OS CONCEITOS DE AGRICULTURA DE PRECISÃO (AP): EVOLUÇÃO, CONTEXTOS E APLICAÇÕES

Miguel Augusto Rodrigues Silva[1]
João Batista Pamplona[2]
Ana Carolina Aguiar Penha[3]

Resumo

A agricultura de precisão é talvez a principal tecnologia de intensificação da produção que tende a anular o *tradeoff* entre sustentabilidade e produtividade. A singularização das medidas agronômicas resulta em alta densidade informacional, que permite reduzir o desgaste dos meios de produção, o uso de insumos, os custos de produção e o impacto ambiental, enquanto maximiza os resultados das glebas da unidade de produção. Não há, contudo, um único conceito que contemple de forma pacífica suas características e nuances. Há conceitos correspondentes a diversas aplicações e contextos. Este trabalho de cunho teórico busca caracterizar a evolução do conceito, seus respectivos contextos e suas principais variações e aplicações, resultando em um quadro com os conceitos mais adequados para cada contexto.

---

1 Mestrando do Programa de Pós-Graduação em Economia Política da Pontifícia Universidade Católica de São Paulo (PUC-SP).

2 Professor do Programa de Pós-Graduação em Economia Política da Pontifícia Universidade Católica de São Paulo (PUC-SP) e do Programa de Pós-Graduação em Administração da Universidade Municipal de São Caetano do Sul (USCS).

3 Mestre pelo Programa de Pós-Graduação em Economia Política da Pontifícia Universidade Católica.

Palavras-chave: Agricultura de Precisão; Sustentabilidade Agropecuária; Produtividade Agropecuária; Manejo Sítio-Específico; Máquinas e Implementos Agrícolas.

Introdução

Em resposta à crescente demanda por alimentos no mundo (FAO, 2017; ALEXANDRATOS; BRUINSMA, 2012; FOLEY *et al.*, 2011), há duas maneiras de aumentar sua produção: pelo aumento da área disponível ou da produtividade das lavouras (ACEVEDO, 2011, p. 156). A abordagem extensiva é geralmente dominante enquanto há terras disponíveis e, especialmente ao longo do século XX, foi associada a práticas agrícolas uniformes (BONGIOVANNI; LOWENBERG-DEBOER, 2004, p. 361), potencializadas pela revolução verde (1960-1980)[4] e, em certa medida, pela revolução genética (desde 1990) (GUTMAN; ROBERT, 2013, p. 170). Uma das principais componentes da revolução verde é a mecanização, cuja disseminação foi crescente desde o início do século XX e que impactou positivamente na produtividade em decorrência do progresso técnico (CHAVAS, 2001, p. 266).[5] Pertencente a um paradigma tecnoeconômico anterior, das tecnologias de produção em massa (PÉREZ, 2002, p. 14), de modo mais ou menos paulatino, foram emergindo desvantagens e problemas do paradigma da revolução verde, abordagem que desde o surgimento da sustentabilidade como pauta vem sendo desencorajada por organizações governamentais, não governamentais e internacionais. Em paralelo e a princípio marginalmente, têm sido desenvolvidas "práticas de intensificação sustentável" (LEITE *et al.*, 2014, p. 422), com potencial de mitigar e eventualmente eliminar o *tradeoff* entre sustentabilidade e produtividade, o que estaria em harmonia com o objetivo 2.4 da Agenda 2030:

> "(...) Garantir sistemas sustentáveis de produção de alimentos e implementar práticas agrícolas resilientes, que aumentem a produtividade e a produção, que ajudem a manter os ecossistemas, que fortaleçam a capacidade de adaptação às mudanças climáticas, às condições meteorológicas

4 Caracterizada por agricultura de grande escala, com mecanização, uso de agroquímicos e culturas geneticamente uniformes.

5 Evidentemente, houve implicações de suma importância no emprego agrícola e mesmo na estrutura fundiária, mas que não estão no escopo deste artigo.

extremas, secas, inundações e outros desastres, e que melhorem progressivamente a qualidade da terra e do solo (ONU, 2015)".

Essas práticas têm sido potencializadas ao interagir com as Tecnologias de Informação e Comunicação (TICs), que definem o quinto paradigma tecnoeconômico, caracterizado por inovações radicais, como microeletrônica a preços baixos, computadores, softwares, instrumentos de controle, biotecnologia auxiliada por computador, novos materiais, que criaram ou redefiniram setores a partir das telecomunicações e infraestruturas (cabos, fibras ópticas, rádio e satélites, internet, redes de eletricidade de múltiplas fontes e uso flexível, ligações de transporte físico de alta velocidade) (PÉREZ, 2002, p. 14–15). Nesse processo, as TICs deram origem e emprestaram seu nome a uma terceira revolução na agricultura, iniciada aproximadamente em 2001 (GUTMAN; ROBERT, 2013, p. 170).

Na confluência entre mecanização e TICs é que se dá o advento da Agricultura de Precisão (AP) (PAMPLONA; SILVA, 2017, p. 8–9), com potencial aumento da produtividade, da eficiência (HOPKINS; RODRIGUES; RINALDI, 2013, p. 79) e da intensificação sustentável (LEITE *et al.*, 2014, p. 422). Ainda no período inicial da discussão acadêmica já se identificava a abundância de definições de AP (GRAP, 2018), um conceito em evolução, para a qual vem crescendo o entendimento sobre o que ela possibilita (MCBRATNEY *et al.*, 2005, p. 7–8). Para tanto, novos aspectos vêm sendo agregados desde seu advento, de modo a cobrir as inovações resultantes das interações entre a atividade agrícola e as possibilidades advindas do desenvolvimento das TICs; ao mesmo tempo, também é necessário identificar suas características distintivas em relação a outras interações entre tecnologias agropecuárias e TICs, de modo a delimitar sua abrangência atual e futura, considerando tecnologias ainda inexistentes.

Para além da perspectiva de um único conceito em evolução, adota-se aqui o pressuposto de que um conceito único totalizante não seria conveniente nem desejável — talvez impossível. Isso porque a interação das possibilidades tecnológicas com as condições tanto edafoclimáticas e de cultivo em escala local como organizacionais e institucionais em nível local até nacional podem originar aplicações específicas e condicionadas às necessidades de cada parte interessada no uso da AP.

Com isso, a partir de uma revisão de literatura, propõe-se discutir a evolução do conceito, apresentando seus principais elementos, variações, contextos e aplicações, a serem consolidados em um quadro com exemplos que servirá como referência para formar o conceito mais adequado para determinado contexto.

No que se refere aos aspectos metodológicos, foi realizada a busca documental tanto em bases de dados de artigos revisados por pares, como a Scopus e a Web of Science, como em bases de dados e documentos governamentais de países (Argentina, Brasil, Austrália, Estados Unidos) e organizações internacionais selecionadas (União Europeia e Cepal). A partir disso, foram coligidas e debatidas as diversas definições, em busca de seus elementos constitutivos, dos atores interessados e também dos diversos contextos em que o conceito se apresenta.

Aspectos históricos e teóricos da agricultura de precisão

A Agricultura de Precisão (AP) não é um conceito que possa ser dito em disputa, mas cuja diversidade de abordagens salta aos olhos ao contato com a literatura. As discussões em geral são breves, em que se apresentam alguns elementos principais suficientes para lidar com determinado problema proposto. Entretanto, a evolução do conceito apresenta uma tendência relativa à justaposição de novos elementos por motivos diversos que serão explorados adiante.

As origens da ideia de AP passam pelo conceito de manejo sítio-específico de cultura (*site-specific crop management*), com o qual frequentemente se confunde (MIEZA *et al.*, 2016, p. 158; WEIRICH NETO; SVERZUT; SCHIMANDEIRO, 2006, p. 338; BERRY *et al.*, 2003, p. 337). Ele pode ser entendido como práticas agronômicas (inclusive aplicação de recursos) realizadas de modo a corresponder à sua variação espacial dentro do campo, inclusive solo, pragas e a própria cultura (ALESSO *et al.*, 2012, p. 86; CASSMAN, 1999, p. 5957) e permite a identificação de regiões (zonas de manejo) dentro da área delimitada pelas fronteiras do campo (PERALTA; COSTA, 2013, p. 218).

O manejo sítio-específico não é algo novo na agricultura (BONGIOVANNI; LOWENBERG-DEBOER, 2004, p. 361; STAFFORD, 2000, p. 267); entretanto, Whelan e Taylor (2013, p. 7) apontam ensaios sobre o tema desde o início do século XVIII, enquanto outros autores (DEMATTÊ *et al.*, 2014, p. 111; BERNARDI; INAMASU, 2014, p. 22) indicam como primeiro registro histórico de conhecimento da variabilidade, em que Linsley e Bauer em 1929 prescreveram um mapa de acidez de solo para aplicação de calcário em um campo experimental em Illinois, Estados Unidos. De qualquer modo, há consenso de que era algo praticado antes do advento do maquinário moderno, quando o agricultor oferecia tratamento diferenciado em resposta a qualquer variação observada no solo. Os mesmos autores indicam que essa prática foi relegada durante a ascensão da mecanização no século passado, favorecendo a padronização e a massificação na aplicação de insumos. Provavelmente por essas razões, McBratney *et al.* (2005, p. 8) preferem incluir a decisão humana sem mediação ao não especificar nenhuma tecnologia. Para Nowak (1997, p. 399), esta seria uma versão *soft*, em que as decisões dependeriam da observação visual da cultura e do solo com base na experiência e na intuição. Haveria assim outra *hard*, viabilizada pela interação de maquinário e implementos com as TICs, originando ferramentas específicas que oferecem dados a análises estatísticas e científicas (LOWENBERG-DEBOER; SWINTON, 1997, p. 371); isso proporciona não apenas maior detalhamento das descontinuidades presentes nas lavouras, mas singularização na decisão e na prática agronômica, agora em grande escala.

Bongiovanni e Lowenberg-DeBoer (2004, p. 360-1) e também García e Flego (2008, p. 99) incorporam outras dimensões à tomada de decisão quando afirmam se tratar de fazer a coisa certa (decisão), do jeito certo (técnica) e no momento certo (tempo). Outra definição de AP destaca a delimitação de unidades reduzidas de terra e tempo, as externalidades de rede associadas e principalmente as "decisões corretas" (MCBRATNEY *et al.*, 2005, p. 8), também chamadas de "postura gerencial" (INAMASU *et al.*, 2011, p. 18) ou "estratégia gerencial de evolução contínua", para a qual se ressalta a importância do aprendizado e do conhecimento na aplicação de insumos e recursos (WHELAN; TAYLOR, 2013, p. 1-2). Independentemente de um conceito de manejo sítio-específico *ipsis litteris* ou não, todas essas dimensões ressaltam a complexidade de uma forma de gerenciamento que abandona as prescrições agronômicas pela média, dando lugar às particularidades identificadas em cada zona de manejo, em cada cultura e em cada momento dos ciclos da agricultura.

Tendo em vista a versão *hard* de manejo sítio-específico, vale detalhar como são obtidos os dados para as análises, com base em uma classificação do impacto das TICs na produção agropecuária (Figura 1).

FIGURA 1 - MODELO PARA EXAMINAR OS EFEITOS DAS TICS NA AGRICULTURA

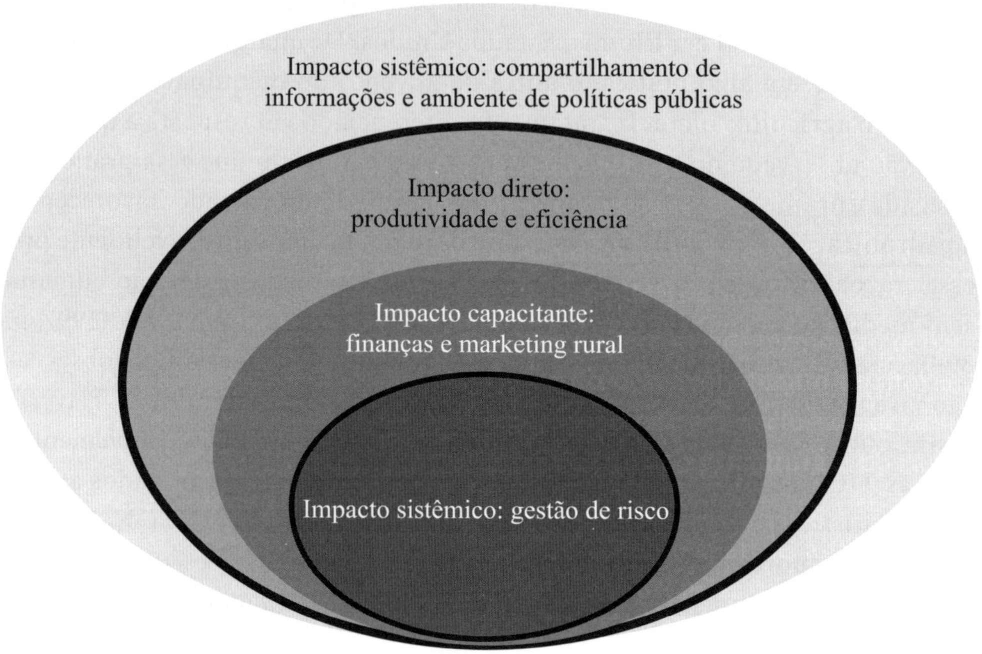

FONTE: ADAPTADO DE HOPKINS, RODRIGUES E RINALDI (2013, P. 79).

Desses, dois tipos de impacto estão mais relacionados com as variabilidades elencadas acima e com o aumento da produtividade, quais seguem:

- Impacto sistêmico | Gestão de riscos: monitoramento ambiental e de suprimento alimentar, previsão do tempo, alertas e rastreabilidade.
- Impacto direto | Produtividade e eficiência: AP e irrigação de precisão, controle de infestações e pestes e gestão agropecuária.

O encadeamento específico entre eles ocorre da seguinte forma: as ferramentas de gestão de riscos oferecem dados e informações que servem de insumo para os sistemas conectados diretamente à atividade produtiva, proporcionando maior eficiência, e a coleta de novas informações que retroalimentam as primeiras ferramentas. A AP seria fruto da combinação de aplicação de diferentes tecnologias e todas essas combinações estão inter-relacionadas (MONDAL; BASU; BHADORIA, 2011, p. 50). Entretanto, ela aparece aqui restrita ao impacto direto, ou seja, apenas como aumento da produtividade e os insumos informacionais para o seu funcionamento, que lidam com as diversas variabilidades, como impacto sistêmico. Em alguns conceitos de manejo sítio-específico/AP é possível observar que algumas dessas atividades de impacto sistêmico são incorporadas (OROZCO; LLANO R., 2015, p. 106; US HOUSE OF REPRESENTATIVES, 1997, p. 3-4).

Há quem considere, entretanto, o manejo sítio-específico um caso particular da AP (PERALTA; COSTA, 2013, p. 218; WHELAN; TAYLOR, 2013, p. 2; ALESSO *et al.*, 2012, p. 86; MOLIN *et al.*, 2012, p. 1257). A AP seria um sistema de manejo, a tal "postura gerencial" para a propriedade como um todo (BERNARDI; INAMASU, 2014, p. 21-22; ROMERO; ARAQUE; FORERO, 2008, p. 14-15; US HOUSE OF REPRESENTATIVES, 1997, p. 3). Cassman (1999, p. 5957) ressalta que pode haver duas formas de aplicar a AP: uniformemente em um campo no momento e no local certos em determinada operação de campo ou envolver, aí sim, manejo sítio-específico, levando em conta as variações de solo, cultura e pragas. Em oposição a essa visão sistêmica da AP, seria o conjunto de ferramentas e tecnologias que automatizam o manejo e viabilizam-no para a agricultura comercial ao incluir práticas que utilizam TICs (DEMATTÊ *et al.*, 2014, p. 111; MAPA, 2013, p. 1; BONGIOVANNI; LOWENBERG-DEBOER, 2004, p. 361), aumentando a base de informação e conhecimento para sua realização (OROZCO; LLANO R., 2016, p. 106; ROMERO; ARAQUE; FORERO, 2008, p. 14-15). A intersecção entre as definições estaria na mobilização de recursos cognitivos e/ou tecnológicos a fim de mitigar incertezas decorrentes da variabilidade espacial, temporal e de cultura nas decisões de manejo. Considerando então a AP como distinta do manejo sítio-específico, seu advento teria ocorrido em outro momento, nos anos 1980 e sua popularização nos anos 1990, em que houve maior desenvolvimento de tecnologias de aquisição de informações agronômicas (DEMATTÊ *et al.*, 2003, p. 730). Fica ainda em aberto a caracterização das variabilidades espacial, temporal e de cultura, unidades básicas para as práticas de AP, tratadas até aqui muito superficialmente. A primeira é:

> "(...) Resultado de uma complexa interação de fatores, tais como, biológico (micróbios, vermes etc), edáfico (salinidade, matéria orgânica, nutrientes etc), antrópico (atividades humanas, compactação do solo devido a máquinas agrícolas), topografia (relevo, elevação) e climático (umidade relativa, temperatura etc) (RABELLO; BERNARDI; INAMASU, 2014, p. 49)

A variável tempo quando aparece nos conceitos na AP dá margem para uma série de contradições e mal-entendidos. Pode ser:

- Contínuo:
  - "Longo prazo" (US HOUSE OF REPRESENTATIVES, 1997, p. 3): observado por uma análise comparada de sua adoção com relação a um período anterior quanto à eficiência produtiva, válida para avaliar políticas ou a implementação da AP em um número grande de propriedades.
  - "Tempo real" (ROMERO; ARAQUE; FORERO, 2008, p. 14-5): depende da conectividade no campo em cada região que se analisa, permite que os dados sejam analisados imediatamente após sua coleta, podendo assim reduzir o período necessário para que sejam considerados na tomada de decisão.
- Discreto:
  - "Momento certo" (BONGIOVANNI; LOWENBERG-DEBOER, 2004, p. 360-1): trata-se da análise do momento mais conveniente de aplicação da medida agronômica, de acordo com as outras variabilidades (de cultura e espacial).
  - "Decisões corretas por unidade de tempo" (MCBRATNEY *et al.*, 2005, p. 8): expande a ideia de "momento certo", tendo em vista o potencial da tecnologia de suporte à decisão e de autonomia na tomada de decisão, também dependente da infraestrutura de conexão.

O termo "guarda-chuva" *precision farming* inclui o manejo de lavouras, campos e animais (EIP-Agri, 2015, p. 4) ou, além disso, pode abranger também irrigação, silvicultura, fruticultura, zootecnia e aquicultura, proporcionando um "manejo que tome proveito das características e potencialidades do grupo, subgrupo ou indivíduo dentro da cultura" (INAMASU *et al.*, 2011b, p. 18). Há ainda quem fale em conservação de precisão, que considera as variabilidades espaciais e temporais em sistemas naturais e agrícolas a partir de um conjunto de tecnologias e procedimentos ligados a variáveis mapeadas com o objetivo de implementar uma gestão da conservação (BERRY *et al.*, 2003, p. 332).

QUADRO 1 - QUADRO DE PRODUTOS E SERVIÇOS DE AGRICULTURA DE PRECISÃO CLASSIFICADOS POR TIPO DE IMPACTO

IMPACTO DIRETO	IMPACTO SISTÊMICO
Monitores de plantio, produtividade, colheita e animais individuais	Sistemas de satélite por GPS/GISS e imageamento
Piloto automático: guiado por satélite ou por mapas de solo	Amostragem e mapeamento de condutividade elétrica, composição do solo, produtividade, colheita etc.
Implementos e máquinas de dosagem variável: irrigação, plantio, colheita e alimentação animal	Controle seletivo de pragas
Correções e prescrições por gleba ou orientado por satélite	Veículos aéreos não tripulados (VANTs, drones)
Softwares de suporte à decisão e prescrição de práticas agronômicas por glebas específicas	Sensoriamento remoto de e telemetria: temperatura, umidade e gotejamento
	Softwares de transmissão em tempo (quase) real e integração de dados

FONTE: ELABORAÇÃO PRÓPRIA, COM BASE EM HOPKINS, RODRIGUES E RINALDI (2013, P. 79), SCARAMUZZA, VÉLEZ E VILLAROEL (2016, P. 17), EIP-AGRI (2014, P. 4) E US HOUSE OF REPRESENTATIVES (1997, P. 3-4).

O potencial de redução do impacto ambiental positivo tem sido observado desde o início dos estudos sobre AP e incorporado nas diversas definições (GRAP, 2018; MAPA, 2013, p. 1; OROZCO; LLANO R., 2016, p. 106; ROMERO; ARAQUE; FORERO, 2008, p. 14-15; BONGIOVANNI; LOWENBERG-DEBOER, 2004), uma vez que reduz o consumo de combustíveis, água, energia, alimento e o impacto no solo, bem como racionaliza o uso de insumos, especialmente daqueles que geram resíduos e contaminação (fertilizantes e agrotóxicos, por exemplo) (PAMPLONA; SILVA, 2017, p. 8-9). Isso pode ser resumido a uma tendência de mitigar o *tradeoff* entre sustentabilidade e produtividade agropecuária (US HOUSE OF REPRESENTATIVES, 1997, p. 3), inclusive potencializando áreas antes pouco produtivas (PAMPLONA; SILVA, 2017, p. 8-9), estando assim incluída no rol de práticas de intensificação sustentável (LEITE; BATALHA, 2016, p. 661; LEITE *et al.*, 2014). Bernardi e Inamasu (2014, p. 21-2) adicionam explicitamente o tripé (ou 3 Ps) da sustentabilidade: social (*people*), econômico (*profit*) e ambiental (*planet*) (ELKINGTON, 2004, p. 1 e ss) — aos objetivos e resultados da AP.

As combinações das tecnologias de AP são responsáveis por seis principais setores: sistema de posicionamento, sensoriamento remoto, mapeamento de colheita, sensoriamento e análise de solo e cultura, tecnologias de taxa variável, transmissão de informação (MONDAL; BASU; BHADORIA, 2011, p. 50 e ss.). O Quadro 1, por outro lado, propõe uma classificação com base no tipo de impacto das tecnologias na produção, conforme discussão acima.

Discussão de resultados

A literatura consultada sugere a possibilidade de montar diferentes conceitos conforme o contexto para o seu uso a partir de elementos considerados modulares. Evidentemente, as categorias não seriam todas necessárias nem todos os elementos de cada uma das categorias devem ser utilizados conjuntamente para compor determinado conceito. Seguem elencadas abaixo as categorias e seus elementos:

- **Captação de informações:** a forma pela qual o decisor coleta e reúne as informações para fazer:
  - *Soft:* observação visual da cultura e do solo com base na experiência e na intuição. De grande densidade de conhecimento tácito, seu interesse é histórico para a AP ou para tratar de comunidades de agricultura familiar ou de subsistência que desenvolveram seu uso.
  - *Hard:* interação de maquinário e implementos com as TICs, originando ferramentas específicas que oferecem dados a análises estatísticas e científicas. É possível que a maioria dos conceitos de AP se utilize deste elemento, que tende a um nível muito alto de conhecimento codificado.
- **Tipos de impacto na produção agropecuária:** relacionados com AP como sistema de gestão (abaixo):
  - Direto/Eficiência: a AP sempre inclui este tipo de impacto, pois seu uso pressupõe a busca por maior eficiência por parte do produtor. Restringir a AP ao impacto direto enfatiza a visão de que se trata de um conjunto de tecnologias, não um sistema de manejo (este seria o manejo sítio-específico), que interessa mais a pesquisadores que

estejam estudando variabilidades de solo e especificidades do uso da tecnologia.

- Sistêmico/Risco: pode ser justaposto ou oposto ao impacto direto. Quando justaposto, é parte de uma AP como sistema de gestão agropecuária (ver abaixo). Como oposto, a AP é um conjunto de tecnologias que aumenta a eficiência e que geram informações para sistemas de gestão agropecuária que lhe são externas, cujo uso ulterior orientaria a aplicação da AP (ver abaixo).

- **AP = manejo sítio-específico:** insere-se na discussão de se o manejo sítio-específico é elemento definidor da AP ou não. Das perspectivas histórica e gerencial da propriedade agropecuária, é possível verificar que o manejo sítio-específico era uma forma anterior às TICs, que trouxeram um conjunto de tecnologias para potencializá-lo. Como não era muito disseminada até então, a diferenciação entre manejo sítio-específico e AP pode não ser tão frutífera para estudos das técnicas e tecnologias posteriores, bem como das determinantes e dos efeitos de sua adoção, a não ser que se busque discriminar a forma de pensar o manejo do uso da tecnologia disponível para tanto.
  - Sim: não se admite outra forma de gestão de AP que não o manejo sítio-específico, ou seja, qualquer outra forma instrumentalizaria as tecnologias utilizadas na AP para realizar outra forma de agricultura.
  - Não: o manejo sítio-específico aqui é um dos componentes possíveis da gestão agropecuária, provavelmente aquele próprio da AP, um conjunto de tecnologias que o viabiliza em grande escala; seriam admitidas assim outras formas de gestão, como a massificada, mas garantindo uma quantificação correta para as diversas medidas agronômicas.
- **AP = sistema de gestão:**[6] relacionado com tipos de impacto (acima):
  - Sim (inovação organizacional): uma visão mais ampla, que inclui o cruzamento de dados e a tomada de decisão, a fim de mitigar os riscos e incertezas relacionados com a atividade agropecuária, que

6 A taxonomia do *Manual de Oslo para Inovação* oferece elementos adicionais para entender essa categoria: "An innovation is the implementation of a new or significantly improved product (good or service), or process, a new marketing method, or a new organisational method inbusiness [sic] practices, workplace organisation or external relations". (OECD, 2005, p. 46)

podem ser feitos por entes privados (geralmente, o grande produtor) ou públicos (servindo a todos os produtores de uma região de modo mais ou menos simétrico). Interessa mais aos acadêmicos e às instituições de pesquisa agropecuária que estudam o impacto desse tipo de gestão na propriedade, bem como às empresas que desenvolvem máquinas e insumos.

- Não: conjunto de tecnologias, focado na adoção de cada uma delas sozinhas ou sequencialmente, o que pode ocorrer de forma bastante dessincronizada, mas também aos fabricantes de maquinários e implementos.
  - Inovação de processo: para o produtor rural.
  - Inovação de produto/serviço: para fabricantes e concessionários de máquinas e implementos agrícolas.

- **Variabilidade:**
  - Espacial:
    - Biológico (micróbios, vermes etc).
    - Edáfico (salinidade, matéria orgânica, nutrientes etc).
    - Antrópico (atividades humanas, compactação do solo devido a máquinas agrícolas).
    - Climático (umidade relativa, temperatura etc).
  - Temporal: é possível que a abordagem por sistema de gestão ou tecnologia específica obrigue ao uso de uma destas formas.
    - Contínuo:
      - Longo prazo: aprofundamento e ao uso do histórico de dados disponíveis para a propriedade de modo a obter maior consistência na tomada de decisão de um ciclo ao outro, o que cabe em um estudo de nível de adoção dentro de uma propriedade, que pode interessar aos pesquisadores e também aos entes governamentais, na tentativa de avaliar quais são os ganhos econômicos e ambientais.
      - Tempo real: depende de uma infraestrutura adequada ao uso de tecnologias de precisão, o que ainda não é uma realidade consolidada, mas que está sob estudo por universidades e centros de pesquisa.

- Discreto:
    - Momento certo: as tecnologias permitem encontrar momentos superiores para a aplicação de determinadas medidas agronômicas.
    - Decisões corretas por unidade de tempo: a abundância informacional permite maximizar as decisões corretas a cada período, no entanto, sua mensuração é questionável.
- Cultura: podem receber nomes particulares, como fruticultura/viticultura, pecuária, silvicultura e piscicultura de precisão.
    - Grãos.
    - Frutas.
    - Pecuária.
    - Florestas.
    - Outras culturas perenes.
    - Peixes.

- **Sustentabilidade:**
    - Sim: tendência à eliminação do *tradeoff* entre sustentabilidade e produtividade, o que interessa a agentes públicos e privados que desejem incentivar ou pressionar os produtores nesse sentido ou na construção de políticas públicas em que a AP seja parte constitutiva. Pode incluir modalidades com implicações específicas de sustentabilidade como conservação e irrigação de precisão, esta última com ênfase no uso da água. A maioria dos estudos tende a ir nesse sentido.
    - Não: sua importância é marginal para o produtor, por aspectos de negócio, pessoais ou por pressão regulatória do Estado.

A partir da combinação desses elementos, são propostos a título de exemplo os seguintes conceitos, aplicáveis a certos contextos, agentes ou enfoques:

1. Produtores rurais: sistema de gestão da propriedade que oferece suporte e prescrição de medidas agronômicas tendo em vista as variabilidades espacial, temporal e de cultura, inclusive o momento certo de executá-las, de modo a aumentar os rendimentos de glebas menos produtivas e otimizar o consumo de insumos.

2. Tipo de impacto: conjunto de tecnologias de impacto direto na produção agropecuária que, a partir do conhecimento das variações espaciais e temporais, permite aumentar o número de decisões corretas por unidade de tempo e, no limite, prescrever medidas agronômicas em tempo real, tanto no sentido de aumento da produtividade como da otimização no consumo de insumos.
3. Acadêmico, para estudos comparativos entre tecnologias de manejo massificado (pelos valores médios) e por sítio-específico: conjunto de tecnologias que viabiliza o manejo sítio-específico de diversas culturas, atingindo assim maior produtividade com menor impacto ambiental.
4. Enfoque na sustentabilidade para políticas públicas: sistema de manejo da propriedade que considera as variações espacial e temporal relacionadas com a produção e permite no longo prazo maximizar a produtividade com otimização concomitante do consumo de recursos e outras externalidades positivas para o meio ambiente, instrumentado por um conjunto de tecnologias que incorporam as TICs à mecanização.

Conclusão

Foram apresentados quatro arranjos conceituais possíveis de AP a partir dos elementos encontrados na literatura que mostra a evolução desse conceito. Não foi proposta nenhuma conceituação definitiva, mas a discussão de suas possibilidades, considerando as ocasiões de uso e os agentes envolvidos. Seja como sistema de gestão agropecuária ou como conjunto de tecnologias, a AP tem mudado muito desde seu advento e, por essa razão, sua definição certamente apresentará brechas e/ou limitações, mas ao mesmo tempo essa flexibilidade permite abranger tecnologias, procedimentos e partes interessadas.

A AP teria passado por ideias como "tecnologias de taxa variável", "sistemas de condução de veículos", "mapeamento de colheita" e estaria caminhando em direção à qualidade de produtos e gestão ambiental. É possível observar um itinerário que parte de uma percepção concentrada em tecnologias físicas (no sentido de NELSON; SAMPAT, 2001) para outra mais social e holística, que considera a interação da tecnologia com outros elementos da atividade agrícola.

Referências Bibliográficas

ACEVEDO, M. Interdisciplinary progress in food production, food security and environment research. *Environmental Conservation*, 2011. v. 38 n. 2, p. 151-171. doi: 10.1017/S0376892911000257.

ALEXANDRATOS, N.; BRUINSMA J. World agriculture towards 2030/2050: the 2012 revision. *ESA Working Paper*. n. 12-03. Roma: FAO, 2012. doi: 10.1016/S0264-8377(03)00047-4.

ALESSO *et al*. Variabilidad espacial de atributos químicos y físicos en un suelo de la pampa llana Santafesina. *Ciencia del Suelo*, 2012. v. 30, n. 1, p. 85-93. Disponível em: <http://www.scielo.org.ar/scielo.php?script=sci_arttext&pid=S1850-206720120001 00009>. Acesso em: 14 maio 2018.

BERNARDI, A. C. C.; INAMASU, R. Y. Agricultura de precisão. In: BERNARDI, A. C. C. *et al*. (eds.). *Agricultura de precisão:* resultados de um novo olhar. Brasília: Embrapa, 2014a, p. 21-33. Disponível em: <https://goo.gl/slXnrg>. Acesso em: 24 nov. 2016.

BERRY, J. K. *et al*. Precision conservation for environmental sustainability. *Soil and Water*, 2003. v. 58, n. 6, p. 332-339. Disponível em: <http://www.innovativegis.com/ basis/present/JournalSWC_2003/Prec_con_FinalDraft%287%291.pdf>. Acesso em: 14 maio 2018.

BONGIOVANNI, R.; LOWENBERG-DEBOER, J. Precision agriculture and sustainability. *Precision agriculture*, 2004. v. 5, p. 359-387. doi: 10.1023/B:PRAG.0000040806.39604.aa.

CHAVAS, J. P. Structural change in agricultural production: economics, technology and policy. In: GARDNER, B. L.; RAUSSER, G. C. (eds.). *Handbook of Agricultural Economics:* Agricultural Production, v. 1A. Amsterdam: North Holland, 2001, p. 263-285.

CIRANI, C. B. S. *et al*. Uma análise de inovação a partir do estudo da adoção e uso de tecnologias de agricultura de precisão na indústria sucroalcooleira paulista. *Revista de Administração e Inovação*, 2010. v. 7, n. 4, p. 186-205. doi: 10.5585/RAI.2010690.

DEMATTÊ, J. A. M. *et al*. Precision agriculture for sugarcane management: a strategy applied for Brazilian conditions. *Acta Scientiarum*. Agronomy, 2014, v. 36, n. 1, p. 111-117. doi: 10.4025/actasciagron.v36i1.17664.

________. Soil chemical alterations promoted by fertilizer application assessed by spectral reflectance. *Soil Science*, 2003, v. 168, p. 10, p. 730-747. doi: 10.1097/01.ss.0000095146.68539.09.

EIP-AGRI (European Innovation Partnership, Agricultural Productivity and Sustainability). *EIP-Agri Focus Group Precision Farming, Final Report*, nov. 2015. Disponível em: <https://ec.europa.eu/eip/agriculture/en/publications/eip-agri-focus- group-precision-farming-final>. Acesso em: 29 abr. 2018.

ELKINGTON, J. Enter the triple bottom line. In: HENRIQUES, A., RICHARDSON, L. (eds.). *The triple bottom line:* does it all add up? New York/Oxfordshire: Routledge, 2004, p. 1-16.

FAO, Food and Agriculture Organization. *The future of food and agriculture:* trends and challenges. Roma: FAO/ONU, 2017. E-book.

FOLEY, J. A. *et al*. Solutions for a cultivated planet. *Nature*, 2011. v. 478, n. 7.369, p. 337-42. doi: 10.1038/nature10452.

GARCÍA, E., FLEGO, F. Agricultura de Precisión. *Revista Ciencia y Tecnología* (Universidad de Palermo), 2008. n. 8, p. 99-116. Disponível em: <http://www.palermo.edu/ingenieria/downloads/pdfwebc&T8/8CyT12.pdf>. Acesso em: 14 maio 2018.

GRAP, Grup de Recerca en AgròTICa i Agricultura de Precisió. *Precision agriculture definitions*, 2018. Disponível em: <http://www.grap.udl.cat/en/presentation/pa_definitions.html>. Acesso em: 10 maio 2018.

GUTMAN, G. E., ROBERT, V. ICTs and information management (IM) in commercial agriculture: contributions from an evolutionary approach. In: RODRIGUES, M.; RODRÍGUEZ, A. (orgs.). *Information and communication technologies for agricultural development in Latin America:* trends, barriers and policies. Santiago: ECLAC, 2013. p. 157-204. Disponível em: <https://www.cepal.org/en/publications/35400-information-and-communication-technologies-agricultural-development-latin-america>. Acesso em: 29 abr. 2018.

HOPKINS, R.; RODRIGUES, M.; RINALDI, M. Trends and potential uses of ICTs in Latin American and the Caribbean agriculture. In: RODRIGUES, M.; RODRÍGUEZ, A. (orgs.). *Information and communication technologies for agricultural development in Latin America:* trends, barriers and policies. Santiago: ECLAC, 2013. p. 77-156. Disponível em: <https://www.cepal.org/en/publications/35400-information-and-communication-technologies-agricultural-development-latin-america>. Acesso em: 29 abr. 2018.

INAMASU, R. Y. *et al.* Introdução: Agricultura de Precisão para a sustentabilidade de sistemas produtivos do agronegócio brasileiro. In: INAMASU *et al.* (eds.). *Agricultura de precisão:* um novo olhar. São Carlos: Embrapa Instrumentação, 2011. p. 14-26.

LEITE, A. E.; BATALHA, M. O. Agricultura sustentável e cooperativismo: quais ligações possíveis? *Interciencia*, 2016. v. 41, n. 10, p. 660-7. Disponível em: <http://www.redalyc.org/html/339/33947690002/>. Acesso em: 29 abr. 2018.

LEITE *et al.* Agricultural production and sustainable development in a Brazilian region (Southwest, São Paulo State): motivations and barriers to adopting sustainable and ecologically friendly practices. *International Journal of Sustainable Development & World Ecology,* 2014. v. 21, n. 5, p. 422-9. doi: 10.1080/13504509.2014.956677.

LOWENBERG-DEBOER, J.; SWINTON, S. Economics of site-specific management in agronomic crops. In: PIERCE, F. J.; SADLER, E. J. (eds.). *The state of site-specific management for agriculture.* Madison (EUA): American Society of Agronomy, 1997, p. 369-396. doi: 10.2134/1997.stateofsitespecific.c16.

MAPA — Ministério da Agricultura, Pecuária e Abastecimento. *Agenda estratégica agricultura de precisão 2014–2030.* Brasília: MAPA/ACS, 2014. Disponível em: <http://www.agricultura.gov.br/assuntos/sustentabilidade/tecnologia-agropecuaria/agricultura-de-precisao-1/arquivos-de-agricultura-de-precisao/agenda-estrategica-do-setor-de-agricultura-de-precisao.pdf>. Acesso em: 29 abr. 2018.

MCBRATNEY, A. B. *et al.* Future directions of precision agriculture. *Precision Agriculture*, 2005. v. 6, p. 7-23. doi: 10.1007/s11119-005-0681-8.

MIEZA, M. S. *et al.* Delineation of site-specific management units for operational applications using the topographic position index in La Pampa, Argentina. *Computers and Electronics in Agriculture*, 2016. v. 127, p. 158-167. doi: 10.1016/j.compag.2016.06.005.

MOLIN, J. P. *et al.* Yield mapping, soil fertility and tree gaps in an orange orchard. *Revista Brasileira de Fruticultura*, 2012. v. 34, n. 4, p. 1256-1265. doi: 10.1590/S0100-29452012000400035.

MONDAL, P.; BASU, M.; BHADORIA, P. B. S. Critical review of precision agriculture technologies and its scope of adoption in India. *American Journal of Experimental Agriculture*, 2011. v. 1, n. 3, p. 49-68. doi: 10.9734/AJEA/2011/155.

NELSON, R. R.; SAMPAT, B. N. Making sense of institutions as a factor shaping economic performance. *Journal of Economic Behavior & Organization*, 2001. v. 44, p. 31-54. Disponível em: <https://papers.ssrn.com/sol3/papers.cfm?abstract_id= 251482>. Acesso em: 29 abr. 2018.

NOWAK, P. A sociological analysis of site-specific management. In: PIERCE, F. J.; SADLER, E. J. (eds.). *The state of site-specific management for agriculture*. Madison (EUA): American Society of Agronomy, 1997, p. 397-422. doi: 10.2134/1997.stateofsitespecific.c17.

OECD — Organisation for Economic Co-operation and Development. *Oslo Manual:* guidelines for collecting and interpreting innovation data. 3. ed. Paris: OECD Publishing, 2005. doi: 10.1787/199.

OROZCO, Ó. A.; LLANO R. G. Sistemas de información enfocados en tecnologías de agricultura de precisión y aplicables a la caña de azúcar, una revisión. *Revista Ingenierías Universidad de Medellín*, 2016. v. 15, n. 28, p. 83-102. doi: 10.22395/rium.v15n28a6.

ONU — Organização das Nações Unidas. *Plataforma Agenda 2030*. Disponível em: <http://www.agenda2030.org.br/ods/2/.2015>. Acesso em: 6 maio 2018.

PAMPLONA, J. B.; SILVA, M. A. R. Adoção e difusão da agricultura de precisão na América do Sul: o estado da arte em Argentina, Brasil e Colômbia. Preparado para o *Congresso 2018 da Latin American Studies Association (LASA)*, Barcelona, Espanha, 23-26 maio 2018.

PERALTA, N. R.; COSTA, J. L. Delineation of management zones with soil apparent electrical conductivity to improve nutrient management. *Computers and Electronics in Agriculture*, 2013. v. 99, p. 218-226. doi: 10.1016/j.compag.2013.09.014.

PÉREZ, C. *Technological revolutions and financial capital:* the dynamics of bubbles and golden ages. Cheltenham (Reino Unido)/Northampton (EUA): Edward Elgar, 2002. E-book.

RABELLO, L. M.; BERNARDI, A. C. C.; INAMASU, R. Y. Condutividade elétrica aparente do solo. In: BERNARDI, A. C. C. *et al.* (eds.). *Agricultura de precisão:* resultados de um novo olhar. Brasília: Embrapa, 2014. p. 48-57. Disponível em: <https://goo.gl/slXnrg>. Acesso em: 24 nov. 2016.

ROMERO, H. M.; ARAQUE, L.; FORERO, D. La agricultura de precisión en el manejo del cultivo de la palma de aceite. *Palmas*, 2008. v. 29, n. 1. Disponível em: <https://publicaciones.fedepalma.org/index.php/palmas/article/view/1330>. Acesso em: 29 abr. 2018.

SCARAMUZZA, F.; VÉLEZ, J. P.; VILLAROEL D. Adopción de la agricultura de precisión en Argentina: evolución en los principales segmentos. In: BRAGACHINI, M. (ed.). *Recopilación de presentaciones técnicas:* 15º Curso Internacional de Agricultura y Ganadería de precisión con agregado de valor de origen. Manfredi (Argentina): INTA, 2016. p. 16-21.

STAFFORD. J. V. Implementing precision agriculture in the 21st century. *Journal of Agricultural Engineering Research*, 2000. v. 76, p. 267-275. doi: 10.1006/jaer.2000.0577

US HOUSE OF REPRESENTATIVES. *Precision Agriculture Research, Education, and Information Dissemination Act of 1997*. Disponível em: <https://www.govtrack.us/congress/bills/105/hr725>. Acesso em: 9 maio 2018.

WEIRICH NETO, P. H.; SVERZUT, C. B; SCHIMANDEIRO, A. Necessidade de fertilizante e calcário em área sob sistema plantio direto considerando variabilidade espacial. *Revista Brasileira de Engenharia Agrícola e Ambiental*, 2006. v. 10, n. 2, p. 338-343. doi: 10.1590/S1415-43662006000200013.

WHELAN, B.; TAYLOR, J. *Precision agriculture:* for grain production systems. Collingwood (Austrália): CSIRO, 2013.

ESTIMAÇÃO DE DEMANDA DOS AMBIENTES REGULADO E LIVRE DO MERCADO DE ENERGIA ELÉTRICA BRASILEIRO

Lucas Thixbai Freitas Fraga[1]
Francisco Gildemir Ferreira da Silva[2]

Resumo

O setor de eletricidade separou os ambientes de negociação de preços de prestação de serviços de energia em regulado e não regulado e estruturou uma agenda de leilões de energia renovável. Isso modificou a dinâmica do setor, o que vem sendo estudado no mundo, mas com pouco aprofundamento para o caso brasileiro. Assim, este artigo tem o intuito de formalizar os cenários de consumo dos dois ambientes do mercado de energia elétrica brasileiro via estimação de demandas para os dois ambientes, de forma a verificar as elasticidades preço e renda de longo prazo, utilizando dados recentes e uma metodologia específica de modelos de estimação de demanda. A partir dos resultados obtém-se padrões de comportamento setorial, úteis para proposições de políticas públicas no setor de energia elétrica do Brasil.

Palavras-chave: Elasticidades Preço e Renda; Mercados de Energia; Função de Produção Cobb-Douglas.

Introdução

O setor elétrico brasileiro tem como mais recente marco legal de sua estrutura moldada na reforma setorial ocorrida em 2004, que tinha como objetivos "garantir a segurança no suprimento; promover a modicidade tarifária; e promover a inserção social, em particular pelos programas de universalização" (ANEEL, 2008). Esta reforma trouxe como uma das suas principais características a convivência entre agentes públicos e privados no mercado de energia, ficando a cargo do governo federal o papel de regulador e planejador central da expansão do parque gerador brasileiro. Foram criados também dois ambientes de contratação de eletricidade: o Ambiente de Contratação Livre (ACL), onde se encontram os maiores demandantes de energia elétrica (demanda igual ou superior a 500kW para consumidor especial e 3.000kW para consumidor livre), e o Ambiente de Contratação Regulado (ACR), estando nele a maioria dos consumidores de energia do país (composto pelo mercado residencial, alguns setores comerciais e industriais, setor rural e setor público).

O objetivo deste trabalho é estimar as funções de demanda para os mercados livre e regulado, para o caso brasileiro, obtendo as respectivas elasticidades preço e renda para verificar o comportamento do consumo e identificar informações convenientes para a tomada de decisões dos agentes do setor, dada a mudança estrutural descrita no primeiro parágrafo. Serão usadas técnicas econométricas que objetivam solucionar problemas de endogeneidade existente em modelos outrora propostos.

O trabalho está dividido em itens da seguinte forma: sequencialmente, uma breve análise da evolução dos preços e consumo nos dois ambientes será feita, assim como variáveis de renda e preços de bens eletrointensivos; o item que segue mostrará a metodologia e forma de estimação aqui empregada; na quarta parte faremos a estimação da demanda por energia elétrica em ambos os casos; por fim, serão expostas as conclusões e comentários acerca dos resultados obtidos e que indicam elasticidades preço e renda, tanto para o ACR como para o ACL como sendo inelásticas, convergindo com os resultados de outros trabalhos que caracterizam o comportamento do setor.

Aspectos teóricos e comportamento de variáveis setoriais

A estrutura do setor elétrico no período recente foi alterada por duas grandes reformas ocorridas em 1998 e 2004. A primeira reforma, de caráter desburocratizador, tinha a proposta de dar competitividade ao setor, tirando das mãos do governo o peso de planejar e executar a expansão, geração, transmissão e distribuição de eletricidade de forma verticalizada. Dessa forma, ampliando a concorrência, reduzindo os preços e gerando eficiência. Foram adotadas medidas de privatização de estatais através da alteração do marco regulatório de forma a incluir a participação de empresas de capital privado. As atividades de geração, transmissão e distribuição foram desverticalizadas, onde o monopólio natural a ser regulado estaria presente somente na transmissão. Os preços estariam de acordo com as especificidades da área de atuação de uma determinada concessionária de energia, assim como a estrutura de seus custos. Foi criado também o mercado livre de energia, para consumidores que utilizavam a partir de 3000MW. Criou-se a ANEEL (Agência Nacional de Energia Elétrica), responsável por fiscalizar os atos do setor elétrico. Entretanto, por problemas na hidrologia dos reservatórios, ineficácia no planejamento do processo de privatizações e incapacidade financeira de se expandir a oferta de energia (devido ao acordo com o FMI para solução da moratória, feito à época), ocorreu o que ficou hoje conhecido como a crise do "apagão".

A segunda reforma, feita em 2004, foi chamada por Costa (2016) de a "reforma da reforma", o novo governo implantou a Lei 10.848/04 como novo marco regulatório do setor, baseando-se na modicidade tarifária, segurança do suprimento de energia e estabilidade no marco regulatório, expandindo assim os acessos à rede elétrica. Dessa forma, a nova regulamentação permitiu a atuação de agentes públicos e privados no mesmo ambiente; estruturou normas de contratação de energia nova, através de leilões; definiu a existência de dois ambientes de contratação (ACR e ACL); estimulou a participação de formas de energia alternativa; e criou a CCEE (Câmara de Comercialização de Energia Elétrica), em substituição ao Mercado Atacadista de Energia. Foram criadas também a EPE (Empresa de Planejamento Energético), que faz estudos de viabilidade para a construção de novas usinas utilizados na ampliação da capacidade de geração do setor; e o CMSE (Comitê de Monitoramento do Setor Elétrico), de forma a garantir a segurança no suprimento. A origem destas instituições se deu no intuito de garantir ao Estado o papel de planejador e regulador central, de forma a evitar os mesmos erros cometidos no período do "apagão".

Após as reformas ocorridas, podemos enunciar a dinâmica dos mercados regulado e livre através dos seguintes fatos estilizados:

1. Elasticidades preço da demanda de curto prazo relativamente baixas.
2. Aumento da renda dos cidadãos e nível de atividade econômica correlacionados com um aumento no uso de aparelhos eletrointensivos.
3. Demanda por eletricidade no setor regulado relativamente estável ao longo dos últimos anos.
4. Perspectivas de mudanças na matriz energética e apelo social por uma base limpa e renovável refletidas diretamente nas expectativas dos agentes.

Diante da nova estrutura institucional formada pelo marco do setor, eventuais choques institucionais terão impacto menor na flutuação das variáveis em estudo para o período em questão. Isso posto, é fundamental que se inicie esta análise pelo ACR, se tratando do ambiente com maior número de consumidores. Os preços são administrados pela união e seguem uma tendência de variação rígida, sendo delimitados através de despachos junto à agência reguladora. A própria composição dos preços pelas comercializadoras de energia não é igual devido a uma série de fatores. Segundo Ramos, Brandão e Castro (2012), "haveria homogeneidade nos preços cobrados pelas distribuidoras se suas condições de atuação fossem análogas umas às outras". Dentre as diferenças entre os comercializadores, destacam-se: o preço diferente da energia comprada por elas; desigual volume de investimentos em ativos fixos por consumidor; índices de perdas e inadimplência distintos; díspar proporção de subsídios cruzados na região de concessão; e custos operacionais específicos. Ainda em Ramos, Brandão e Castro (2012), a estrutura tarifária determinada pela ANEEL é decomposta em: custos não gerenciáveis, que não estão sob controle da distribuidora e são repassados diretamente às tarifas, sendo basicamente composta pela compra de energia, pagamento dos serviços de transmissão de energia a longa distância e encargos setoriais; custos gerenciáveis, nos quais a distribuidora tem poder de alterá-los (sua produtividade e eficiência são fundamentais), subdividindo-se entre custos operacionais e remuneração dos investimentos; e componentes financeiros, dentre os quais entram os subsídios.

Uma série de medidas buscaram a redução nos preços de energia de forma a reduzir os custos de produção das firmas e estimular o produto interno do país. Uma dessas intervenções, a Medida Provisória 579, adotada em janeiro do ano de 2013, que alterou tarifas de geração e transmissão de energia (CASTRO *et al.*, 2011) e forçou artificialmente a redução de preços no mercado regulado de energia, surge como exemplo de um esforço do governo no sentido de alterar a dinâmica conjuntural do mercado. A proposta estabelecia a renovação de concessões, embora, em contrapartida, seria determinada a redução imediata das receitas das empresas, além de redução de tributos, caracterizando uma medida insustentável, durando até o fim do ano seguinte, quando os preços dispararam.

Na Figura 1 observa-se a variação do consumo no mercado regulado de energia (ACR). Como dito anteriormente, o consumo se mantém com um comportamento rígido ao longo do tempo. Verifica-se que pelo preço existe um aumento no período recente, explicado basicamente pelo aumento do uso de térmicas, que possuem um custo mais elevado de produção de energia, além da reposição de perdas das distribuidoras devido à MP 579. A variação trimestral é explicada pela sazonalidade no consumo de energia ao longo de um único ano. Os períodos de verão no último e no primeiro semestre de cada ano sugere um aumento de energia devido ao emprego de aparelhos consumidores de elevada carga como, por exemplo, aparelhos de ar-condicionado — sendo invariável à região do país. Por exemplo, nos submercados do Nordeste e Norte, o uso de aparelhos eletrointensivos de alta carga não varia ao decorrer dos meses, se mantendo constante devido às altas temperaturas nestas regiões ao longo do ano.

FIGURA 1 - SÉRIES TRIMESTRAIS SETORIAIS DO AMBIENTE DE CONTRATAÇÃO REGULADO (MW/H — EIXO ESQUERDO; R$/MW — EIXO DIREITO)

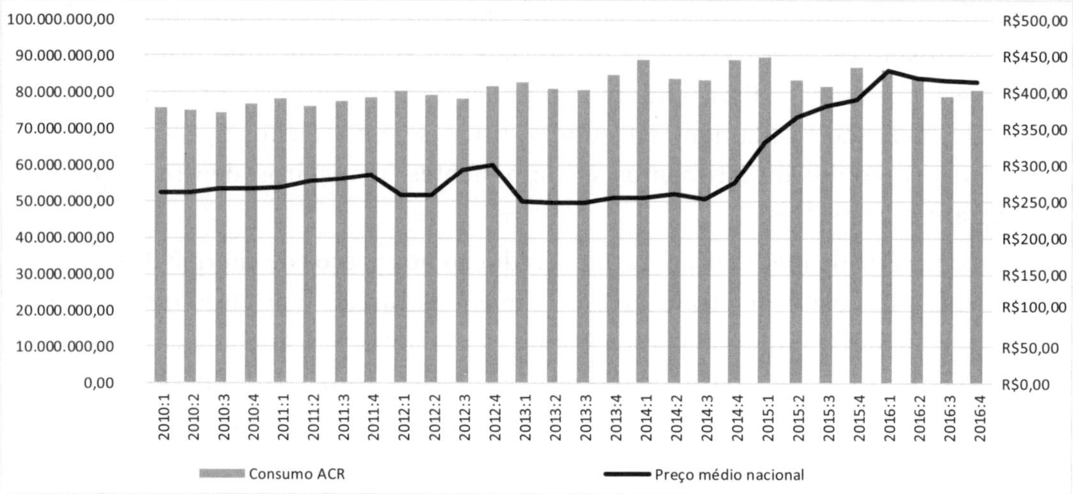

FONTE: AGÊNCIA NACIONAL DE ENERGIA ELÉTRICA.

No caso dos submercados do Sul e Sudeste/Centro-Oeste, onde o período de outono e inverno apresentam temperaturas mais amenas, o uso daqueles aparelhos é dispensado. A flutuação acentuada no consumo por ocasião destes fenômenos se deve pela concentração de linhas consumidoras nestes submercados, que são os maiores centros de consumo de energia no país.

A Figura 2 nos mostra a mesma dinâmica no mercado livre de energia (ACL). Por se tratar de um mercado onde o aspecto institucional permite uma negociação e comercialização direta entre os agentes e o mesmo processo no mercado regulado, então se permite uma flutuação de preços maior. O Preço de Liquidação de Diferenças (PLD) é o preço periódico (semanal) dado pelo mercado, que permite a liquidação de um determinado excedente energético por um agente que pode ser negociado no mercado de curto prazo através da Câmara de Comercialização de Energia Elétrica dentro de cada submercado: Sul, Sudeste/Centro-Oeste, Nordeste e Norte, e essa quantidade de energia é liquidada pelo PLD no dia.

FIGURA 2 - SÉRIES TRIMESTRAIS SETORIAIS DO AMBIENTE DE CONTRATAÇÃO LIVRE (MW/H – EIXO ESQUERDO; R$/MW – EIXO DIREITO)

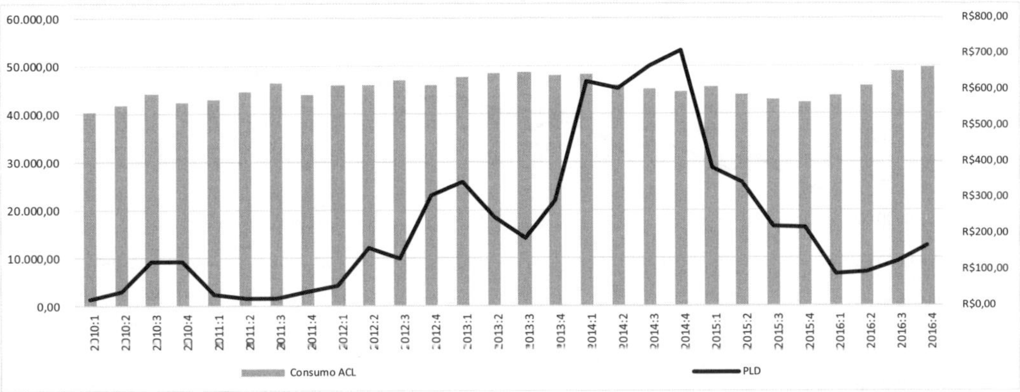

FONTE: AGÊNCIA NACIONAL DE ENERGIA ELÉTRICA.

A oscilação no consumo de energia neste caso está diretamente atrelada aos índices de atividade econômica. Por não possuir agentes residenciais, o descolamento da dinâmica de consumo exercida pelos consumidores cativos permite a identificação de novos parâmetros analíticos de comportamento. Composta primordialmente por agentes industriais, o consumo no setor livre de eletricidade varia de acordo com a produção industrial do país. Nos períodos de 2015 e 2016, com a recente crise política e recessão no crescimento do produto do Brasil, os indicadores de atividade econômica se retraíram, assim como níveis de produção da indústria. Dessa forma, gerou-se o aumento de estoques e consequente corte de produção, ocasionando o desligamento de máquinas e equipamentos. Com a perspectiva de melhora no cenário macroeconômico e retomada do crescimento, a capacidade ociosa da economia volta a ser empregada, elevando novamente o consumo de energia. O setor de comércio e serviços, como sendo também um relevante nicho consumidor no ACL, tem sua dinâmica afetada pela renda, que impulsiona o consumo das famílias. De forma direta, afeta também a indústria.

A renda nacional, por sua vez, teve uma tendência de aumento ao longo do período analisado, assim como os indicadores de preços ao produtor de materiais elétricos e máquinas e equipamentos. A flutuação da renda é típica à observada no Brasil nos períodos recentes, também chamada de "o vôo da galinha", com períodos de crescimento e breves períodos de queda, observado nitidamente na Figura 3.

FIGURA 3 - SÉRIES TRIMESTRAIS SETORIAIS: PIB *PER CAPITA* (EIXO ESQUERDO); IPP MATERIAL ELÉTRICO; E IPP MÁQUINAS E EQUIPAMENTOS (EIXO DIREITO)

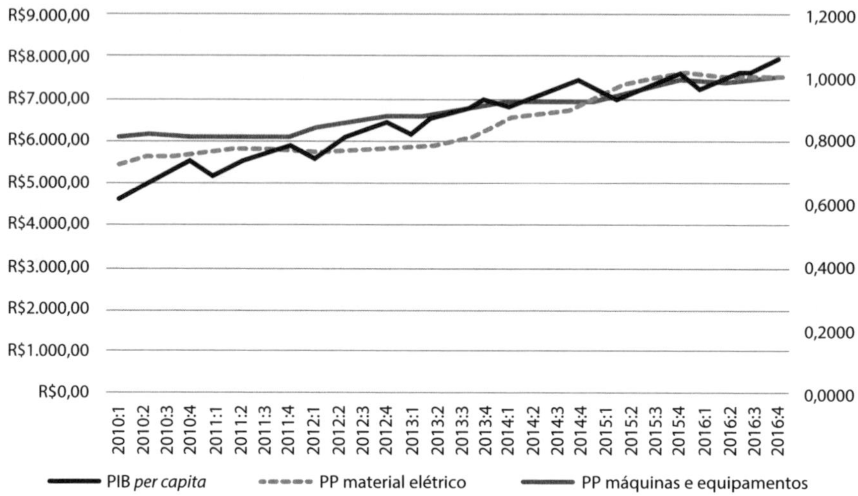

FONTE: IBGE.

Uma eventual correlação entre a renda e os preços se deve ao fato de o fator de determinação maior do aumento no PIB ser ampliado pelo consumo. Uma estagnação na variação dos preços no começo do período analisado é explicada por políticas de isenção de IPI, criadas pelo governo federal de forma a estimular o consumo de bens da chamada linha branca (como geladeiras e máquinas de lavar) e promover o aquecimento da produção da economia. O IGP-DI também se manteve estável ao longo do tempo de nossas séries.

Metodologia de estimação

As estimações de demanda neste trabalho serão elaboradas para os mercados regulado (ACR) e livre (ACL), no Brasil. O método utilizado seguirá os trabalhos de Lobão e Andrade (1997) e Lima e Schmidt (2004), para o caso brasileiro, e Hondroyiannis (2004) e Beenstocka, Goldinb e Nabotb (1997), para os casos grego e israelense, respectivamente. O diferencial essencial é a ótica de estimação das elasticidades, em comparação com os modelos de Lobão e Andrade (1997) e Lima e Schmidt (2004): que foram estimadas as elasticidades para os setores residencial, no primeiro caso, e residencial, industrial e comercial, no segundo caso. A questão a ser colocada em contraponto sobre estes trabalhos é que não existe uma distinção sobre o que é livre e o que é regulado.

Por exemplo, o mercado residencial como um todo é ACR, mas alguns usuários do ACL são dos setores comercial e, principalmente, industrial.

O modelo teórico referencial deste trabalho segue a função de produção Cobb-Douglas padrão:

$$[1] \quad C_t = kP_t^{\alpha} Y_t^{\beta} Pe_t^{\delta}; k > 0, \alpha < 0, \beta > 0, \delta < 0, \quad > 0.$$

Extraindo o primeiro logaritmo da função, teremos:

$$[2] \quad \log C_t = \text{Log}k + \alpha \text{Log}P_t + \beta \text{Log}Y_t + \delta \text{Log}Pe_t$$

Onde temos que:

- C_t é o consumo por indivíduo no período t.
- P_t é o preço de eletricidade no respectivo mercado no período t.
- Y_t é a renda no período t, aqui sendo representada pelo PIB *per capita* em t.
- Pe_t é o preço de aparelhos elétricos/eletrointensivos no período t.

Para a estimação do ACR, será utilizado como fator preço de bens eletrointensivos o Índice de Preço ao Produtor (IPP), mensurado pelo IBGE, o que engloba preços de aparelhos elétricos e eletroeletrônicos, porém, com o valor dado ao produtor, com base no último trimestre de 2016. Podemos usar isso de forma a contemplar setores residenciais, comerciais e industriais, que compõem o ACR. Para o preço, neste caso, será usada a tarifa média em âmbito nacional, deflacionado pelo IGP-DI, da Fundação Getúlio Vargas (com base no último trimestre de 2016), como uma média do valor praticado dentre as distribuidoras de energia com base em regulamentações da Agência Nacional de Energia Elétrica.

Para o caso do ACL, usaremos o IPP em duas bases: material elétrico (na nossa função inicial tido como o parâmetro *Pet*) e máquinas e equipamentos (representado por *Pemt*), de forma a contemplar o parâmetro diferenciador do consumo de material elétrico dos principais demandantes do mercado livre. Para o preço, será utilizado o PLD (Preço de Liquidação de Diferenças) como uma *proxy* do preço, pois o valor praticado diretamente com o consumidor não é divulgado. Deve ser deixado claro que o PLD, calculado pela CCEE, tem como base de cálculo as condições hidrológicas dos reservatórios de usinas hidrelétricas;

demanda de energia total do setor; valor dos preços de combustíveis (empregado em termoelétricas); o custo de deficit dos geradores de energia; entrada de novos projetos de investimento; e na disponibilidade de equipamentos de geração e transmissão. O modelo de precificação obtém o despacho de geração que seja mais adequado ao referido período, e assim define a geração hidráulica e térmica para cada submercado. Através desse processo são obtidos os Custos Marginais de Operação (CMO) para o período e para cada patamar de carga e submercado. O programa *Newave* é o responsável por realizar estas estimativas. O PLD então não é um parâmetro de preços tradicional, obtido pela oferta e pela demanda dos agentes, pois tem sua base nas condições hidrológicas dos reservatórios de usinas, assim como os despachos feitos em termoelétricas.

O PIB per capita trimestral será usado como fator de renda em ambos os casos, também deflacionado pelo IGP-DI, com base no último trimestre de 2016. Os valores de consumo foram divididos pelo número de unidades consumidoras, e todos os parâmetros foram log-linearizados, como parte do tratamento dado a função de produção padrão. Diferentemente do que fora assumido em outros trabalhos sobre o tema, vamos supor aqui que, a partir do momento que o agente ingressa no mercado livre, o acesso único a uma fonte energética é através de eletricidade, desconsiderando outras formas — como gás natural ou carvão. Foram utilizados dados de base trimestral, a partir do primeiro trimestre de 2010 ao último trimestre de 2016.

A equação final que obteremos será da seguinte forma:

$$[3] \qquad c_t = \phi_1 + \phi_2\, p_t + \phi_3\, y_t + \phi_4\, pe_t$$

Onde os valores de consumo, renda e preços de materiais elétricos (ct, pt, yt, e pet) são os logaritmos dos respectivos coeficientes da equação [2]. O valor de $\phi 2$ é a elasticidade preço da demanda por energia elétrica, $\phi 3$ é a elasticidade renda, e $\phi 4$ a elasticidade por bens eletrointensivos em cada uma das categorias de referência. Espera-se valores negativos para os coeficientes relativos a preços e positivo para o caso da renda, usando como base a teoria do consumidor e resultados de trabalhos sobre o setor. O valor de $\phi 2$ refere-se ao impacto no consumo dada uma variação marginal no preço, como efeito de um choque direto. O coeficiente $\phi 3$ mostra o impacto direto no consumo de eletricidade dada uma variação na renda *per capita* do país, com efeito positivo. Isso implica que uma maior variação no PIB resulta no crescimento do consumo de energia por consequências no aumento do consumo de bens eletrointensivos, por parte dos consumidores comerciais e residenciais, e queda na capacidade ociosa da produção, ampliação de maquinário e acionamento de novas máquinas, no caso do setor industrial brasileiro. O parâmetro $\phi 4$ é a elasticidade do consumo referente a variação nos preços de bens eletrointensivos, com um adicional no mercado livre dado pelo preço de máquinas, utilizadas especialmente na indústria.

Resultados

Embora o método tradicional de Mínimos Quadrados Ordinários possa nos trazer bons parâmetros na equação de demanda, como feito sob um teste em Lima e Schmidt (2004), ele não poderá ser empregado aqui devido a problemas de endogeneidade, ocorrendo através da correlação positiva entre preço e quantidade consumida, e isto nos traria problemas de viés e inconsistência nos estimadores. Assim sendo, o modelo do tipo VAR (Vetorização Autorregressiva) é indicado por corrigir estes elementos. Na sequência, apresentamos os testes de raiz unitária de forma que possamos testar a ordem de integração das variáveis em estudo. Usaremos o teste ADF (Dickey-Fuller aumentado). Como exposto anteriormente, as variáveis estão em formato logarítmico. Iniciaremos nossa análise pelo ambiente de contratação regulado:

TABELA 1 - TESTE ADF - ACR

VARIÁVEL	EQUAÇÃO	ORDEM DE DEFASAGEM	P-VALOR DE TESTE	ESTATÍSTICA-T
C_t	Constante e tendência	(1)	0,05768	-3,35461
ΔC_t	Constante e tendência	(1)	0,00001*	-8,66084
p_t	Constante e tendência	(0)	0,885	-1,2237
Δp_t	Sem constante	(0)	0,001913*	-3,30459
y_t	Constante e tendência	(0)	0,03716**	-3,7329
Δy_t	Sem constante	(0)	0,00001*	-5,69788
pe_t	Constante e tendência	(0)	0,8887	-1,20701
Δpe_t	Sem constante	(0)	0,01263**	-2,56097

NOTA: OS ASTERISCOS CORRESPONDEM AOS NÍVEIS DE SIGNIFICÂNCIA, (*) SIGNIFICÂNCIA A 1% E (**) SIGNIFICÂNCIA A 5%.

Sob as informações obtidas a partir da Tabela 1, com exceção ao parâmetro de renda, os demais são não estacionários sob característica do seu formato logaritmo puro. Dessa forma, extraímos a primeira diferença de todos os termos da equação de forma a remover a característica estacionária. A partir de então, observa-se que a ordem de integração das séries é igual a 1 (ou I[1]). Após a extração da primeira diferença tornamos as séries como I[0]. Como todas são estacionárias em igual ordem, partimos para a verificação de indícios da existência, ou não, de uma eventual relação de cointegração entre as séries, de forma a encontrar a função final que as relacione. Como primeiro passo, vamos definir o grau de defasagens a ser utilizado através da ferramenta de seleção de defasagens específicas do modelo VAR a ser empregado aqui:

TABELA 2 - SELEÇÃO DE DEFASAGENS DO SISTEMA VAR – ACR

DEFASAGEM	AIC	BIC	HQC
1	-6,182765	-5,686837	-6,065939
2	-7,130339	-6,436039*	-6,966782
3	-7,236693*	-6,344022	-7,026406*
4	-7,099965	-6,008923	-6,842949
5	-7,156606	-5,867192	-6,852858

NOTA: OS ASTERISCOS ABAIXO INDICAM OS MELHORES (ISTO É, OS MÍNIMOS) VALORES DOS RESPECTIVOS CRITÉRIOS DE INFORMAÇÃO. AIC = CRITÉRIO DE AKAIKE, BIC = CRITÉRIO BAYESIANO DE SCHWARZ, E HQC = CRITÉRIO DE HANNAN-QUINN.

A indicação bayesiana de Schwarz nos indica uma defasagem de p = 2, enquanto o critério de Hannan-Quinn indica uma defasagem de p = 3. O critério de Akaique segue a mesma informação do parâmetro anterior. Devido ao número de observações empregado, assim como garantir a eficiência do modelo, selecionamos o critério de Schwarz como principal para a seleção de defasagens no intuito de preservar o tamanho de nossas amostras, pois evitaremos a perda de graus de liberdade. Nossa defasagem será p = 2 para o caso do ACR. A seguir, de forma a verificar a cointegração das variáveis, faremos o teste traço (λ- traço, ou teste de Johansen). Foram obtidos os seguintes resultados:[3]

TABELA 3 - TESTE Λ-TRAÇO – ACR

Λ-TRAÇO			Λ-MAX		
H0	**H1**	**Estatística de teste**	**H0**	**H1**	**Estatística de teste**
r = 0	r > 0	56,517*	r = 0	r = 1	43,334*
r ≤ 1	r > 1	13,182	r = 1	r = 2	13,182

NOTA: "R" É O POSTO DE COINTEGRAÇÃO. (*) REFEREM-SE A VALORES CUJA HIPÓTESE NULA E REJEITADA, ESTATISTICAMENTE SIGNIFICANTE A 95%.

Os resultados do teste de Johansen atestam que não rejeitamos a hipótese nula de cointegração de nossas variáveis, pois se conclui que o posto de cointegração é [r = 1]. Temos, então, que existe uma relação entre elas, e a equação do vetor normalizado é dada pela seguinte forma:

QUADRO 1 - TESTE Λ-TRAÇO – ACR

$$C_t = -\,0{,}128p_t + 0{,}09121y_t - 0{,}0047pe_t$$

(0,0105)* (0,0060)** (0,9592)

R^2 = 0,929145	E.P da reg. = 0,030595	D.W = 1,557

NOTA: OS VALORES ENTRE PARÊNTESES REFEREM-SE AOS NÍVEIS DE SIGNIFICÂNCIA DE CADA VARIÁVEL. PARA (*) E (**), OS VALORES SÃO SIGNIFICATIVOS A 5% E 1%, RESPECTIVAMENTE.

As estatísticas obtidas para especificação e precisão do modelo nos indicam que ele é não viesado e nos traz boas estimativas. Não foram encontrados problemas de autocorrelação ou heterocedasticidade nos resíduos. Os parâmetros estimados para o ambiente de contratação regulado seguem padrão semelhante aos resultados obtidos empiricamente em testes da função de produção tradicional em trabalhos anteriores.

A elasticidade preço da demanda (-0,128) possui valor negativo no intervalo [-1,0,1], através de uma leve queda do consumo reagindo a um aumen-

3 O número de observações é igual a 28, considerado baixo para alguns modelos de estimação. Para este caso, o intervalo obtido responde satisfatoriamente aos testes.

to nos preços, garantindo um comportamento inelástico. Devemos salientar aqui que a flutuação de preços está intimamente ligada às condições hidrológicas e de oferta de energia. O caráter hidrotérmico da matriz energética brasileira condiciona a variação de preços à hidrologia e índices pluviométricos favoráveis para a manutenção da tarifa média. Em períodos de escassez de chuvas, e consequente acionamento de térmicas (com custo de operação substancialmente maior), o preço se eleva para o consumidor final, a fim de garantir a solubilidade operacional das distribuidoras, que veem seus CMOs se elevarem devido às condições adversas. Durante a vigência da Medida Provisória 579, que forçou a redução de preços, pode-se verificar a não existência de variações consideráveis sobre o consumo, o que corrobora a hipótese de uma inelasticidade do preço da demanda.

O consumo aumenta com uma consequente elevação na renda (0,0912), nesta que é a elasticidade renda da demanda: citamos o exemplo de uma maior aquisição de bens eletrointensivos (ar-condicionados, por exemplo) oriundos de uma melhora nas condições de compra dos agentes do setor ocasionado por um subsequente aumento na atividade econômica, o que estimula a aquisição de novos bens, explicado pela expansão do consumo, mantendo também um comportamento inelástico muito em parte por causa das baixas taxas de crescimento do PIB *per capita* no período analisado, assim como constantes oscilações de um trimestre para o outro. Nos anos de 2014–2015, a disponibilidade de crédito ao consumidor sofreu um momento de retração, o que impossibilitou a aquisição de produtos da "linha branca" e influenciou a retração do consumo, forçando a uma estagnação da renda.

Por fim, um aumento nos preços de bens eletrointensivos (-0,005) reduz o consumo no ACR, o que faz sentido se usarmos o pressuposto de uma contração da demanda por materiais elétricos resultados a partir de um aumento nos respectivos preços, embora com resultado significativamente baixo, e justamente por esse fator foi o único dos parâmetros que não foi considerado estatisticamente significante. Podemos concluir aqui que o fator de renda se sobrepõe ao fator de preços de bens eletrointensivos, uma vez que o aumento na renda influi no consumo de eletricidade através de uma maior renda disponível.

TABELA 4 - TESTE ADF - ACL

VARIÁVEL	EQUAÇÃO	ORDEM DE DEFASAGEM	P-VALOR DE TESTE	ESTATÍSTICA-T
C_t	Constante e tendência	(0)	0,9898	-0,191717
ΔC_t	Constante	(0)	0,06675***	-2,83857
p_t	Constante e tendência	(0)	0,7163	-1,71558
Δp_t	Sem constante	(0)	0,0003*	-4,0335
y_t	Constante e tendência	(0)	0,03716**	-3,7329
Δy_t	Sem constante	(0)	0,001913*	-3,30459
pe_t	Constante e tendência	(0)	0,8887	-1,20701
Δpe_t	Sem constante	(0)	0,01263**	-2,56097
pem_t	Constante e tendência	(0)	0,4095	-2,32084
Δpem_t	Sem constante	(0)	0,01165**	-2,59425

NOTA: OS ASTERISCOS CORRESPONDEM AOS NÍVEIS DE SIGNIFICÂNCIA, (*) SIGNIFICÂNCIA A 1%, (**) SIGNIFICÂNCIA A 5% E (***) SIGNIFICÂNCIA A 10%.

A seguir, faremos o procedimento para o caso do ACL, com o adicional de preços de máquinas e equipamentos. Na Tabela 4 ficam evidentes as semelhanças com os resultados obtidos na Tabela 1. O PIB *per capita* e a série de IPP de material elétrico são as mesmas. O consumo, específico para o ACL, possui comportamento semelhante ao ACR, embora a oscilação não seja padronizada entre ambas devido à uniformidade ocasionada pela sazonalidade e capilaridade climática verificada no ambiente regulado. Neste caso, o consumo está ligeiramente ligado às variações no PIB do país. Pode-se incluir também as expectativas dos agentes de consumo (inseridas no fator de consumo final), onde uma maior percepção de aumento produtivo futuro afeta as expectativas de consumo devido a ampliação (ou não) da capacidade ociosa e expansão da produção. Por ser uma variável pró-cíclica, em períodos de contração ou estagnação do produto nacional, o consumo energético segue o mesmo comportamento. Partimos então para a seleção de defasagens do modelo VAR para o caso do ambiente livre.

TABELA 5 - SELEÇÃO DE DEFASAGENS DO SISTEMA VAR – ACL

DEFASAGEM	AIC	BIC	HQC
1	-3,270182*	-3,023335*	-3,208100*
2	-3,228878	-2,932662	-3,154380
3	-3,156598	-2,811012	-3,069684
4	-3,144185	-2,749231	-3,044855
5	-3,161442	-2,717118	-3,049696

NOTA: OS ASTERISCOS ABAIXO INDICAM OS MELHORES (ISTO É, OS MÍNIMOS) VALORES DOS RESPECTIVOS CRITÉRIOS DE INFORMAÇÃO. AIC = CRITÉRIO DE AKAIKE, BIC = CRITÉRIO BAYESIANO DE SCHWARZ, E HQC = CRITÉRIO DE HANNAN-QUINN.

Será mantida a preferência pelo critério de Schwarz pelos mesmos motivos discutidos no caso do ambiente regulado. Aqui, a indicação bayesiana de Schwarz nos indica uma defasagem de p = 1, sendo seguida pelos outros valores de referência. Com os critérios apontando a mesma conclusão, nossa defasagem será p = 1, para o caso do ACL. É pertinente explicitar aqui a diferença com o grau de defasagem no modelo do ACR: com uma variável adicional para este caso, e consequente aumento no número de observações total com o acréscimo desta, a precisão do modelo tende a aumentar pelo grau de explicação que esta adição possa trazer ao nosso modelo principal. Desta forma, no cálculo dos critérios de informação, uma eventual perda de graus de liberdade é amenizada e ocasiona a convergência dos critérios apresentados na Tabela 5.

Isso posto, verificaremos o eventual comportamento de cointegração das variáveis, usando o teste traço (λ-traço). Foram obtidos os seguintes resultados:

TABELA 6 - TESTE Λ-TRAÇO – ACR

Λ-TRAÇO			Λ-MAX		
H0	**H1**	**Estatística de teste**	**H0**	**H1**	**Estatística de teste**
r = 0	r > 0	11,456*	r = 0	r = 1	9,8843*
r ≤ 1	r > 1	1,5114	r = 1	r = 2	1,5714

NOTA: "R" É O POSTO DE COINTEGRAÇÃO. (*) REFEREM-SE A VALORES CUJA HIPÓTESE NULA É REJEITADA, ESTATISTICAMENTE SIGNIFICANTE A 90%.

Os resultados do teste de Johansen para o ACL também atesta que não rejeitamos a hipótese nula de cointegração de nossas variáveis, pois se conclui que o posto de cointegração é [r = 1]. Temos, então, que existe uma relação entre elas, e a equação do vetor normalizado é dada pela seguinte forma:

QUADRO 2 - TESTE Λ-TRAÇO – ACL

$C_t = -0{,}02p_t + 0{,}29y_t - 0{,}0279pe_t - 4{,}86pme_t$		
(0,4514) (0,0003)*	(0,9660)	(0,0001)*
$R^2 = 0{,}998$	E.P da reg. = 0,1139	D.W = 0,5

NOTA: OS VALORES ENTRE PARÊNTESES REFEREM-SE AOS NÍVEIS DE SIGNIFICÂNCIA DE CADA VARIÁVEL. PARA (*) OS VALORES SÃO SIGNIFICATIVOS A 1%.

As estatísticas obtidas para especificação e precisão do modelo nos indicam que ele é não viesado e nos traz boas estimativas. Não foram encontrados problemas de autocorrelação ou heterocedasticidade nos resíduos.

No ambiente livre, observe o baixo impacto do PLD (-0,02) no consumo, concluído como estatisticamente não significante. Este resultado é compreensível, pois o preço real praticado é contratado diretamente entre os agentes, e não pelo PLD, existindo ainda um leve impacto. Isso é explicado, mais uma vez, devido ao fato de o PLD ser determinado pelas condições hidrológicas do país, e não pela tradicional lei da oferta e demanda. O modelo hidrotérmico do parque elétrico brasileiro e o fator base de determinação de preços de curto prazo, implicam o descolamento entre a produção de energia entre o ACL e o consumo efetivo. Como o PLD é o preço de liquidação de energia por eventual excesso de energia contratado por uma comercializadora ou comprador livre, o excedente energético não utilizado pelo contratante é liquidado na CCEE, com o PLD do dia. Evidentemente, isso não implica uma conexão com a expectativa de consumo energético de um agente consumidor. O resultado obtido pela estimação do Quadro 2 vai de encontro com esta realidade.

A elasticidade renda neste caso (0,29) é maior que no setor regulado, por motivos evidentes: a sensibilidade de um aumento da atividade produtiva da economia afeta fortemente empresas de diversos setores produtivos, levando a um maior consumo de energia devido à expansão do consumo de seus bens, estimulando sua produção. E como parte das expectativas empregadas pelos agentes no planejamento de médio e longo prazo de consumo energético, uma projeção de aumento na renda do país impacta significativamente a demanda por energia.

O preço de materiais elétricos (-0,027) aqui possui um impacto muito baixo, explicado basicamente pelo fato de os agentes deste setor demandarem equipamentos de maior complexidade. O valor é também não significativo estatisticamente, como consequência de seus baixos valores. O consumo de materiais elétricos, neste caso, tem seu uso mais concentrado em setores de serviços, que correspondem a uma baixa participação no ACL. Dessa forma, se fosse analisado o caso específico do setor de serviços no ambiente livre, possivelmente os resultados seriam outros.

Finalmente, observe o impacto ocasionado pelo preço de máquinas e equipamentos (-4,86). Por se tratarem de bens de produção (geralmente caros) uma alta nos preços desses bens faz com que empresas não os demandem, causando um substancial choque no consumo de energia. Isso pode ser atrelado à evolução da renda nacional, pois um aumento no PIB e a consequente necessidade de expansão da capacidade produtiva leva as empresas a adquirirem estes bens. Os setores que mais consomem energia no ACL são, respectivamente, metalurgia (22,77%); minerais metálicos e não metálicos (13,77%); químicos (12,97%); bebidas e alimentos (11,52%); e madeira, papel e celulose (8,24%), respondendo conjuntamente por quase 70% do consumo do ambiente livre. É um resultado curioso pelo tamanho do impacto causado no modelo, mais do que o aumento no PIB *per capita* que, em um primeiro momento, suponhamos como sendo o principal parâmetro da função. O alto valor deste parâmetro, também estatisticamente significante, não foi encontrado em nenhum outro trabalho sobre demandas do setor elétrico, sendo então um resultado interessante para uma discussão relativa ao comportamento dos agentes consumidores no mercado livre.

Conclusão

Neste trabalho foram estimadas as elasticidades de demanda para os consumos nos ambientes regulado e livre do setor elétrico brasileiro. Os resultados aqui obtidos, cujo tratamento de dados e formulação metodológica que agregam um conjunto de hipóteses necessárias para a elaboração e estimação do modelo demonstram um novo olhar sobre as estimativas já realizadas em outras obras. De forma diferenciada, tratou-se do setor elétrico de forma mercadológica, colocada sob o olhar do marco institucional de 2004. A repartição em nichos de mercado colocados por esta alteração nos leva a crer que o governo vai buscar impulsionar o tamanho do mercado livre, levando a cabo uma série de mudanças de forma a facilitar o acesso ao mercado livre por parte dos grandes consumidores de energia. Assim sendo, o cenário proposto para um novo setor livre de energia deve levar em consideração os resultados elementares deste trabalho.

No que se refere às elasticidades preço, a condição de inelasticidade retoma a discussão sobre a natureza de "bem público" dado a energia elétrica como bem e ao setor elétrico como um todo: não rival e não exclusivo, sendo dever da união promover a inclusão de agentes e a qualidade no acesso à rede. O preço em si é fator não determinante para o incremento no consumo, principalmente pelo fato de, como vimos, não possuir um bem substituto no ambiente regulado. Para o caso do ambiente livre, o PLD como sendo uma *proxy* leva consigo a informação de "mercado" de ser tão somente um coeficiente de curto prazo, pois é somente um parâmetro de decisão no ato de liquidação de excedentes energéticos por parte dos agentes consumidores livres.

Ficou claro que a conexão positiva existente entre o aumento da renda e o consumo de eletricidade nos dois ambientes justifica a expansão do parque gerador brasileiro, uma vez que uma melhoria dos níveis de renda do país, associado a um processo de melhora do acesso a bens de consumo eletrointensivos eleva de forma consistente o consumo energético. Assim sendo, o aumento da oferta para os próximos anos não deve ser somente uma condição para que não ocorram eventos como o "apagão" de 2011, mas também uma necessidade para promover a sustentabilidade de um eventual processo de crescimento contínuo do PIB brasileiro.

No tocante às elasticidades preço de materiais elétricos, em ambos os casos, este não é um fator de impacto determinante no consumo dos agentes. Podemos pensar da seguinte forma: com o acesso à renda e uma melhora nas condições de crédito para financiamento dos agentes consumidores, é irrelevante para a decisão de gasto a aquisição de um bem eletrointensivo, tanto por consumidores residenciais, pelos setores agrícolas, de serviços e industriais, que a necessidade de um consumo elevado oriunda daquela maior restrição orçamentaria é condição mínima para a melhora da utilidade dos agentes. Uma família não se importa muito com o preço de uma televisão ou geladeira, mas é fundamental que as tenham em casa. O mesmo pode ocorrer para os outros casos.

No caso da elasticidade preço por máquinas e equipamentos, a necessidade de expansão produtiva dos agentes (especialmente naqueles setores citados como os maiores consumidores do mercado livre de eletricidade) resultante de um aumento no consumo interno, e até mesmo para exportação (essencialmente para os casos dos setores químicos e madeira, papel e celulose), torna-se necessária para atender esta demanda. Assim sendo, o consumo de bens de capital e maquinário específico (como o caso de metalurgia e bebidas e alimentos) impactam de forma consistente o consumo energético. A partir dos resultados aqui obtidos, fica clara a importância desse fator, muito embora o resultado final desse parâmetro tenha sido, comparando-o com os resultados de outros trabalhos assim como a própria estrutura do modelo estatístico aqui empregado, um tanto exagerado.

Em comparação com os trabalhos de Lobão e Andrade (1997) e Lima e Schmidt (2004), as elasticidades preço e renda da demanda tiverem semelhança no que diz respeito aos baixos parâmetros obtidos em ambos os casos, corroborando a hipótese de que o setor de eletricidade brasileiro possui comportamento inelástico para o consumo elétrico. O modelo aqui utilizado já é um padrão consagrado entre os trabalhos de estimação de demanda para o setor elétrico, não se resumido somente para os casos em nível de Brasil. No caso do trabalho de 2004, que estima as elasticidades dos setores residencial, comercial e industrial, as semelhanças ocorrem nas duas primeiras estimações, e os resultados podem ser interpretados como respostas ao parâmetro chamado aqui de "regulado", por convergência nas soluções dos coeficientes. O caso industrial se assemelha ao chamado aqui de "livre", embora os termos não possam ser confundidos. Também, há diferenças consideráveis no tamanho de impacto ocasionado pelos fatores determinantes de consumo. O trabalho de 1997, analisando somente o caso residencial, também se interpreta com resultados semelhantes aos obtidos neste trabalho. Segue uma tabela de comparação das elasticidades entre os três trabalhos:

QUADRO 3 - COMPARAÇÕES DE RESULTADOS

SETOR	LOBÃO E ANDRADE (1997)			LIMA E SCHMIDT (2004)			FRAGA E SILVA (2017)		
	ELASTICIDADES			ELASTICIDADES			ELASTICIDADES		
	RENDA	PREÇO	MAT. ELÉTRICO	RENDA	PREÇO	MAT. ELÉTRICO	RENDA	PREÇO	MAT. ELÉTRICO
Residencial	0,213	-0,05	-0,186	0,539	-0,085	-0,148	-	-	-
Comercial	-	-	-	0,635	-0,174	-0,294	-	-	-
Industrial	-	-	-	1,717	-0,128	-0,669*	-	-	-
Regulado	-	-	-	-	-	-	0,29	-0,02	-0,027**
Livre	-	-	-	-	-	-	0,091	-0,128	-0,004

NOTA: (*) UMA ESTIMAÇÃO TAMBÉM FOI FEITA USANDO UM PARÂMETRO DE PREÇO DE UM BEM SUBSTITUTO A ELETRICIDADE. OMITIMOS DO TRABALHO PELA ASSUNÇÃO DE QUE, UMA VEZ NO MERCADO DE ELETRICIDADE, ESTA SERÁ INSUMO ÚNICO. (**) EXISTE TAMBÉM O PARÂMETRO DE MÁQUINAS E EQUIPAMENTOS, NÃO ADICIONADA POR ASPECTOS COMPARATIVOS.

Observe que a elasticidade renda, à exceção do caso industrial do trabalho de 2004, segue um padrão inelástico para todos os casos. A elasticidade preço é também inelástica em todos os cenários. A elasticidade de materiais elétricos é a que mais varia dentre os coeficientes: para os casos residencial (1997), industrial (2004) e livre (2017), onde a oscilação se deve por padrões de comportamento de consumo específicos de cada setor. O trabalho de 2004 também possui a elasticidade substituição por um bem substituto a eletricidade, cujo valor é -0,026, considerado inelástico. O trabalho de 2017 considera a elasticidade preço de máquinas e equipamentos e, como visto, igual a -4,86, considerado substancialmente alto.

Por fim, cabe destacar que outras variáveis podem compor a nossa função principal, tal como o número de eletrodomésticos nas residências, a substituição de eletricidade por outras fontes energéticas, para os casos onde o setor industrial está presente, assim como alguma variável binária que impacte a diferença do peso regulatório entre o ACR e ACL. Entretanto, estes fatores não seriam o escopo deste trabalho, servindo como sugestão para outras pesquisas que se proponham a abordar o tema.

Cada vez mais, o número de pesquisadores que se dispõe a pesquisar o setor de eletricidade brasileiro se eleva, chegando a conclusões que servem de base para possíveis alterações regulatórias com vistas a melhorar o fornecimento de energia, assim como a qualidade de acesso a rede elétrica, mantendo-se como plano de fundo a mudança da base energética para um "padrão verde", onde as energias eólica e solar, que possuem as melhores condições de geração elétrica sob a ótica social e ambiental, assumam uma participação cada vez maior na produção, impactando o preço. Talvez daqui a algum tempo, estas estimativas aqui expostas devam ser revistas.

Referências Bibliográficas

ALLAN, Grant *et al.* Economics of Energy Efficiency. In: EVANS, Joanne; HUNT, Lester. *International Handbook on the Economics of Energy.* Northampton: Mpg Books Group, 2009. p. 144-163.

ANDRADE, Thompson; LOBÃO, Waldir. *Elasticidade Renda e Preço da Demanda Residencial de Energia Elétrica no Brasil.* Rio de Janeiro: Instituto de Pesquisa Econômica Aplicada (IPEA), 1997.

ANEEL. *Atlas de Energia Elétrica do Brasil.* 3. ed. Brasília: Assessoria de Comunicação e Imprensa da Aneel, 2008.

______. *Boletim de Informações Gerenciais.* Brasília: Agência Nacional de Energia Elétrica, Primeiro trimestre de 2010 ao quarto trimestre de 2016.

CASTRO, Nivalde José de *et al. A formação do preço da energia elétrica:* Experiências internacionais e o modelo brasileiro. Rio de Janeiro: Gesel — UFRJ, 2014.

______. *Mercados de energia em sistemas elétricos com alta participação de energias renováveis.* Rio de Janeiro: Gesel — UFRJ, 2011.

COSTA, Ana Thereza Carvalho *et al.* Análise dos determinantes da matriz elétrica brasileira. In: *Congresso Brasileiro de Planejamento Energético*, 10. Gramado: Sbpe, 2016. p. 1–12.

COSTA, Claudia do Valle. *Políticas de Promoção de Fontes Novas e Renováveis para Geração de Energia Elétrica:* Lições da Experiência Europeia para o Caso Brasileiro. 2006. 249 f. Tese (Doutorado). Curso de Programa de Pós-Graduação em Engenharia Elétrica da UFRJ, Universidade Federal do Rio de Janeiro, Rio de Janeiro, 2006.

D'ARAÚJO, Roberto Pereira. *Setor Elétrico Brasileiro:* Uma aventura mercantil. Brasília: Editora Coronário. Série Pensar o Brasil e Construir o Futuro da Nação, mar. 2009.

EVANS, Joanne; HUNT, Lester C. *International Handbook on the Economics of Energy.* Massachusetts: Mpg Books Group, 2009.

HONDROYIANNIS, George. Estimating residential demand for electricity in Greece. *Energy Economics.* Amsterdan, p. 319-334. maio 2004.

IBGE. *Sistema IBGE de Recuperação Automática.* 2017. Disponível em: <https://sidra.ibge.gov.br/tabela/5796>. Acesso em: 29 abr. 2017.

MADLENER, Reinhard. The economics of energy in developing countries. In: EVANS, Joanne; HUNT, Lester C. *International Handbook on the Economics of Energy.* Northampton, Massachusetts, Usa: Edward Elgar Publishing Limited, 2009. p. 740-758.

MAS-COLELL, Andreu; WHINSTON, Michael D.; GREEN, Jerry. *Microeconomic Theory.* Massachusetts: Oxford University Press, 1995.

MEDEIROS, Lúcio de. *Previsão do Preço Spot no Mercado de Energia Elétrica.* 2003. 130 f. Tese (Doutorado). Curso de Programa de Pós-Graduação em Engenharia Elétrica da PUC-Rio, Pontifícia Universidade Católica do Rio de Janeiro, Rio de Janeiro, 2003.

IV

PLANIFICAÇÃO DE SERVIÇOS DE SEGUROS

ANÁLISE DO PERFIL ECONÔMICO-FINANCEIRO DAS OPERADORAS DE PLANOS DE SAÚDE

Isamara Silva Cota[1]
Fabiana Lopes da Silva[2]
Marta Cristina Pelucio Grecco[3]

Resumo

O setor de saúde suplementar no Brasil tem uma importância fundamental pela função social que exerce e pela relevância econômico-financeira que representa. Monitorar e assegurar que o mesmo seja sustentável e perene é um dos principais objetivos da ANS (Agência Nacional de Saúde Suplementar), que atua por meio da regulação econômica, visando corrigir as distorções quanto à seleção de riscos, praticada pelas operadoras, e preservar a competitividade do mercado. Diante de tais considerações, este artigo tem o objetivo de investigar o comportamento dos indicadores econômicos, observando a heterogeneidade que o setor apresenta na sua forma de operação. O estudo adotou uma abordagem empírico-analítica, com a seleção de dados do exercício de 2016 das maiores operadoras de cada modalidade,

1 Mestranda do Programa de Mestrado Profissional em Controladoria e Finanças da Faculdade FIPECAFI.

2 Doutora em Controladoria e Contabilidade — FEA/USP. Professora do Programa de Mestrado Profissional em Controladoria e Finanças da Faculdade FIPECAFI e do Departamento de Atuária e Métodos Quantitativos da PUC-SP.

3 Doutora em Administração de Empresas pela Mackenzie e Mestre em Controladoria e Contabilidade pela FEA/USP. Professora do Programa de Mestrado Profissional em Controladoria e Finanças da Faculdade FIPECAFI.

obtidos no site da ANS e nas demonstrações contábeis publicadas. Os resultados apresentados demonstram que a estrutura de operação, formação da carteira, formação da rede, entre outras características que variam de acordo com a modalidade, influenciam significativamente os indicadores. Pode-se verificar que as operadoras estão cada vez mais com dificuldades de performance de carteiras, seja em função dos aumentos expressivos dos custos e assistências, seja pelo envelhecimento, tal qual ocorre na previdência. Outro fator relevante é que com o aumento do desemprego, o impacto é direto na carteira de planos empresariais, ofertados aos funcionários das empresas.

Palavras-chave: Regulação; Indicadores de Desempenho; Operadoras de Planos de Saúde.

Introdução

Com a promulgação da Lei nº 9656/1998 e com a criação da Agência Nacional de Saúde Suplementar (ANS), o mercado privado de saúde no Brasil teve uma mudança significativa no seu arcabouço normativo e em seu processo de regulação e fiscalização.

Conforme Araújo (2004), a regulação tem como objetivo principal "corrigir as distorções quanto à seleção de riscos, praticada pelas operadoras, e preservar a competitividade do mercado". Para atingir esse objetivo, a ANS estabeleceu estratégias básicas que direcionam sua atuação: ampliação de cobertura, ressarcimento ao SUS, registro das operadoras, acompanhamento de preços pelo governo, obrigatoriedade da comprovação de solvência, reservas técnicas, permissão para atuação de empresas de capital estrangeiro e proibição do monopólio de atividades por uma única empresa (ARAÚJO, 2004; LEAL, 2014).

A ANS definiu por meio da Resolução de Diretoria Colegiada (RDC) nº 39/2000, que dispõe sobre a definição, segmentação e classificação das Operadoras de Planos de Assistência à Saúde, que as operadoras deveriam ser classificadas nas seguintes modalidades: (i) administradora; (ii) cooperativa médica; (iii) cooperativa odontológica; (iv) autogestão; (v) medicina de grupo; (vi) odontologia de grupo; (vii) filantropia.

Com a regulação das atividades, houve a necessidade de padronização das informações contábeis. Tal padronização surgiu a partir da instituição de um plano de contas padrão, com a finalidade de uniformizar os registros e normas contábeis, permitindo assim a avaliação do desempenho do mercado pela ANS (SALLES, 2004). Desde então, foram promulgadas inúmeras normas com a finalidade de garantir a sustentabilidade econômico-financeira das operadoras.

Pinheiro *et al.* (2015) analisaram a resposta das operadoras aos efeitos da regulação nas estratégias de financiamento, sendo constatadas diferenças nos índices de endividamento e liquidez das cooperativas médicas e medicina de grupo, frente à obrigatoriedade dos ativos garantidores e fundo garantidor — instituídos pela ANS.

Tendo em vista que a classificação das operadoras e as estruturas das operações são distintas, a pesquisa busca responder à seguinte questão: **Qual é o comportamento dos indicadores econômico-financeiros de cada modalidade de operadora diante da regulação?**

Assim, o objetivo do artigo é investigar o comportamento dos indicadores de desempenho econômico-financeiro diante da regulação. Para tanto, buscou-se analisar as demonstrações financeiras das maiores operadoras de saúde de acordo com a sua modalidade.

O estudo utilizará as informações financeiras divulgadas no exercício social de 31 de dezembro de 2016 e o seu comparativo com o exercício anterior, sendo limitada às análises que considerem variações em função apenas da modalidade, e quanto às coberturas de assistência médica, excluindo-se as administradoras de benefícios, por não serem detentoras dos riscos dos contratos, tampouco constituir rede ou obrigação de atendimento.

Referencial teórico

Mercado de saúde suplementar

O mercado de saúde suplementar desde sua existência se mostrou bastante diversificado, características específicas de mercado e forma de operação depende da modalidade na qual a operadora se enquadra, ou seja, a forma jurídica sob a qual foi concebida e pela qual pode operar.

Leal (2014) afirma que uma das diferenças mais marcantes entre as modalidades de operadoras é anterior e independente do marco regulatório específico do setor: a diferenciação da política de tributação do governo, que é diferenciada para algumas modalidades, sendo menos intensa para as pessoas jurídicas sem fins lucrativos e para as cooperativas.

Segundo a ANS (2017), as modalidades possuem as seguintes definições:

- Autogestão: empresa que opera planos de assistência à saúde destinados, exclusivamente, a empregados ativos, aposentados, pensionistas ou ex-empregados, de uma ou mais empresas ou, ainda, a participantes e dependentes de associações de pessoas físicas ou jurídicas, fundações, sindicatos, entidades de classes profissionais ou assemelhados e seus dependentes.
- Cooperativa médica: sociedade sem fim lucrativo, conforme o disposto na Lei nº 5.764, de 16 de dezembro de 1971.
- Cooperativa odontológica: sociedade sem fim lucrativo, conforme o disposto na Lei nº 5.764, de 16 de dezembro de 1971, que opera, exclusivamente, planos odontológicos.
- Filantropia: entidade sem fins lucrativos que opera planos privados de assistência à saúde, sendo certificada como entidade filantrópica junto ao Conselho Nacional de Assistência Social (CNAS), e declarada de utilidade pública pelo Ministério da Justiça e pelos órgãos dos governos estaduais e municipais.
- Administradora: empresa que apenas administra planos de assistência à saúde, que são financiados por outra operadora. Uma administradora não assume o risco decorrente da operação desses planos e não possui rede própria, credenciada ou referenciada de serviços médico-hospitalares ou odontológicos. Por não possuírem beneficiários, a operadora classificada como administradora está dispensada do envio das informações sobre beneficiários — seus dados são classificados como inconsistentes.
- Seguradora especializada em saúde: sociedade seguradora autorizada a operar planos de saúde, desde que esteja constituída como seguradora especializada nesse tipo de seguro, devendo seu estatuto social vedar a atuação em quaisquer outros ramos ou modalidades.

- Medicina de grupo: demais empresas ou entidades que operam planos de saúde.
- Odontologia de grupo: demais empresas ou entidades que operam, exclusivamente, planos odontológicos.

Atualmente as cooperativas médicas são o setor que possui maior número de operadoras com beneficiários ativos, apresentando 298 operadoras, acompanhada da medicina de grupo, com 261 operadoras, sendo que essas duas modalidades predominam no setor em número de beneficiários.

FIGURA 1 - DISTRIBUIÇÃO DE BENEFICIÁRIOS POR MODALIDADE DE OPS

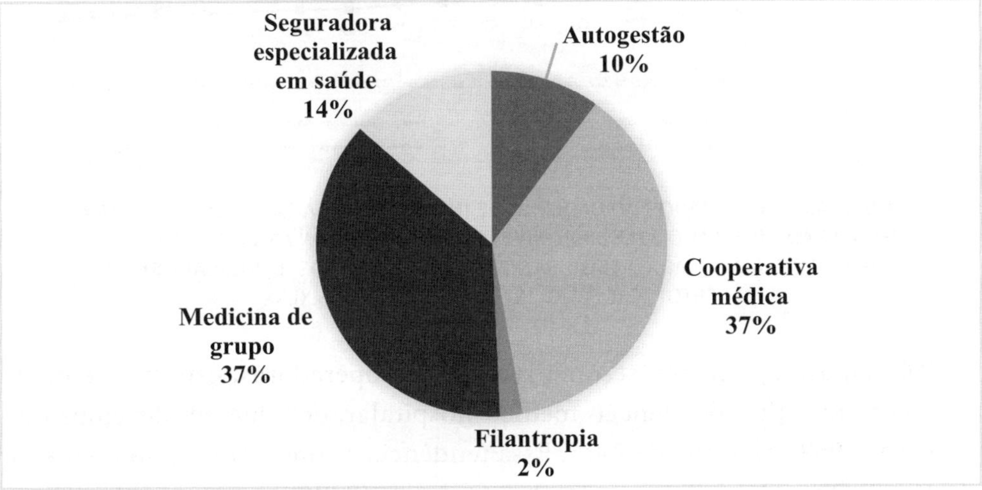

FONTE: ANS (2017). DADOS E INDICADORES DO SETOR – SALA DE SITUAÇÃO.

A Figura 1 demonstra como o setor está composto, de acordo com o número de beneficiários em cada modalidade. Constata-se, portanto, uma grande concentração mercadológica no setor, e observa-se pela Figura 2 que essa concentração tem se acentuado ao longo do período pós-regulatório.

FIGURA 2 - OPERADORAS DE PLANOS EM ATIVIDADE

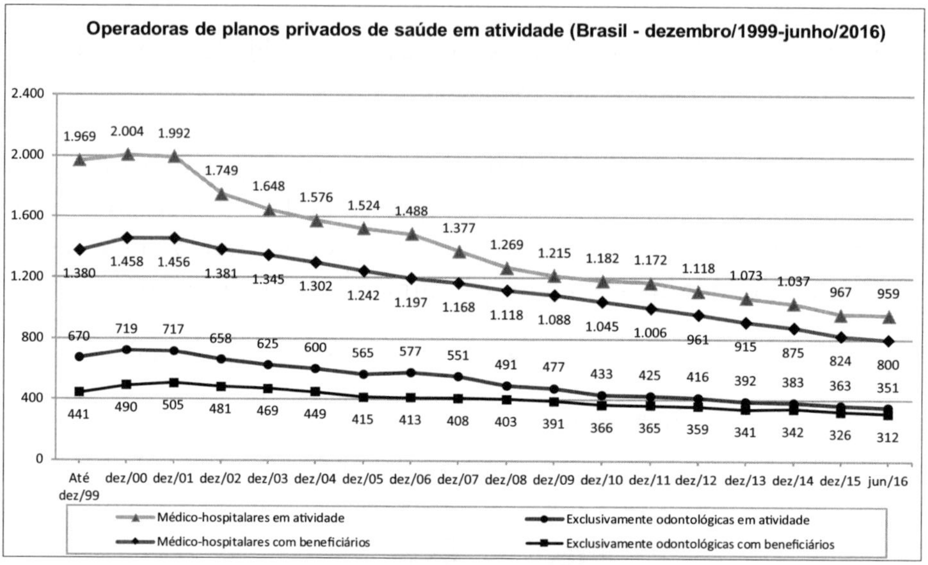

FONTE: ANS (2016). DADOS DO CADERNO DE INFORMAÇÃO DA SAÚDE SUPLEMENTAR. RECUPERADO EM: 7 AGO 2017. DISPONÍVEL EM: <HTTP://WWW.ANS.GOV.BR/IMAGES/STORIES/MATERIAIS_PARA_PESQUISA/PERFIL_SETOR/DADOS_E_INDICADORES_DO_SETOR/CADERNO_INFORMACOES_SET16.XLS>

Pela Figura 2, percebe-se uma redução de operadoras, especialmente as que ofertam o tipo de atenção médico-hospitalar, de 2004 em dezembro de 2000 para 959 em junho de 2016. Essa tendência à concentração do mercado, de acordo com Ocké-Reis, Andreazzi e Silveira (2006), deve-se à intensificação da regulação. Os autores afirmam ainda que:

> "[...] A regulamentação parece ter provocado um aumento dos custos, tanto para entrar no mercado quanto para executar a gestão de uma operadora de plano de saúde, em função dos seguintes requisitos: cobertura de garantias financeiras (capital mínimo e reservas técnicas); pressão de custos administrativos e informacionais; oferta de plano-referência individual obrigatório; redução dos períodos de carência etc" (OCKÉ-REIS, ANDREAZZI e SILVEIRA, 2006).

Nunes (2014) entende que essa tendência à diminuição do número de operadoras deve continuar no curto prazo, seja pelo movimento de fusões e aquisições, ou pela ampliação da área de cobertura das operadoras em territórios não cobertos anteriormente.

Estrutura organizacional

As empresas que compõem o setor de saúde suplementar, regulado pela ANS, possuem estruturas organizacionais heterogêneas. Em função desta característica, houve necessidade regulatória de além da classificação por modalidades, classificar também quanto à segmentação, segundo Nogueira (2004), classificar em segmentos possibilitou a identificação do percentual que as operadoras iriam despender com gastos com serviços hospitalares, médicos ou odontológicos em rede própria, visando à avaliação do risco inerente à operação para posterior determinação das exigências para constituição de garantias financeiras. As segmentações, segundo ANS (RDC 39/2000), são definidas no Quadro 1.

QUADRO 1 - SEGMENTAÇÃO DAS OPERADORAS

CATEGORIAS DO SEGMENTO MÉDICO-HOSPITALAR SEGUNDO REDE PRÓPRIA CATEGORIAS	
CATEGORIAS	**PROPORÇÃO DOS GASTOS**
SPP — Segmento Primário Principal	As que despendem, em sua rede própria, mais de 60% do custo assistencial relativo aos gastos em serviços hospitalares referentes a seus Planos Privados de Assistência à Saúde.
SPP/SUS — Segmento Primário Principal/ SUS	As que despendem, em sua rede própria, mais de 60% do custo assistencial relativo aos gastos em serviços hospitalares referentes a seus Planos Privados de Assistência à Saúde e que prestam ao menos 30% (trinta por cento) de sua atividade ao Sistema Único de Saúde (SUS).
SPS — Segmento Primário Subsidiário	As que despendem, em sua rede própria, entre 30% e 60% do custo assistencial relativo aos gastos em serviços hospitalares referentes a seus Planos Privados de Assistência à Saúde.
SSP — Segmento Secundário Principal	As que despendem, em sua rede própria, mais de 60% do custo assistencial relativo aos gastos em serviços médicos referentes a seus Planos Privados de Assistência à Saúde.
SSS — Segmento Secundário Subsidiário	As que despendem, em sua rede própria, entre 30% e 60% do custo assistencial relativo aos gastos em serviços médicos referentes a seus Planos Privados de Assistência à Saúde.
ST — Segmento Terciário	As que despendem, em sua rede própria, menos de 30% do custo assistencial relativo aos gastos em serviços médicos ou hospitalares referentes a seus Planos Privados de Assistência à Saúde.

FONTE: ANS.

As regras, inclusive relativas ao patrimônio mínimo ajustado, que estabelece o valor mínimo do patrimônio líquido, são determinadas de acordo com a região de atuação da operadora e a modalidade. Quanto à modalidade, verifica-se na Tabela 1, que estabelece percentuais denominado "fator k (%)" conforme o enquadramento. Constata-se que para as operadoras da medicina de grupo e filantropia os percentuais são maiores. É possível observar ainda que, quanto maior a abrangência da região de comercialização, maior também será a exigência do patrimônio mínimo ajustado. Outro aspecto relevante é que quanto maior a dependência da rede credenciada, pela prestação de serviços por parte de terceiros, maior é o percentual para constituir o patrimônio mínimo ajustado.

TABELA 1 - PERCENTUAL DE APLICAÇÃO AO PATRIMÔNIO MÍNIMO AJUSTADO

SEGMENTO	REGIÃO DE COMERCIALIZAÇÃO					
	1	2	3	4	5	6
Seguradoras especializadas em saúde	100,00	100,00	100,00	100,00	100,00	100,00
Medicina de grupo/filantropias (ST)	100,00	74,19	48,39	25,81	18,06	10,32
Cooperativa médica (ST)	87,10	61,29	37,10	18,06	12,65	7,23
Medicina de grupo/filantropias (SSS)	74,39	49,19	27,58	12,65	8,85	5,06
Cooperativa médica (SSS)	64,52	46,77	29,03	12,90	8,82	4,74
Autogestão	61,69	38,39	20,11	8,85	6,20	3,54
Medicina de grupo/filantropias (SSP)	50,04	29,25	19,35	7,10	5,00	2,90
Cooperativa médica (SSP)	45,81	22,58	15,35	6,68	4,76	2,84
Medicina de grupo/filantropias (SPS)	34,19	20,97	14,52	6,26	4,35	2,45
Cooperativa médica (SPS)	32,58	19,74	12,89	5,85	3,98	2,10
Medicina de grupo/filantropias (SPP e SPP/SUS)	20,16	14,31	8,37	4,98	3,37	1,77
Cooperativa médica (SPP e SPP/SUS)	17,24	11,34	6,67	4,37	2,92	1,47
Odontologia de grupo (SOT)	3,23	2,58	1,94	0,48	0,41	0,34
Cooperativa odontologia (SOT)	2,58	2,43	1,79	0,45	0,35	0,25
Odontologia de grupo (SOM)	2,40	2,03	1,48	0,39	0,30	0,20
Cooperativa odontologia (SOM)	2,35	1,90	1,21	0,34	0,26	0,19
Odontologia de grupo (SOP)	2,31	1,76	0,94	0,29	0,23	0,18
Cooperativa odontologia (SOP)	2,03	1,35	0,61	0,23	0,20	0,16
Administradora	2,00	1,30	0,50	0,20	0,18	0,15

Para efeito de classificação, as OPS deverão observar sua região de comercialização e, também, o disposto na Resolução – RDC nº 39, de 27 de outubro de 2000, e alterações posteriores:

- Região 1: em todo o território nacional ou em grupos de pelo menos três estados dentre os seguintes: São Paulo, Rio de Janeiro, Minas Gerais, Rio Grande do Sul, Paraná e Bahia;
- Região 2: no Estado de São Paulo ou em mais de um estado, excetuando os grupos definidos no critério da região 1;
- Região 3: em um único estado, qualquer que seja ele, excetuando-se o Estado de São Paulo;
- Região 4: no Município de São Paulo, do Rio de Janeiro, de Belo Horizonte, de Porto Alegre ou de Curitiba ou de Brasília;
- Região 5: em grupo de municípios, excetuando os definidos na região 4; e
- Região 6: em um único município, excetuando os definidos na região 4.

OBS. 1: Para fins de aplicação deste Anexo, considera-se região de comercialização as localidades onde as autogestões disponibilizam e as demais OPS comercializam seus planos privados de assistência à saúde.

Teoria da regulação econômica

Na economia, a regulação pode ser analisada sob duas óticas: (i) a análise normativa, como uma teoria positiva da regulação que define as condições e os princípios da intervenção na economia; e (ii) uma abordagem positiva, denominada teoria econômica da regulação, que procura entender como o processo regulatório se organiza, incluindo as variáveis políticas (CAMPOS, 2008).

A ação regulatória no mercado de saúde suplementar é de suma importância em virtude da defesa da concorrência e do interesse público. De acordo com Andreazzi *et al.* (2003), existe uma "preocupação com a concorrência em igualdade de condições para os diversos segmentos, e ainda, a percepção que os consumidores estarão em melhor posição, caso a regulação previna a ocorrência disseminada de práticas oligopolísticas".

Como o Estado tem o dever de atuar para minimizar as falhas de mercado, a regulação econômica encontra sua justificativa mais simples (CARDOSO, 2005). Nesse sentido, surge a teoria do interesse público, que tem como pressuposto que os legisladores são maximizadores do bem-estar social, buscando corrigir problemas de falhas de mercado (CAMPOS, 2008; LIMA *et al.*, 2014).

De acordo com Rodrigues (2008), a teoria da captura surgiu inspirada pelas críticas à teoria do interesse público, sendo que as diferentes vertentes criadas com base na teoria da captura partem da premissa de que a regulação é formulada em resposta aos grupos de interesse, que buscam maximizar interesses próprios.

Vale destacar também uma terceira teoria que emergiu em função das críticas às duas teorias, segundo Cardoso *et al.* (2009):

> "Pelo fato de as duas teorias estudadas se posicionarem nos extremos e se basearem exclusivamente em evidencias empíricas, foram duramente criticadas até que emergiu a teoria da competição entre os grupos de interesse, segundo a qual o legislador e o regulador estão preocupados em se perpetuarem no poder, portanto, a regulação é desenhada de forma a atender as necessidades do grupo de interesse que exercer maior pressão relativa sobre o regulador e o legislador" (CARDOSO *et al.*, 2009).

Para exemplificar, os grupos de interesse em um setor, ou seja, cada empresa que nele atua (sendo que os clientes desta empresa também representam um grupo de interesse, assim como os próprios legisladores) moldarão o corpo regulatório do Estado de modo a atender aos grupos de interesse mais contribuintes para seus objetivos individuais de deter ou ampliar seu status político (STIGLER, 1971 *apud* LIMA, OLIVEIRA e COELHO, 2014).

Metodologia

O presente estudo adota uma abordagem empírico-analítica, na qual busca-se avaliar os indicadores das operadoras de saúde suplementar, a partir da modalidade em que atua.

Para tanto, selecionou-se a maior operadora de saúde suplementar em cada modalidade para a análise de indicadores, com base nos dados do exercício de 2016 das maiores operadoras, obtidos no site da ANS e nas demonstrações contábeis publicadas.

A Tabela 2 apresenta o número de beneficiários que recebem atenção médico-hospitalares, conforme demonstrado no Quadro 1.

TABELA 2 - EMPRESAS SELECIONADAS

MODALIDADE	QNT. OPS. ATIVAS COM BENEFICIÁRIOS	MAIOR OPERADORA DA MODALIDADE	REGISTRO ANS	NÚMERO BENEFICIÁRIOS
Autogestão	159	Caixa de Assistência dos Funcionários do Banco do Brasil	346659	693.567
Cooperativa médica	298	Central Nacional Unimed — Cooperativa Central	339679	1.459.828
Filantropia	47	Fundação São Francisco Xavier	339954	137.052
Medicina de grupo	261	Amil Assistência Médica Internacional S.A.	326305	3.748.476
Seguradora especializada em saúde	9	Bradesco Saúde S.A.	5711	3.585.391

FONTE: ELABORAÇÃO PRÓPRIA COM BASE EM ANS (2017).

QUADRO 2 - RELAÇÃO DOS INDICADORES

INDICADOR	FUNÇÃO	FÓRMULA
ROA	Taxa de retorno sobre o ativo total. Mostra a relação entre o resultado líquido e o ativo total.	$ROA = \frac{Resultado\ líquido}{Ativo\ total}$
ROE	Taxa de retorno sobre o patrimônio líquido. Mostra a relação entre o resultado líquido e o patrimônio líquido.	$ROE = \frac{Resultado\ líquido}{Patrimônio\ líquido}$
MLB	Margem de Lucro Bruto. Mostra a relação entre o resultado bruto e o total das receitas com operação de planos de saúde (contraprestações efetivas).	$MLB = \frac{Resultado\ bruto}{Contraprestações\ efetivas}$
MLL	Margem de Lucro Líquido. Mostra a relação entre o resultado líquido e o total das receitas com operação de planos de saúde (contraprestações efetivas).	$MLL = \frac{Resultado\ líquido}{Contraprestações\ efetivas}$
MARG. EBIT	Margem EBIT (LAJIR) — Lucro Antes de Juros e Impostos.	$EBIT = \frac{Resultado\ líq + Desp\ financeiras + IR + CSLL - im\,p\ diferidos}{Contraprestações\ efetivas}$
MARG. EBITDA	Margem EBITDA (LAJIDA) — Lucro Antes de Juros, Impostos, Depreciação e Amortização.	$EBITDA = \frac{Resultado\ líq + Desp\ financ + IR + CSLL - im\,p\ difer + Deprec + Amortiz}{Contraprestações\ efetivas}$

(continua)

(continuação)

IMOB	Imobilização do ativo total. Indica a parcela das aplicações de recursos (ativo total) investidos no ativo permanente.	$IMOB = \frac{Ativo\ permanente}{Ativo\ total}$
ENDIV	Índice de Endividamento. Mostra a relação entre o exigível total e o ativo total.	$ENDIV = \frac{Passivo\ circulante + Exigível\ a\ longo\ prazo}{Ativo\ total}$
CE	Composição do Endividamento. Indica quanto da dívida total vence no curto prazo.	$CE = \frac{Passivo\ circulante}{Exigível\ total}$
DM	Índice de Despesas Assistenciais, ou Despesas Médicas, ou ainda, sinistralidade. Mostra a relação entre despesas assistenciais e o total das receitas com operação de planos de saúde (contraprestações efetivas).	$DM = \frac{Eventos\ indenizáveis\ líquidos}{Contraprestações\ efetivas}$
DC	Índice de Despesas de Comercialização. Mostra a relação entre despesas de comercialização e o total das receitas com operação de planos de saúde (contraprestações efetivas).	$DC = \frac{Despesas\ de\ comercialização}{Contraprestações\ efetivas}$

DA	Índice de Despesas Administrativas. Mostra a relação entre despesas administrativas e o total das receitas com operação de planos de saúde (contraprestações efetivas).	$DA = \frac{Despesas\ administrativas}{Contraprestações\ efetivas}$
COMB	Índice Combinado. Mostra a relação entre despesas operacionais (administrativas, comercialização e assistenciais) e as receitas (contraprestações efetivas).	$COMB = \frac{Despesas\ administrativas + Despesas\ de\ comercialização + Eventos\ indenizáveis\ líquidos}{Contraprestações\ efetivas}$
COMBA	Índice Combinado Ampliado. Similar ao índice combinado acima, mas considera também o resultado financeiro.	$COMB = \frac{Despesas\ administrativas + Despesas\ de\ comercialização + Eventos\ indenizáveis\ líquidos}{Contraprestações\ efetivas + Resultado\ financeiro\ líquido}$
PMCR	Prazo Médio de Contraprestações a Receber. Indica o tempo médio que a operadora leva para receber as vendas realizadas (créditos ops. saúde), já descontada a provisão para devedores duvidosos.	$PMCR = \left[\frac{Créditos\ ops.\ de\ saúde}{Contraprestações\ efetivas}\right] \times 360$
PMPE	Prazo Médio de Pagamento de Eventos. Indica o tempo médio que a operadora leva para pagar os eventos assistenciais.	$PMPE = \left[\frac{Eventos\ a\ liquidar}{Eventos\ indenizáveis\ líquidos}\right] \times 360$

(continua)

(continuação)

LG	Liquidez Geral. Mostra a capacidade de pagamento no longo prazo.	$LG = \frac{Ativo\ circulante + Realizável\ a\ longo\ prazo}{Passivo\ circulante + Exigível\ a\ longo\ prazo}$
LC	Liquidez Corrente. Mostra a relação entre os ativos conversíveis em dinheiro no curto prazo e as dívidas de curto prazo.	$LC = \frac{Ativo\ circulante}{Passivo\ circulante}$
TÍQUETE MÉDIO	Tíquete médio mensal. Mostra a relação entre o total anual das receitas com operação de planos de saúde (contraprestações efetivas) e a média mensal do número de beneficiários (multiplicado por 12).	$TíqMedio = \frac{Contraprestações\ efetivas}{Média\ Beneficiários\ x\,12}$

FONTE: ELABORAÇÃO PRÓPRIA COM BASE EM ANS (2017).

As empresas selecionadas foram a Caixa de Assistência dos Funcionários do Banco do Brasil (CASSI), a Central Nacional Unimed (CNU), a Fundação São Francisco Xavier (Fundação), Amil Assistência Médica Internacional e a Bradesco Saúde.

Segundo Matarazzo (1998, p. 154 *apud* KUDLAWICZ e SANTOS, 2013), "o importante não é uma quantidade grande de índices, mas um conjunto que permita conhecer a situação da empresa e conforme o grau de profundidade que se deseja conhecer". Desta forma, para realizar a análise dos dados, optou-se por utilizar os indicadores objeto de acompanhamento por parte da ANS, listados no *Anuário 2016 Aspectos Econômico-Financeiros das Operadoras de Plano de Saúde* (2017), conforme o Quadro 2.

De acordo com Soares (2006), a continuidade da empresa e seu desempenho econômico-financeiro são indícios que podem ser obtidos a partir de indicadores. A utilização de indicadores contribui para a análise de possíveis indícios de problemas e pontos de atenção para as operadoras e, por consequência, para a sociedade, considerando a representatividade do setor.

Resultados

A Tabela 3 apresenta os indicadores calculados para cada uma das operadoras selecionadas na amostra, nos exercícios de 2015 e 2016.

TABELA 3 - INDICADORES POR OPERADORA

INDICADORES		BRADESCO		AMIL		CASSI		CNU		FUNDAÇÃO	
		2016	2015	2016	2015	2016	2015	2016	2015	2016	2015
RENTABILIDADE	ROA	0,03	0,03	-0,02	0,00	-0,09	-0,14	0,07	0,02	0,12	0,12
	ROE	0,09	0,11	-0,03	-0,01	-0,32	-0,36	0,22	0,09	0,16	0,16
	MLB	0,05	0,08	0,12	0,16	0,00	-0,02	0,09	0,08	0,19	0,23
	MLL	0,03	0,03	-0,01	0,00	-0,04	-0,06	0,02	0,00	0,19	0,19
	MARG. EBIT	0,02	0,08	0,00	0,00	-0,02	-0,05	0,02	0,01	0,20	0,19
	MRG EBITDA	0,03	0,08	0,00	0,01	-0,02	-0,05	0,02	0,01	0,20	0,20
CAPITAL	IMOB	0,00	0,00	0,03	0,04	0,01	0,02	0,02	0,03	0,31	0,33
	ENDIV	0,62	0,66	0,44	0,43	0,70	0,61	0,66	0,71	0,24	0,24
	CE	0,60	0,53	0,49	0,59	0,91	0,93	0,95	0,94	0,70	0,66
OPERACIONAL	DM	0,91	0,88	0,84	0,81	1,02	1,04	0,93	0,91	0,83	0,75
	DC	0,05	0,05	0,05	0,04	0,00	0,00	0,03	0,03	0,00	0,00
	DA	0,04	0,04	0,10	0,11	0,08	0,09	0,07	0,07	0,06	0,08
	COMB	1,02	0,98	1,00	0,98	1,11	1,13	1,03	1,02	0,89	0,84
	COMBA	0,93	0,92	0,99	0,97	1,06	1,08	1,00	0,99	0,84	0,81
CICLO FINANCEIRO	PMCR	37	36	8	10	6	5	32	30	22	44
	PMPE	45	42	34	33	41	36	29	27	24	26
LIQUIDEZ	LG	1,50	1,41	1,02	1,26	1,35	1,54	1,42	1,32	2,71	2,56
	LC	0,90	0,79	1,05	1,00	1,09	1,15	1,27	1,21	3,42	3,44
TÍQUETE MÉDIO	(R$)	394	354	240	208	439	399	203	158	152	124

FONTE: ELABORAÇÃO PRÓPRIA COM BASE NOS DADOS DA ANS (2017).

Ao analisar os indicadores, observa-se que a Fundação São Francisco Xavier, filantropia, e a Central Nacional Unimed (CNU), cooperativa médica, apresentaram os maiores índices de rentabilidade em comparação às demais operadoras.

Isso ocorre principalmente pelo fato de que seus indicadores operacionais também se mostraram menores, o que para o setor da saúde é positivo, pois indica que as carteiras dessas operadoras foram superavitárias no exercício.

Do exercício de 2015 para 2016, apenas a Amil, medicina de grupo, conseguiu reduzir o Índice de Despesas Médicas (DM), o que indica que houve melhora na gestão da carteira de clientes da operadora.

Os indicadores operacionais são fundamentais para a avaliação do desempenho, uma vez que guardam relação direta entre as receitas das mensalidades e o custo dos atendimentos médico-hospitalares.

Com o aumento da inflação médica, mensurada por meio do índice de Variação de Custo Médico-Hospitalar (VCMH), que expressa a variação do custo das operadoras de planos de saúde comparado entre dois períodos consecutivos de 12 meses. O referido índice captura as oscilações decorrentes da frequência de utilização e do aumento de preços dos procedimentos médicos. Em geral, as operadoras demonstraram aumento no DM (Índice de Despesas Médicas ou Assistenciais).

O gráfico da Figura 3 traz uma comparação entre os índices de inflação (IPCA), o reajuste autorizado pela ANS e o índice de variação de custo médico-hospitalar (VCMH). Pode-se observar que o VCMH atingiu percentuais muito superiores ao IPCA e ao reajuste dos planos individuais, concedidos e autorizados pela ANS.

FIGURA 3 - EVOLUÇÃO DAS VARIÁVEIS SAÚDE X IPCA

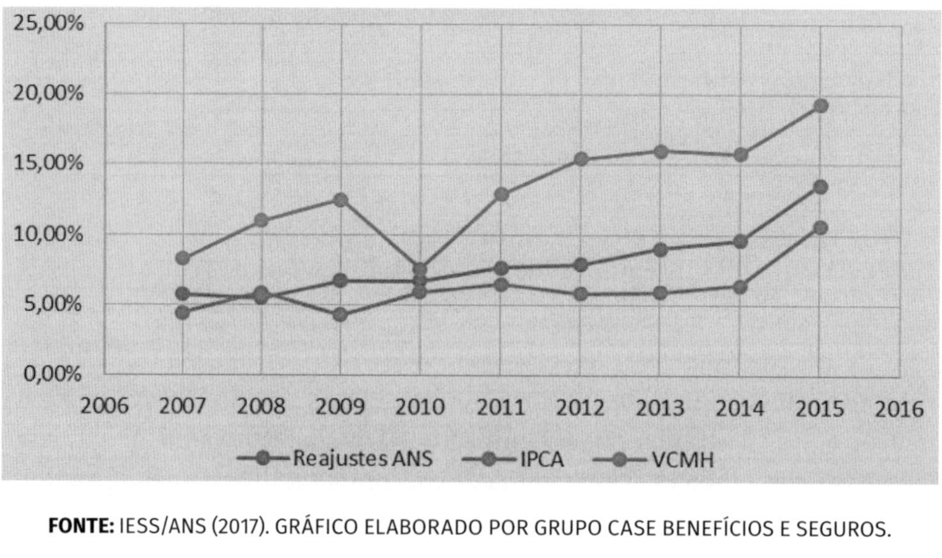

FONTE: IESS/ANS (2017). GRÁFICO ELABORADO POR GRUPO CASE BENEFÍCIOS E SEGUROS.

Quanto à estrutura de capital, a Fundação São Francisco Xavier, filantropia, destacou-se no indicador de imobilização total do ativo. Um dos principais motivos decorre da decisão de modernização e da ampliação da oferta de serviços, visando a melhoria no atendimento prestado à comunidade.

Quanto ao endividamento, a Central Nacional Unimed, cooperativa Médica, e Caixa de Assistência dos Funcionários do Banco do Brasil (Cassi), autogestão, apresentam os maiores indicadores. Vale destacar que a CNU tem como principal fator de endividamento sua dívida com o SUS, representando 11% do total do passivo circulante e exigível a longo prazo. Possui ainda 37% do total do passivo circulante e exigível a longo prazo em provisões como a PEONA (Provisão para Eventos Ocorridos e Não Avisados) e provisão para remissão, enquanto a Cassi possui PEONA representando 37% dos seus passivos e 15% em provisões para ações judiciais.

De acordo com a ANS (2017), a PEONA é uma "provisão, estimada atuarialmente para fazer frente ao pagamento dos eventos que já tenham ocorrido e que não tenham sido registrados contabilmente pela operadora".

Os elevados valores registrados para cobrir a PEONA devem-se à demora na comunicação entre os prestadores de serviços médicos às Operadoras. A referida provisão atuarial, registrada no passivo circulante, faz frente aos eventos que já ocorreram, mas ainda não foram avisados às operadoras. Em função desta provisão, ambas as empresas apresentam também maiores índices de endividamento no curto prazo.

Em relação ao ciclo operacional, por questões regulatórias, os prazos médios de pagamento permanecem em média 30 dias para as operadoras com mais de 100 mil beneficiários, e 60 dias para as que possuem menos de 100 mil beneficiários. Caso esses prazos não sejam atendidos, as operadoras têm obrigatoriedade de vincular tais valores em aplicações financeiras vinculadas à ANS, na qual não poderá movimentar os recursos.

Por motivos regulatórios, também os prazos médios de recebimento não são elevados, e a regulação da ANS determina, Resolução Normativa (RN nº 418), que havendo pelo menos uma parcela vencida do contrato há mais de 60 dias, a totalidade do crédito referente ao contrato deve ser provisionada, planos individuais com preço pré-estabelecido. Para os demais tipos de planos, havendo pelo menos uma parcela vencida do contrato há mais de 90 dias, a totalidade do crédito desse contrato deve ser provisionada.

Quanto aos índices de liquidez, a Fundação São Francisco Xavier, filantropia, também apresentou indicador elevado, que decorre do fato de que a empresa vem retendo superavit para manter a sustentabilidade no curto, médio e longo prazo. As demais operadoras mantêm a média de 1,3, ressalta-se as obrigações impostas pela ANS, que determina que as operadoras devem manter ativos garantidores para cobrir as provisões técnicas. Tal fato faz com que os resultados financeiros das operadoras aumentem cada vez mais.

O tíquete médio da mensalidade representa o valor pago em média por beneficiário, sendo que os maiores valores são do Bradesco, seguradora especializada em saúde, e Cassi, autogestão. Tais valores oscilam em função das características da carteira da operadora, tal como média de faixa etária, cobertura oferecida, abrangência, entre outros.

A Cassi, de acordo com a ANS (2017), apresentou um percentual de idosos na composição da carteira de 22,5%, enquanto o setor possui 13,1%, e idade média de 40,4 em comparação com o setor que é 34,9, além de um índice de envelhecimento de 153,8%, bem superior ao setor com 67,1%. Já o Bradesco, mesmo com bons resultados em termos de composição etária da carteira, possui elevado tíquete médio, justificado pela abrangência oferecida, 92% da sua carteira possui cobertura nacional.

Conclusão

Neste artigo foram abordados os principais tópicos relacionados à regulação das operadoras de planos de saúde e teoria da regulação econômica. Também foram analisados os indicadores acompanhados pela ANS e corroborados pela literatura, por meio de comparação entre as maiores operadoras de cada uma das modalidades elencadas pela ANS.

Os resultados apresentados demonstram que a estrutura de operação, formação da carteira, formação da rede, entre outras características que variam de acordo com a modalidade, influenciam os indicadores. Pode-se verificar que as operadoras estão com cada vez mais dificuldades de performance de carteiras, seja em função dos aumentos expressivos dos custos de assistências, seja pelo envelhecimento — tal qual ocorre na previdência. Outro fator relevante é que, com o aumento do desemprego, o impacto é direto na carteira de planos empresariais, ofertados aos funcionários das empresas.

Referências Bibliográficas

ANS. *Dados do Caderno de Informação da Saúde Suplementar.* 2016. Disponível em: <http://www.ans.gov.br/images/stories/Materiais_para_pesquisa/Perfil_setor/Dados_e_indicadores_do_setor/caderno_informacoes_set16.xls>. Acesso em: 7 ago. 2017.

Agência Nacional de Saúde Suplementar. *Resolução Normativa nº 418.* 2000. Disponível em: <http://www.ans.gov.br/component/legislacao/?view=legislacao&task=TextoLei&format=raw&id=Mzgw>. Acesso em: 09 jul. 2017.

________. *Dados e Indicadores do Setor* — Sala de Situação. 2017. Disponível em: <http://www.ans.gov.br/perfil-do-setor/dados-e-indicadores-do-setor/sala-de-situacao>. Acesso em: 24 jul. 2017.

________. *Anuário 2016 Aspectos Econômico-Financeiros das Operadoras de Plano de Saúde.* 2017. Disponível em: <http://www.ans.gov.br/images/stories/Materiais_para_pesquisa/Perfil_setor/Anuario/2016_anuario.pdf>. Acesso em: 24 jul. 2017.

Andreazzi, M. A. R. de; Andreazzi, M. de F. S. de; Pinheiro, M. C. C. M.; Sicsú, B. *Mercado de Saúde Suplementar:* Amplitude e Limites na Arena da Regulação: Rio de Janeiro, 2003. Disponível em: <http://sysbibliweb.funenseg.org.br/bnweb/upload/acervo26745/TT_MI_04_MFatimaAndreazzi_MercadoSaudeSuplementar.pdf>. Acesso em: 14 abr. 2017.

Araújo, C. M. *Estudo para Elaboração do Manual de Procedimentos do Diretor Fiscal de Operadoras de Plano de Saúde para Regimes Especiais.* 2004. Dissertação de Mestrado Profissional, ENSP — Escola Nacional de Saúde Pública, Rio de Janeiro, RJ, Brasil. Disponível em: <https://www.arca.fiocruz.br/handle/icict/5476>. Acesso em: 14 abr. 2017.

BRASIL. Lei nº 9.656, de 3 de junho de 1998 (1998). *Dispõe sobre os planos e seguros privados de assistência à saúde.* Disponível em: <http://www.planalto.gov.br/ccivil_03/leis/L9656compilado.htm>. Acesso em: 14 abr. 2017.

Campos, H. A. de. Falhas de mercado e falhas de governo: uma revisão da literatura sobre regulação econômica. *Prismas:* Dir., Pol. Publ. e Mundial. Brasília, v. 5, n. 2, p. 341-370, jul./dez. 2008. Disponível em: <https://www.olibat.com.br/documentos/prismas-regulacao-economica.pdf>. Acesso em: 14 abr. 2017.

Cardoso, R. L. *Regulação Econômica e Escolhas de Práticas Contábeis:* evidências no mercado de saúde suplementar brasileiro. 2005. Tese de Doutorado, Universidade Federal de São Paulo, São Paulo, Brasil. Disponível em: <http://www.teses.usp.br/teses/disponiveis/12/12136/tde-18122008-121952/pt-br.php>. Acesso em: 14 abr. 2017.

________; Saravia, E.; Tenório, F. G.; Silva, M. A. Regulação da contabilidade: teorias e análise da convergência dos padrões contábeis brasileiros aos IFRS. *Revista de Administração Pública — RAP,* 43(4): 773-99. 2009.

Kudlawicz, C. *Um Estudo Sobre o Impacto no Nível de Rentabilidade das Organizações Operadoras de Planos de Saúde em Função de Seu Perfil.* 2013. Dissertação de Mestrado, Universidade Federal do Paraná, Curitiba, PR, Brasil. Disponível em: <http://www.ppgcontabilidade.ufpr.br/wp-content/uploads/2015/05/D079.pdf>. Acesso em: 14 abr. 2017.

Leal, R. M. *O Mercado de Saúde Suplementar no Brasil:* Regulação e Resultados Econômicos dos Planos Privados de Saúde. 2014. Tese de Doutorado, Universidade Federal do Rio de Janeiro, Rio de Janeiro, RJ, Brasil. Disponível em: <http://www.iess.org.br/cms/rep/1lugareconomia_7q6gy1tn.pdf>. Acesso em: 14 abr. 2017.

Lima, S. H. de O.; Oliveira, F. D.; Coelho, A. C. D. Regulação e Regulamentação na Perspectiva da Contabilidade. *Anais do Congresso USP de Controladoria e Contabilidade*, São Paulo, Brasil, 14, 2014.

Nogueira, C. A. L. *Análise da Estrutura Econômica da Saúde Suplementar:* em busca de uma estrutura eficiente de mercado. 2004. Dissertação de Mestrado, ENSP — Escola Nacional de Saúde Pública, Rio de Janeiro, RJ, Brasil. Acesso em: 14 abr. 2017. Disponível em: <https://www.arca.fiocruz.br/handle/icict/5278>.

Nunes, A. A concentração no mercado de saúde suplementar no Brasil. *Pesquisa & Debate,* SP, v. 25, n. 2(46), p.51-68, jul-dez. 2014. Disponível em: <https://revistas.pucsp.br/index.php/rpe/article/download/19534/15734>. Acesso em: 14 abr. 2017.

Ocké-Reis, Carlos Octávio; Andreazzi, Maria de Fátima Siliansky de; Silveira, Fernando Gaiger. O mercado de planos de saúde no Brasil: uma criação do estado? *Revista de Economia Contemporânea,* 10(1), 157-185. 2006. Disponível em: <https://dx.doi.org/10.1590/S1415-98482006000100007>.

Pinheiro, I. C. B.; Peleias, I. R.; Silva, A. F. da; Martins, E. Efeitos da Regulação Econômico-Financeira nas Estratégias de Financiamento das Operadoras de Planos de Saúde. *Revista Universo Contábil,* ISSN 1809-3337. Blumenau, v. 11, n. 2, p. 108 -127, abr./jun. 2015.Disponível em: <http://proxy.furb.br/ojs/index.php/universocontabil/article/view/4396/3030>. Acesso em: 12 julho 2017.

Rodrigues, A. *Gerenciamento da Informação Contábil e Regulação:* Evidências no Mercado Brasileiro de Seguros. 2008. Tese de Doutorado, Universidade Federal de São Paulo, São Paulo, SP, Brasil. Disponível em: <http://www.teses.usp.br/teses/disponiveis/12/12136/tde-17032008-123836/pt-br.php>. Acesso em: 14 abr. 2017.

SALLES, O. R. *Adaptação das Operadoras de Planos de Saúde de Pequeno Porte ao Plano de Contas Padrão da ANS.* 2004. Dissertação de Mestrado Profissional, ENSP — Escola Nacional de Saúde Pública, Rio de Janeiro, RJ, Brasil. Disponível em: <https://www.arca.fiocruz.br/handle/icict/4789>. Acesso em: 14 abr. 2017.

O ÍNDICE DE FELICIDADE INTERNA BRUTA E SEU IMPACTO SOBRE O MERCADO SEGURADOR BRASILEIRO

Elizabeth Borelli[1]
Elisangela S. Silva[2]

Resumo

O objetivo desta pesquisa é averiguar, a partir da utilização do Índice de Felicidade Interna Bruta, as possibilidades de negócios referentes a seguros de ramos elementares e vida no Brasil, avaliando o impacto das nove dimensões propostas para aferição deste índice sobre a emissão dos prêmios de seguro. Assim, o objetivo fundamental do trabalho é avaliar a oferta e a demanda do mercado segurador brasileiro, sob a ótica do comportamento dos indivíduos, procurando contribuir para a criação de novos produtos. Será elaborada uma breve conceitualização sobre seguro e uma discussão sucinta sobre as variáveis que compõem o Índice de Felicidade Interna Bruta. Será feita uma exposição sobre a sua origem e sua importância na atualidade, mostrando a percepção do mercado segurador em relação ao impacto de suas variáveis. A partir da literatura, serão apresentadas diferentes abordagens do tema, visando verificar se, de fato, é de suma importância para o mercado segurador incorporar o conceito de Felicidade Interna Bruta para a criação de produtos mais compatíveis com a realidade social dos consumidores.

Palavras-chave: Felicidade Interna Bruta; Produto Interno Bruto; Seguros; Índices de Bem-Estar; Índice de Gini.

Introdução

Entendendo que a criação de indicadores para aferir o grau de bem-estar da população é vislumbrada por diversos países, por esclarecer como se dá o progresso e desenvolvimento de um povo, esta pesquisa tem como objetivo promover uma análise sobre o Índice de Felicidade Interna Bruta e seu possível impacto sobre o mercado segurador brasileiro, utilizando para isto dados referentes à emissão de prêmios de seguros de ramos elementares e vida no Brasil, durante o período de 2008 a 2015.

O problema refere-se à pertinência do tema no cenário brasileiro, colocando-se como questão central: averiguar se o índice que complementa as informações apresentadas pelo Produto Interno Bruto reserva alguma inovação significativa para o referido mercado, podendo assim, servir de subsídio para implemento de produtos mais adequados à realidade da população ou até mesmo para aprimorar a forma de comercialização dos produtos já existentes.

O objetivo inicial da pesquisa é verificar se, a partir da utilização do Índice de Felicidade Interna Bruta, é possível observar correlações significativas em relação aos prêmios emitidos, dado que as nove dimensões que compõem o Índice de Felicidade Interna Bruta possuem relação direta com o comportamento dos indivíduos.

Considerando-se que esta pesquisa evidencia o lado humano do desenvolvimento e sua relação com o mercado segurador, foram revisitadas obras sobre Economia, Sociologia, Estatística, além da utilização de dados provenientes de diversos órgãos como SUSEP, IBGE, DATASUS, entre outros.

Para a análise quantitativa, foi utilizado o método de correlação entre variáveis, considerando-se as dimensões abrangidas pelo Índice de Felicidade Interna Bruta.

Um breve histórico sobre seguros, processo de sinistro e grupos em atuação no mercado nacional

O seguro é uma modalidade de transferência de risco, na qual o segurador fica obrigado a indenizar o segurado, caso ocorram fatos danosos a sua vida, saúde, direitos ou patrimônio, conforme previsto na Norma Circular SUSEP nº 354/2007.

Para Ferreira (1985), o início do seguro acontece a partir da expectativa da sociedade quanto a futuras ocorrências que possam culminar em prejuízos à vida ou até mesmo a perda de bens materiais ou prejuízos à reputação, entre outros. Com isso, é possível verificar que o seguro tem suas raízes na preocupação humana com a continuidade de seus negócios, ou até mesmo com o que poderia ocorrer à família em um momento de ausência do seu provedor.

Observando que a percepção do risco é algo que acompanha a humanidade desde o princípio de sua existência, Ribeiro descreve: "agrupou-se o ser humano em bandos, tribos, e pôde-se assim melhor fazer face aos riscos, entre eles os representados pelos ataques realizados por seu próprio semelhante e por animais". (RIBEIRO, 1994, p. 9).

Observa-se que, por recear privações consequentes de causa fortuita, que pudessem, inclusive, oferecer risco à vida, as pessoas buscavam se organizar em grupos desde tempos remotos, visando com isso mitigar riscos e garantir sua segurança. Vestígios históricos apontam o conceito do mutualismo entre cameleiros e comerciantes babilônios, que distribuíam entre si as perdas de mercadorias e morte de animais ao cruzar o deserto.

Conforme quadro histórico descrito por Larramendi (1997), ratificou-se a distribuição dos riscos pelos comerciantes árabes, sendo possível obter informações sobre associações na China que praticavam o conceito de pulverização de riscos, a fim de mitigar perdas, caso os comerciantes fossem vítimas de prejuízos.

Ribeiro (1994) apresenta em cenário ainda mais antigo: o conceito de indenização, relembrando o Código de Hamurábi.

Diante da expansão marítima e o mercantilismo, tornou-se bastante comum o chamado "Contrato de Dinheiro e Risco Marítimo", que consistia em um empréstimo ao navegador e, caso houvesse algum prejuízo durante a viagem, a dívida gerada por tal empréstimo era perdoada. Os referidos contratos eram lavrados por pessoas físicas que, providas de confortável situação financeira, acabavam aceitando o respectivo risco.

À medida que as atividades de transferência de riscos ganhavam notoriedade, surgiam as primeiras apólices de seguros com novidades em relação às coberturas, como por exemplo, seguros terrestres, que foram de suma importância com a ocorrência do Grande Incêndio de Londres, em 1666.

A Revolução Industrial teve papel crucial no desenvolvimento do mercado segurador, pois avanços tecnológicos e novos meios de transportes envolviam atividades de alto risco, o que levou o mercado segurador a evoluir de forma diretamente proporcional à demanda dos demais setores.

No Brasil, o seguro foi impulsionado com a chegada da família real portuguesa em 1808, cujo primeiro ato significativo foi a abertura dos portos no mesmo ano, fomentando assim a atividade.

Com tal ampliação, foi necessária a promulgação da Lei nº 294, de 5 de setembro de 1895, que dispunha em seu art. 2º o seguinte texto:

> "O total das reservas de todas as apólices vigentes no Brasil naquela data deverá ser empregado em valores nacionais, tais como bens imóveis no território da República, hipotecas sobre propriedades e imóveis, ações de caminhos de ferro, bancos, empresas industriais ou outros estabelecidos no Brasil, ou em depósitos a prazo de um ano, pelo menos, em estabelecimentos bancários que funcionem no Brasil".

Ou seja, tal lei determinava que reservas técnicas das sucursais de seguradoras do exterior que operassem no Brasil fossem aplicadas neste país, para que pudessem ser solventes para com os riscos aqui assumidos.

Mais tarde, em 1939, na Era Vargas, foi criado o Instituto de Resseguro do Brasil, o IRB, que exercia monopólio sobre as atividades resseguradoras, finalizado em 2007.

Em meio a este cenário, foi criada a Superintendência de Seguros Privados, SUSEP, em 1966. Desta forma, fundou-se o Sistema Nacional de Seguros Privados e a partir daí tornou-se responsabilidade das seguradoras a manutenção do apoio econômico ao Estado, provendo maior segurança à economia.

GRÁFICO 1 - MERCADO SEGURADOR BRASILEIRO

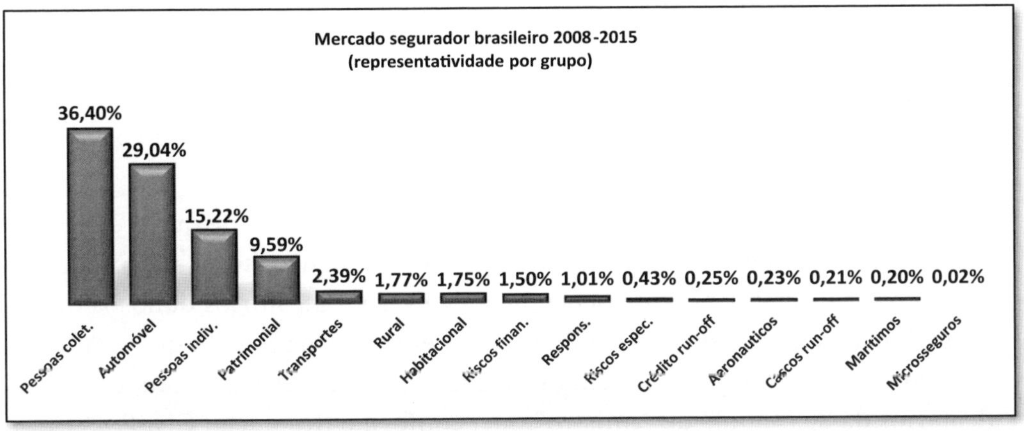

FONTE: SUSEP (VÁRIOS ANOS).

Conforme a Norma Circular SUSEP nº 455 de 2012, no período de elaboração do estudo, o mercado segurador brasileiro dispunha de 100 ramos de seguros, devidamente distribuídos em 14 grupos ativos. Para que fosse possível aferir o crescimento de cada grupo, utilizou-se como base de cálculo o prêmio direto, conforme descrito na página 209 do *Manual de Preenchimento do Formulário de Informações Periódicas*, FIP/SUSEP. Logo, observou-se a seguinte experiência:

GRÁFICO 2 - GRUPOS COM MAIOR CRESCIMENTO

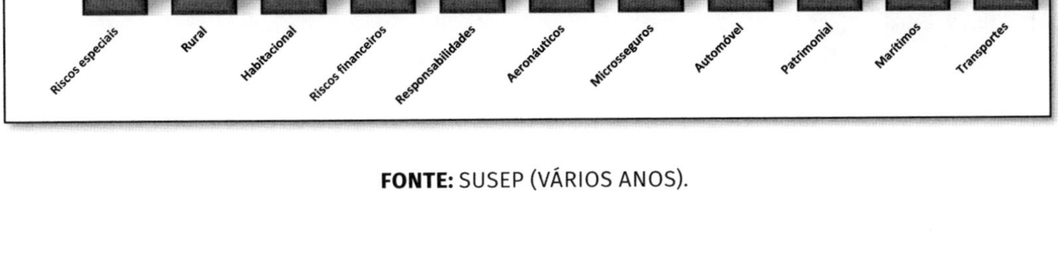

FONTE: SUSEP (VÁRIOS ANOS).

Conforme Mendes (1977, p. 11), o seguro "é uma operação aleatória a qual um grupo de indivíduos, sujeitos a um risco comum, se reúne com a finalidade de repartir entre eles os prejuízos (danos ou perdas) sofridos por alguns".

E Vilanova (1965, p. 15) complementa: "risco segurável é todo acontecimento futuro e incerto, que independe da vontade humana e que não obedece a nenhuma lei conhecida".

Com tais afirmações, torna-se bem clara a compreensão de que o expressivo crescimento observado em diversos grupos de seguros se dá pela preocupação com a probabilidade de ocorrência de eventos aleatórios danosos que, de qualquer maneira, possa culminar em prejuízos financeiros que limite a continuidade dos projetos de vida e negócios, entre outros. A tais eventos aleatórios dá-se o nome de "sinistro" que, conforme Resolução CNSP nº 117, de 2004, art. 5º, inciso XLI é "a ocorrência do risco coberto, durante o período de vigência do plano de seguro".

Logo, verificando que o sinistro é a materialização do risco e que tal situação equivale a prejuízos financeiros para as seguradoras, com base em informações provenientes do Sistema de Estatísticas a SUSEP — SES, para o período em estudo, o mercado segurador nacional produziu aproximadamente R$237 bilhões em sinistros que, segregados por grupo, apresenta o cenário seguinte.

GRÁFICO 3 - SINISTROS E SUA REPRESENTATIVIDADE POR GRUPO (2008–2015)

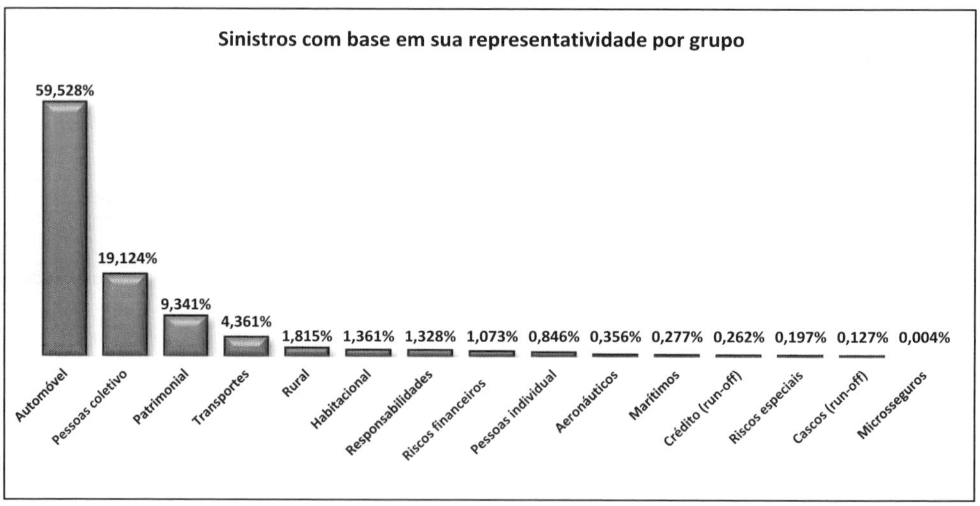

FONTE: SUSEP (VÁRIOS ANOS).

O Índice de Felicidade Interna Bruta

A verificação do progresso e desenvolvimento de um povo é de suma importância para as nações e, constatando que o cálculo do Produto Interno Bruto não se trata da medida mais adequada para a verificação de tal desenvolvimento, diversos países vêm buscando métodos para aferir o bem-estar de seus cidadãos. Assim, surge a importância do Índice de Felicidade Interna Bruta, um indicador sistêmico desenvolvido no Butão, pequeno país do Himalaia. O conceito nasceu em 1972, elaborado pelo rei butanês Jigme Singye Wangchuck. Desde então, o reino de Butão, com o apoio do PNUD (Programa das Nações Unidas para o Desenvolvimento), começou a colocar esse conceito em prática e atraiu a atenção dos demais países do mundo, com a sua nova fórmula para medir o progresso de uma comunidade ou nação. Nessa visão, o cálculo da "riqueza" deve considerar outros aspectos além do desenvolvimento econômico, como a conservação do meio ambiente e a qualidade de vida das pessoas.

Thinley (*apud* ARRUDA, 2009) considera o índice IFIB uma abordagem holística, à medida que se propõe a atender às necessidades materiais e espirituais da sociedade. Com base nesse conceito, nota-se que, ao atuar com um índice que avalia a felicidade de uma, há grande possibilidade de verificar novidades no que se refere a negócios nas mais diversas áreas.

Para Borelli e Torres (2015), a evolução do conceito de felicidade, desde a definição de Aristóteles (349 a.C.) até os pensadores contemporâneos, se relaciona com boas condições de vida que, embora constituam um bem público, são percebidas no subjetivo individual.

Para Meneghetti Neto (2010), o conceito do Índice de Felicidade se baseava na premissa de que algumas formas de desenvolvimento não são mensuráveis de forma econômica. Assim, o índice sugere que o desenvolvimento da sociedade ocorre quando o desenvolvimento material e espiritual acontecem paralelamente, se complementando e reforçando mutuamente.

Nessa visão, o Índice de Felicidade estrutura-se em quatro pilares: a promoção do desenvolvimento sustentável, a preservação e a promoção de valores culturais, a conservação do ambiente natural e o estabelecimento de um bom governo (BORELLI e TORRES, 2015).

Considerando que a sociedade atual é eminentemente consumista, a satisfação com a própria vida poderia significar, em tese, a preocupação com o consumo que poderá ser realizado em qualquer momento. Então, para esclarecer o termo "sociedade de consumo", também utilizado para a variável "padrão de vida", pode-se utilizar a conceituação de Bauman:

> "Todos os seres humanos são e sempre foram consumidores, e nossa preocupação com o consumo não é novidade; decerto precede o advento da variedade "líquida" da modernidade. Seus antecedentes podem ser facilmente identificados em tempos bem distantes do nascimento do consumismo contemporâneo. É, portanto, altamente ineficiente e equivocado examinar simplesmente a lógica do consumo (sempre uma atividade profundamente individual e solitária, mesmo quando realizada em conjunto) a fim de compreender o fenômeno do consumidor atual. Em vez disso é necessário focalizar a verdadeira novidade, que é a natureza comportamental: o consumo individual realizado no ambiente de uma sociedade de consumidores" (BAUMAN, 2007, p. 108).

E conforme Fromm:

> "Nossos julgamentos são extremamente tendenciosos, porque vivemos em uma sociedade que repousa na propriedade privada, no lucro, no poder, como pilares de sua existência. Adquirir, possuir e obter lucro são os direitos sagrados e inalienáveis do indivíduo na sociedade industrial" (FROMM, 1977, p. 81).

O Índice de Felicidade Interna Bruta como ferramenta para o desenvolvimento sustentável

Em 1972, foi realizado pela Organização das Nações Unidas, em Estocolmo, na Suécia, um encontro com o objetivo de discutir ações e metas sobre o meio ambiente. Constavam da pauta pontos negativos do desenvolvimento humano e a necessidade de um engajamento mundial para identificá-los.

Na década de 1980, deu-se início à discussão sobre como harmonizar a "atividade econômica e conservação do meio ambiente". Nesse ínterim, a Comissão Brundtland (Comissão Mundial sobre Meio Ambiente e Desenvolvimento, criada pela ONU em dezembro de 1983) colocou em pauta a expressão "desenvolvimento sustentável" e a partir desse momento a gestão ambiental evoluiu para a gestão da sustentabilidade. Neste período, as empresas começaram a ser pressionadas pela sociedade e, portanto, passaram a tentar mudar a imagem comprometida pelo descaso de anos em sua postura frente ao meio ambiente (ALMEIDA, 2002).

Sem dúvida, sustentabilidade é um conceito que tem sido extremamente explorado no mundo corporativo, sendo que profissionais da área de marketing, comunicação, gestão de imagem e outras áreas que possuem extrema importância nas empresas estão sendo alocados nesta grande corrida por um mundo sustentável.

Mas, e o mercado segurador, qual tem sido sua participação nesta questão?

Com base em informações obtidas da CNSEG, em julho de 2012, foi criada a Comissão de Sustentabilidade, que tem como missão assessorar a CNSEG a disseminar conceitos e fomentar práticas de desenvolvimento sustentável no mercado segurador brasileiro, estimulando a troca de experiências e a adoção das melhores práticas pelas empresas seguradoras.

Devido ao fato de que a principal atividade das seguradoras é compreender, gerenciar e assumir riscos, tal iniciativa apresentou excelente resultado por meio da prevenção e mitigação dos riscos, além de seu compartilhamento entre os diversos envolvidos. Logo, é nítido que o mercado segurador protege a sociedade, estimula a inovação e promove consideravelmente o desenvolvimento econômico. Explicando melhor, os princípios para sustentabilidade em seguros (PSI, Principles for Sustainability in Insurance) Consistem em três dimensões fundamentais: ambiental, social e de governança. Tais princípios são estabelecidos pelo programa das Nações Unidas para o meio ambiente, iniciativa financeira, em parceria com a indústria global de seguros.

Aderindo aos princípios de sustentabilidade em seguros, as seguradoras declaram:

> "Incluiremos em nosso processo de tomada de decisão questões ambientais, sociais e de governança que sejam relevantes para nossa atividade em seguros.
>
> Trabalharemos em conjunto com nossos clientes e parceiros comerciais para aumento da conscientização sobre questões ambientais, sociais e de governança, gerenciamento de riscos e desenvolvimento de soluções.

> Trabalharemos em conjunto com governos, órgãos reguladores e outros públicos estratégicos para promover ações amplas na sociedade sobre questões ambientais, sociais e de governança.
>
> Demonstraremos responsabilidade e transparência divulgando com regularidade, publicamente, nossos avanços na implementação dos Princípios" (CNSEG, 2015, p. 23).

A responsável por monitorar a aderência das empresas do setor de seguros aos princípios de sustentabilidade em seguros é a CNSEG, por meio das Metas PSI, que avaliam a integração das questões ambientais, sociais e de governança nos processos de planejamento e gestão das principais seguradoras brasileiras.

Qualquer processo para aferir informações que combinem variáveis pode ser um tanto moroso; por este motivo, verifica-se que nem todas as 157 seguradoras ativas no período de 2008 a 2015 aderiram aos princípios de sustentabilidade em seguros. Assim, as seguradoras signatárias de tais princípios são: Bradesco Seguros S.A.; Brasilcap Capitalização S.A.; Caixa Seguradora; Grupo Segurador Banco do Brasil e Mapfre; Itaú Seguros S.A.; Liberty Seguros S.A.; Mongeral AEGON Seguros e Previdência S.A.; Porto Seguro S.A.; Seguradora Líder DPVAT; Sul América S.A.; Terra Brasis Resseguros (CNSEG, 2015).

Conforme o relatório de sustentabilidade do setor de seguros, em 2015, o valor entregue pelas empresas do setor em forma de indenização, sorteio, resgate e benefício correspondeu a aproximadamente 4% do PIB nacional. Nos últimos três anos, a sinistralidade cresceu em um ritmo mais acelerado do que o PIB, com uma variação nominal de 27%, ao passo que o PIB cresceu 11% em termos nominais (CNSEG, 2015).

Logo, diante de uma moção mundial em prol do combate a mudanças climáticas, solidariedade, desenvolvimento humano, sustentabilidade, equidade, redução de vulnerabilidade e preservação do trabalho, verifica-se que, apenas com a opção por uma visão ampla no que concerne ao fator humano da economia, é possível garantir que o desenvolvimento de uma nação seja sustentável (BORELLI e TORRES, 2015).

Para o estabelecimento do Índice de Felicidade Interna Bruta, da forma que melhor atenderia as características fundamentais do respectivo conceito, dadas as séries históricas disponíveis para a composição de cada indicador, foram consideradas neste trabalho as seguintes variáveis: crescimento vegetativo da população, taxa de crescimento populacional, taxa de fecundidade total, taxa bruta de natalidade, expectativa de vida ao nascer, taxa de mortalidade infantil, taxa de suicídio e taxa de homicídio, como indicadores atinentes às variáveis bem-estar psicológico, saúde e vitalidade comunitária; taxa de alfabetização, como indicador referente à variável educação; renda, desigualdade, coeficiente de Gini, renda *per capita* média, Produto Interno Bruto e renda média dos extremamente pobres, como indicadores atinentes à variável padrão de vida.

Composição dos indicadores e metodologia utilizada para análise

a) Crescimento vegetativo da população: utilizando-se dados obtidos a partir do IBGE, referentes ao crescimento populacional, taxa de fecundidade total, taxa bruta de natalidade e expectativa de vida ao nascer, verifica-se a necessidade de aferir o crescimento vegetativo da população, a partir da seguinte fórmula:

Quantidade de falecimentos – Quantidade de nascimentos

b) Taxa de crescimento populacional: tal taxa indicará o ritmo de crescimento populacional e é influenciada pela dinâmica da natalidade, da mortalidade e das migrações. Servirá para analisar variações geográficas e temporais do crescimento popuacional, além de realizar estimativas e projeções populacionais, para períodos curtos e subsidiar processos de planejamento, gestão e avaliação de políticas públicas específicas, como por exemplo, o dimensionamento da rede física, previsão de recursos e atualização de metas.

As fontes utilizadas para obtenção dos dados que compõem a taxa de crescimento populacional são do IBGE, a partir do Censo Demográfico, previsto para ser realizado a cada dez anos, sendo: projeção da população do Brasil por sexo e idade para o período 1980–2050 e estimativas anuais e mensais da população do Brasil e das unidades da federação no período de 1980–2020.

A estimativa de crescimento da população é realizada pelo método geométrico, conforme a fórmula:

$$\boldsymbol{r} = \left[\left(\sqrt[n]{\frac{P_t}{P_0}}\right) - 1\right] \times 100$$

c) **Taxa de fecundidade total:** trata-se do número médio de filhos nascidos vivos, sendo estimada para um ano-calendário determinado, partindo de informações retrospectivas, obtidas a partir de censos e inquéritos demográficos. Em termos técnicos, expressa a condição reprodutiva de uma mulher pertencente a uma coorte hipotética, sujeita às taxas específicas de fecundidade por idade, observadas na população em estudo, supondo-se a ausência de mortalidade nessa coorte.

Quando as taxas de fecundidade total forem inferiores a 2,1 indicam que a fecundidade é insuficiente para assegurar a reposição populacional, mas o decréscimo de tal taxa pode estar associado a vários fatores, como por exemplo, a urbanização crescente, redução da mortalidade infantil, melhoria do nível educacional, ampliação do uso de métodos contraceptivos, maior participação da mulher na força de trabalho ou, até mesmo, instabilidade de emprego.

A fonte para obtenção dos dados que serão utilizados para aferir tal indicador é o Instituto Brasileiro de Geografia e Estatística (IBGE), a partir do Censo Demográfico, Contagem Intercensitária, Pesquisa Nacional por Amostra de Domicílios (PNAD), estimativas e projeções demográficas.

d) **Taxa bruta de natalidade:** trata-se da quantidade de nascidos vivos, por mil habitantes, em determinado espaço geográfico, no período considerado, ou seja, expressa a frequência anual de nascidos vivos e é diretamente influenciada pela estrutura da população, quanto a idade e sexo. Em tese, significa que, quanto mais elevada for a taxa, piores estão as condições socioeconômicas e culturais da população.

A fonte para a obtenção de dados para elaboração deste índice é o Ministério da Saúde/CENEPI, a partir do Sistema de Informações sobre Nascidos Vivos (SINASC) e o IBGE, a partir do Censo Demográfico, Contagem Intercensitária, PNAD, estimativas e projeções demográficas.

A metodologia de cálculo é extremamente simples, conforme a fórmula seguinte:

$$\textit{Taxa bruta natalidade} = \frac{\textit{Qtd total de nascidos vivos de residentes}}{\textit{População total residente}} \times 1000$$

e) Expectativa de vida ao nascer: trata-se da expressão do número médio de anos que se esperaria que um recém-nascido vivesse, portanto, representa uma medida sintética da mortalidade, não estando afetada pelos efeitos da estrutura etária da população, como ocorre em relação à taxa bruta de mortalidade e o aumento da esperança de vida ao nascer; remete à ideia de melhoria das condições de vida e de saúde da população.

A fonte para obtenção dos dados que darão origem ao referido índice é o IBGE, a partir do Censo Demográfico, da Contagem da População, da PNAD, estimativas e projeções demográficas.

A metodologia de cálculo utiliza tábuas de vida elaboradas para cada área geográfica, adotando, por exemplo, a quantidade de existência *Tx*, que significa: "o somatório de anos vividos pelas pessoas componentes de um grupo de idade x até o instante de sua extinção; é o acompanhamento ano a ano de um grupo até sua extinção" (CORDEIRO, 2009, p. 57).

Ou seja, como se sabe que $Lx = 1/2(lx + lx{+}1)$, que $Lx{+}1 = 1/2(lx{+}1 + lx{+}2)$ e assim sucessivamente, além de saber-se que $Lx{=}0$, deduz-se que $T0 = L0 + L1 + L2 ...+ Lw{-}1$ ou seja, $Tx = \sum_{t=0}^{w-x-1} Lx{+}t$. Sabendo-se que *lx* refere à quantidade de sobreviventes com a idade "x", pode-se julgar que a expectativa de vida ao nascer é necessariamente o conceito atuarial de "vida média completa", ou seja, a quantidade média de anos que alguém de idade "x" deverá viver.

Desta maneira, a fórmula que descreve a esperança de vida ao nascer, segue descrita como:

$$e_x^0 = \frac{\sum_{t=0}^{w-x-1} L_{x+t}}{l_x} \text{ ou seja } e_x^0 = \frac{T_x}{l_x}$$

f) Taxa de mortalidade infantil: trata-se da quantidade de óbitos de menores de um ano de idade, para cada mil nascidos vivos, em determinado espaço geográfico, no período de referência. Compreende a soma dos óbitos ocorridos nos períodos: neonatal precoce (0-6 dias de vida), neonatal tardio

(7-27 dias) e pós-neonatal (28 dias e mais) e serve para estimar o risco que um nascido vivo corre de falecer durante seu primeiro ano de vida.

A taxa de mortalidade infantil é classificada em alta (50 ou mais), média (20-49) e baixa (menos de 20), em função da proximidade ou distância de valores já alcançados em sociedades mais desenvolvidas.

As fontes para obtenção dos dados necessários para estabelecimento da taxa de mortalidade infantil são o Ministério da Saúde/CENEPI: Sistema de Informações sobre Mortalidade (SIM) e Sistema de Informações sobre Nascidos Vivos (SINASC, e IBGE), alternativamente: estimativas baseadas no Censo Demográfico, na Pesquisa Nacional por Amostra de Domicílios (PNAD) e em estudos especiais. Segue a metodologia de cálculo:

$$\frac{\textit{Qtd de óbitos de residentes com menos de um ano de idade}}{\textit{Qtd total de nascidos vivos de mães residentes}} \times 1.000$$

g) Taxa de suicídio: tal taxa contribui na avaliação dos níveis de saúde biopsicossocial e de desenvolvimento socioeconômico da população, e ainda subsidia processos de planejamento, gestão e avaliação de políticas públicas de promoção, proteção e recuperação da saúde, concernentes às causas externas de mortalidade. Tais dados foram obtidos a partir das informações contidas no sítio eletrônico do DATASUS e, como método de cálculo para tal indicador, é utilizada a seguinte formula:

$$\frac{\begin{array}{c}\textit{Qtd de óbitos de residentes por causas externas}\\ \textit{considerando apenas CID 10 x60 a x84}\end{array}}{\textit{População total residente ajustada ao meio do ano}} \times 100.00$$

Por não haver informações mais detalhadas sobre a população total residente ajustada ao meio do ano, serão utilizadas projeções do IBGE, devidamente elaboradas com base no Censo Demográfico de 2010.

h) Taxa de homicídio: tais dados foram obtidos a partir das informações contidas DATASUS e, como método de cálculo para tal indicador, se utilizará a seguinte fórmula:

$$\frac{\begin{array}{c}\textit{Qtd óbitos de residentes por causas externas}\\ \textit{considerando apenas CID 10 x85 a y09}\end{array}}{\textit{População total residente ajustada ao meio do ano}} \times 100.00$$

i) Taxa de alfabetização: trata-se do percentual de pessoas com idade de 15 anos ou mais que saibam ler e escrever minimamente, no idioma conhecido, na população total da mesma faixa etária, em determinado espaço geográfico, no período considerado. A fonte para obtenção de tais informações é o IBGE, a partir da realização do Censo Demográfico e Pesquisa Nacional por Amostra de Domicílios, sendo a metodologia de cálculo:.

$$\frac{\textit{Qtd de pessoas residentes de 15 e mais anos de idade, que sabem ler e escrever um bilhete simples no idioma que conhecem}}{\textit{População total residente dessa faixa etária}} \times 100$$

Dado que não foi possível obter a informação exata no que se refere à taxa de alfabetização para o período de estudo (2008 a 2015), para que fosse possível estimar a respectiva taxa no período de estudo, utilizou-se a média móvel, uma vez que, aparentemente, a taxa alfabetização se apresenta linear.

j) Renda, desigualdade, coeficiente de Gini: os dados referentes à renda, desigualdade, coeficiente de Gini estão disponíveis apenas para os anos de 2008, 2009, 2011, 2012, 2013 e 2014. *Ceteris paribus*, para que fosse possível obter uma estimativa do respectivo dado para o ano de 2010, foi estabelecida uma média simples entre o que foi apurado em 2009 e 2011; para 2015, considerou-se o dado referente ao ano de 2014.

k) Renda *per capita* média: foi calculada a partir das respostas à PNAD, com valores reais aos preços vigentes na realização da última edição da pesquisa, atualizados conforme o deflator para rendimentos da PNAD apresentado pelo Ipeadata.

Os dados referentes à renda domiciliar *per capita* média estão disponíveis apenas para os anos de 2008, 2009, 2011, 2012, 2013 e 2014. *Ceteris paribus*, para que fosse possível obter uma estimativa do respectivo dado para o ano de 2010, foi estabelecida uma média simples entre o que foi apurado em 2009 e 2011; para 2015, considerou-se o dado referente ao ano de 2014.

l) Produto Interno Bruto: embora seja um dos indicadores mais utilizados na macroeconomia, não deve ser considerado um índice de desenvolvimento, uma vez que seu cálculo não inclui dados tais como: distribuição de renda, expectativa de vida e nível educacional da população, entre outros. Para aferição deste indicador, utilizou-se a base de dados proveniente do Ipeadata, que dispõe sobre o Produto Interno Bruto (PIB) em valores correntes.

m) Renda média dos extremamente pobres: utilizou-se o conceito de renda domiciliar *per capita* (média dos extremamente pobres), estabelecida pelo Instituto de Pesquisa Econômica Aplicada (IPEA). Trata-se da razão entre o somatório da renda *per capita* de todos os indivíduos considerados extremamente pobres (ou indigentes, ou miseráveis) e o número total desses indivíduos.

Os dados referentes à renda domiciliar *per capita* (média dos extremamente pobres) estão disponíveis apenas para os anos de 2008, 2009, 2011, 2012, 2013 e 2014. *Ceteris paribus,* para que seja possível obter uma estimativa deste dado para o ano de 2010, será estabelecida uma média simples entre o que foi apurado em 2009 e 2011; para 2015, será considerado o dado referente ao ano de 2014.

Após o estabelecimento de cada indicador, foi feito o seu cruzamento com o desenvolvimento dos prêmios diretos emitidos pelo mercado segurador, durante o período estudado — devidamente segregados conforme grupo de seguros, a saber:

QUADRO 1 - QUADRO SÍNTESE, 2008–2011

ANO	2008	2009	2010	2011
Patrimonial	6.368.227.484	6.383.764.577	7.798.246.624	9.283.126.991
Riscos esp.	209.148.709	243.543.094	174.442.293	409.983.117
Responsab.	602.317.754	635.222.327	748.535.019	932.603.428
Automóvel	20.078.978.964	20.067.612.395	22.924.530.867	24.717.452.347
Resp. civ. transp.	1.846.684.634	1.685.724.409	1.969.855.069	2.407.145.274
Riscos fin.	655.692.717	869.967.076	917.671.894	1.300.231.247
Pessoas colet.	35.558.538.478	43.804.590.232	52.431.730.786	29.931.687.249
Habitacional	717.757.457	906.866.311	1.110.671.229	1.401.711.740
Rural	779.339.146	1.022.885.636	1.022.854.192	1.022.854.192
Pessoas indiv.	0	0	0	32.591.211.729
Marítimos	0	0	0	259.921.252
Aeronáuticos	0	0	0	274.423.695
Microsseg.	0	0	0	0

FONTE: ELABORAÇÃO PRÓPRIA.

QUADRO 2 - QUADRO SÍNTESE, 2012–2015

ANO	2012	2013	2014	2015
Patrimonial	9.908.386.932	11.456.548.919	12.270.102.981	12.735.730.944
Riscos esp.	507.747.004	723.192.635	588.047.629	563.940.802
Responsab.	1.071.581.371	1.238.620.302	1.290.548.317	1.519.330.596
Automóvel	28.357.772.404	33.610.106.337	39.889.241.432	41.151.758.908
Resp. civ. transp.	2.612.695.082	2.876.086.032	2.741.735.786	2.861.841.067
Riscos fin.	1.454.423.564	1.904.426.258	2.139.329.072	2.690.726.419
Pessoas colet.	37.329.492.381	42.204.693.307	23.452.253.693	24.589.858.295
Habitacional	1.773.611.050	2.208.573.272	2.648.190.149	3.105.005.667
Rural	1.481.254.800	2.239.268.169	2.893.953.727	3.271.503.372.
Pessoas indiv.	44.137.157.776	39.313.424.368	2.640.791.065	2.267.946.184
Marítimos	257.776.676	346.387.978	355.684.550	359.704.506
Aeronáuticos	346.068.001	375.069.944	402.805.651	445.462.895
Microsseg.	0	7.556.187	82.794.010	91.941.933

FONTE: ELABORAÇÃO PRÓPRIA.

A metodologia aplicada para a análise foi a elaboração de correlações lineares simples com base no cálculo do coeficiente de correlação linear de Pearson:

$$r = \frac{\sum (x_1 - \bar{x})(y_1 - \bar{y})}{\sqrt{\left(\sum (x_1 - \bar{x})^2\right)\left(\sum (y_1 - \bar{y})^2\right)}}$$

A análise de correlações foi realizada com o objetivo de verificar se existiam ou não quaisquer relações expressivas entre as respectivas variáveis.

Conclusão

Elaborando uma matriz de correlação entre os indicadores que compõem o Índice de Felicidade Interna Bruta, foi possível verificar informações que contribuem consideravelmente com a pesquisa realizada, como por exemplo, a taxa de mortalidade infantil, que possui correlação de -95,9% com o Produto Interno Bruto, ou seja, à medida que o PIB aumenta, a taxa de mortalidade infantil diminui. Verifica-se também correlação de 94,8% entre a taxa de mortalidade por suicídio e o Produto Interno Bruto, ou seja, à medida que o PIB aumenta, mais pessoas atentam contra suas próprias vidas. É possível verificar ainda que a taxa bruta de natalidade possui correlação de -93,9% com a taxa de mortalidade por suicídio, ou seja, à medida que mais pessoas nascem, menos pessoas cometem suicídio.

Verificando a matriz de correlação entre os grupos de seguro, é possível observar relações extremamente significativas no que se refere ao prêmio direto emitido no período de estudo. Em tese, é como se todo o mercado segurador estivesse consideravelmente relacionado, exceto quando verificados os grupos "pessoas coletivo" e "pessoas individual". Nesta análise, vale considerar também o grupo de "microsseguros", por ser relativamente novo.

A matriz de correlação mais significativa para este estudo é aquela que relaciona as variáveis concernentes ao Índice de Felicidade Interna Bruta e os prêmios diretos emitidos pelo mercado segurador brasileiro no período em análise (2008–2015). Com base nessa matriz, foram observados diversos percentuais significativos, em relações diretas ou inversas. Nenhum dos grupos de Seguros possui qualquer correlação significativa com o indicador referente à taxa de alfabetização. Os grupos: "pessoas coletivo" e "pessoas individual" não possuem correlações significativas com os indicadores utilizados para a composição do Índice de Felicidade Interna Bruta. O indicador "renda domiciliar *per capita* média" apresenta correlação de 87,74% apenas com o grupo "microsseguros". Todos os grupos de seguros, excetuando os já mencionados (pessoas coletivo/individual e microsseguros), possuem forte correlação positiva com os indicadores "PIB nominal", "esperança de vida ao nascer", "taxa de mortalidade por homicídio" e "taxa de mortalidade por suicídio". Todos os grupos de seguros, excetuado os já mencionados (pessoas coletivo/individual e microsseguros), possuem forte correlação negativa com os indicadores "taxa de fecundidade total", "taxa bruta de natalidade" e "taxa de mortalidade infantil". Todos os grupos de seguros, exceto "pessoas" (coletivo/individual), possuem forte correlação negativa com o indicador "taxa de crescimento da população".

Pelo exposto, é possível verificar que o Índice de Felicidade Interna Bruta possui impacto significativo no mercado segurador, sugerindo que as correlações apontadas devam ser mais exploradas, visando constatar a existência de oportunidades de negócios ou implementos de melhorias nos produtos já comercializados, a partir da relação com o comportamento do indivíduo.

Referências Bibliográficas

ALMEIDA, Fernando. *O Bom Negócio da Sustentabilidade.* Rio de Janeiro: Nova Fronteira, 2002.

ARRUDA, M. *As nove dimensões do FIB.* São Paulo: Instituto Visão Futuro Parque Ecológico, 2009. Disponível em: <http://30anos.pacs.org.br/wp-content/uploads/2016/10/PUB_MA_2009_003.pdf>. Acesso em: 03 maio 2017.

BAUMAN, Z. *Vida Líquida.* Rio de Janeiro: Zahar, 2007.

BORELLI, E. TORRES, A.N. Sustentabilidade ambiental na mensuração da felicidade. In: *Aportes ao Desenvolvimento da Economia Brasileira.* São Paulo: Edgard Blücher Ltda., 2015. Disponível em: <https://www.blucher.com.br/livro/detalhes/aportes-ao-desenvolvimento-da-economia-brasileira-1142/economia-122>. Acesso em: 11 maio 2017.

CORDEIRO FILHO, A. *Cálculo atuarial aplicado.* São Paulo: Atlas, 2009.

CNSEG. *Relatório de Sustentabilidade do Setor de Seguros.* Rio de Janeiro: Bethe B. Comunicação, 2015. Disponível em: <http://cnseg.org.br/cnseg/publicacoes/relatorio-de-sustentabilidade/>. Acesso em: 11 maio 2017.

FELICIDADE INTERNA BRUTA-FIB. Disponível em: <http://www.felicidadeinternabruta.org.br/>. Acesso em: 1 maio 2017.

FERREIRA, Weber José. *Coleção Introdução à Ciência Atuarial.* Rio de Janeiro: IRB. v. 4, 1985.

FIP SUSEP. *Manual de Preenchimento,* 2017. Disponível em: <http://www.susep.gov.br/menu/informacoes-ao-mercado/envio-de-dados-a-susep/fipsusep>. Acesso em: 27 abr. 2017.

FROMM, E. *Ter ou ser?* Rio de Janeiro: Zahar, 1977.

IBGE. *Projeção da População* — Nota Técnica. Disponível em: <http://www.ibge.gov.br/apps/populacao/projecao/notatecnica.html>. Acesso em: 14 jun. 2017.

________. *Projeções da População do Brasil.* Disponível em: <http://www.ibge.gov.br/home/estatistica/populacao/projecao_da_populacao/2013/default.shtm>. Acesso em: 14 jun. 2017.

________. *Nascidos vivos, por ano de nascimento, grupos de idade da mãe na ocasião do parto, sexo e lugar de residência da mãe.* Disponível em: <https://sidra.ibge.gov.br/Tabela/2609#resultado>. Acesso em: 13 jun. 2017.

IPEADATA. *Produto Interno Bruto Nominal.* Disponível em: <http://www.ipeadata.gov.br/exibeserie.aspx?serid=38415>. Acesso em: 9 jun. 2017.

LARRAMENDI, I. H. de; PARDO, J. A.; CASTELO, J. *Manual Básico de Seguros.* Brasil: FUNENSEG, 1997.

MENDES, João José de Souza. *Bases Técnicas do Seguro.* São Paulo: Manuais Técnicos de Seguros, 1977.

MENEGHETTI NETO, A. *O índice de felicidade:* evolução e crítica. Projeto Fé e Cultura. PUCRS, 2010.

RIBEIRO, G. P. *História do Seguro:* Um Resumo. Rio de Janeiro: FUNENSEG, 1994.

SUSEP. *Circular SUSEP nº 354,* 2007. Disponível em: <http://www2.susep.gov.br/bibliotecaweb/docOriginal.aspx?tipo=1&codigo=23342>. Acesso em: 28 set. 2016.

________. *Circular SUSEP nº 455,* 2012. Disponível em: <http://www2.susep.gov.br/bibliotecaweb/Doc Original.aspx?tipo=1&codigo=30333>. Acesso em: 25 abr. 2017.

________. *História do Seguro.* Disponível em: <http://www.susep.gov.br/menu/a-susep/historia-do-seguro>. Acesso em: 4 out. 2016.

SUSEP. *Resolução CNSP Nº 117,* 2004. Disponível em: <http://www2.susep.gov.br/bibliotecaweb/docOriginal.aspx?tipo=2&codigo=17748>. Acesso em 21 abr. 2017.

VILANOVA, Wilson. *Matemática Atuarial.* São Paulo: Pioneira, 1969.

RETORNO SOBRE O CAPITAL DE RISCO DE SUBSCRIÇÃO: UMA ABORDAGEM PARA AVALIAÇÃO DE RISCO NO SEGMENTO DE SEGUROS DE DANOS

Diogo Cassin de Carvalho Oliveira[1]

Resumo

A robustez da indústria de seguros demanda o investimento contínuo em plataformas para identificação, monitoramento e gestão de riscos. Este trabalho tem o objetivo de propor o indicador RoURC (Return on Underwriting Risk Capital), o qual permite avaliar a relação entre o resultado de subscrição das empresas de seguros e sua demanda de capital regulatório para o risco de *underwriting*. Inicialmente, obtém-se dados históricos do ramo de automóveis no Sistema de Estatísticas da SUSEP (SES). Posteriormente, técnicas de simulação e séries temporais são aplicadas para projeção de cada variável que compõe o resultado de subscrição. Adicionalmente, foram estimados cenários de estresse, determinando-se limites técnicos para o indicador RoURC. Esta pesquisa alcançou resultados satisfatórios ao utilizar mecanismos cientificamente adequados para desenvolvimento de um novo indicador de performance sensível a risco. Ademais, os resultados alcançados

1 Mestre em Engenharia de Produção, área de concentração em Pesquisa Operacional, Linha de Pesquisa em Métodos Estatísticos Aplicados à Engenharia pela Universidade Federal do Paraná — UFPR.

demonstram o alto patamar de retorno sobre o capital de subscrição no ramo de automóveis.

Palavras-chave: Capital; Risco de Subscrição; Seguros de Danos; Séries Temporais.

Introdução

O mercado brasileiro de seguros tem apresentado crescimento orgânico ao longo dos anos, ao passo que observa-se o maior conhecimento da população em relação aos produtos de seguros e os esforços das seguradoras para elaboração de produtos direcionados às diferentes necessidades dos clientes. O setor abarca grande variedade de empresas, cuja atuação evolve diversos segmentos de atuação e ampla gama de produtos comercializados.

Neste ínterim, a Superintendência de Seguros Privados (SUSEP) implementou um arcabouço regulatório alinhado às melhores práticas internacionais do Acordo de Solvência II, de forma que as empresas que operam no mercado devem dispor de estrutura de gestão de riscos para mensurar sua necessidade de provisionamento e alocação de capital, bem como adotar processos robustos de governança e autoavaliação de riscos e solvência.

A alocação de provisões técnicas e capital possui vital relevância para que as empresas de seguros permaneçam solventes e sejam capazes de honrar seus compromissos. Ainda que uma seguradora execute o processo de *underwriting* de forma correta, a deterioração da situação financeira dos devedores ou mudanças no padrão demográfico de uma população, por exemplo, podem gerar perdas superiores aos valores estimados *ex ante*.

As provisões técnicas constituem um importante instrumento na gestão de riscos e sua finalidade é assegurar que a seguradora seja capaz de cobrir perdas esperadas das apólices vigentes. A alocação de capital, por sua vez, tem a finalidade de absorver as perdas não esperadas em excesso às provisões técnicas.

Este artigo apresenta o indicador RoURC (Return on Underwriting Risk Capital), cujo objetivo é avaliar a rentabilidade de portfólios de seguros frente ao capital de risco de subscrição alocado pelos acionistas. Ao comparar-se o RoURC de uma carteira com uma taxa livre de risco, é possível avaliar o custo de oportunidade em se alocar capital em uma operação de seguros, cujo risco de subscrição é característico do negócio.

A metodologia apresentada neste artigo foi desenvolvida no âmbito de seguros de danos, também conhecidos como Property & Casualty (P&C), os quais são constituídos por produtos estruturados no regime de repartição simples para cobertura de perdas ou danos causados aos bens segurados. Os seguros de danos representam parcela significativa do total de prêmios ganhos da indústria de seguros brasileira, dentre os quais se destacam os seguros de automóveis.

Ao longo deste trabalho, também será apresentada uma aplicação do indicador RoURC sobre dados do ramo "Automóvel-Casco". Além do desenho conceitual do indicador, serão realizadas projeções de RoURC para o próximo exercício, por meio de técnicas de séries temporais, bem como simulações estocásticas para análise de cenários e delimitação de intervalos de confiança.

Neste contexto, diversas pesquisas são realizadas para previsão de valores futuros a partir de dados históricos (MORETTIN; TOLÓI, 2006). A utilização de modelos de séries temporais da família ARIMA tem a capacidade de conceder subsídios para as decisões estratégicas de uma companhia, sendo possível a utilização destas previsões para recomendação de suas políticas de riscos e melhoria de seus resultados financeiros.

No decorrer deste artigo serão abordadas sete seções, as quais apresentam os requerimentos regulatórios para alocação de capital, os conceitos atinentes ao tema da pesquisa, os materiais e métodos de pesquisa empregados, a análise dos resultados alcançados e, finalmente, a conclusão e recomendações para trabalhos futuros.

Abordagens para avaliação de performance financeira

A análise financeira, por meio de informações coletadas a partir de demonstrações contábeis, pode ser utilizada por investidores, clientes e outros *stakeholders* para a análise da solidez de uma empresa, bem como o mapeamento das variáveis que afetam seus resultados.

Segundo Gitman e Madura (2003), a análise de índices financeiros visa examinar e monitorar o desempenho das empresas e possui como partes interessadas: os acionistas, que estudam os níveis de risco e retorno; os credores, que avaliam a liquidez de curto prazo e a capacidade de pagamento; e a administração, que tem o objetivo de produzir índices financeiros que sejam favoráveis aos outros usuários e monitorar o desempenho da empresa.

Os índices de rentabilidade revelam a capacidade da geração de fluxos de caixa em relação ao valor investido pelos acionistas. Destarte, estes coeficientes orientam os investidores na avaliação da capacidade de uma empresa para gerar lucros, em comparação com as suas despesas e outros custos relevantes incorridos durante um período específico.

O Return on Equity (ROE) visa medir se uma companhia possui capacidade de investir o capital aportado pelos acionistas, gerar lucros e expandir os negócios. O ROE é calculado por:

$$ROE = \left(\frac{LUCRO\ LÍQUIDO}{PATRIMÔNIO\ LÍQUIDO} \right) \quad (1)$$

Onde:

- ROE: Return on Equity ou retorno sobre o patrimônio líquido.
- Lucro líquido: lucro líquido obtido no exercício.
- Patrimônio líquido: patrimônio líquido ou capital próprio.

Devido à importância em se obter mecanismos para avaliação e monitoramento dos riscos incorridos em suas operações, as instituições financeiras têm adotado abordagens para avaliação da rentabilidade das operações frente aos riscos incorridos. Neste sentido, a plataforma de gestão RAPM (Risk-Adjusted Performance Measures) desempenha um importante papel, pois representa um grupo de metodologias para análise de desempenho ajustado ao risco.

Na formulação proposta por Smithon e Hayt (2001), em linha como modelo desenvolvido por Prokopczuk, Rachev e Truck (2007), o RAROC mede a relação entre o resultado ajustado e o capital econômico associado aos riscos incorridos pela companhia.

$$RAROC = \left(\frac{RETORNO\ AJUSTADO\ AO\ RISCO}{CAPITAL\ ECONÔMICO} \right) \quad (2)$$

Onde:

- RAROC: Risk-Adjusted Return on Capital;
- Retorno ajustado ao risco: receitas deduzidas de provisões de crédito para perda esperada e demais custos operacionais;

- Capital econômico: demanda de capital para fazer frente aos riscos de crédito, mercado, operacional, entre outras categorias de risco.

O objetivo do RAROC é relacionar os resultados da companhia com alguma medida de risco, ao invés de se dividir o rendimento sobre o capital disponível (SAUNDERS, 2000).

Alocação de capital regulatório na Indústria de Seguros e Previdência

A alocação de capital desempenha um importante papel na indústria de seguros ao proteger os segurados e demais *stakeholders* de uma situação de insolvência, haja vista sua finalidade de absorver as perdas não esperadas em excesso às provisões técnicas.

Com o advento da Resolução CNSP nº 321/15, o mercado brasileiro de seguros adotou o conceito de *risk-based capital*. Ademais, foi definido pela SUSEP que o capital a ser alocado por uma seguradora no mercado brasileiro deverá ser função dos riscos de subscrição, mercado, crédito e operacional.

A fórmula abaixo apresenta o capital mínimo requerido às empresas supervisionadas pela SUSEP, nos termos da Resolução CNSP nº 321/15:

$$CMR = Máximo\ (CB; CR)\ (3)$$

Onde:

- CMR: Capital Mínimo Requerido.
- CB: Capital Base.
- CR: Capital de Risco.

Entende-se como capital base o nível mínimo de capital que uma seguradora deve ter para que possa atuar no mercado. O capital de risco é o montante variável que a seguradora deverá manter para garantir os riscos incorridos em sua atividade.

A SUSEP desenvolve métodos atuariais e estatísticos para avaliar a demanda de capital do setor de seguros, e disponibiliza fórmulas padronizadas para os supervisionados que não mantiverem modelo interno para cálculo de capital de risco.

A agregação dos capitais de risco deve ser feita conforme a fórmula abaixo:

$$CR = \sqrt{\sum_i \sum_j \rho_{ij} * CR_i * CR_j + CR_{OP}} \qquad (4)$$

Onde:

- ρ_{ij}: correlação entre os capitais baseados em risco.
- CR_i e CR_j: requisito de capital para cada tipo de risco.
- CR_{OP}: capital de risco baseado em risco operacional.

A matriz de correlação entre os riscos apresentada na Resolução CNSP nº 321/15, conforme Tabela 1, adota os mesmos índices de correlação inter-riscos descritos por *Commitee of European Insurance and Occupational Pensions Supervisors* (2010). A categoria de risco operacional não se correlaciona com as demais categorias de risco.

TABELA 1 - MATRIZ DE CORRELAÇÃO ENTRE OS CAPITAIS EM RISCO

J/I	CRSUBS	CRCRED	CRMERC
CRsubs	1,00	0,50	0,25
CRcred	0,50	1,00	0,25
CRmerc	0,25	0,25	1,00

FONTE: RESOLUÇÃO CNSP Nº 321/15.

A seguir, apresenta-se a fórmula estabelecida pela SUSEP para o cálculo do capital de risco de subscrição, considerando-se as correlações entre os diferentes tipos de risco:

$$CR_{SUBS} = \sqrt{V' * M * V} \qquad (5)$$

Onde:

- CR_{SUBS}: capital baseado no risco de subscrição.
- V: vetor formado pelas parcelas que compõem o risco de subscrição.

- *M*: matriz de correlação entre os componentes do risco de subscrição.

- $V = \begin{bmatrix} \text{R.Emi.Danos} \\ \text{R.Prov.Danos} \\ \text{R.Prov.Vi.Prev} \\ \text{R.Mort.Inv.Rep} \\ \text{R.Mort.Inv.Cap} \\ \text{R.Sobr} \\ \text{R.Desp} \end{bmatrix}$ $M = \begin{bmatrix} 1{,}00 & 0{,}00 & 0{,}00 & 0{,}50 & 0{,}50 & 0{,}25 & 0{,}25 \\ 0{,}00 & 1{,}00 & 0{,}80 & 0{,}00 & 0{,}00 & 0{,}00 & 0{,}00 \\ 0{,}00 & 0{,}80 & 1{,}00 & 0{,}25 & 0{,}25 & 0{,}00 & 0{,}25 \\ 0{,}50 & 0{,}00 & 0{,}25 & 1{,}00 & 0{,}75 & 0{,}25 & 0{,}25 \\ 0{,}50 & 0{,}00 & 0{,}25 & 0{,}75 & 1{,}00 & 0{,}50 & 0{,}25 \\ 0{,}25 & 0{,}00 & 0{,}00 & 0{,}25 & 0{,}50 & 1{,}00 & 0{,}25 \\ 0{,}25 & 0{,}00 & 0{,}25 & 0{,}25 & 0{,}25 & 0{,}25 & 1{,}00 \end{bmatrix}$

Neste trabalho, serão avaliadas as parcelas de capital de "E.Emi.Danos" e "R.Prov.Danos", que representam o risco de precificação e provisão nas operações de danos, conforme Figura 1.

Construção do indicador RoURC

A concepção de um indicador financeiro de rentabilidade sensível ao risco de subscrição exige a análise fundamentada dos conceitos de resultado de subscrição e demanda de capital de risco de subscrição. Neste contexto, o processo de desenho conceitual do indicador RoURC descrito a seguir, origina-se da extensão de conceitos atuariais observados na literatura.

Incialmente, desenvolve-se o racional de demanda de capital para o risco de subscrição. Neste caso, será adotado o capital regulatório de risco de subscrição, cujo processo de modelagem dos fatores de alocação de capital segue um arranjo de métodos estatísticos e simulações, conforme elaborado por Altieri, Veiga Filho e Melo (2014).

Ao se desenvolver a expressão algébrica da fórmula 5 somente para os riscos característicos das operações de danos, a demanda de capital de risco de subscrição é determinada por:

$$CRSubs_{DANOS} = \sqrt{R.Emissão^2 + R.Provisão^2 + 2 * \rho_{i,j} * R.Provisão * R.Emissão} \quad (6)$$

Onde:

- $\text{CRSubs}_{\text{DANOS}}$: demanda de capital regulatório para carteiras de danos.
- R. Emissão: risco de emissão ou precificação, cujo montante para cada classe de negócio *k* é apurado através da multiplicação de um fator de risco sobre o volume de prêmios retidos nos últimos 12 meses.

- R. Provisão: risco de provisão, cujo montante para cada classe de negócio k é apurado através da multiplicação de um fator de risco sobre o volume de sinistros retidos nos últimos 12 meses.
- ρ_{ij}: correlação entre os riscos de precificação e provisão. A Resolução CNSP 321/15 define a correlação entre os riscos igual a zero.

Em relação ao resultado de subscrição, necessita-se avaliar o efeito do resultado operacional de seguros sobre o lucro líquido da companhia. Inicialmente, recorreu-se à formulação descrita por Ferreira (2002), onde o prêmio de risco representa o valor esperado de sinistros, ou seja:

$$P_{RISCO} = E[S] (7)$$

Onde:

- P_{RISCO}: prêmio de risco.
- E[S]: valor esperado de sinistros na carteira.

Ao adicionar um carregamento de segurança para flutuações estatísticas de risco sobre o valor de PRISCO, obtém-se o prêmio puro:

$$P_{PURO} = P_{RISCO} * (1 + \theta) \ (8)$$

Onde:

- P_{PURO}: prêmio puro.
- θ: carregamento de segurança para E[S].

Por fim, o autor afirma que o prêmio comercial corresponde ao prêmio puro acrescido de um carregamento para as demais despesas da seguradora (α). Assim, o prêmio comercial é formulado para fazer frente à expectativa de ocorrência de sinistros na carteira, além do carregamento de segurança, bem como o carregamento para demais despesas.

$$P_{COM} = \frac{P_{PURO}}{1 - \alpha} (9)$$

Onde:

- P_{COM}: prêmio comercial.
- α: carregamento para despesas, incluindo margem de lucro.

Ao se consolidar as fórmulas 7, 8 e 9, observa-se que:

$$P_{COM} = \frac{E[S] * (1 + \theta)}{1 - \alpha} (10)$$

Visto que o prêmio comercial descrito na fórmula 10 é função do valor esperado de sinistros e despesas, depreende-se que o correto dimensionamento destas métricas possui vital relevância para o processo de *pricing* de uma seguradora, conforme a Figura 1.

Com base no racional desenvolvido e a composição da demonstração de resultado do exercício de carteiras do segmento de danos, ressalta-se os seguintes aspectos:

1. Os prêmios retidos (líquidos de resseguro) são apropriados *pro rata temporis* no resultado da empresa conforme a vigência do risco, dando origem aos prêmios ganhos.
2. A geração de resultado operacional nas empresas de seguros (segmento de danos) deriva da diferença entre prêmios ganhos, sinistros retidos e despesas.
3. No limite, a ruína de uma seguradora ocorre quando o *surplus* da empresa é consumido, ou seja, quando seu capital disponível é inferior à sua demanda de capital (KLUGMAN; PANJER; WILLMOT, 2008).
4. As perdas decorrentes do risco de subscrição materializam-se quando o total de prêmios ganhos não é suficiente para fazer frente aos sinistros e às despesas da operação. A alocação de capital visa fazer frente às perdas inesperadas (Unexpected Loss, UL).

FIGURA 1 - DESENHO CONCEITUAL DO PRÊMIO E RESULTADO DE SUBSCRIÇÃO

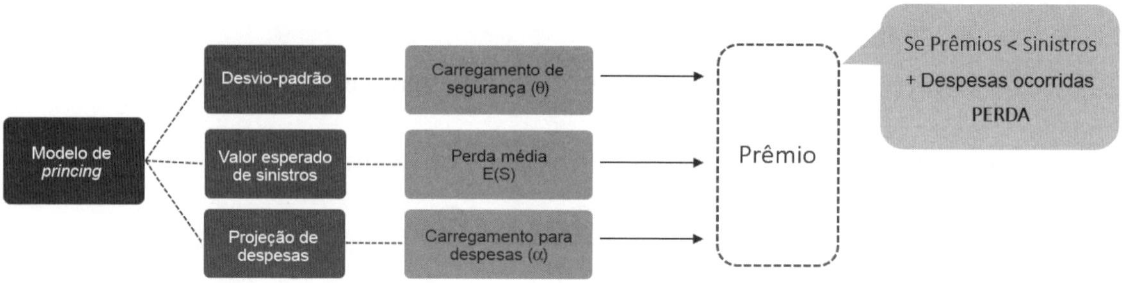

Desta forma, entende-se que a variável resultado de subscrição *RSubs* está diretamente ligada ao total de prêmios ganhos, subtraído do montante de sinistros e despesas:

$$R_{SUBS}{}^{[k,t]} = PG^{[k,t]} - (SIN^{[k,t]} + DC^{[k,t]} + DA^{[k,t]}) \qquad (11)$$

Onde:

- $R_{SUBS}{}^{[k,t]}$: resultado de subscrição.
- $PG^{[k,t]}$: prêmios ganhos para a classe de negócio k, ao longo do período t.
- $SIN^{[k,t]}$: sinistros retidos para a classe de negócio k, ao longo do período t.
- $DC^{[k,t]}$: despesas de comercialização para a classe de negócio k, ao longo do período t.
- $DA^{[k,t]}$: despesas administrativas para a classe de negócio k, ao longo do período t.

As métricas desenvolvidas na literatura para avaliação de rentabilidade, tais como ROE e RAROC, utilizam como parâmetro de retorno o lucro líquido obtido no exercício. Como a métrica RoURC visa representar o retorno sobre o capital de subscrição, divide-se o resultado de subscrição (retorno gerado pela operação) líquido de tributos sobre o capital alocado para fazer frente ao risco de subscrição, ou seja:

$$RoURC^{[k,t]} = \frac{\left(PG^{[k,t]} - SIN^{[k,t]} - DC^{[k,t]} - DA^{[k,t]}\right) * (1 - \lambda)}{CRSubs_{DANOS}{}^{[k,t]}} \qquad (12)$$

Onde:

- *RoURC*$^{[k,t]}$: retorno sobre o capital de risco de subscrição ou Return on Underwriting Risk Capital para a classe de negócio *k* durante o período *t*.
- γ: carga tributária sobre o lucro na data-base de avaliação, onde λ = alíquota de IR + CSLL.
- $CRSubs_{DANOS}^{[k,t]}$: posição de capital regulatório para riscos de danos da classe de negócio *k* ao fim do período *t*, conforme apresentado na fórmula 6.

O indicador RoURC, proposto na fórmula 12, visa aferir o resultado gerado pela operação de seguros, frente ao capital de risco de subscrição alocado para coberturados riscos de precificação e provisão. Esta métrica oferece, assim, subsídios a decisões estratégicas diversas, conforme abordado na Figura 2.

FIGURA 2 - APLICAÇÃO DO ROURC EM DECISÕES ESTRATÉGICAS

Cabe ponderar que o RoURC, em complemento ao RAROC, oferece ao acionista a visão sobre o "benefício" de estar exposto ao risco de subscrição, sem interferência de outros riscos que influenciam o lucro líquido e a demanda de capital. Oscilações no mercado de capitais, por exemplo, que não estão diretamente ligadas à política de subscrição e *pricing*, mas afetam o lucro líquido e exercem influência sobre a carga de capital de risco de mercado, não são computadas para fins de RoURC.

Após a proposta de formulação para o indicador RoURC, o próximo capítulo apresentará as metodologias utilizadas para projeção do indicador no segmento de danos, bem como a análise de cenários de estresse.

Material e métodos

Este capítulo tem como objetivo apresentar os procedimentos para coleta de dados e metodologia aplicados na avaliação do indicador RoURC no segmento de danos.

Coleta de dados

O processo de autoavaliação de risco e solvência em empresas do mercado de seguros, conforme definido por *European Insurance and Occupational Pensions Autority* (2015), deve observar a visão prospectiva sobre a solvência da companhia e os riscos incorridos em suas atividades. Com o intuito de explorar uma alternativa de projeção do indicador financeiro RoURC para um horizonte de tempo futuro, aplica-se o método de séries temporais de Box e Jenkins (ARIMA) para projeção de cada uma das variáveis que compõem o indicador.

A partir do banco de dados disponível no Sistema de Estatísticas da SUSEP (SES), extraiu-se as séries relativas ao histórico trimestral de prêmios ganhos, sinistros retidos e despesas de comercialização para o ramo "0531 Automóvel-Casco", compreendidas entre os exercícios de 2008 e 2017. Optou-se por este ramo devido à sua representatividade no segmento de danos.

Dado o grau de subjetividade existente ao se alocar as despesas administrativas nas diferentes linhas de negócios de cada empresa, a projeção do indicador RoURC não incluirá estas despesas. Ademais, na análise empírica dos dados de mercado, o efeito desta variável sobre resultado de subscrição não mostrou-se relevante.

Após a coleta e a tabulação dos dados, lançou-se mão do software estatístico *R* para ajuste dos modelos ARIMA de cada variável que compõe o resultado de subscrição. Adicionalmente, procedeu-se à simulação de dez mil cenários futuros para prêmios ganhos, sinistros retidos e despesas de comercialização, possibilitando o cálculo do resultado de subscrição *Rsubs* e do capital regulatório *CRsubs*DANOS em cada cenário e a construção da distribuição de probabilidade das variáveis aleatórias *RSubs* e *CRsubs*DANOS para o período futuro de um ano.

Após as simulações de cenários para *RSubs* e *CRSubs*, calcula-se a métrica RoURC para cada cenário projetado para o próximo exercício ou, de igual modo, para os próximos quatro trimestres projetados pelo modelo ARIMA.

A Figura 3 resume os procedimentos metodológicos aplicados neste trabalho.

FIGURA 3 - ETAPAS PARA APLICAÇÃO DA METODOLOGIA PROPOSTA

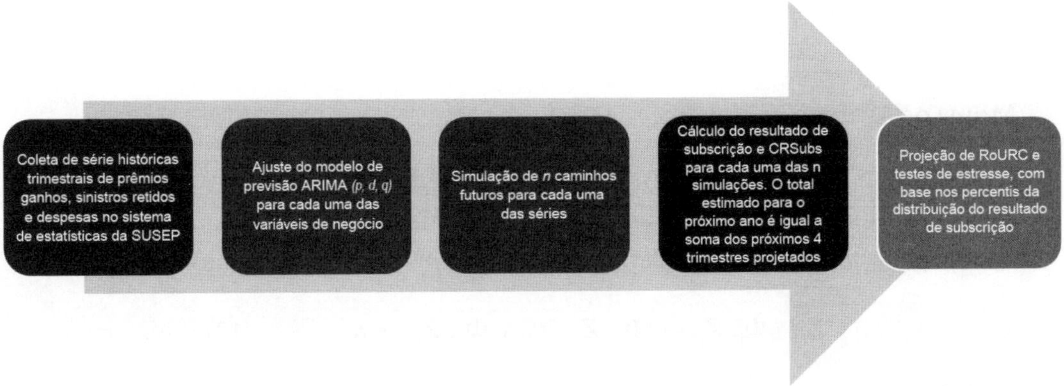

Neste trabalho utilizou-se os dados consolidados de todas as empresas do ramo de automóveis, visto que o objetivo da pesquisa é projetar o RoURC de forma genérica, sem adentrar em comparações entre as diferentes empresas do segmento. Neste sentido, cabe ressaltar que a metodologia proposta neste artigo é aplicável a qualquer ramo, bem como quaisquer tipos de produtos e carteiras de danos.

Modelos de séries temporais de Box & Jenkins — ARIMA

Tendo em vista que os dados de uma determinada série temporal são coletados sequencialmente ao longo do tempo, espera-se que esta série apresente correlação serial ou autocorrelação. Os modelos Box e Jenkins buscam uma estrutura autorregressiva que represente o processo estocástico gerador da série temporal e resultam da combinação de três componentes (MORETTIN; TOLÓI, 2006):

- Componente Auto Regressivo (AR).
- Filtro de Integração (I).

- Componente de Médias Móveis (MA).

A análise de séries temporais, segundo Box *et al.* (2015), tem como objetivo principal a realização de uma previsão. Os autores afirmam, ainda, que tal metodologia permite que valores futuros de uma série sejam previstos tomando por base apenas seus valores passados por meio da modelagem da correlação serial existente entre as observações.

Segundo Stock e Watson (2004), para uma série de dados ser estacionária suas variáveis não podem apresentar tendências e devem ser estáveis ao longo do tempo.

Modelos Autorregressivos — AR(p)

Em um modelo autorregressivo, a série de dados históricos *Z*t é descrita por seus valores passados regredidos e pelo ruído aleatório *a*t. Assim, um modelo autorregressivo de ordem *p*, denotado por AR(*p*), pode ser descrito como:

$$Z_t = \Phi_1 . Z_{t-1} + \Phi_2 . Z_{t-2} + ... + \Phi_p . Z_{t-p} + \alpha_t \qquad (13)$$

A função de autocorrelação destes modelos é constituída por uma mistura de polinômios, exponenciais e senóides amortecidas. A função de autocorrelação Parcial não é nula para defasagens menores que *p* (BOX *et al.*, 2015).

Modelos de Médias Móveis — MA(q)

Estes modelos consideram que uma série temporal é resultante da dependência serial entre os ruídos brancos dos períodos anteriores. Desta forma, considera-se que a série *Z*t é uma função da soma algébrica ponderada dos ruídos *a*t, que se movem ao longo do tempo.

Segundo Box *et al.* (2015), um modelo de médias móveis de ordem *q*, denotado por MA(*q*) é tal que, para um processo de média nula:

$$Z_t = \mu + \alpha_t - \theta_1 . \alpha_{t-1} + \theta_2 . \alpha_{t-2} - ... - \theta_q . \alpha_{t-q} \qquad (14)$$

Os autores afirmam que a FAC de um processo MA(*q*) se anula para defasagens maiores do que *q*, sendo, portanto, finita.

Modelos Autorregressivos de Médias Móveis — ARMA(p, q)

O modelo ARMA *(p, q)* ajusta-se somente às séries temporais estacionárias na média e na variância. Portanto, o modelo pode ser escrito por:

$$Z_t = \Phi_1 . Z_{t-1} + \Phi_2 . Z_{t-2} + ... + \Phi_p . Z_{t-p} - \theta_1 . \alpha_{t-1} - \theta_2 . \alpha_{t-2} - ... - \theta_q . \alpha_{t-q} + \alpha_t \quad (15)$$

Segundo Makridakis *et al.* (1998), os coeficientes são estimados para que se ajustem à série temporal que está sendo modelada através dos métodos de mínimos quadrados, ou da máxima verossimilhança.

Modelos Autorregressivos Integrados de Médias Móveis — ARIMA (p, d, q)

O modelo ARIMA *(p, d, q)* é adequado para a previsão de séries temporais, cujo processo estocástico não é estacionário. Logo, a série original passará por algumas diferenciações a fim de torná-la estacionária (BOX *et al.*, 2015), onde o número necessário de diferenciações para obter a estacionariedade da série é denominado ordem de integração *d*.

Validação dos modelos

A verificação da adequação dos modelos é efetuada com base em testes estatísticos apropriados, de forma a garantir o atendimento dos pressupostos dos modelos Box e Jenkins.

Teste de Dickey-Fuller Aumentado

Este teste visa verificar a existência de alguma raiz dos operadores de retardos dentro do círculo unitário, denominada simplesmente por raiz unitária. Portanto, o teste ADF possui as seguintes hipóteses:

- H_0: existe pelo menos uma raiz dentro do círculo unitário, ou seja, a série é não estacionária.
- H_1: a série original é estacionária.

Raiz do erro médio quadrático (RMSE)

Trata-se de uma medida amplamente empregada para averiguação da qualidade de um modelo. Esta métrica é calculada por:

$$RMSE = \sqrt{\frac{1}{n}\sum_{i=1}^{n}(x_i - \bar{x})^2} \qquad (16)$$

Onde *n* é o número de amostras, *x*i é o valor fornecido pelo modelo para a *i-ésima* amostra e $\bar{x}$ é a média dos valores de todas as amostras.

Teste de Ljung Box

Teste aplicado sobre as funções de autocorrelação dos resíduos estimados que, apesar de não detectar quebras específicas no comportamento de ruído branco, podem indicar se esses valores são muito altos. A estatística-teste é calculada conforme fórmula abaixo:

$$Q(K) = n(n+2)\sum_{j=1}^{K}\frac{\hat{r}_j^2}{n-j} \qquad (16)$$

No caso de um modelo apropriado, a estatística *Q(k)* segue uma distribuição Qui-Quadrado *x*2 com *k-p-q* graus de liberdade. A hipótese nula H0 consiste na inexistência de autocorrelação nos resíduos do modelo.

Teste de Normalidade

Este teste visa averiguar se os resíduos dos modelos Box e Jenkins são normalmente distribuídos. A estatística do teste de Shapiro-Wilk é dada por:

$$W = \frac{b^2}{\sum_{i=1}^{n}(x_i - \bar{x})^2} \qquad (17)$$

No caso de um modelo apropriado, a estatística teste é inferior ao valor crítico da estatística *W* de Shapiro-Wilk. A hipótese nula H0 consiste na normalidade dos resíduos do modelo.

Resultados

Nesta seção serão apresentados os resultados obtidos pela aplicação da metodologia proposta na seção anterior.

Análise das séries temporais

Após a seleção e tabulação dos dados, procedeu-se à análise gráfica das séries temporais para avaliar as características levantadas por Morettin e Tolói (2006), a saber: tendência, ciclo e sazonalidade. A Figura 4 apresenta o gráfico relativo às séries em estudo.

FIGURA 4 - SÉRIES HISTÓRICAS DE PRÊMIOS, SINISTROS E DESPESAS

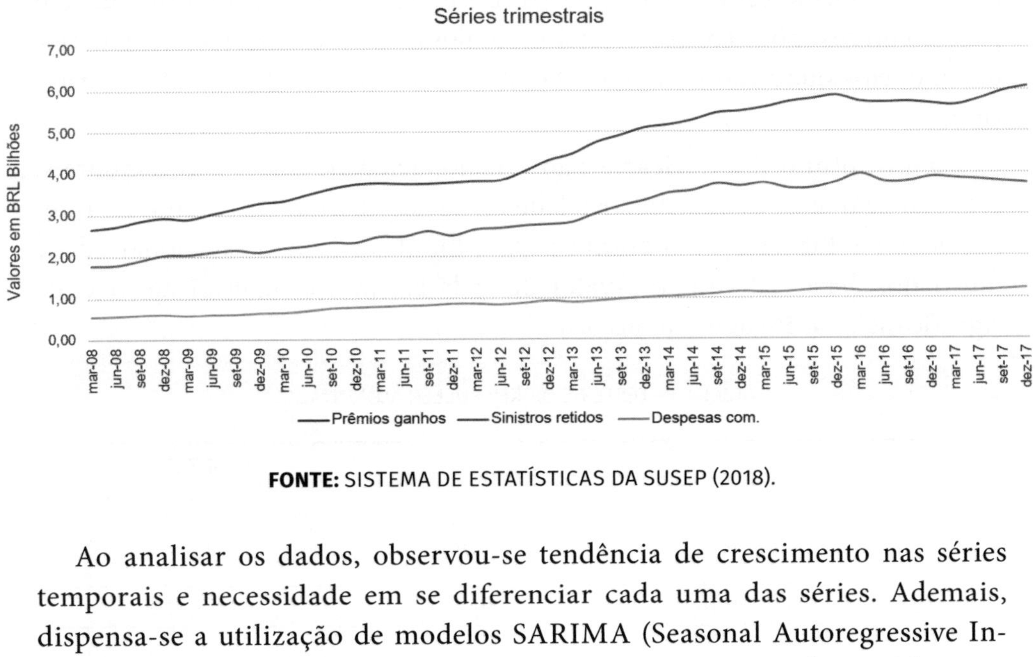

FONTE: SISTEMA DE ESTATÍSTICAS DA SUSEP (2018).

Ao analisar os dados, observou-se tendência de crescimento nas séries temporais e necessidade em se diferenciar cada uma das séries. Ademais, dispensa-se a utilização de modelos SARIMA (Seasonal Autoregressive Integrated Moving Average) para dados sazonais, pois a análise gráfica não demonstrou indícios de sazonalidade dos dados.

A Tabela 2 apresenta algumas estatísticas descritivas das variáveis de prêmios, sinistros e despesas. Ressalta-se que o comportamento crescente das séries ao longo dos anos é influenciado pela evolução do nível de preços (inflação), de modo que os valores máximos observados referem-se aos períodos mais recentes.

TABELA 2 - ESTATÍSTICAS DESCRITIVAS DAS SÉRIES DE PRÊMIOS, SINISTROS E DESPESAS

MEDIDA	PRÊMIOS GANHOS	SINISTROS RETIDOS	DESPESAS DE COMERCIALIZAÇÃO
Mínimo	2.663	1.783	557
1º quartil	3.600	2.312	748
Média	4.466	2.950	917
3º quartil	5.640	3.741	1.145
Máximo	6.070	3.978	1.210

Projeção do resultado de subscrição

Para definição dos modelos ARIMA que melhor representem a estrutura temporal de cada série que compõe o resultado de subscrição, utilizou-se o pacote *Forecast* do software R. Assim, foi possível obter a seleção automática dos modelos que minimizam a estatística AIC (Akaike Information Criterion).

Com o intuito de ratificar a não estacionariedade das séries temporais, realizou-se o teste de estacionariedade de Dickey-Fuller. Os resultados apresentados na Tabela 3 corroboram para a hipótese de não estacionariedade dos dados, haja vista que o p-valor de cada variável é superior ao nível de significância de 5% adotado no teste.

TABELA 3 - TESTE DE DICKEY FULLER AUMENTADO

	PRÊMIOS GANHOS	SINISTROS RETIDOS	DESPESAS DE COMERCIALIZAÇÃO
Estatística — teste	-3,0472	-0,8965	-1,2194
p-valor	0,1625	0,9413	0,6079

Após o teste de estacionariedade, procedeu-se à calibragem do modelo ARIMA para as variáveis em estudo. A Tabela 4 mostra os resultados gerados pelo algoritmo de seleção, os quais evidenciam a necessidade em se diferenciar todas as séries históricas.

TABELA 4 - SELEÇÃO DOS MODELOS ARIMA

	PRÊMIOS GANHOS	SINISTROS RETIDOS	DESPESAS DE COMERCIALIZAÇÃO
Seleção	ARIMA (1,1,0)	ARIMA (1,1,1)	ARIMA (0,1,1)
Parâmetros	$\Phi_1 = 0{,}7303$	$\Phi_1 = 0{,}9634 \mid \theta_1 = 0{,}8495$	$\theta_1 = 0{,}4373$
Sigma	BRL 84.6 milhões	BRL 97.0 milhões	BRL 26.6 milhões
Log-verossimilhança	-767,13	-771,79	-721,8
AIC	1.538,25	1.549,58	1.447,60

Visando à análise da qualidade do ajuste dos modelos, a Tabela 5 mostra a razão entre a estatística RMSE e a média observada. Em todos os casos, os resultados são satisfatórios.

TABELA 5 - DESEMPENHO DOS MODELOS ARIMA

	PRÊMIOS GANHOS	SINISTROS RETIDOS	DESPESAS DE COMERCIALIZAÇÃO
Média	4.466.475.962	2.959.144.194	917.346.929
ME	24.651.608	9.717.075	11.638.265
RMSE	82.520.681	93.315.117	25.994.210
ME/Média	1,85%	3,15%	2,83%
RMSE/Média	0,55%	0,33%	1,27%

Após a seleção dos modelos ARIMA para cada série temporal, projeta-se os valores esperados de cada variável para o próximo ano, conforme Tabela 6. Após a projeção de cada série, obtém-se o resultado de subscrição de R$4,9 bilhões esperado para o próximo ano.

TABELA 6 - PROJEÇÃO DE PRÊMIOS, SINISTROS E DESPESAS PARA O PRÓXIMO ANO

TRIMESTRE PROJETADO	PRÊMIOS GANHOS	SINISTROS RETIDOS	DESPESAS COM.	RESULTADO DE SUBSCRIÇÃO
T+1	6.160.067.528	3.757.264.533	1.226.452.822	1.176.350.173
T+2	6.219.487.206	3.761.219.220	1.226.452.822	1.231.815.164
T+3	6.262.878.862	3.765.029.360	1.226.452.822	1.271.396.680
T+4	6.294.565.939	3.768.700.239	1.226.452.822	1.299.412.878
Projeção p/ ano	24.936.999.535	15.052.213.352	4.905.811.288	4.978.974.895

Após o cálculo do resultado de subscrição (*RSubs)*, é possível se obter o montante de capital regulatório de risco de subscrição *CRsubs*DANOS. Por fim, ao se dividir *RSubs* (líquido de tributos) por *CRsubs*DANOS para o próximo ano (ao final dos próximos quatro trimestres), obtém-se a medida RoURC projetada para o próximo exercício, conforme Tabela 7.

TABELA 7 - PROJEÇÃO DE ROURC O PRÓXIMO ANO

RSUBS [T+4](LÍQUIDO)	CRSUBSDANOS[T+4]	ROURC [T+4]
2.738.436.192	5.414.324.770	50,58%

De acordo com a Tabela 7, espera-se um retorno de 50,6% sobre o capital de risco de subscrição no ramo "Automóvel-Casco" ao fim dos próximos quatro trimestres. Em outras palavras, para cada R$1,00 de capital alocado para risco de subscrição, espera-se cerca de R$1,50 de resultado de subscrição (líquido de tributos sobre o resultado).

Diagnóstico dos modelos de projeção

A fim de certificar as propriedades de normalidade e ausência de correlação serial dos resíduos do modelo ARIMA, conforme abordado por Montgomery *et al.* (1990), realizou-se o diagnótico dos modelos ajustados para cada série que compõe o resultado de subscrição.

Observa-se na Tabela 8 que o pressuposto de normalidade dos resíduos mostra-se adequado, uma vez que não se rejeita a hipótese nula de que os resíduos são normalmente distribuídos, ao nível de significância de 5%.

TABELA 8 - TESTE SHAPIRO-WILK DE NORMALIDADE DOS RESÍDUOS

	PRÊMIOS GANHOS	SINISTROS RETIDOS	DESPESAS DE COMERCIALIZAÇÃO
W	0,97898	0,96528	0,9675
p-valor	0,6519	0,2526	0,2991

Por fim, o teste de Ljung-Box, apresentado na Tabela 9, denota a ausência de correlação serial entre os resíduos do modelo, rejeitando-se a hipótese de que os mesmos são autocorrelacionados.

TABELA 9 - TESTE LJUNG-BOX DE AUTOCORRELAÇÃODOS RESÍDUOS

	PRÊMIOS GANHOS	SINISTROS RETIDOS	DESPESAS DE COMERCIALIZAÇÃO
χ	11.569	4,1698	8,214
p-valor	0,1412	0,5252	0,1448

Simulações para o resultado de subscrição

O ajuste de modelos ARIMA para as séries históricas de prêmios, sinistros e despesas permite a simulação estocástica de *n* caminhos futuros para cada variável em cada um dos próximos quatro trimestres *t* projetados. Desta forma, é possível analisar múltiplos cenários e obter a distribuição de probabilidade empírica das variáveis aleatórias *RSubs*, *CRsubs*DANOS e RoURC.

A Figura 5 exemplifica o procedimento adotado para simulação. Nota-se que a variável aleatória *RSubs* é a combinação entre prêmios, sinistros e despesas em cada simulação *s* e em cada trimestre *t*.

FIGURA 5 - SIMULAÇÕES DO RESULTADO DE SUBSCRIÇÃO

Simulação / Série	Prêmios ganhos - $PG_{k,t}$				Sinistros retidos - $SIN_{k,t}$				Despesas de com - $DC_{k,t}$				Resultado subs k,t				
	t = 1	*t = 2*	*t = 3*	*t = 4*	*t = 1*	*t = 2*	*t = 3*	*t = 4*	*t = 1*	*t = 2*	*t = 3*	*t = 4*	*t = 1*	*t = 2*	*t = 3*	*t = 4*	*TOTAL*
1	6,20	6,22	6,16	6,30	3,74	3,77	3,65	3,85	1,25	1,23	1,24	1,25	1,20	1,22	1,27	1,20	**4,89**
2	6,18	6,25	6,27	6,12	3,76	3,82	3,96	3,76	1,22	1,22	1,19	1,23	1,20	1,21	1,12	1,13	**4,66**
3	6,19	6,20	6,26	6,31	3,77	3,68	3,77	3,79	1,24	1,22	1,20	1,25	1,19	1,30	1,29	1,26	**5,04**
4	6,15	6,16	6,39	6,29	3,63	3,76	3,69	3,73	1,24	1,22	1,20	1,21	1,28	1,17	1,51	1,36	**5,31**
5	6,17	6,15	6,26	6,27	3,70	3,69	3,69	4,06	1,28	1,19	1,25	1,22	1,19	1,26	1,32	0,99	**4,76**
6	6,12	6,25	6,34	6,32	3,75	3,73	3,74	3,66	1,19	1,21	1,24	1,24	1,18	1,31	1,36	1,42	**5,27**
7	6,06	6,13	6,29	6,28	3,59	3,84	3,62	3,79	1,22	1,27	1,20	1,20	1,25	1,02	1,47	1,29	**5,03**
8	6,18	6,16	6,32	6,26	3,74	3,82	3,90	3,83	1,22	1,24	1,20	1,20	1,22	1,11	1,22	1,23	**4,77**
9	6,12	6,15	6,20	6,44	3,84	3,67	3,74	3,68	1,26	1,28	1,26	1,19	1,02	1,21	1,21	1,58	**5,01**
10	6,11	6,05	6,18	6,42	3,70	3,82	3,66	3,85	1,22	1,23	1,22	1,24	1,20	0,99	1,30	1,32	**4,80**
.	6,05	6,27	6,24	6,29	3,89	3,81	3,76	3,90	1,22	1,19	1,27	1,22	0,93	1,27	1,21	1,16	**4,58**
.	6,17	6,38	6,23	6,12	3,74	3,76	3,65	3,85	1,21	1,29	1,25	1,22	1,23	1,34	1,32	1,05	**4,94**
.	6,22	6,24	6,29	6,48	3,81	3,66	3,76	3,78	1,23	1,23	1,23	1,22	1,18	1,35	1,31	1,48	**5,32**
10.000	6,21	6,05	6,18	6,42	3,77	3,75	3,65	3,84	1,23	1,25	1,24	1,25	1,20	1,04	1,29	1,33	**4,86**

Após realizar n = 10.000 simulações, construiu-se um histograma com a distribuição empírica do resultado de subscrição (*RSubs)*.

A Figura 6 apresenta a distribuição empírica do resultado de subscrição e a região de estresse, a qual representa a causa à esquerda da distribuição com valores adversos para a variável aleatória *RSubs*.

FIGURA 6 - DISTRIBUIÇÃO EMPÍRICA DO RESULTADO DE SUBSCRIÇÃO (HISTOGRAMA)

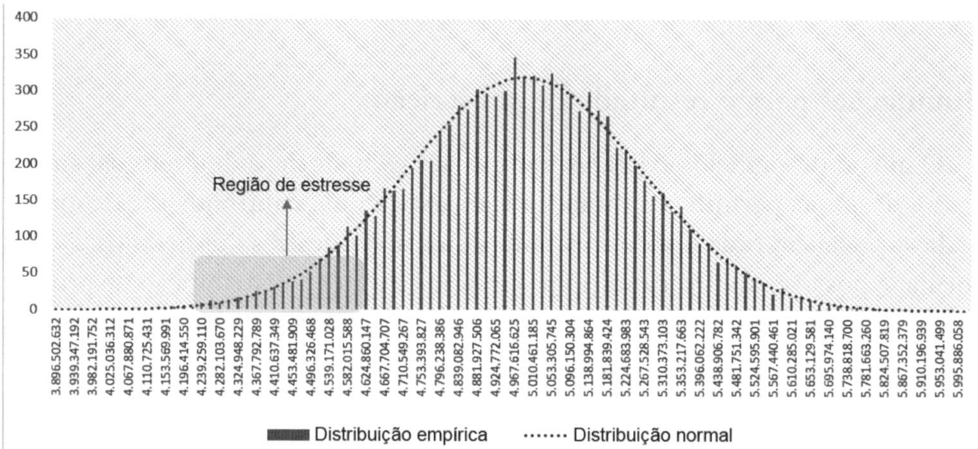

Do mesmo modo, obteve-se a demanda de capital *CRsubs*DANOS e a métrica RoURC para cada simulação *s*. Ao se obter diferentes percentis *p* à esquerda da distribuição de probabilidade, é possível avaliar cenários de estresse para a métrica RoURC, indicando limites técnicos para o indicador e seu desempenho em cenários adversos, conforme Figura 7.

Em outras palavras, obteve-se o Value at Risk (VaR) para o RoURC com diferentes níveis de confiança *p* em um horizonte de um ano.

FIGURA 7 - CENÁRIOS DE ESTRESSE PARA RESULTADO DE SUBSCRIÇÃO E ROURC

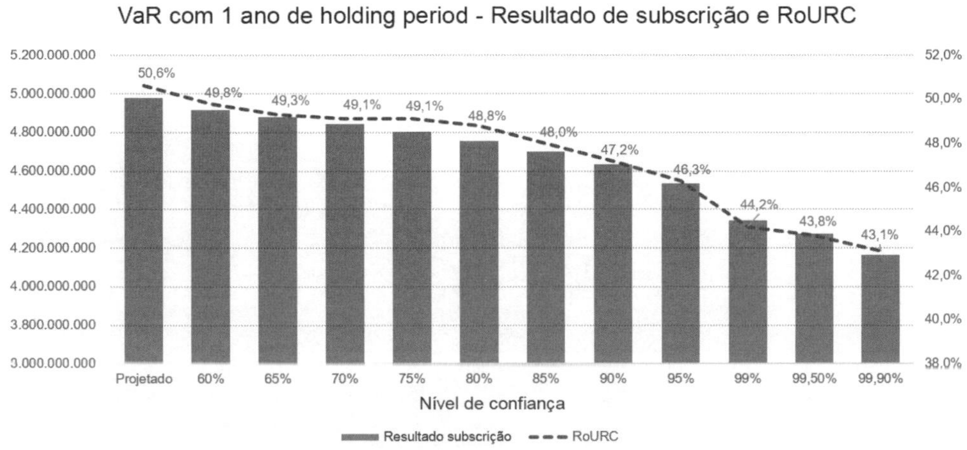

A Figura 7 demonstra, por exemplo, que o indicador RoURC projetado para o próximo ano no ramo "Automóvel-Casco" deverá se situar no patamar de 43,8% com 99,5% de confiança estatística. Em outras palavras, a chance de o RoURC ser inferior a 43,8% ao fim dos próximos quatro trimestres é de 1 em 200 — probabilidade de 0,5%.

Os resultados apresentados demonstram a robustez do setor analisado e alta rentabilidade gerada em relação ao capital de subscrição. Para fins de comparação com outros investimentos e análise do custo de oportunidade do acionista, a Figura 8 mostra que o CDI (considerado como taxa livre de risco) ao longo dos anos encontrou-se sempre em patamar significativamente inferior ao retorno sobre capital informado pela métrica RoURC.

FIGURA 8 - DESEMPENHO DO CERTIFICADO DE DEPÓSITO INTERBANCÁRIO (CDI)

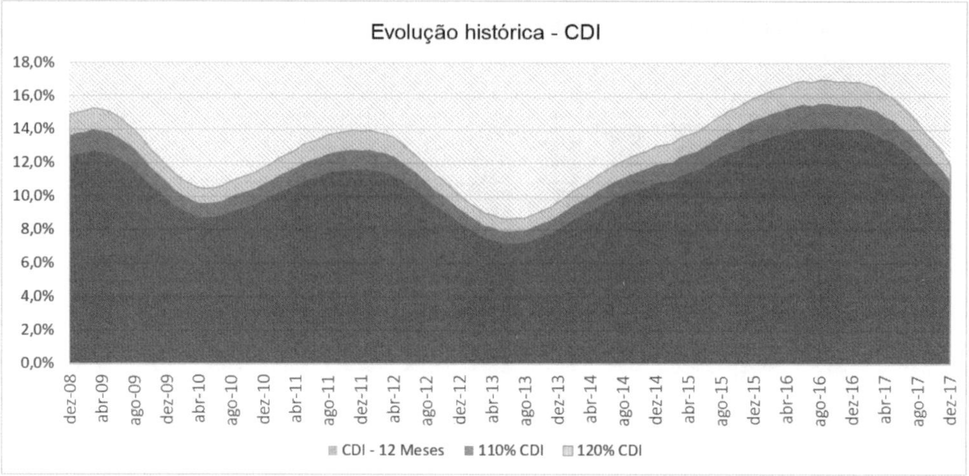

Por fim, cabe destacar novamente que os resultados demonstrados nesta seção consideram a agregação de todas as empresas do ramo "Automóvel--Casco". No entanto a metodologia apresentada pode ser aplicada a carteiras de qualquer empresa e ramo do segmento de danos.

Conclusão

O indicador de retorno sobre o capital de risco de subscrição, RoURC, apresentado neste trabalho, pode oferecer importantes subsídios para companhias que operam no segmento de seguros de danos. O desenvolvimento do RoURC traz à literatura um novo indicador de rentabilidade capaz de avaliar o retorno sobre o capital, isolando o efeito do risco de subscrição do resultado de uma carteira de seguros.

Ao analisar indicadores como o RAROC, que consiste na razão entre lucro líquido e capital, não se sabe exatamente a parcela de rentabilidade e a carga de capital gerados pelo *business* de seguros (resultado de subscrição). Uma empresa, por exemplo, pode gerar alta rentabilidade sobre o capital de subscrição, porém, possuir alta demanda de capital de risco de mercado em razão de sua estratégia de investimentos.

O desenho conceitual do RoURC foi concebido a partir do resultado de subscrição gerado por uma carteira de danos, cuja formulação depende dos montantes de prêmios ganhos, sinistros retidos, despesas administrativas e despesas de comercialização. a razão entre o resultado de subscrição (líquido de tributos) e o capital regulatório de risco de subscrição possibilita identificar o retorno para cada unidade monetária de capital alocado pelos acionistas.

Ademais, este artigo apresentou a aplicação de modelos ARIMA *(p, d, q)* capazes de projetar o resultado de subscrição do ramo "Automóvel-Casco" para o próximo exercício. Vale ressaltar que a metodologia apresentada é replicável a quaisquer carteiras ou ramos estruturados no regime de repartição simples.

Por intermédio das projeções de prêmios, sinistros e despesas foi possível calcular o RoURC de 50,6% do ramo de seguros de automóveis para o próximo exercício. Após obter-se 10 mil simulações estocásticas para a variável RoURC, construiu-se sua distribuição de probabilidade e concluiu-se que o indicador alcançará no próximo exercício, pelo menos, 43,1% no ramo "Automóvel-Casco" com 99,9% de probabilidade.

Notou-se, ainda, que a rentabilidade do ramo é consideravelmente superior aos valores históricos de CDI (Certificado de Depósito Interbancário), demonstrando a satisfatória rentabilidade sobre o capital alocado pelos acionistas para fazer frente ao risco de subscrição.

Finalmente, sugere-se a realização de pesquisas futuras com o intuito de desenvolver indicadores para outras categorias de risco aos quais as empresas de seguros estão expostas, tais como os riscos de mercado, crédito, liquidez e operacional. Recomenda-se, ainda, a realização de estudos de caso com dados de outras carteiras e ramos, a fim de comparar a rentabilidade sobre o capital em diferentes segmentos de atuação.

Referências Bibliográficas

ALTIERI, E. H.; VEIGA FILHO, A. L.; MELO, E. F. L. Modelo de Cálculo da Necessidade de Capital para Cobrir os Riscos de Subscrição de Operações Não Vida. *Revista Brasileira de Risco e Seguro*. Rio de Janeiro, 2014, v. 9, n. 17, p. 1-46.

BOX, G. E.; JENKINS, G. M. & REINSEL, G. C. *Time series analysis*: forecasting and control. 5. ed. New York: John Wiley & Sons, 2015.

BREALEY, R. A.; MYERS, S. C.; MARCUS, A. J. *Fundamentals of Corporate Finance*. 3. ed. New York: McGraw-Hill Companies Inc, 2001.

COMMITEE OF EUROPEAN INSURANCE AND OCCUPATIONAL PENSIONS SUPERVISORS. *QIS 5 Calibration Paper*. Disponível em: <http://ec.europa.eu/internal_market/insurance/docs/solvency/qis5/ceiops-calibration-paper_en.pdf>. Acesso em: 10 maio 2018.

EUROPEAN INSURANCE AND OCCUPATIONAL PENSIONS AUTHORITY. *Guidelines on Own Risk and Solvency Assessment*. Disponível em: <https://eiopa.europa.eu/GuidelinesSII/EIOPA_Guidelines_on_ORSA_EN.pdf>. Acesso em: 15 maio 2018.

FERREIRA, P. P. *Modelos de Precificação e Ruína para Seguros de Curto Prazo*. Rio de Janeiro: Fundação Escola Nacional de Seguros, 2002.

GITMAN, L. J.; MADURA, J. *Administração financeira*: uma abordagem gerencial. São Paulo: Addison Wesley, 2003.

KLUGMAN, S. A., PANJER, H. H., WILLMOT, G. E. *Loss Models:* From Data to Decisions. New York: John Wiley & Sons, 2008.

MAKRIDAKIS, S.; WHEELWRIGHT, S.; HYNDMAN, R. J. *Forecasting methods and applications*. 3. ed. New York: John Wiley & Sons, 1998.

MONTGOMERY, D. C.; JOHNSON, L. A.; GARDINER, J. S. *Forecasting and time series analysis*. 2. ed. New York: McGraw-Hill, 1990.

MORETTIN, P. A.; TOLÓI, C. M. C. *Análise de séries temporais*. 2. ed. São Paulo: Edgard Blücher, 2006.

PROKOPCZUK, M.; RACHEV, S.; TRUCK, S. Quantifying Risk in the Electricity Business: A RAROC Based approach. *Energy Economics*, 2007. v. 29. n. 5, p. 1033-1049.

RESOLUÇÃO CNSP Nº 321. Disponível em: <http://www2.susep.gov.br/bibliotecaweb/docOriginal.aspx?tipo=1&codigo=35542>. Acesso em: 10 maio 2018.

SAUNDERS, A. *Administração de instituições financeiras*. São Paulo: Atlas, 2000.

SMITHSON, C.; HAYT, G. Optimizing the Allocation of Capital. Trends in Portfolio Management. *RMA Journal*. Philadelphia, 2001, p 67-71.

SOLVÊNCIA II. Disponível em: <https://eiopa.europa.eu/regulation supervision/insurance/solvency-ii>. Acesso em: 15 maio 2018

STOCK, J. H.; WATSON, M. W. *Econometria*. São Paulo: Addison Wesley, 2004.

ÍNDICE